教育部人文社会科学重点

# 南亚地区发展

**ANNUAL REPORT ON DEVELOPMENT OF SO**

主　编◎李　涛
副主编◎文富德　张　力

时事出版

本书系教育部哲学社会科学发展报告培育项目成果

受中国西部边疆安全与发展协同创新中心资助

## 学术委员会（以姓氏笔画为序）

主　　任：晏世经
副主任：姚乐野
委　　员：文富德　李　涛　叶海林　任　佳　孙士海
　　　　　张贵洪　张　力　张　骏　杜幼康　沈丁立
　　　　　沈开艳　杨文武　邱永辉　陈利君　陈继东
　　　　　尚劝余　荣　鹰　郁龙余　姜景奎　赵干城
　　　　　胡仕胜　谭　中（美国）
　　　　　Mahendra P. Lama（印度）
　　　　　Khalid Rahman（巴基斯坦）

## 编撰委员会（以姓氏笔画为序）

主　　编：李　涛
副 主 编：文富德　张　力
执行副主编：蒋　英
编　　委：方天赐　文富德　王娟娟　卢光盛　李建军
　　　　　李景峰　李　涛　张　力　宋志辉　刘思伟
　　　　　陈利君　姜景奎　唐明超　唐鹏琪　黄正多
　　　　　曾祥裕　雷　鸣　戴永红　薛　勇
　　　　　Swaran Singh（印度——斯瓦兰·辛格）

# 序言

# 2014年南亚地区发展形势

李 涛[*]

　　2014年南亚政治局势总体趋稳，但暗流涌动；经济温和回升，各国喜忧参半；安全焦点仍集中在阿富汗、印度、巴基斯坦，马尔代夫成为新关注；外交上呈现出多边外交活跃、大国外交强劲的特点；随着"一带一路"建设推进，中国与南亚各国交流进一步加强。

## 一

　　从政治局势看，南亚进入转型期，阵痛和机遇并存。政治构架不稳，进程暗流涌动，尼泊尔制宪举步维艰，巴基斯坦改革困难重重，阿富汗面临转型，印度大选一边倒，孟加拉国竞选竞争者弃权，马尔代夫选举反复三次，斯里兰卡突然提前大选。南亚总体局势动荡不安，但稳定因素在不断增加。

　　2014年5月莫迪以高票当选印度总理，改变了印度政坛连续30年联盟政治的局面。莫迪的内政外交政策——突出经济议题；重视周边外交；积极开展大国外交，但对美、对华政策具两面性，不断加强与中等强国的关系，重视经略东方，发展与日本和东南亚国家的关系等。

　　巴基斯坦政治危机不断。穆斯林联盟领导人谢里夫自从2013年大选获胜成功组阁以来，其胜选的合法性一直遭到诟病，反对党的示

---

[*] 李涛，教育部人文社会科学重点研究基地四川大学南亚研究所常务副所长、教授。

威抗议活动频发。2014年8月反对党正义运动党和人民运动党甚至组织上万名支持者进行游行示威,并升级为暴力冲突,造成3人死亡、500人受伤的惨剧。与过去主要借助司法、行政及军方角力不同,2014年巴基斯坦的政治冲突直接表现为反对党与政府之间的矛盾。

阿富汗政治局势变数较大。阿富汗重建进程时乖命蹇,几大过渡"渡而未过"。2014年5月阿富汗选举产生了新政府,权力移交总体顺利,但新政府面临诸多挑战。首先是"双头政权"能否正常运行,虽然新政府的成立实现了重建以来首次权力交接,但离民主遥远,选举结果不是基于阿富汗人民投票而是在美国促成下通过协议达成的,权力程序缺失,权力构架脆弱。宪法赋予了阿富汗总统加尼在各个领域的领导权,而政治协议又赋予阿卜杜拉相当于总理的权力,后者想实现阿富汗从总统制向议会内阁制政体转型,双方争权与放权矛盾突出。截至2014年底,双方在外交、内政及政府关键职位上仍争执不下,未完成内阁组建。而且南北两派政治斗争的阵营也会使普什图族和以阿卜杜拉为代表的北方联盟之间的民族冲突进一步激化。不过阿富汗政府要团结一致对付塔利班,加之有美国等援助国的调解和斡旋,目前联合政府分裂的可能性较小。

孟加拉国的大选更加剧了国内政党政治斗争。在反对党抵制参加大选的情况下,2014年1月6日执政党人民联盟宣布在议会300个议席中独得234席,取得了压倒性胜利,但选举结果引起国内及国际社会的质疑。反对党不断举行示威游行,孟加拉国政党政治纷争进入新常态。

斯里兰卡出人意料地提前举行大选。随着国内政治局势进入平稳发展时期,马欣达·拉贾帕克萨总统更是携势前进,在2010年成功连任总统之后，又在 2014 年 11 月 20 日宣布斯里兰卡将于 2015 年提前举行总统选举，他本人将继续竞选连任斯里兰卡总统，尽管其提议遭到反对党的反对，但反对党也表示将推荐总统候选人参选，并埋下了变动因素。

不丹与马尔代夫在"出乎意料"的大选之后，国内局势呈现平稳发展态势；尼泊尔各派势力仍然对制宪存在较为严重的分歧。

此外，近年来南亚政治中存在一个普遍现象——社会主义发展受阻。南亚左翼政党在执政上为私利，选举上纷纷落马；资产阶级党派选举获胜，上台执政，政权总体右转；老党走下坡路，颓势明显，印共、印共马在议会中席位锐减，孟加拉国共产党和斯里兰卡共产党局势也日益严峻；新兴政党上升受挫，由盛走衰。究其原因，主要包括南亚共产党或左翼阵营在转型过程中准备不足，创新不足，自身蜕变严重，内部矛盾突出等。

## 二

南亚经济喜忧参半，各个国家都面临着繁重的经济发展任务，在不同程度地推动着经济改革。

南亚在全球经济发展中扮演着越来越重要的角色，它不仅有世界上最多的劳动年龄人口、世界上 1/4 的中产阶级消费者，而且存在着普遍的贫穷问题。亚洲发展银行发布的"2014 年亚洲发展展望报告"预测，南亚经济增长率将从 2014 年的 5.4% 升至 2015 年的 6.1%。根据世界银行发布的报告，2014 年南亚地区的 GDP 增长率从 2013 年的 4.4% 上升到 5.7%，2015 年预计可增长到 6.2%。的趋尽管2014年南亚经济总体出现稳定增长势，但南亚经济的发展也一直面临诸多潜在的下行风险，例如财政改革的挑战、投资的波动性、进出口不平衡、贸易赤字难以改善、内部经济发展不稳定且对外依赖性较强、农业受气候条件影响大而产出不稳定、人口稠密并存在严重贫困问题等。

2014年南亚各国经济发展中最引人注目的是印度。印度总理莫迪就任以来，采取了一系列加速经济增长的措施。第一，改变政府的形象，如精简机构、反对腐败、提高工作效率。第二，制订规划，规划将21世纪变成印度的世纪，提出了十多项改革目标，如改善基础设施、加速制造业的发展、规划城市改造计划、厕所建设计划、教育市场化改革、医疗市场化改革等等。总的来看，印度经济前景向好，同时面临着不少问题和挑战：通货膨胀虽已下降，但没有彻底解决；还存在财政赤字和经常项目的双赤字、卢比贬值的问题，以及经济结构问题；经济改革已经进入深水区等等。更值得关注的是印度经济发展的可持续性问题，包括能源、水资源和环境污染等问题。

巴基斯坦在谢里夫执政后推出了一系列经济政策，促进巴经济出现了稳中向好的发展态势。2014年巴基斯坦的GDP增长率为4.1%，比上年增加0.6个百分点，这也是巴基斯坦7年来经济增长率最高的一年。政府财政赤字、通货膨胀、外贸逆差和经常账户平衡方面有好转，汇率基本稳定，经济增长速度稳步回升，但难以高速增长，存在不少问题，国内储蓄和投资能力弱；经济结构不合理；人口增长速度快，人力资本缺乏开发；基础设施显得薄弱，电力和天然气短缺；政府债务负担重；此外还存在各种非经济因素的影响。

阿富汗经济重建缺乏造血功能和新的经济增长点。加尼政府面临两个挑战，即尽快恢复经济重建和探索经济可持续发展道路。过去阿经济长期以外来援助、外军服务业及毒品经济为支撑，随着外军的大规模撤离，外来援助的缩水，传统的经济增长难以为继，所幸阿富汗具有独特优势：在地区的互联互通上占有地理位置优势；铜矿资源是潜在实力，既具吸引力也面临挑战；拥有60%以上的25岁以下的年轻人，人口红利将是未来发展的优势（但是如果这些人没有工作机会，可能被极端武装组织招募，反而会成为不安定因素）。

斯里兰卡经济保持着高增长态势。战后直到2014年，斯里兰卡在总统马欣达·拉贾帕克萨的带领下，采取一系列刺激经济发展的政策和适时的措施，包括大力推动斯里兰卡与中国、印度和日本等国的双边贸易，改善基础设施，提高国家和私人部门的效率，以及对国民提供长期优惠贷款等，促进GDP稳步提高，贸易逆差缩减。

孟加拉国经济随着政治局势趋稳而开始恢复。2014年年初，孟加拉国因选举带来的政治危机影响了经济发展，特别是服务行业、旅游业等；但随着政局的稳定、农业的增产，特别是国外援助的增加，孟经济呈现平稳发展态势。

尼泊尔因服务业和农业的发展而提高了经济增长率，2014年尼泊尔的GDP增长率为5.2%，比上年提高1.6个百分点，成为南亚国家中增长率提升最快的国家。

马尔代夫选举了新总统，亚明政府承诺将采取全面有力的措施推动经济发展，从2014年的经济发展形势来看，新政府正在履行承诺，初步实现了经济的增长。马尔代夫的游客构成正在经历结构性变化，从以往以欧洲游客为主导的结构变为中国及中东地区游客增多的结构，游客的平均停留时间和支出也出现下滑，2014年马尔代夫尽管政局稳定，但旅游业没能保持增长势头，出现了下滑，好在建筑业和服务业的增长弥补了旅游业的经济放缓。

不丹水电业因降雨减少而有所下降，但旅游业比往年增长。

## 三

在南亚安全形势方面，焦点仍集中在阿富汗、印度、巴基斯坦，马尔代夫成为新关注。

阿富汗安全的重建任重道远，安全局势变数较大。《人民日报》编辑王楠认为，阿富汗战争的实质是一场侵略与反侵略战争，是美国在冷战之后为了维护巩固其霸权，在中亚地区进行渗透，平衡俄罗斯和中国的手段；可以说是基督徒和穆斯林延续了一千多年战争的继续，当今的阿富汗是基督徒与穆斯林热战的战场。美军是否完全撤出阿富汗存在变数，只要外军不撤出，战争就会持续不断。事实上，阿新总统加尼上台第二天就与美签订了双边安全协定，为美阿未来十年关系的发展定下了基调，美国获得了最重要的在阿富汗存在的法律保证，也从联合国授权变成美阿双边协定。美国之所以在撤军之后还要主导阿富汗事务，是因为阿富汗的战略重要性并没有随着阿富汗战争的结束而降低。自美国撤军以来，阿塔虽受重创但仍保持了有生力量，而阿安全部队的作战能力以及国家忠诚度广受诟病。2014年塔利班发动大规模的袭击，阿武装力量和平民死伤惨重，是13年以来阿富汗部队同期死伤最为惨重的一年，塔利班控制的地区从传统范围扩大到喀布尔周边，甚至控制了交通干线。而且，阿富汗政府与塔利班实现和解的前途渺茫，未来三到五年是关键决定期，是打是和尚为未知数。

序言　2014年南亚地区发展形势

　　印度的安全问题主要是能否解决好国内各种民族宗教矛盾及恐怖主义威胁。东北地区是印度国内民族矛盾的重灾区，东北部的民族冲突不仅发生在外来移民与东北部某些邦的主体民族之间，也发生在外来移民与东北部的某些邦的非主体民族之间。此外，被印度政府宣布为国内最大安全威胁的印共毛派的活动也有起死回生之势。尽管印度政府的"绿色狩猎战争"使印共毛受到一定打击，但围剿已显现颓势，加之莫迪的国内经济措施在一定程度上激化了社会矛盾，毛派的活动反有扩大之势。克什米尔问题既是印度国内问题又涉及印巴矛盾，更多的人从武装斗争走向街头抗议，并明确提出自治甚至独立的诉求。

　　巴基斯坦深受恐怖主义的影响，特别是俾路支的安全局势进一步恶化。云南省社会科学院的李丽分析原因认为：阿富汗和巴基斯坦之间的难民通道便于恐怖分子穿梭活动；俾路支部落势力强大，使人们对部落的认同高于国家认同；巴基斯坦政府在经济落后的俾路支开采矿产资源激化了矛盾；阿富汗局势以及外部势力加剧了当地的矛盾。其恐怖活动已形成诸多新特征：袭击手段常规化和袭击目标多样化；恐怖势力成分庞杂；城市成为恐怖袭击的对象和藏身之所，甚至领导人出自城市也藏身于城市；部落体系开始动摇，中产阶级成为恐怖主义的中坚力量；政治动因持续，经济动因增强，近年来的爆恐事件大多与经济有关；俾路支解放军成为各恐怖主义势力的领导者。俾路支恐怖主义造成的危害和影响越来越大。

　　近年来，马尔代夫恐怖主义活动呈扩大趋势。四川大学南亚研究所的王娟娟博士指出其恐怖活动有如下特点：马尔代夫恐怖主义者很少在本国发动恐怖主义事件，主要在南亚其他国家发动恐怖袭击；马尔代夫本土虽然不存在特别有影响力的恐怖组织，但受南亚恐怖组织的渗透比较深；马尔代夫恐怖分子年轻化，且多有留学国外伊斯兰学校的经历。马尔代夫恐怖活动扩大化的原因如下：(1) 尽管马尔代夫人种单一却存在日趋严重的伊斯兰极端主义市场，排斥其他宗教信仰，甚至对同宗教其他教派也难以容纳；排斥一切异质文化如佛教等；在日常生活中要求严格贯彻伊斯兰教法。(2) 马尔代夫人口有30多万，高等教育学校却只有一所，一般情况下青年人选择到巴基斯坦等国外宗教学校学习，因而受到恐怖主义影响。(3) 恐怖主义成为对马尔代夫国家现代化不满的表达方式。马尔代夫的现代化道路曲折，改革不彻底，保守势力特别是宗教保守人士在国家政治和经济生活中占据强势地位，试图以合法的方式影响国家的现代化进程，反对派则通过极端的手段报复政府和社会。(4) 受美国全球特别是南亚反恐战争的影响。

## 四

2014年南亚地区呈现出多边外交活跃、大国外交强劲的显著特点。莫迪政府外交进取心加强，邻国外交力度加大，对邻国的控制升级；区外大国的博弈已白热化，美日等大国对南亚的关注程度前所未有，阿富汗问题、中阿和中印关系倍受关注。

2014年阿富汗的外交出现转型，从过去重点发展与北约国家的关系转向在发展与美国关系的同时也注重与周边重要国家特别是中国、印度、俄罗斯发展关系，不过美国仍是影响阿富汗局势发展的最重要的外部力量。阿富汗外交转型最重要的标志性事件就是加尼上台后把中国作为其正式访问的第一个国家,这主要是因为中国是阿富汗具有经济实力和国际影响力的重要邻国;中国与巴基斯坦和中亚国家关系友好,在地区事务上有重要影响力;阿富汗地处南亚、西亚、中亚枢纽,希望发挥地缘优势来加快自身资源开发和基础设施建设,而这与中国提出的"丝绸之路经济带"有很强的一致性,阿富汗是中国向西开放的重要能源通道,是"丝绸之路经济带"南亚、中亚、西亚连接的重要枢纽,中国西向开放战略离不开阿富汗,阿富汗不应该成为一个断点。总之,中国在阿富汗外交发展战略中的重要性在急剧上升。周刚大使建议:(1)阿富汗中央政府是解决阿富汗诸多问题的关键一环。应支持阿富汗政府阿人所有、阿人主导,尊重阿的领土主权和完整,阿富汗问题归根结底应该由阿富汗人民自己解决。(2)阿富汗局势的关键是政府和塔利班的谈判,以及塔利班如何融入阿富汗的社会主流,没有阿富汗各派参与的民族和解,就不可能保证阿的长治久安。(3)美国仍然是阿富汗实现顺利过渡的最重要外部势力。(4)阿富汗局势离不开国际合作,离不开与美国、西方、印度、中国等的合作,在发挥巴基斯坦应有作用的同时,应增加与其他国家的双边、多边对话。(5)应该加大关注文明冲突在阿富汗重建中的作用等。

对于中印关系,学者们认为:第一,从地区视觉看中印关系,中美印三边关系不是双边的结果而是全球权力转移的结果。21世纪国际政治的根本特点就是非西方力量群体崛起,催生了体系结构的权力转移,中国和印度的崛起可能在将来会扭转西方的优势和冲击西方的中心地位。不过从地区层面看,中印关系远比过去成熟,已形成对抗包容合作的特点。尽管美国的"亚太再平衡"战略利用印度制华对印度大国地位的提升有所帮助,但印度的回应却谨慎节制,其坚持保持战略自主权和外交灵活性，印度的地区外交是要在与美国保持距离的同时与中国保持距离，中国对此要理解，也不刻意迎合。

第二，莫迪上台以来中印关系呈现高开低走的态势，尽管莫迪得到议会支持而成为强势政府，但印度外交有稳健的外交行为方式和深厚的战略文化底蕴，外交政策的基调不会显著改变。出于印度经济发展的需要，其仍会加强与中国的关系。同时，莫迪外交的不可知因素在增加。

第三，从中印经济看，中印崛起利益的重叠不可避免地带来竞争甚至对抗，莫迪就任后关注发展制造业，既给中国制造在劳动力、土地等低成本优势方面带来竞争压力，又促使中国推进制造业转型升级，加强与印度在制造业方面的合作；由于双方缺少互信，加之两国在社会制度、税收体制、海关职能方面存在差异，印度成为对中国发起反倾销案件调查较多的国家；不过通过中印之间的国家竞争力比较来看，中国总体上占优势且主要偏于硬件（比如宏观经济等），印度的优势偏向软件（比如法律），双方可以相互借鉴。

第四，在海洋问题上，中国走向印度洋和印度走向太平洋，是两国走向大国的必由之路，所以在海上存在一些摩擦也是必然的，双方需要理解。印度在南海地区利益不大，但随着印俄能源合作的加深，印度经过南海的货物增加；但印度的南海战略目的不止于此，印度目前没有军事实力和政治资本来抵制中国在印度洋地区不断扩展的影响，为此其力图增大在太平洋地区的海上参与来保持战略平衡。当然，中印之间的南海问题与双方海军力量发展关系甚大，同时与美国、越南对印拉拢有关，南海问题将成为印度对华关系的重要抓手。建议中印除了陆上边界问题谈判外，在海上也应建立危机管控机制，同时加大在海洋资源开发上的合作，消除两国海洋战略疑虑。

第五，在边界问题上，学者认为不能用一种历史的理想想法去看待边界问题，应用东方包括中国、印度的智慧来共同解决边界问题。由于双方对实控线的认识不同，应抓紧时间核实实控线图，形成有效的边界管控体制和机制。

## 五

南亚与中国关系加快推进，中国在阿富汗投入加大，与南亚的海上合作增加，巴基斯坦、孟加拉国等对"一带一路"反应积极，南盟峰会上中国议题凸显，尽管印度对中国的戒备和防范加大，但与中国的合作兴趣加大……习主席对马尔代夫、斯里兰卡和印度的访问，说明中国在新形势下更加重视周边外交，更加重视与南亚国家的关系和与南亚地区的合作，"一带一路"、孟中印缅经济走廊、中巴经济走廊成为中国与南亚国家经济合作的重要平台。

"一带一路"是以运输通道为纽带、以互联互通为基础、以多元化经济合作为特征、以打造命运共同体为目标的新型区域合作安排。"一带一路"战略构想不仅是中国新时期经济外交、对外开放的重要平台，也是对国际关系体制的创新，是南亚国际关系不确定时代的结束，对促进南亚民族和解、经济增长都会起到积极作用。从辛格政府的积极支持到莫迪政府的犹豫不决，体现了印度对"一带一路"战略的矛盾心态，但是印度是中国"一带一路"战略绕不开的国家，除做好大国之间的协调工作外，中国可以先从与其他国家合作开始，做好示范工作。

关于孟中印缅经济走廊建设，第一，从建设内容看，不仅包括传统的贸易、旅游交通、合作机制，还包括农业、能源、文化等多方面、多领域的交流。第二，从各国的态度看，除孟中缅三方持比较积极的态度外，印度由最初的抵制逐步改变，印度商界较欢迎，学界呼吁两国加强学术交流增进了解。第三，从发展前景来看，走廊的建设具有可行性，但是其发展前景不乐观，因为一方面走廊的建设是推进中国新一轮对外开放的战略构建，而且这一走廊具有源远流长的历史和坚实的现实基础，合作潜力巨大；同时该地区存在高度的异质性，实现市场一体化成本高，很难形成统一的有地区共同体的价值观和共识等等。所以应加强政治互信，明确孟中印缅经济走廊建设中的主导权；创新区域的合作机制，搭建创业、融资和贸易合作平台；推进区域内的基础设施互联互通，达到"人便于行，货畅其流"；搭建贸易投资平台，推动四国货币兑换协议；促进区域文化交流合作，推出好的文化产品，由国家提供基础的急需的地区公共产品，便于相关国家"搭便车"。

中巴经济走廊是中巴现有的公路、铁路体系、航空、光缆、油气管线五位一体的通道。巴基斯坦是中国国际战略的一个重要支点，中国既然是从战略高度设计经济走廊，就要把利益放在次要位置，应先予后取。另外，中巴经济走廊在"一带一路"中有重要地位，如果中国与巴基斯坦关系这么好经济走廊还建不好，那么"一带一路"的实施将更加困难。

（本序主要是对 2014 年 12 月于成都召开的"2014 年南亚学会年会"的综述，感谢与会学者的观点，抱歉由于篇幅所限未一一注明。）

# 目　　录

报告摘要 …………………………………………………………（1）

## 经济发展

2014年印度经济止跌回升，但步履蹒跚 ………………… 文富德（7）

孟中印缅经济走廊建设的发展及建议 …………………… 陈利君（25）

建设中巴经济走廊，促进中巴经济合作 ………………… 斯　文（39）

## 政治外交

对莫迪政府对外政策的若干观察 ………………………… 张　力（55）

2014年南亚各国大选纷争对其政局的影响及

　中国的应对 …………………………………………… 戴永红（71）

中国的印度洋政策及其对印度的影响 ………… 斯瓦兰·辛格（87）

## 社会文化

**中印人文交流发展历程** ………………………………… 姜景奎（107）

**中印铁路"龙象共舞"的前景与问题** ………… 卢光盛　向　丽（125）

**中印两国的水安全问题与涉水合作** ………………… 曾祥裕（138）

## 国别报告

**2014 年印度综述** ………………………………………… 宋志辉（153）

**2014 年巴基斯坦综述** …………………………………… 李景峰（170）

**2014 年孟加拉国综述** …………………………………… 李建军（198）

**2014 年尼泊尔综述** ……………………………………… 黄正多（215）

**2014 年阿富汗综述** ……………………………………… 曾　涵（228）

**2014 年斯里兰卡综述** …………………………………… 唐鹏琪（246）

**2014 年马尔代夫综述** …………………………………… 王娟娟（264）

**2014 年不丹综述** ………………………………………… 唐明超（281）

## 附 录

2014年南亚大事记 ………………………………… 雷 鸣（305）

2014年南亚研究主要汉文论文目录 ………………… 雷 鸣（339）

# Content

**Preface: South Asia in 2014** (Li Tao)

Ⅰ **Theme Paper**

**Economy & Development**

Indian Economy: Recovered from Downturn, Yet Uncertainties Remained (Wen Fude)

BCIM Economic Corridor: Its Development and Policy Suggestions (Chen Lijun)

China-Pakistan Economic Corridor: A Joint Project for Closer Sino-Pak Economic Cooperation (Si Wen)

**Diplomacy & Security**

Narendra Modi Government's Foreign Policy: Some Observations (Zhang Li)

General Elections and Polictial Development of South Asian Countries in 2014: Implications to China (Dai Yonghong)

China's Indian Ocean Policy: Implications for India (Swaran Singh)

**Society & Politics**

China-India People-to-People Engagement: An Observation (Jiang Jingkui)

Railway Cooperation between China and India: Its Prospects and Challenges (Lu Guangsheng, Xiang Li)

Water Security in India and India: Exploring Water Cooperation (Zeng Xiangyu)

## Ⅱ  Country Report
India in 2014 (Song Zhihui)
Pakistan in 2014 (Li Jingfeng)
Bangladesh in 2014 (Li Jianjun)
Nepal in 2014 (Huang Zhengduo)
Afghanistan in 2014 (Zeng Han)
Sri Lanka in 2014 (Tang Pengqi)
Maldives in 2014 (Wang Juanjuan)
Bhutan in 2014 (Tang Mingzhao)

## Ⅲ  Appendix
South Asia Chronology 2014 (Lei Ming)
A List of Major South Asian Research Papers in China: 2014 (Lei Ming)

# 报告摘要

南亚包括印度、巴基斯坦、孟加拉国、尼泊尔、斯里兰卡、马尔代夫、不丹、阿富汗8个国家，由西亚、中亚、东亚和东南亚四面环绕并控扼印度洋海上航线，极具地缘战略意义，是中国最重要的周边地区之一。阿富汗、巴基斯坦、印度、尼泊尔和不丹5国从北向南分布于中国西部边境，与中国的新疆和西藏接壤，边境线长达5000多公里，是中国"向西开放"的"门户"、西进"通道建设"的起点，更是"一带一路"建设中不可或缺的"桥头堡"，包含着孟中印缅经济走廊、中巴经济走廊、"21世纪海上丝绸之路"3个"互连互通"平台。"两廊"是"一带一路"的重要支点，也是关乎中国与欧洲和东南亚的重要通道，而"21世纪海上丝绸之路"将直接涉及南亚6个国家，使南亚成为中国通过印度洋前往非洲的"加油站"。

《南亚地区发展报告》以年度南亚地区发展为主题，跟踪南亚各国的政治、经济、社会、对外关系等发展态势，对该地区相关国家的热点及焦点问题进行总结和分析，并在此基础上对该地区近期和中期发展进行分析与预测，以揭示南亚地区在全球化和区域化进程中的发展格局与趋势，从而为中国的外交战略和周边策略提供决策依据，并为相关研究人员提供信息平台和学术资源。该报告由序言、专题研究、国别报告和附录4个部分组成。其中专题研究分为经济发展、政治外交和社会文化三大板块。经济发展方面，重点分析了2014年印度经济发展特点及趋势，详细研究了孟中印缅经济走廊和中巴经济走廊建设发展状况、存在的问题，并提出了相互间合作的思路和方法建议；在政治外交方面，南亚各国的大选纷争及其对政局的影响仍受关注，尤其是2014年5月印度总理莫迪上台执政倍受注目，本年度报告特别邀请了印度著名学者斯瓦兰·辛格对中国的印度洋政策进行了评论，此为一大创新点；在社会文化方面，着重关注中印人文交流以及在水资源和通道建设等方面存在的问题。

# Abstract

South Asia, as a region covering India, Pakistan, Bangladesh, Nepal, Sri Lanka, Maldives, Bhutan and Afghanistan, is surrounded by West Asia, Central Asia, East Asia and Southeast Asia. Thanks to such a unique location and its advantages in choking Sea Lanes of Communication in Indian Ocean, South Asia is now being regarded as one of the most important neighboring regions of China. In its 5000—plus km western borderland from Xinjiang to Tibet, China is surrounded by Afghanistan, Pakistan, India, Nepal and Bhutan. The regions could therefore be defined as a "gateway" for the west-oriented opening-up of China, the "starting point" of its west-oriented "transportation corridor network" and the focus of OBOR initiative. South Asia is in fact the meeting point of 3 network of regional connectivity comprising BCIM Economic Corridor, China-Pakistan Economic Corridor and 21st Century Maritime Silk Road. Needless to say, the two corridors will play a significant role in linking China with Europe and Southeast Asia, while the maritime silk road initiative will further increase South Asia's importance for China's effort of linking with Africa through India Ocean.

This Annual Report on the Development of South Asia Region offered an detailed analysis of latest political, economic, social and diplomatic development in South Asia countries. General situation, hot issues, major developments and country profiles in South Asia were reported in this book while evaluations and predictions on regional situation in recent and mid-term future were made as well. The report will be an valuable reference for a comprehensive understanding of South Asian and for a sound policy-making.

The reportis composed by a preface, theme papers, country reports and 2 very helpful appendixes. The report offered a focused analysis of Indian economy in 2014 and its uniqueness, as well as two evaluationson BCIM Economic Corridor and China-Pakistan Economic Corridor. Generals election of South Asian countries in 2014 remained another focus, while Narendra Modi's policy enjoy a special attention. Prof. Swaran Singh contributed in this book his evaluation of China's Indian Ocean policy from Indian perspective. China-India People-to-People Engagement, infrastructure Cooperation and Water Resources were discussed in this book as well.

# 经济发展

# 2014年印度经济止跌回升，但步履蹒跚

文富德[*]

2012年和2013年，印度经济增长持续放缓，并已回到经济改革前的增长速度，这在一定程度上导致2014年曼莫汉·辛格领导的国大党政府下台和莫迪领导的印度人民党政府上台。印度国内外对莫迪政府给予极大关注：印度社会主流看好莫迪执政后的印度经济，希望印度经济再次走上高速增长的道路；国际社会乐观预计莫迪执政后的印度经济，世界主要国家加强与印度的经济联系，世界许多大型公司也扩大对印度的投资。进入2014年以来，外国对印投资大幅度增加。这在一定程度上阻止了印度经济进一步下滑，促使印度经济止跌回升，但是莫迪政府上台后的第三季度，印度经济增长率却出现下降，表明印度经济回升的步伐并不稳定。

## 一、2014年印度经济止跌回升

2003年后，印度经济连续多年保持高速增长势头。为此，国际社会普遍看好印度经济，认为印度经济正在崛起，有美国学者甚至认为印度经济将超过中国，但2008年国际金融危机在一定程度上影响了印度经济发展。为应对国际金融危机对印度经济增长的影响，印度政府连续推出三个经济刺激计划，持续增加财政支出，注意削减各类税收，连续多次降低银行法定现金储备率和法定清偿率，大幅度增加银行信贷投入，并推出促进出口

---

[*] 文富德，教育部人文社会科学重点研究基地四川大学南亚研究所研究员。

增长计划，但 2008—2009 年度印度经济增长率还是猛降到 6.7%，比上年度下降 2.7 个百分点。

由于积极的财政和货币政策、强劲的国内消费和外资的大量流入，经济刺激措施效果显现，随着全球经济环境改善，印度经济实现较快复苏。2009—2010 年度，按照要素成本计算的印度国内生产总值年增长率回升到 8.6%，2010—2011 年度再上升到 9.3%。国际社会高度评价印度经济恢复，认为印度经济快速复苏并高速增长，印度正在成为世界经济增长的重要动力之一。英国《金融时报》首席经济评论家马丁·沃尔夫在《印度的未来》一文中指出，依保守的预测，按市场价格计算，印度经济 10 年后将超过英国，20 年后将超过日本。[①] 但是，国际金融危机前经济持续高速增长产生的巨大通货膨胀压力没有得到释放，为削弱国际金融危机影响而连续实行的三个经济刺激计划又增添了巨大通货膨胀压力。2010 年初，由近 40 年来最弱季风引发的通胀压力演变为更广泛的通胀进程。2010 年 3 月，印度开始退出经济刺激政策，首次提高银行基准利率，实行经济紧缩政策，连续加息抑制印度经济扩张。2011 年第二季度，印度经济增长率从上年同期的 8.8% 降为 7.7%。[②] 为控制通货膨胀，印度继续实行紧缩政策，一年多来密集升息，成为亚洲主要经济体中升息最积极的国家。这同时也吸引外国投资者积极购进印度卢比，使卢比成为表现最亮眼的亚洲货币，2011 年上半年印度卢比升值超过 10%。但受全球经济依旧疲软和印度国内货币紧缩政策的影响，印度服务业增长无力，导致 2011 年 8 月印度服务业出现自 2009 年 6 月以来的最低增幅。实际上，2011—2012 年度，按照要素成本计算的印度国内生产总值年增长率大幅度下降为 6.2%，比国际金融危机期间的 2008—2009 年度的 6.7% 还差，为 9 年来最差。

近年来，印度不断提高利率，大幅度增加了借贷成本。到 2012 年初，印度借贷成本处在 2008 年以来的最高水平，在一定程度上抑制了经济扩张。为缓解资金紧缩情况，印度央行在 2012 年 1 月底调降银行存款准备金率，为 2009 年来首次。受国内需求减弱和全球经济复苏缓慢的影响，印度

---

[①] 马丁·沃尔夫："印度的未来"，[英]《金融时报》2010 年 3 月 10 日。
[②] 詹姆斯·拉蒙特："印度经济增速降至 18 个月低点"，[英]《金融时报》，新德里，2011 年 8 月 31 日。

经济增长速度连续两个季度创两年多来最慢。2012年第一季度，印度经济实际同比增长5.3%，较上季度增速回落0.8个百分点，为十年以来最低值。2011年中以来八个月内，印度卢比兑美元已贬值约25%。卢比大幅度贬值，通货膨胀居高不下，财政赤字持续增加，外国投资不断减少，令财政赤字面临更大压力。2012—2013年度，印度经济增长率降到4.9%。2013年，曼莫汉·辛格政府强力推行经济改革，扩大对外开放，但2014年大选临近，各政党把主要精力放在来年大选上，导致印度经济增长率在2013—2014年度第二季度下降到4.8%，第三季度更下降到4.7%，连续七个季度低于5%。[①] 2013—2014年度印度经济增长率持续下降，仅为4.7%。印度经济再次成为世界关注的热点，只是这次引起关注的不再是"印度神话"，而是"印度神话的破灭"。《经济学人》杂志登出题为《告别不可思议的印度》的文章。标准普尔对印度的评级为BBB－，仅比垃圾级高一级，在金砖国家中为最低评级。有一种说法开始流传，金砖国家中的"I"不再是印度，而是印度尼西亚。实际上，印度5%左右的经济增长速率在全球经济低迷情况下本可让众多发达国家羡慕不已，但对印度来说，这为十年来的最低数字。正如印度计划委员会副主席蒙特克·辛格·阿卢瓦利亚在《全球经济展望2014》论坛演讲时所说，中国经济增长稳定在7.5%的速度上，这是中国"十二五"计划目标所定，放慢乃计划之中。而印度则不同，印度得益于双速复苏。雷曼兄弟危机之前印度经济增长率为8%，下跌之后又很快复苏，第一次危机后三年平均增长速度基本一致，就跟前面七年差不多，可现在却没有出现这种情况，这次又放慢了，2011年慢了，2012年进一步放慢，2013年又差不多。[②]

  造成近年来印度经济增长放慢的原因有两部分：部分是全球原因，部分是国内因素；1/3是全球因素，2/3是国内因素。就国内因素来说，主要有两个：一是以服务业为主的产业结构的限制；二是经济改革遭遇巨大阻力。印度虽从1991年开始进行市场化改革，但时至今日依然没有形成一个全国性的市场网络。印度的问题在于市场化程度不够，而印度政府又以

---

① "印度经济增长连续7个季度低于5%"，中国驻印度大使馆商务处，2014年3月3日，http://in.mofcom.gov.cn/article/jmxw/201403/20140300504860.shtml。

② "印度官员：中国和印度不同 经济增长放慢是计划"，印度之窗，2014年2月5日，http://www.yinduabc.com/fair/8297.htm。

贪腐、低效闻名。印度引以为豪的信息产业只吸收几百万人就业,大量低技能青年劳动者无法被吸纳到劳动力市场中来。为促进印度经济增长,需要调整产业结构,大力发展制造业,这需要加速经济改革,但印度经济改革遭遇巨大阻力。曼莫汉·辛格是出色的领袖,但已年过八旬,因此印度呼唤能看清方向的政治家,他们了解改革的艰辛,能让国民相信改革之路是值得的。

而莫迪在古吉拉特邦主政13年中,大刀阔斧削减繁文缛节,大力修缮基础设施,举办一年一度的投资者峰会。他甚至亲自到中国、日本和新加坡推销古吉拉特邦的投资环境,吸引福特、铃木等外企落户。2001—2012年,该邦年均经济增速超过10%,居印度各邦之首,被誉为"印度的广东"。2012年印度东部和北部遭遇波及六亿人的大停电,古吉拉特邦是全国唯一能保证常年持续供电的地区。经济上的成功,自然让印度人对莫迪上任后的印度经济抱有很高的期待。如今古吉拉特邦是印度最富裕的邦之一,行政效率远超印度各地。莫迪在大选中亮出一句口号:"等我当上总理,印度就跟古吉拉特邦一样。"2012年3月,屡屡被评为印度最佳首席部长的莫迪登上美国《时代》周刊封面,一些商业巨头将其称作"人中之主"、"王中之王",投资者将其看作经济引擎。连续执政的国大党总理辛格在第二个任期中没有大刀阔斧地推动改革,越来越多印度选民将未来希望寄于印度人民党莫迪的"古吉拉特邦模式"。人们相信,莫迪若当选,可能意味着印度经济将进入一个"常规增长"轨道。莫迪的吸引力部分源于,凭借强大的意志力,他有可能凌驾于印度民主的某些制衡机制,让印度在某种程度上能像中国那样思路清晰地追求增长。他们希望,在莫迪政府的领导下,土地会被清理出来,各种许可会被颁发下去,道路和其他基础设施会被建成。在这种乐观的情况下,莫迪将在整个印度复制他在古吉拉特邦取得的成功。①

实际上,2013年6月16日曼莫汉·辛格政府就提出改革印度外国直接投资政策,8月1日印度中央政府经济事务内阁委员会正式批准对印度外商直接投资政策进行新一轮改革。这轮改革措施影响许多行业的外商投资比例上限,并且放宽外商投资审批制度。如在电信领域,此前外商投资

---

① 戴维·皮林:"莫迪经济学的真谛",[英]《金融时报》2014年3月25日。

比例不超过49%无需政府审批,超过49%则需政府审批,外商投资上限为74%,此后投资上限为100%;在快递服务领域,此前外商投资比例为100%需政府审批,此后则无需政府审批;在信用调查公司,此前外商投资比例超过49%需政府审批,此后不超过74%则无需政府审批;在商品交易所、电力交易所、证券交易所、存托机构和清算公司、公共部门石油提炼等领域,此前外商投资比例达到49%需政府审批,此后则无需政府审批等。内阁还批准一份修改外商直接投资政策中"控制"一词现行定义的提案。此前,外商直接投资政策规定,如印度居民与由印度居民拥有和控制的印度公司有权任命一家印度公司的大多数董事,那么该公司被视为由印度居民"控制"。修改后的"控制"定义包括凭借所持股份或拥有的管理权,或凭借股东协议或投票协议,拥有任命大多数董事的权力或者控制公司管理或决策的权力。修改后的新定义将与《印度并购法》和《2012年公司法》提案中对"控制"的定义更加一致,这将对关键行业(如航空、国防和媒体业)中的外商投资产生深远的影响。① 曼莫汉·辛格政府这些放宽的政策对吸引更多外商投资进入预期行业还是有一定作用的。

当然,世界各大机构对2014年印度经济的预期显示,2014年印度经济增长有望改善。外国投资者也对新一届改革型政府抱有期望,预计印度新一届政府将陆续推出经济改革措施,经济前景有望改善,促使国际资本持续流入该国股市。2014年1—6月,外国投资者净投资股票市场为99.6亿美元,投资债券市场为104亿美元,总计204亿美元。② 2014年以来,印度股市表现上佳,是全球表现最佳的股市之一。印度孟买敏感30指数年初以来一路走高,并于7月7日刷新26100.08点的收盘历史新高。外国投资的大量涌入,在一定程度上刺激了印度经济恢复增长。2014年以来,印度经济状况有所改善,经济增长率从2013年第四季度的4.7%回升到2014年第一季度的5%,第二季度更上升到5.7%,这表明莫迪上台前印度经济已触底回升。

---

① "改革之风:印度外商直接投资政策最新变化",印度之窗,2014年9月12日,http://www.yinduabc.com/policy/8741.htm.
② "外国机构投资者半年内注资200亿美元,关注印度中期财政预算案",《印度时报》2014年7月7日.

## 二、印度经济回升步履蹒跚

2014年印度人民党竞选宣言提到,印度将成为具有竞争力的劳动密集型制造业的中心。不少印度选民寄希望于新政府的改革将改变印度经济下滑、通胀高企和贪腐严重的现状。莫迪在就职仪式结束后发表书面致辞称,将把印度发展征程带上新高度,把印度建成强大、发达、包容的国家。印总统慕克吉在议会发言中勾画了莫迪政府对未来五年进行规划的项目。7月10日,莫迪政府公布首份被称为指引印度经济发展"路线图"的财政预算案,其焦点之一是经济增长。为加速经济增长,莫迪上台后采取了一系列政策措施。

### (一)加大对政府的行政改革力度

**1. 提高政府工作效率**

莫迪上任后,对政府工作作风进行整顿。在第二次内阁会议上,他强调"善治"将是本届政府的主要议程,最重要的是提高施政效率,要求所有内阁成员制订为期100天的工作目标,列出其上任后需要优先处理的事务,以求在规定的时间内解决上届政府因拖延而遗留的问题;各政府部门间要加强协调以提高效率;政府将加大对智库的投入,以提高政府决策效率。为此,他甚至取消了长期存在的国家计划委员会。

**2. 改善政府形象**

长期以来,印度许多政府官员都存在腐败问题,造成政府在人民中形象很差。莫迪在选举时,承诺将削减繁文缛节,打击贪腐;上台后,宣称在他的政府中"没人敢腐败"。莫迪做事果断,痛恨繁文缛节。他上台后首先精简内阁人数,使内阁成员平均年龄更小,家族与政治关联更小。为防止腐败,他建议推广在线拍卖和招标,以增加政府运作的透明度。

### 3. 转变政府工作重心

莫迪上台后，印度国家整体发展方针并没有改变，只在方针的速度、质量和态度上革新。在第二次内阁会议上，莫迪提出新政府多项优先政策，并要求所有内阁成员在设定期限内打破投资僵局，重振经济。2014年6月8日，莫迪在《让印度重回正轨——经济改革的行动议程》一书发布会上说，如果印度想与中国展开竞争，就必须将经济发展聚焦技能、规模和速度。① 总统慕克吉在对新一届联邦议会议员介绍莫迪新政府未来五年施政计划时指出，使经济重回增长轨道是政府当前的首要任务。印度政府财长贾伊特利在预算编制前的会议上表示，印度经济增长必须"不计代价"，不能妥协。7月10日，莫迪政府公布首份财政预算案，放宽外国投资限制，经由稳健改革拉动增长。

## （二）提出庞大的经济振兴计划

### 1. 改善基础设施建设计划

印度总统慕克吉在议会表示，新政府将制订雄心勃勃的基础设施发展计划，在未来十年内实施。小型机场、高速列车、连接港口与内陆的项目将是新一届政府推进基础设施升级的重点领域。为此，将创造快速、投资友好及可预见的公私合作模式，并将铁路现代化改造作为基础设施发展计划的头号任务。政府将发展低成本机场，以便将小城镇纳入航空网络；建立货运网络，包括运送易腐烂农产品的特殊农产品运输网络；通过创新融资方式增加对铁路的投资；优先扩大山区及东北地区的铁路网路，加强铁路安全系统；对现有港口进行现代化改造，建造世界一流的新港口。② 莫迪总理在出席《让印度重回正轨——经济改革的行动议程》一书发布会时强调发展完善的基础设施等配套工程的重要性。慕克吉总统指出，印度将拓展旗舰国家太阳能计划，并很快发布一个国家太阳能政策，核能发电将

---

① 汪平、赵旭："莫迪称印度经济发展应聚焦技能、规模和速度"，新华网，2014年6月9日，http://news.xinhuanet.com/world/2014-06/09/c_1111056284.htm? prolongation=1。
② "印度政府公布基础设施升级计划"，[印]《经济时报》2014年6月9日。

得以发展，煤炭行业改革将提高私营部门投资。莫迪总理提倡授权人民使用太阳能发电。为减少污染和石油消耗，印度政府计划为购买电动和混合动力汽车提供补贴。2014年5月上任以来，莫迪政府批准多项基础设施投资。

**2. 加速制造业发展计划**

根据莫迪政府未来五年施政计划，新政府将致力于吸引海外投资，加快大型商业项目的审批流程；建立工业区并出台激励措施，促进劳动密集型制造业的发展，将印度打造成"具有国际竞争力的制造业中心"。2014年6月18日，政府电信和信息技术部长普拉萨德宣布，电子制造业是本届政府优先考虑的一个关键领域。为重振印度制造业，政府将在北方邦、古吉拉特邦和马哈拉施特邦等地选定八个城市，形成八个电子产品制造中心；还将成立七个电子制造业基地；将向新建公司退还基建资金，并向计划扩建的原设公司退还超过25%的基建资金，涵盖从原材料到研发企业整个价值链产品。[①] 9月25日，莫迪总理高调宣布"印度制造计划"，承诺将向投资者提供安全的环境、稳健的政策体制、便利和高效的管理制度，希望印度和外国企业相信印度能成为一个具有竞争力的全球制造中心。商工部长西塔拉曼表示，政府将通过进一步简化劳动法、放松管制和取消许可等措施，重点推动纺织、汽车及配件、电子、公路和高速公路、信息技术等25个行业的制造业发展。

**3. 发起智能城市建设计划**

为促进制造业发展，增加劳动力就业，印度政府承诺创建100个有现代化通信设施的智慧城市。财政部长说，政府将出资新建一批旅游和工业城市。2015—2016财政预算案将包括多个基础设施建设项目，其中包括智能城市和高速列车建设。这是莫迪政府的第二个财政预算案，[②] 计划在

---

① "莫迪政府选定8个电子产品制造中心推动制造业发展"，[印]《金融快报》2014年6月18日。
② "印度财政部：莫迪政府将拨款建'智能城市'"，印度之窗，2014年10月12日，http://www.yinduabc.com。

2020 年前完成 100 个智能城市的建设。

**4. 大量修建厕所计划**

莫迪在竞选中提出，修厕所优于修神庙。莫迪政府上台后承诺，将建立一个全民可负担的医疗保健体系；改善公共卫生状况，让厕所普及到每一个家庭；提出在百日内修建 530 万个厕所的计划。

## （三）加速进行经济改革

自 2014 年 5 月底上台以来，莫迪政府通过财政预算案和政府公告，公布了一系列经济改革政策，推进私有化，放宽对外国投资的限制等。2014 年 6 月中旬，莫迪政府提出 15 项改革措施。①

**1. 撤销国家计划委员会**

1950 年以来，为了实现"社会主义类型社会"的发展目标，印度在中央政府设立国家计划委员会，制订和执行国家社会经济发展计划。印度前任总理尼赫鲁、英·甘地、拉·甘地等都亲自兼任国家计委主席，因此其长期以来一直是印度政府的超级内阁。20 世纪 90 年代经济改革以来，历届政府依然保留国家计委，其在印度经济发展中一直扮演着重要角色。莫迪政府上台后批评国家计委阻碍经济发展，大胆将其撤消，取而代之的是一个智库型咨询机构——"全国改革印度学会"。印度国家计委的撤销标志着印度式计划经济的终结，表明了莫迪改革的勇气和印度经济改革的趋势。

**2. 税收制度改革**

2014 年 7 月公布的财政预算案没有削减农业补贴，反而提高了农民化肥补贴，延长了柴油补贴，但还是对印度税收制度进行了一些改革，如提高个人所得税起征点，大幅调高烟草税税率，从现行的 27% 提高至 72%。

---

① "莫迪可能宣布 15 项措施以恢复经济"，[印]《印度时报》2014 年 6 月 16 日。

### 3. 公营企业改革

政府继续改革混合所有制，其私有化目标对准那些已部分私有化的上市国企，但不会放弃政府控制性权益。财政部长阿伦·贾伊特利希望出售5%的印度钢铁有限公司股份，价值约3.4亿美元；政府还可能出售印度煤炭公司10%的股份，预计售价40亿美元。7月公布的财政预算案提出，莫迪政府准备通过私有化筹集资金7000亿卢比（约合117亿美元），以改善财政状况，推动系统性改革。

### 4. 修改新征地法案

新征地法案由上届政府提出并经议会通过，规定公私合伙模式项目如需新征土地必须得到70%受影响家庭的同意，并评估对邻近地区的影响。印度大多数邦都表示这样会导致征地延迟，要求取消关于社会影响评估的规定。莫迪政府上台不久就着手修改该法案，在征得受影响家庭同意及强制性社会影响评估两方面，放松对公私合伙模式项目的要求，将征得70%受影响家庭的同意改为50%。[①]

### 5. 放松对外国投资的限制

莫迪政府要加速经济发展，就需要加速基础设施建设及制造业发展，而这些都需要大量资金和技术投入。新政府表示，将实施鼓励投资包括外资的政策，创造可预见、透明、公平的政策环境，以改革提高营商便利度。首先，扩大外国投资的领域。2014年6月9日慕克吉总统在议会表示，印度将继续鼓励包括外国直接投资在内的各类投资。当天，莫迪总理表示，政府将鼓励外资以创造就业与资产。除超市外，印度所有领域都对外开放。其次，加速外国投资项目审批。2014年6月，印度政府批准19个外国直接投资项目，包括迪士尼在印合作项目。9月，为加速外国投资项目审批，印度政府决定将100亿卢比以下项目的审批权由内阁经济事务

---

[①] "印度拟放松新征地法案中对PPP项目的要求"，[印]《商业标准报》2014年11月5日。

委员会下放到中央各部委。① 10月初，印度政府为19个拖延数年的国防项目发放工业许可。第三，提高外国投资的比例。6月10日印度政府宣布，把外商投资保险业和国防工业的参股比例上限由26%调升到49%。为鼓励更多印度企业进入该行业，允许多家印度企业累计持股51%。8月22日印度商工部发布公告，将外国直接投资在铁路基础设施建设领域的投资上限提高至100%，允许外资参与印度城郊公私合作模式的铁路走廊建设、高速铁路系统、铁路电气化、信号系统等项目。第四，降低外国投资进入门槛。12月初，印度政府宣布放宽建筑领域外国直接投资政策，规定在建筑领域获准的外国直接投资，项目完工后或在诸如公路、供水、街灯、排污等主干基础设施施工中，外国投资者都可撤出。如投资者想中途退出，可在获得外国投资促进委员会批准后将股权转让给其他外国投资者；将项目最小面积从以前的五万平米降至两万平米；还允许外国直接投资项目最低资本要求减半至500万美元；与印度企业合资项目最低资本要求从之前的500万美元降至250万美元；废除住宅项目最小面积约四万平方米的规定；为促进经济适用房的开发，开发商如能支付30%的项目成本，即可免除面积、最低资本及退出等方面的限制。②

坚持经济改革的莫迪政府上台，为印度公商界增添了信心。据印度工商联合会在2014年7月6日公布的一项调查显示，在莫迪总理上台一个半月后，印度工商界对印度经济的信心达到三年来最高。印度综合商业信心指数上升八个等级，93%的受访者认为，印度总体经济情况在未来六个月将会"有所或者显著好转"。③ 汇丰银行8月1日发布的报告显示，由于订单大量增加及外界对于新政府信心增加，印度制造业采购经理人指数由6月的51.5增至7月的53，升至17个月以来的新高，显示工业产出增长强劲，商业环境明显改善。2014年，印度利用外国投资也有较大增长。1—9月，印度利用外国投资额达到222.21亿美元，较上年同期的180.72亿美元增长23%。但是8月以来，印度利用外国投资较上年同期却有所下降：8月较上年同期下降9.2%，9月较上年同期下降15.68%。同时，10月印

---

① "印度下放内阁审批权"，[印]《商业在线报》2014年9月11日。
② "印度放宽建筑领域FDI政策"，[印]《经济时报》2014年12月4日。
③ 贺金喆："莫迪上台不满两月 印工商界对经济信心达3年来最高"，新华网，2014年7月7日，http://news.xinhuanet.com/world/2014-07/07/m_126719702.htm?prolongation=1。

度出口贸易也出现下降。10月印度出口260.94亿美元，比上个月下降5.04%，为六个月来首次下滑。① 2014年第三季度印度经济增长率也降为5.3%，增幅略低于上季度的5.7%，但好于市场预期。但是这在一定程度上表明，印度经济回升的步伐并不稳定。当然，受食品价格显著下降和工业产品需求疲弱的影响，印度消费者物价指数从8月的7.73%降至9月的6.46%，为2012年1月以来的最低水平；批发物价指数从8月的3.74%降至9月的2.38%，为2009年10月以来的最低水平。②

第三季度印度经济增长动力主要来自社会服务业、金融业和水电供应行业，农业增长保持稳定，但工业增长十分缓慢。印度股市在前两个季度连创新高，外资流入已达400亿美元。但外资基本是购买股票和固定资产，对印度工业生产未产生明显带动作用。当然，印度在第三季度出现经济增长率下降，并出现外国投资和商品出口下降的情况，一是由于莫迪政府推出的经济改革举措并不多；二是已经推出的经济改革举措要在几个月后才能见到效果；三是世界经济增长情况没有太大好转等。因为2014年印度农业和制造业表现较弱，因此世界主要机构都调低了2014年印度经济增长率。世界银行预计，2014—2015年度印度经济增长率可能达到6.7%；国际货币基金组织预测，2014—2015财政年度印度经济增长率为6.2%；印度财政部秘书阿温德·马亚拉姆表示，本财年印度国内生产总值增长率将达到5.5%—5.9%。③ 但是无论如何，2014年印度经济增长率将超过2013年，达到5%以上，但不可能达到6%，只可能在5.5%左右。实际上，2014年10月以来印度工业部门有抬头趋势：一是10月印度核心部门增幅为6.3%，是近四个月来新高，主因是煤炭产量提高16.2%，电力产量提高13.2%；二是11月份采购经理人指数达53.3，为21个月来新高，主因是订单增加，其中国内订单增加更多；三是11月印度最大汽车厂商马鲁蒂铃木汽车本土销售额上涨19.5%，本田和丰田涨幅分别为64%和19%。④ 国际货币基金组织公布的《世界经济展望报告》显示，2014年印度经济总

---

① "10月份印度出口额六个月来首次下滑"，[印]《经济时报》2014年11月18日。
② "印度9月批发物价指数降至5年来低点"，[印]《商业标准报》2014年10月15日。
③ "印财政部秘书称本财年印GDP增速可能达到5.9%"，中国驻印度经商参处，2014年9月29日，http://in.mofcom.gov.cn/article/jmxw/201409/20140900748543.shtml。
④ "印度工业部门现抬头趋势"，[印]《经济时报》2014年12月2日。

量可能首次达到 2 万亿美元。①

## 三、2015 年印度经济发展展望

展望 2015 年印度经济增长，我们看到印度经济已经出现回升势头，但不能忽略回升势头并不稳定。之所以出现这种情况，首先，气候等自然因素的持续影响使农业生产发展不稳定；其次，制造业和服务业能否加速增长难以确定，这取决于印度经济改革能否顺利进行，也在一定程度上受到国际经济变化的影响。莫迪在古吉拉特邦有良好的经济改革记录，但要把其成功经验推向全印度，却要面对一系列严峻挑战。

### （一）能否缩减财政赤字和经常项目赤字

进入 21 世纪后，印度财政赤字不断增多。为应对 2008 年国际金融危机对经济增长的影响，印度连续实行三个经济刺激计划，致使政府财政赤字越来越多，加上各邦政府财政赤字，其占印度国内生产总值的比例甚至接近 10%。与此同时，印度外贸逆差也迅速增加。2008 年国际金融危机后，印度外贸逆差越来越大，促使其经常项目赤字也有所上升。实际上，双赤字都与印度经济结构密切相关。目前，印度国内生产总值中第一产业所占比例降到 20% 以下，第二产业所占比例在 22% 左右，第三产业所占比例高达 58% 左右，印度经济已成为以服务业为主的经济。作为一个人口众多、国内需求旺盛的发展中大国，印度滞后的农业难以满足其国内逐渐扩大的农产品需求，造成农产品价格不断上涨。为促进农业发展而不断增加农业补贴的措施，又使政府财政赤字居高不下。落后的制造业难以满足国内逐渐扩大的工业品需求，促使进口不断增加，商品出口却难以同步增加，导致外贸逆差不断扩大，经常项目赤字不断

---

① "印度 2014 年经济总量有望达到 2 万亿美元"，中国驻加尔各答总领馆经商室，2014 年 10 月 21 日，http://kolkata.mofcom.gov.cn/article/jmxw/201410/20141000766828.shtml.

增加。印度财政赤字和经常项目赤字等问题在短期内难以解决。

## (二) 能否坚持进行经济改革

莫迪政府继续进行经济改革，必须面对一系列挑战。一是劳工市场改革难以进行。劳工法某些方面已成为国家鼓励本国私人投资和吸引国外投资的障碍。印度议会曾多次讨论修改该法案某些条款，但终因左翼政党和工会组织强烈反对而未能成功。二是工业保留政策难以取消。20世纪90年代经济改革后，减少和废弃保留政策遭到国内民族主义势力的极力反对。由于涉及甘地经济思想，小型工业保留政策难以取消。三是农业改革任重道远。2000年印度政府公布国家农业政策，但对土地制度却根本无法触动，对农业对外开放也根本没有提及。四是财政金融改革举步维艰。印度已实行经常项目自由兑换，但对资本项目自由兑换和货币国际化进程等仍十分谨慎。为削减财政赤字，应该减少对食品等补贴，但这不会受到欢迎。五是公营企业改革难有突破。公营企业改革涉及广大工人的实际利益，遭到左派政党和左翼势力的强烈反对，公营企业政策改革难有重大突破。印度人民党虽赢得印度人民院的选举，但印度国大党在印度联邦院仍占有优势，包括外资领域在内的诸多改革必然会遇到各种阻力，制度上的约束使莫迪的任务变得复杂化。尽管新政府能迅速在内阁层面采取行动，但调整立法却因需要更广泛的共识而难以实现。

## (三) 能否协调好中央与地方政府的关系

独立后，印度成为联邦制国家，但中央政府集中了最为重要的财权，造成中央与地方间矛盾加深，并使某些地方民族独立倾向时有增强，各地要求民族自治甚至民族独立的斗争此起彼伏。经济改革以来，地方民族主义有所抬头，中央与地方间矛盾一度比较尖锐。为缓和中央与地方间矛盾，印度不断增加对地方的援助，适当放权给地方，但地方政府还是抱怨新德里以"老大哥"一样的态度对待他们。由于担心财政权力被削减，一些地方政府甚至延迟推出中央政府全国统一的货物和服务税法。可见，莫迪政府需要修复已被破坏的中央与地方政府的关系。同时，恐怖活动也是印度发展的重要威胁，但地方政府的反对使前任政府冻结了反恐方案。改革印度税法和劳动法、放宽招聘和解雇限制等都需要各邦政府的合作，莫迪政府必须使各邦认同政府的举措。但在印度民主政体下，政府对社会的渗透程度极低，即使莫迪也难以协调好中央政府和地方政府的关系，因为印度各地区充斥着多种多样的局部利益。国大党仍然掌握足够多的上院席位，可对莫迪政府提出的法案行使否决权；国大党仍在多数邦执政，由于各邦执政党奉行的政策不同，印度人民党掌权的邦能行得通，国大党控制的邦未必可推广。莫迪政府还面临印度人民党的内部阻力，如地方法规改革可能会引发党内反弹等。以税制改革为例，印度政府近年来一直试图以统一的商品和服务税取代现有中央和各邦的间接税，但这却受到包括印度人民党掌控的多个邦的抵制，各邦都担心失去自身财权。

## （四）能否保持印度社会稳定和国内安全

莫迪政府要加速经济发展，首先必须保持社会稳定和国内安全。但独立后，印度宗教冲突此起彼伏，民族运动接连不断。由于民族、宗教与政治问题相互交织，一个环节处理不当容易引发其他环节的连锁反应，引起社会动荡，严重影响社会政治稳定，在一定程度上影响经济发展。20世纪90年代初期逐渐激化的印度教徒与伊斯兰教徒间的冲突长期危及印度社会稳定，而印共（毛）等左翼游击队也是印度国内的主要安全威胁。由于收入差距不断扩大，广大农民长期处在贫困状态。为了生存，他们不断加入左翼游击队，在印度广泛开展反政府游击战。莫迪在当选后首次演讲中宣誓要为所有印度人服务，但社会公众仍担心出身于印度教民族主义的莫迪会造成与穆斯林群体的紧张关系。同时，极端穆斯林也给印度带来严重安全隐患，"伊斯兰国"的兴起将在一定程度上鼓舞印度极端穆斯林势力，这决定了印度宗教冲突在短期内难以解决。如果莫迪依照印度教徒的意志行事，成为印度教徒独享的总理，那么他将被迫忙于平息国内业已加剧的民族宗教冲突，无法专注于现代化改革。① 莫迪如坚持经济改革，在"效率"和"公平"之间明确选择效率，则可能加剧印度社会中严重的贫富两极分化；放松原来管制极其严格的医疗和教育产业，市场化办医办学，在短期内不可能弥补大规模削减福利带来的影响。如果这样，印度社会问题将更加严重，安全形势将更加严峻。

### （五）能否在外交上取得突破性进展

国家经济发展需要有良好的国际环境，尤其是良好的周边环境。尽管莫迪上台后不久先后访问了日本和美国，通过这些访问，印度也在一定程度上改善和加强了与这些国家的关系，但莫迪政府能否在外交上取得突破性进展，还需时间证明。首先是美印关系。冷战结束后，中印先后逐渐崛起，美国从其全球利益出发，极力阻挠中印关系发展。当然，从民主角度来看，印美有血脉相承表象，这在一定程度上促使美国在莫迪当选后态度180度转变。莫迪访美虽在一定程度上缓和了比较紧张的印美关系，使其有所改善，但作为长期奉行独立自主外交政策的发展中大国，印度在外交上不可能受美国任意摆布。而美国在印度洋安全问题上，甚至把印度看作最大威胁。随着中国迅速崛起，美国推行"亚太再平衡"战略，抑制中国发展，需要拉拢印度牵制中国，但印度明确表示不愿参与美国围堵中国的活动。莫迪是一个坚定的民族主义者，没有理由成为美国的铁杆朋友，印美关系难有实质性突破。其次是印日关系。日本为成为"正常"国家，需要拉印制华。进入21世纪以来，日不断增加对印官方援助，使印成为其对外官方援助最多的国家，日本企业也不断增加对印投资。印日之间没有历史遗留问题，在对华问题上也有相似看法，但印日在成为联合国安理会常任理事国和许多重大国际问题上依然存在严重分歧。莫迪上台后访日期间，日承诺增加对印投资，但仍要求印放弃发展核武计划，印度当然不可能接受。尽管日本政府承诺增加对印投资，但日本企业家常常抱怨印度投资环境太差而不愿增加对印投资。因此，莫迪在印日外交上取得突破的可

---

① "印度的新面孔"，[俄]《专家》周刊网站2014年5月18日；《参考消息》2014年5月19日。

能性也不大。第三是印巴关系。巴基斯坦是印度的重要邻国，长期以来，印巴关系处于十分紧张的状态，两国甚至三次兵戎相见。巴一直被印视作威胁和竞争者，印度人民党长期以来一直对巴持强硬态度，并反对上任总理曼莫汉·辛格与巴和谈的尝试。莫迪上台时，虽然巴领导人首次受邀参加其就职仪式，但对双方展开对话谈判，莫迪的态度极不明晰。此外，阿富汗问题也是挑战。印正准备在美撤军后与阿政府加强安全合作，印驻阿哈拉特的领事馆即遭到恐怖袭击。因此，印度与周边国家的关系难有突破性进展。

展望未来，莫迪政府推出的经济改革举措将逐渐推动2015年印度经济增长，同时2014年后期世界石油价格大幅度下降也对印度经济增长有一定好处。首先，有利于缓和严重的通货膨胀。长期以来，进口石油在印度石油消费中的比例超过70%，油价大幅度上涨直接推动印度国内通货膨胀。当前油价大幅度下降，自然在一定程度上减缓了印度国内通货膨胀压力。其次，有利于降低经常项目赤字。长期以来，石油进口费用在印度商品进口中占有重大比重，油价大幅度上涨往往造成印度对外贸易赤字增大。而当前世界油价大幅度下降，当然会导致印度对外贸易赤字减少，从而促使经常项目赤字下降。第三，有利于企业和家庭减少开支。世界油价大幅度下降必然导致印度国内石油产品价格相应下降，从而一方面降低以石油做原料或动力的企业生产成本，刺激这些企业增加投资；另一方面也减少家庭用于石油等能源方面的支出，相应增加家庭可用于消费的支出，刺激印度社会消费。无论是企业增加投资还是家庭增加消费，都将在一定程度上刺激经济增长。第四，有利于政府实行积极的货币政策。严重的通货膨胀压力迫使印度储备银行不断提高利率，从而提高企业借贷成本，降低企业利润，影响企业投资和经济发展；而通货膨胀压力降低促使印度储备银行降低利率，从而降低企业借贷成本，刺激经济投资，促进经济增长。因此，展望2015年印度经济，国际机构大都作出较为乐观的估计。国际货币基金组织预测，2015年印度经济增速有望升至6.4%。[①] 高盛公司预测，2015年印度国内生产总值增速有望提升至6.3%。经济合作组织将2015年印度经济增长率由之前预估的5.9%上调到6.6%。一些国际机构甚至认

---

① 赵旭、汪平："IMF：印度2014年经济将增长5.4%"，新华网，2014年4月9日。

为，印度经济即将进入新的黄金时期。但是，正如2014年一样，2015年印度经济恢复将进一步继续，但步伐不会很快，可能依然不稳定。毕竟印度经济发展依然存在诸多不确定因素，特别是与印度经济联系较紧的美国以及中国等新兴经济体若发生变化，如经济增长放缓，将在一定程度上影响印度出口，从而影响印度经济增长。如果美国经济增长良好，促使美国联邦储备提高利率，可能吸引国际资金流向美国，从而影响印度利用外资，诱导资本从印度流出，不利于印度经济增长。因此，2015年印度经济增长率虽然可能超过2014年，但是不会超过太多，很可能保持在6%左右。

# 孟中印缅经济走廊建设的发展及建议

陈利君[*]

2013年9月和10月，习近平主席在分别访问中亚和东南亚国家时提出共建"丝绸之路经济带"和"21世纪海上丝绸之路"的伟大战略构想。同时，2013年5月李克强总理访问印度时，中印双方共同倡议建设孟中印缅经济走廊。党的十八届三中全会审议通过的《中共中央关于全面深化改革若干重大问题的决定》提出，推进丝绸之路经济带、海上丝绸之路建设，形成全方位开放新格局。由此，推进"一带一路"建设成为中国今后一段时期对外开放的一个重点。孟中印缅经济走廊作为"一带一路"建设的一个重要组成部分，必将成为中国西南特别是云南新时期扩大开放与合作的重要战略举措。

## 一、建设孟中印缅经济走廊的重要意义

孟中印缅经济走廊是以孟加拉国、中国、印度、缅甸四个国家为主体，以达卡、昆明、加尔各答、曼德勒等沿线重要城市为依托，以铁路、公路、航空、水运、电力、通信、油气管道等国际大通道为纽带，以人流、物流、资金流、信息流为基础，通过共同打造优势产业集群、特色城镇体系、产业园区、口岸体系、边境经济合作区等，形成优势互补、分工

---

[*] 陈利君，云南省社会科学院南亚研究所研究员。

协作、联动开发、共同发展的经济带。① 建设孟中印缅经济走廊对于深挖四国经贸合作潜力，加强四国经济联系，促进区域经济共同发展具有十分重要的意义。

### （一）有利于创造良好的地区发展环境

加快发展需要有良好的国内外环境。当前，不仅"和平、发展、合作、共赢"成为时代潮流，而且孟中印缅都有加快发展、改善民生的愿望。但孟中印缅地区情况复杂，加快发展仍面临不少困难和挑战，四国只有携手合作，共同营造和平稳定的周边环境，才能寻求更大发展。建设孟中印缅经济走廊不仅有利于四国进一步增加往来，加深相互理解，增强互信，促使本地区更快地融入世界经济发展的大潮，而且有利于四国深入开展地区经济合作，密切各方经济关系，增强各国经济实力，改变本区域封闭落后的面貌，创造有利于本区域发展的良好环境，促进共同发展。

### （二）有利于促进互联互通

通道建设是促进发展的基础。尽管孟中印缅是世界重要的新兴市场，战略地位十分重要，但长期以来各国基础设施特别是边境地区的基础设施十分落后，互联互通水平很低，远远不适应本地区经济社会持续发展的需要。建设孟中印缅经济走廊必须加快国际大通道建设，加快实现互联互通，以增强本地区经济发展的动力。而国际大通道的建设不仅有利于充分发挥本地区的区位优势，优化各国的各种资源配置，带动沿线国家经济社会发展，而且有利于进一步推动互联互通建设，使经济发展与互联互通形成良性互动的局面。

### （三）有利于深化经贸合作，促进共同发展

建设经济走廊是促进地区产业发展和经济繁荣的有效途径。目前，孟

---

① 陈利君："建设孟中印缅经济走廊的前景与对策"，《云南社会科学》2014年第1期。

中印缅已成为世界经济发展最有活力的地区之一。加强区域经济合作，促进经济共同发展，需要有新的经济增长点和新的举措。建设孟中印缅经济走廊不仅有利于把四国市场有效连接起来，促进生产要素在区域内合理流动和优化组合，推动四国经济相互沟通和融合，提高区域合作水平，而且有利于吸引世界各地的资金和技术开发本区域丰富的资源，创造出巨大的投资和消费需求，成为充满活力的新的区域经济增长极。同时，还有利于四国充分发挥比较优势，促进产业分工与合作，增加资源供给和降低资源的供给成本，促进共同发展。可见，孟中印缅经济走廊是四国推进经贸合作的重要载体，是造福沿线各国人民的经济走廊，符合沿线各国的利益。

### （四）有利于改善孟中印缅四国的政治关系

尽管近年来孟中印缅四国关系不断向前发展，但同时还有许多问题需要解决。建设孟中印缅经济走廊，为四国经济发展提供了相互渗透、相互流动、相互促进的舞台，有利于四国加强经济联系，促进经济合作，共同开发资源，增加人员往来，缓解贫困，实现共同发展。而这种给四国和四国人民带来实实在在利益的合作项目有利于扩大四方的共同利益，拉近各方距离，加强相互沟通，增加共识，增进友谊，消除误解，增强相互间的信任感，从而改善四国的政治关系。

## 二、孟中印缅经济走廊建设的进展

孟中印缅四国山水相连，合作交流的历史源远流长。2013年李克强总理访问印度，双方倡议共同推进孟中印缅经济走廊建设以来，已取得明显成绩，这不仅对本地区互联互通、经济合作正在产生深远的影响，而且对中国"一带一路"建设、向西开放以及同周边国家的开放与合作也产生了重要影响。

## （一）合作机制日益完善，平台建设取得新进展

尽管历史上孟中印缅地区的联系十分紧密，但一直没有相应的合作机制来推动本地区的经济合作。1999 年，四国学者共同发起并在昆明举行了第一次会议，四国代表签署了《昆明倡议》，开了孟中印缅地区经济合作的先河。之后，四国在中国昆明、印度新德里（或加尔各答）、孟加拉国达卡（或科克斯巴扎尔）、缅甸仰光（或内比都）召开了 12 次会议，在多个领域达成了共识，通过了《达卡声明》、《昆明合作声明》、《德里声明》、《加尔各答声明》、《仰光声明》、《内比都声言》等一系列促进合作的倡议或声明。另外，孟中印缅地区经济合作论坛还举行了汽车拉力赛。2012 年 2 月 8—18 日，来自四国的 12 名考察团成员对沿线的孟加拉国达卡、中国昆明、印度英帕尔、缅甸曼德勒等地进行了路考。2013 年 2 月 22 日—3 月 5 日，首届孟中印缅汽车拉力赛成功举行，车队从印度加尔各答出发经孟加拉国杰索尔、达卡、锡莱特，印度锡尔杰尔、英帕尔，缅甸卡勒、曼德勒，中国瑞丽、腾冲、大理，最后到达昆明，历时 12 天，总里程约 2800 公里。2013 年 5 月李克强总理访问印度，双方签署的《中印联合声明》指出，鉴于 2013 年 2 月孟中印缅汽车拉力赛的成功举行，双方同意与其他各方协商，成立联合工作组，研究加强该地区互联互通，促进经贸合作和人文交流，并倡议建设孟中印缅经济走廊。[①] 这使得经济走廊建设正式从民间走向了官方。

从孟中印缅地区经济合作到孟中印缅经济走廊建设，四国建立了日益完善的合作机制。从孟中印缅论坛来看，会议名称从最初的"孟中印缅地区经济合作与发展国际研讨会"发展为"孟中印缅地区经济合作论坛"，再到现在的"孟中印缅合作论坛"，参会模式从最初的只有学者参加发展为官员、学者、企业界共同参加，会议也逐渐发展为"政府主导、多轨并行"的"一轨半"形式。2004 年四国在昆明建立了孟中印缅地区经济合作论坛的常设机构；2012 年 2 月 19 日在孟中印缅地区合作论坛第十次会议

---

① "中华人民共和国和印度共和国联合声明"，http://news.xinhuanet.com/politics/2013-05/20/c_115839518.htm。

上同意成立孟中印缅商务理事会,① 共同推动地区间的经济合作;2013年2月和2015年2月又在达卡和仰光举行了第十一、十二次会议,这使得该论坛成为推动孟中印缅地区经济合作最重要的合作机制之一,对促进次区域经济合作与人文交流发挥了重要作用。从会展平台建设来看,云南相继推动了中国—南亚商务论坛、昆明与加尔各答国际学术会议、中国(云南)与缅甸合作论坛等在昆明举办。自2013年起,经国家批准,中国—南亚博览会与已举办了20年的中国昆明进出口交易会同期举办,2014年6月第二届中国—南亚博览会成功举办。从孟中印缅经济走廊建设来看,2013年5月李克强总理访问印度,中印双方签署《中印联合声明》,明确提出建设孟中印缅经济走廊的倡议。2013年12月18—19日,孟中印缅经济走廊联合工作组第一次会议在昆明召开,四国政府部门官员、专家学者和国际组织代表出席了会议。会议签署了会议纪要和孟中印缅经济走廊联合研究计划。② 这使得经济走廊建设正式上升到四国政府层面。2014年12月17—18日,孟中印缅经济走廊联合工作组第二次会议在孟加拉国科克斯巴扎尔召开,会议不仅讨论了四国提交的孟中印缅经济走廊国别报告以及互联互通、能源、投融资、货物与服务贸易便利化、可持续发展、扶贫及人力资源、人文交流等重点领域的合作设想和推进机制建设,而且强调了加强经济走廊互联互通的重要性,并承诺本着互相信任、互相尊重、公平互利、务实高效、协商一致、多方共赢的原则,加快推进经济走廊建设,为维护地区和平稳定和促进经济发展作出贡献,使四国人民得到实惠。另外,会议还就下一步工作安排达成了共识,签署了联合工作组第二次会议纪要。③ 可见,本地区的合作机制和平台建设日益完善,合作内容与形式也更加丰富。

---

① 理事会将通过组织代表团访问、互换信息、参加会议、举办展览和建立网站等方式开展活动。理事会实行轮值主席制,主席由轮值国推荐担任,每个国家推荐两名代表进入理事会。首任轮值主席国由中国担任。

② "孟中印缅经济走廊联合工作组第一次会议在昆明召开",http://news.xinhuanet.com/2013-12/19/c_125887563.htm。

③ "孟中印缅经济走廊联合工作组探讨加强联通与合作",http://world.people.com.cn/n/2014/1219/c157278-26241789.html。

## （二）经贸合作规模不断扩大，合作领域不断拓宽

在孟中印缅四国政府及孟中印缅地区经济合作论坛等机制的推动下，四国经贸合作规模不断扩大。1999—2014年，中国与印度、孟加拉国、缅甸的贸易快速增长。1999年中国与印、孟、缅三国的贸易额为32.11亿美元，2003年突破100亿美元（达100.5亿美元），2014年达1081.25亿美元，比1999年增长了32.67倍。同期，中印贸易额从19.88亿美元增加到706.05亿美元，增长34.52倍；中缅贸易额从5.08亿美元增加到249.73亿美元，增长48.16倍；中孟贸易额从7.15亿美元增加到125.47亿美元，增长23.70倍。[①] 中国已成为印度、缅甸第一大贸易伙伴，印度成为中国在南亚地区的最大贸易伙伴和中国第七大出口市场。同期，云南与印、孟、缅三国的贸易也不断增加，1999年云南与印、孟、缅的贸易额分别为2761万美元、195万美元、2.9952亿美元，2013年上升为5.6377亿美元、1.3712亿美元、41.7亿美元，分别增长19.42倍、69.32倍和12.90倍。2014年云南与缅甸的贸易额比上年增长67.4%。[②] 目前，印度、缅甸、孟加拉国已成为云南重要的贸易伙伴。

与此同时，孟中印缅经贸合作领域不断拓宽，合作形式日益多样化。在合作领域方面，最初孟中印缅地区合作论坛关注的主要是交通、贸易、旅游与合作机制四大问题，但随着论坛讨论的深入，合作领域不断拓宽，现已扩大到投资、服务贸易、电信、软件、农业、医药、科技、教育、文化以及非传统安全等领域。从合作形式看，除贸易外，四国间的投资、工程承包项目也明显增长。截至2012年底，中国在印累计签订工程承包合同额601.31亿美元，完成营业额335.18亿美元；经商务部批准或备案的中国对印非金融类直接投资金额达7.25亿美元，印度来中国设立的非金融类投资项目800个，实际投资4.86亿美元。2012年印度在华投资新设企业77家，实际使用外资金额4406万美元。截至2012年底，中国在孟累计签订工程承包合同额88.84亿美元，完成营业额87.64亿美元；中国对孟非

---

① 根据《中国统计年鉴》、《云南省统计年鉴》相关资料整理。
② 资料来源：云南省商务厅。

金融类直接投资存量为 1.21 亿美元，孟对中国实际投资 4048 万美元。[①]据中国商务部统计，截至 2014 年 6 月底，中国累计对缅非金融类直接投资 26.6 亿美元，居中国对东盟投资第五位；中国企业在缅共签订工程承包合同额 166.2 亿美元，完成营业额 111.1 亿美元。[②] 2014 年 11 月李克强总理访问缅甸期间，双方又签署了涵盖能源、农业、电信、基础设施和金融的投资协议，涉及金额达 78 亿美元。一批对区域经济发展起着重大和先导作用的大项目（如中缅油气管道）也进入实质性合作阶段。2014 年 9 月 18 日，习近平主席在印度新德里表示，中国愿同南亚国家携手努力，争取在未来五年将双方贸易额提升至 1500 亿美元，将中国对南亚投资提升到 300 亿美元，并将为南亚国家提供 200 亿美元的优惠性质贷款。这表明四国经贸合作领域已大大拓宽。

### （三）基础设施建设加快，互联互通水平大大提高

孟中印缅基础设施长期落后，互联互通水平低，成为制约经济发展和开展合作的重要制约因素。在 1999 年，中国与南亚国家没有一条固定的航线。随着四国间的合作不断增多，交通连接也不断取得新进展。以云南为例，2000 年 12 月 4 日，云南省首开昆明至印度新德里的商务包机，结束了中印之间长期以来不通航的历史。2002 年 4 月 1 日，东航云南公司开通昆明—曼德勒航线。2004 年 12 月在昆明召开的第五次会议上，提出开通加尔各答—达卡—曼德勒—昆明空中航线，推进"孟中印缅地区旅游合作"等。2005 年 5 月，东方航空正式开通北京—昆明—达卡国际航线。随后，昆明—加尔各答、昆明—仰光、昆明—加德满都、昆明—科伦坡、昆明—马累等航线陆续开辟。与此同时，云南"连接周边、通江达海"的公路网也初步形成。目前云南正在加大力度推进"四出境"的公路、铁路建设，其中昆明至中缅边境口岸瑞丽、腾冲的高速或高等级公路已建成通车，中国腾冲至缅甸密支那的二级公路也建成通车。另外，北京、上海、

---

[①] 中国商务部亚洲司："双边合作简况"，http：//yzs.mofcom.gov.cn/article/t/? 2。
[②] "中国缅甸双边经贸合作简况"，http：//yzs.mofcom.gov.cn/article/t/201408/20140800707373.shtml。

广州等也开通了到印度的航线。自孟中印缅经济走廊建设提出后，孟印缅对通过亚洲公路网、泛亚铁路连接四国的通道表现出更加积极的愿望，这有力地促进了四国间客货运输和人员往来。

## （四）民间交流日趋活跃，人员往来规模大大增加

尽管千百年来孟中印缅民间交流不断，但由于交通条件的限制，人员交往总体数量并不多。随着四国共同推进交通基础设施建设，交通条件的改善大大促进了彼此间人员往来。近年来，四国商务、学术、文化、教育等合作交流不断增多，政府部门官员互访频繁，民间交流日趋活跃。例如缅甸一直被称为世界的"处女地"，开发开放水平低，但随着近年来缅甸的开放以及孟中印缅合作的加强，中国特别是云南与缅甸的人员交流大幅度增加，滇缅双方还共同推出了畹町—腊戍、瑞丽—八莫、瑞丽—曼德勒、勐海—勐拉—景栋等边境旅游线路，大大推动了缅甸旅游业的发展。2012年世界各国赴缅游客人数突破百万大关，旅游收入达5.34亿美元。在2012年缅甸入境游客中，中国游客人数排在第二位。据缅甸旅游与酒店部统计，目前酒店数量已增至1000家，其中包括六家五星级酒店、17家四星级酒店和其他900多家各级别酒店，客房总数达3.8722万间。2014年旅游人数有望突破300万人次。[①] 又如印度，1990年印度到中国旅游的人数为1.43万人，2000年上升到12.09万人，2013年达到67.67万人，[②] 居来中国旅游人数的第16位。中国及云南的高校和孟印缅三国高校的合作与交流也不断增加，每年都吸引大量学生来华学习，其中云南大理学院（现为大理大学）自2005年开始招收南亚留学生以来，已招收来自印度、孟加拉国等国的留学生500余名；云南大学还招收印度学生攻读博士学位。另外，云南还有许多高校在孟印缅设置办学点，例如云南大学在孟加拉国开设了孔子学院，在缅甸兴建了福庆孔子课堂等。云南广播电视大学与孟加拉国南北大学签署了合作协议，将在孟南北大学建立云南开放大学孟加

---

[①] "缅甸酒店数量增至千家 全年游客人数有望突破300万"，http://gb.cri.cn/42071/2014/07/04/5931s4602357.htm。

[②] 国家旅游局政策法规司："2013年1—12月来华旅游入境人数（按年龄、性别分）"，http://www.cnta.gov.cn/html/2014-1/2014-1-16-15-51-96939.html。

拉学习中心，而孟南北大学也将建立中国研究中心。云南财经大学、昆明理工大学等高校也与印度、孟加拉国、缅甸的高校签署了合作协议。2014年9月习近平主席访问印度期间，向印度总统慕克吉、总理莫迪提出2015年在中国举办"印度旅游年"，2016年在印度举办"中国旅游年"。同时，习近平主席在印度新德里表示，中国还将扩大同南亚国家人文交流，未来五年向南亚提供一万个奖学金名额、5000个培训名额、5000个青年交流和培训名额，并帮助培训5000名汉语教师。[1] 2015年2月2日，中国举办的"印度旅游年"在北京正式启动，不仅标志着为期两年的中印互办国家旅游年活动正式开始，而且中方还表示愿意与印方一道建立良好的旅游合作机制，争取在2015年召开中印旅游部长对话会议，[2] 这将进一步促进双向游客往来。

## 三、加快推进孟中印缅经济走廊建设的对策建议

尽管孟中印缅经济走廊建设已取得不少成绩，但与四国的巨大潜力相比，合作层次、合作规模、合作便利化程度、信息交流水平等都远远不适应当前和未来地区经济发展形势的需要，还需不断推进务实合作，提升合作层次和水平，以实现互利共赢和促进共同发展。

### （一）提升孟中印缅经济走廊合作机制水平

高水平的合作机制是推进孟中印缅经济走廊建设的重要保障。尽管四国已建立了推进孟中印缅经济走廊建设的合作机制，但由于经济走廊建设是一项复杂的工程，需要协调的内容很多，面临的挑战也很多，四国政府需要进一步加大协调力度，建立更高水平的合作机制来协调和推动，这样

---

[1] "习近平在印度世界事务委员会的演讲——《携手追寻民族复兴之梦》"，http://news.xinhuanet.com/politics/2014-09/19/c_1112539621.htm。

[2] "2015中国'印度旅游年'启动"，http://stock.stcn.com/common/finalpage/edNews/2015/20150209/476787198083.shtml。

才容易取得更多实质性进展。例如可建立部长级协调机制以及沿线地方政府部门协调机制、产业合作机制、商会（企业）合作机制、民间交流合作机制等，以共同推进经济走廊建设。

## （二）以交通为重点加快推进互联互通建设

互联互通对于提高贸易便利化水平，促进生产要素自由流通有重要作用。建设互联互通的国际大通道是推进经济走廊建设的基础，而交通领域的互联互通必须先行。实现区域内互联互通，建立可靠的区域供应链体系，提高供应链智能化水平，不仅有利于提高贸易便利化水平，降低商品流通时间和节约交易成本，促进四国经贸合作，而且有利于增强本地区的经济联系和市场竞争力，推进区域经济一体化。随着四国经济迅速发展，交通设施已跟不上发展的步伐，并成为制约孟中印缅经济合作的"瓶颈"。目前，四国除航空领域的互联互通较好以外，其他领域的互联互通还十分薄弱。现四国要充分发挥各自的区位优势，加强合作，把交通领域的互联互通作为合作的优先领域和重点方向，积极推进孟中印缅铁路、公路通道建设，进而使四国经济在更广阔的领域和市场内快速推进。四国在加强本国交通建设的基础上，要采取共同协商、先易后难的方式加快互联互通的交通运输网络建设，努力构建综合立体的交通运输体系，以深化区域经济合作。

## （三）务实推进区域合作，不断拓宽合作领域

建设孟中印缅经济走廊就是要推进四国多层次、多元化的合作，建成一条互利合作共赢的经济带，以实现优势互补。目前，中国与孟加拉国、印度和缅甸是重要的经贸伙伴，但合作规模还不大，今后必须秉持开放合作的精神，不断拓展合作领域，推进合作形式向多元化发展。为此，四国要进一步深化在相互投资、贸易、基础设施建设等领域的合作，加深利益融合，提升多边合作水平。一是要不断扩大孟中印缅贸易规模。贸易发展是构建经济走廊的物质基础，也是推进经济走廊建设进程的重要动力。目前，孟中印缅贸易基数低，规模小，比重轻，发展不平衡。中国特别是云

南要不断优化贸易结构，进一步扩大与孟印缅的贸易规模，提高贸易渗透度与依存度。二是进一步扩大开放，深化区域经济合作。制定相互优惠的经贸合作政策，放宽对外商投资的领域，加大相互投资合作力度。尤其是要加强在基础设施、农业、矿产资源、水电、新能源等重点领域合作，为经济走廊建设创造条件。三是在落实已经确定的具体项目的基础上，加大磋商力度，达成更多共识，不断提出新的合作思路、合作目标、合作项目。特别是要将提出的项目和建议具体化，以更加务实地推进合作。四是合力建设孟中印缅官方网站或商务门户网站，加强商务信息沟通，促进经贸、投资合作。五是推动贸易投资便利化。协调完善各种法律法规及标准，简化经贸合作和人员往来手续，积极推动各方在对方国家设立官方或民间贸易促进机构。

### （四）加大孟中印缅产业合作力度

建设经济走廊就是要充分发挥交通联通带来的人流、物流、资金流、信息流的优势以及低成本的优势，加强互补性的产业合作，发展壮大各具特色的优势产业，建立一批产业基地，促进区域分工、优势互补、共同发展，将"交通通道"变为"经济走廊"。一是加强产业合作机制建设。充分发挥彼此资源的比较优势，以互联互通的综合运输大通道为载体，以经济、贸易、产业的互补性为基础，以优势产业合作为核心，以项目合作为平台，不断深化和拓展产业合作，把孟中印缅经济走廊建设成为交通完善、物流通畅、优势互补、合作便捷的国际经济大通道，使之成为促进四国经济合作与增长的新的增长极。二是调动各方的积极性。将经济走廊建设与四国的经济发展规划相结合，与沿线国家的资源优势、经济优势、产业优势相结合，以充分调动沿线各国的积极性，形成合力来推动经济走廊的建设。三是加强产业协作。四国经济结构各有千秋，经济互补性强。比如中国的第二产业发达，而印度的服务业有比较优势。要充分利用四国的地缘优势，积极进行科学合理的产业协作与分工，促进产业结构优化升级，大力开展优势互补的产业合作，推动经济走廊的最终形成。四是设立孟中印缅经济开发园区。要充分考虑经济走廊沿线各国的产业特点、能力和潜力，依托昆明、曼德勒、达卡、加尔各答等重要城市，建立相关产业园区,"以点带面"加强合作,使经济走廊发展成为连接孟中印缅的经济带、产业带和城镇群。这既可以充分发挥产业的集聚效应和规模效应,又可使沿线各国获得更多利益。五是推进产业化与城镇化的结合。经济走廊需要产业化和城镇化作支撑。孟中印缅经济走廊沿线经济发展不平衡,落差大,需要充分发挥沿线核心城市的集聚辐射作用。各主要城市可以按照各自的产业优势进行分工合作,促进产业结构调整升级,形成梯度产业转移体系,共同打造区域竞争力,将孟中印缅经济走廊建设成为造福于沿线各国人民的经济增长带。

## (五)加强公共外交,夯实民意基础

经济走廊建设是全方位的,既包括"硬件",也包括"软件"。"硬件"主要是指基础设施和交通运输领域的互联互通,"软件"主要是指制度(法律法规、政策)、技术、人文和情感等领域的互联互通。当前最重要的是在加快交通基础设施建设的同时,借鉴中国与东盟推进互联互通的经验,[①] 加快信息、政策、教育、人文等领域的互联互通,使交通走廊向经济走廊转化。一是继续发挥四国在资源、产业、市场等方面的互补优势,营造更加透明、稳定和开放的政策环境,在加强经贸合作的同时,大力推进文化、教育、新闻媒体以及信息、软件、金融、农业、环境保护、新能源、反贫困等领域的合作。二是加强人文交流。人文交流合作对于四国加深了解、增进友谊、达成共识、促进人员往来、密切经贸合作具有十分重要的意义。因此,今后四国要在人文交流方面加大合作力度,通过交流增进共识,通过共识促进发展。三是加强与沿线国家在经济法律法规、技术标准与程序以及物流、科技、知识产权、法律咨询、商务咨询、会计服务、信息服务等领域的合作。同时,加强沿走廊中心城市的政治、经济、教育、文化、科技、旅游等方面的合作与交流。

---

① 目前,东盟已对互联互通的内涵作出明确规定,即互联互通(Connectivity)包括物理的连接(Physical Connectivity)、制度的连接(Institutional Connectivity)和人与人之间的连接。其中,物理的连接又包括运输、信息与通信技术及能源,制度的连接包括贸易自由化与便利化、投资与服务自由化和便利化、多边认证协定、区域运输协定、跨境手续简化、能力建设等,人与人的连接包括教育和文化交流及旅游。

四是加强信息交流。目前，各国在信息技术合作方面较为滞后，今后要加强信息交流，推进电子商务平台的应用，促进贸易便利化。五是加强感情上的互联互通。通过民间友好组织加强交流合作，加深彼此了解，夯实双方睦邻友好的社会基础。

### （六）多渠道筹集经济走廊建设资金

建设孟中印缅经济走廊，经费是关键，有了经费的支撑，不仅可以深化对经济走廊建设的统筹协调，加大推进力度，而且可以加快一些项目的进度，持续推动四国产业合作与对接，为经济走廊建设提供有力支撑。但孟中印缅都是发展中国家，缺乏建设资金，特别是缅甸和孟加拉国，由于经济相对落后，国内筹资困难。因此，四国必须从国际及国家层面考虑建设资金问题，采取多种方式筹集建设资金，以突破资金瓶颈，务实推进经济走廊建设。一是四国政府要增加投入或提供优惠贷款，特别是中国和印度要为经济走廊建设提供更多的资金支持。二是要吸引国际社会、国际组织以及民间资本参与建设。孟中印缅毗邻地区是经济相对落后的地区，交通基础设施落后，依靠自身的力量在短期内难以完成经济走廊建设。四国要共同寻求国际机构与组织的支持和援助，尤其是要吸引世界银行（World Bank）、国际货币基金组织（IMF）、亚洲开发银行（ADB）、亚太经社会（ESCAP）、亚太经合组织（APEC）等的支持来推进基础设施项目。对于产业投资项目，可更多利用商业银行贷款、私人投资和买方信贷；对于其中的一些项目，可考虑用资金换产权的方式吸引私营部门前来投资。另外，四国还可充分利用亚投行、丝路基金等推动通道建设、产业发展、民生改善等。

### （七）继续推进四国友好关系的发展

良好的关系是推进孟中印缅经济走廊建设的重要条件。尽管近年来孟中印缅四国关系获得了快速发展，但仍然存在许多问题，使得彼此间的政治互信程度还不够高，这对建设经济走廊形成了制约。为此，四国要把发展友好关系作为重要任务，进一步增加高层交往，形成定期会晤机制，切实增强双边关系的稳定性,加深政治安全领域的互信。要着眼大局,包容互谅,搁置争议,管控分歧,通过对话、协商与合作化解误解和矛盾,协调利益关系,增进互信。

# 建设中巴经济走廊，促进中巴经济合作

斯　文[*]

中巴关系是牢不可破的全天候关系，但牢固的政治关系也需要密切的经济关系来巩固。进入21世纪以来，中巴贸易迅速增长，特别是近年来中巴战略合作伙伴关系不断取得新进展，两国经贸合作成效显著。中国是巴基斯坦第三大贸易伙伴，巴基斯坦是中国在南亚地区的第二大贸易伙伴和第一大投资目的地。巴在南亚国家中第一个承认中国市场经济地位，第一个同中国建立自由贸易区。但是，随着中巴贸易逐渐增长，巴贸易逆差也在不断扩大。作为经济发展水平不高和外汇储备不多的发展中国家，贸易逆差过大势必给巴造成国际收支问题，从而在一定程度上影响中巴关系的深化，因此必须尽量减少中巴贸易逆差，推动中巴关系进一步巩固和发展。造成中巴贸易逆差的因素是多方面的，但最根本的还是巴经济发展水平不高及其经济结构方面的问题。中国政府高度重视巴基斯坦在中巴贸易中的逆差问题。为了减少中巴贸易逆差，中国需要增加对巴投资，促进巴经济发展，从而增强巴对华出口能力。2006年4月，巴总统穆沙拉夫在首届"巴基斯坦—中国能源论坛"首次会议上说："目前中国的能源供应和对中东地区的商品出口主要通过海湾、印度洋、马六甲海峡、南中国海到中国，路途遥远，如果我们把巴陆路大动脉与中国新疆接通，完善巴基础设施、通信设施，未来的喀喇昆仑公路以及在其基础上可能建立的喀喇昆仑管线甚至铁路，必将成为中国与中东国家、中亚国家、南亚国家经济战略走廊的最佳捷径。"[②] 2013年5月，中国国务院总理李克强访巴，两国政

---

[*] 斯文，教育部人文社会科学重点研究基地四川大学南亚研究所研究员。
[②] 周戎："巴总统提出中巴经济战略走廊构想"，《光明日报》2006年4月28日。

府共同倡导建设中巴经济走廊。这是一项巨大的工程,其中包括高速公路、铁路、石油和天然气管道以及经济特区等各项内容,不仅将在很大程度上改善中巴之间的运输通道,方便巴商品对中国的出口,而且将在一定程度上促进中国对巴投资,推动巴经济发展,从而增强巴商品出口能力,显著缓解中巴贸易逆差问题,推动中巴经济合作进一步加强。因此,中巴双方都应努力加速中巴经济走廊建设。

# 一、贸易逆差增大可能影响中巴经贸合作

近年来,巴基斯坦在中巴贸易中的贸易逆差不断增大,成为中巴经济合作中的重要问题,并将在一定程度上影响中巴经济合作持续深入发展。

## (一)中巴贸易逆差不断增大

在国际金融危机爆发前的 2007 年,中巴贸易额已达 65 亿美元,中国已经成为巴第二大进口来源国和第七大出口市场。2008 年,中巴双边贸易总额达到 69.81 亿美元,同比增加 1.3%,其中中国对巴出口 59.75 亿美元,同比增加 3.2%;中国从巴进口 10.06 亿美元,同比下降 8.9%;巴方贸易逆差 49.69 亿美元。2009 年,中巴双边贸易总额达到 67.75 亿美元,同比下降 3%,其中中国对巴出口 55.15 亿美元,同比下降 7.7%;中国从巴进口 12.6 亿美元,同比增加 25.2%;巴方贸易逆差 42.55 亿美元。近年来,中巴贸易迅速增长,双边贸易额一直保持 20% 以上的增长速度。2010 年,中巴双边贸易总额达到 86.67 亿美元,同比增加 27.9%,其中中国对巴出口 69.38 亿美元,同比增加 25.8%;中国从巴进口 17.29 亿美元,同比增加 37.2%;巴方贸易逆差 52.09 亿美元,同比增加 22.4%。2011 年,中巴贸易额为 105.64 亿美元,同比增加 21.9%,其中中国对巴出口 84.4 亿美元,同比增加 21.6%;中国从巴进口 21.24 亿美元,同比增加 22.8%;巴方贸易逆差 63.16 亿美元,同比增加 21.3%。2012 年,中巴贸易额为 124.17 亿美元,同比增加 17.5%,其中中国对巴出口 92.76

亿美元,同比增加 9.9%;中国从巴进口 31.4 亿美元,同比增加 47.8%;巴方贸易逆差 61.36 亿美元,比上年减少 1.8 亿美元,减少 2.8%。2013 年 1—4 月,中巴贸易额为 42.39 亿美元,同比增加 14.3%,其中中国对巴出口 31.32 亿美元,同比增加 13.9%;中国从巴进口 11.06 亿美元,同比增加 15.6%;巴方贸易逆差 20.26 亿美元,比上年同期增加 2.29 亿美元,增加 12.73%。[①] 总的来说,近年来,在中巴贸易中,巴基斯坦不仅依然存在贸易逆差,而且贸易逆差额还在不断增大。

## (二) 贸易逆差增大影响中巴关系

巴基斯坦在中巴贸易中的贸易逆差不断增大,这不仅在一定程度上影响中巴贸易继续扩大,而且可能影响中巴关系深入发展。虽然巴对外贸易整体上处于逆差状态,但中巴贸易逆差在巴对外贸易逆差中占有较大的比重,这在一定程度上影响了巴国际收支平衡和对外支付。当然,长期以来,巴主要依靠侨汇增加、国际援助、外国投资和对外借款等来平衡国际收支,但由于国际援助和外国投资都极不稳定,因此对外借款在巴平衡国际收支中起着较为重要的作用。实际上,长期以来,巴外汇储备总是处于较低水平,仅约为 140 亿美元。目前,巴在中巴贸易中的逆差已经超过其外汇储备的 40%,而巴外汇储备还得经常用于偿还到期的国外借款,因此巴在中巴贸易中逆差的逐渐增大,可能给巴对外支付造成一定的压力,从而在一定程度上影响中巴贸易的持续稳定扩大。当然,巴一直是中国最为重要的援助对象国。自 1956 年以来,中国向巴提供了力所能及的经济技术援助,主要包括无偿援助、无息贷款和优惠贷款。重大援助项目包括喀喇昆仑公路、塔克西拉重型机械厂、真纳体育场、瓜达尔港等。但是,如果能够帮助巴进一步加速经济发展,增强其对外出口能力,则很有可能减少巴在对华贸易中的逆差,不断增强其平衡国际收支的能力,从而逐渐降低对外部援助的依赖,保证中巴经济合作持续健康发展,进一步巩固和深化中巴关系。

---

① 中国商务部亚洲司:"亚洲经济贸易合作",中国商务部网,2013 年 6 月 15 日。

### (三) 中国重视消除中巴贸易不平衡

中国政府非常重视巴在中巴贸易中的逆差问题。2013年5月下旬，中国国务院总理李克强在巴访问期间，中巴双方签署联合公报，同意实施好《关于延长中巴经贸合作五年发展规划的补充协议》和《中巴自由贸易协定》，加快推进《五年发展规划》中列出的有关项目，推进第二阶段中巴自贸区谈判，进一步提升两国贸易自由化水平，推进中巴经贸一体化进程。其间，李克强总理表示，政治关系和经济关系好比一辆自行车的"两个轮子"，二者相辅相成。中巴政治纽带牢不可破，两国经济合作还有很大潜力，中方很重视双边贸易不平衡问题，正在就此采取积极措施。2012年巴对华出口增长近50%，这增强了中方的信心。[①] 而李克强总理此次访巴的一个很重要的任务就是，要推动中巴战略合作的经济基础建设，为消除中巴之间的贸易不平衡采取许多有利的政策措施，而建设中巴经济走廊就是其中最为重要的一个。

## 二、经济走廊建设将促进中巴贸易发展

造成中巴贸易中巴方贸易逆差扩大的原因是多方面的，主要原因之一是中巴之间缺乏方便快捷的现代运输通道。中巴经济走廊建设将极大地改善中巴陆上通道，有力地促进中巴贸易发展。

### (一) 现代陆上运输通道不畅影响中巴贸易发展

长期以来，中巴之间的商品贸易除少量的可通过两国间不多的空中航运和早在20世纪就已经建成的中巴公路陆上运输来实现外，大量贸易商品

---

[①] "李克强履新后首访巴基斯坦，中巴经贸量会更上台阶"，中国广播网，2013年5月23日，http://finance.ifeng.com/news/hqcj/20130523/8066507.shtml。

只有通过漫长的海洋运输才能运到对方国家。众所周知，航空运输费用高昂，非一般商品贸易可以承受。在各国贸易中，也只有少量价格昂贵、重量不大的贵重商品才选用航空运输方式，因此航空运输并不是国际贸易中最佳的运输方式。海洋运输运量大，运输成本相对较低，但是耗时长，运输过程中损耗较大。中巴之间的大量贸易商品必须通过途经阿拉伯海、横跨印度洋、绕道马六甲海峡、进入南中国海的漫长海洋运输，海运成本并不低。重要的是，当一方商品运到对方市场时，一些新鲜商品很可能已经变质甚至腐烂，将严重影响在对方市场的竞争力。实际上，一些巴出口到中国市场的水果经常在途中就已腐烂，从而严重影响巴对华出口。而中巴之间仅有的陆上运输通道是中巴喀喇昆仑公路，该公路建于 20 世纪 60 年代，穿越高原、峡谷和冰川地区，年久失修，加之春季融雪、夏季降雨以及多次强度较大的地震等，大面积塌方、泥石流和堰塞湖阻断时有发生，一年之中有半年时间无法通行。因此，该公路实难承担两国商品贸易运输的重任。因此，中巴间主要商品贸易至今依然只有通过长途海运来实现，这在一定程度上影响了中巴贸易的扩大。

（二）经济走廊建设将大大改善中巴陆上通道

要减少巴方在中巴贸易中的逆差，促进中巴贸易持续发展，就要加强中巴之间方便快捷的现代陆路运输通道建设，尽量增强巴商品出口能力。除公路运输通道外，最重要的现代陆路运输通道就是铁路。因此，建设中巴经济走廊，首要的是在改扩建中巴公路的基础上修建中巴铁路。建设欧亚大陆铁路桥是中国几代人的想法，而中亚、南亚等许多国家也都希望改善与中国的交通联系。从长远来看，加强与周边国家的交通联系是中国经济发展的需要，但不管是公路还是铁路，其建设将取决于与周边国家之间的贸易量。随着中巴贸易量的增大，建设中巴铁路的迫切性日益显现。同时，随着科技进步和安全环境改善，中巴输油管线建设愈将成为现实需求。中巴双方都高度重视两国之间的互连互通，不仅要有空中航线连通，还要有公路、铁路和管道等陆路连通。习近平主席和李克强总理多次在不同场合强调，要加强与有关国家之间的互连互通。2006 年以来，巴不断强调其地缘优势和战略地位，先后提出一系列巴中合作战略构想，包括能源走廊、贸易走廊、巴中铁路等，并首次同时授标给两家公司开展项目可行性研究。巴铁道部计划修建从哈维里昂（巴）至红其拉甫（中）的铁路，全长约750公里。[①] 2013年5月李克强总理访巴期间，两国签署协议，加速中巴经济走廊建设。李克强总理表示，要加强战略和长远规划，开拓互联互通、海洋等新领域合作。要着手制订中巴经济走廊远景规划，稳步推进经济走廊建设。这个被称为"长期计划"的长达2000公里的运输路线将连接中国新疆的喀什和巴基斯坦的瓜达尔港，项目开始时将以公路运输为主，之后增加铁路运输。目前，中巴都已开始制订经济走廊远景规划，稳步推进经济走廊建设。2013年8月16日，巴总理谢里夫主持召开有财政部长、计划发展部长、信息广播部长、铁道部长、总理外交特别顾问等内阁主要成员参加的高级会议，研究中巴经济走廊建设规划。谢里夫表示，中巴经济走廊是巴"国家的未来"，将使巴能够与中国和中亚国家连接，并成为地区交通、贸易的枢纽。可以相信，中巴经济走廊建设必将首先加速公路、铁路、管道等交通运输设施建设，从而极大地改善中巴陆上交通状况。

### （三）经济走廊建设促进中巴贸易发展

2006年，巴时任总统穆沙拉夫提出，"巴基斯坦地处南亚、中亚和西亚三个重要地区的交叉点，为中亚内陆国家以及中国西部提供了最为近便的出海通道，并正在快速发展成这些地区的能源、贸易、交通和旅游走廊"。[②] 穆沙拉夫说："我们正在商讨穿过巴基斯坦连接伊朗和印度的天然气管道的建设，我们叫它 IPI。那么为什么不能是巴基斯坦、伊朗和中国间的 IPC 天然气管道呢？"[③] 同时，巴时任总理阿齐兹强调，巴地处南亚、中亚、西亚的交汇地带，为中亚内陆国家以及中国西部地区提供了最近的入海通道，也是这三个地区的纽带，具备成为地区能源、商业、交通、旅游等领域多功能走廊的可能，尤其是成为中国的能源走廊，将对巴中两国

---

[①] 中国驻巴基斯坦使馆经商参处："中国东方电气集团获中巴铁路预可研项目"，中国商务部网，2007年2月15日。
[②] 陈一鸣："巴基斯坦寄望'能源走廊'"，《人民日报》2006年4月26日，第07版。
[③] 周晶璐："穆沙拉夫催建中巴油气管道"，《东方早报》2008年4月15日。

在能源发展领域合作，增强两国经济伙伴关系起到至关重要的作用。巴要将大量进口石油或天然气运往中国，就离不开管道或陆路运输。因此，阿齐兹强调，应尽快着手研究从巴港口经陆路至中国的"运输走廊"和交通网的可行性，希望其成为向中国运输能源的"中转站"。目前，建设中巴经济走廊，改善中巴之间的陆上交通，不仅可以使巴成为连通中国和西亚、中东的能源走廊和商品贸易走廊，促进巴转口贸易和过境贸易的发展，而且可能因陆上交通运输设施的改善，巴对华商品出口及中国对巴商品出口皆得以促进，从而推动中巴贸易进一步发展。同时，巴可以从能源过境运输中增加劳动力就业，还可以从中获得可观的收入。如果能够成功贯通中巴经济走廊，建成中巴之间的铁路连接，将极大地提升双边贸易联系，毕竟铁路运力大大高于公路运力，两国的贸易量和贸易类型将通过铁道运输大大提升。

## 三、经济走廊建设促进中巴相互投资增加

造成中巴贸易中巴方贸易逆差的原因还在于，巴经济发展水平较低，增加商品出口的能力不足。因此，巴需要更多中国和其他外部的投资，以加速经济发展，增强商品出口能力。中巴经济走廊的建设，在一定程度上可以促进中巴相互投资特别是中国对巴投资的增加。

### （一）中巴之间相互投资并不多

随着经济不断发展，中国对外投资不断增多。2012年，中国境内投资者共对全球141个国家和地区的4425家境外企业进行直接投资，累计实现非金融类直接投资772.2亿美元，同比增长28.6%。其中股本投资和其他投资628.2亿美元，占81.4%；利润再投资144亿美元，占18.6%。随着中国对外投资的不断增多，对巴基斯坦的投资也逐渐增加。到2000年底，经国家正式批准的在巴中资企业已有23家，中方投资1064万美元，涉及行业有服务贸易、生产加工、纺织等。到2003年12月底为止，中国企业

在巴投资项目共 31 个，涉及摩托车、家用电器、纺织机械、农机生产等行业，投资额达 3067 万美元。2006 年 11 月在巴基斯坦挂牌成立的海尔－鲁巴经济区，为中国企业在巴投资兴业提供了重要平台。2006 年 11 月，中国国家主席胡锦涛访巴期间，中巴签署关于在巴设立联合投资公司的谅解备忘录。这是中国首次在海外设立政府间联合投资公司，是中巴经贸合作在金融领域"迈出的第一步"，对加快巴国内基础设施建设、推动巴经济全面发展具有深远意义。① 国际金融危机以来，中国对巴投资虽然不断增加，但是极不稳定。2008 年中国对巴直接投资金额为 368 万美元，2009 年中国对巴非金融类实际投资为 38 万美元，同比下降 89.6%；2010 年中国对巴直接投资金额为 2609 万美元，2011 年中国对巴非金融类直接投资金额为 8695 万美元，同比增长 233.3%；但 2012 年中国对巴直接投资金额为 6016 万美元，同比下降 30.8%。到 2012 年底为止，中国对巴投资存量仅为 21.12 亿美元。② 可见，中国对巴直接投资并不多，其在中国对外投资总量中的比重也非常低。当然，巴基斯坦对中国的投资更少，这与中巴两国的经济实力和双边关系水平很不相称。

## （二）现代陆上运输通道不畅影响中巴相互投资

作为发展中国家，为了尽快消除大量人口的贫困，提高广大人民的生活水平，中巴都需要加速本国经济发展。为此，中巴在经济发展中都需要从国外引进资金和技术。长期以来，巴基斯坦非常重视利用外国资金，包括积极引进外国投资，这在一定程度上促进了巴经济发展，同时其也开始进行对外投资。经济改革以来，中国也注意利用外国资金，包括积极引进外国投资，这也在一定程度上促进了中国经济发展，并且中国也开始逐渐增加对外投资。为了彻底消除贫困，增强综合国力，中巴都还需要加速经济发展，引进更多外国投资，并在经济发展的基础上，逐渐增加对外投资。目前，中巴相互投资并不多。造成这种情况的原因

---

① 张云龙："中巴经贸合作首涉金融领域 打造联合投资公司"，新华网，2007 年 4 月 16 日。
② 中国商务部亚洲司："亚洲经济贸易合作"，中国商务部网，2013 年 2 月 18 日，http://yzs.mofcom.gov.cn/article/r/。

很多，其中现代陆上运输通道不畅是重要原因之一。对外投资不仅通常是大量资金和少量人员的投入，而且往往伴随着大量重型机器设备的投入。一般来说，这些重型机器设备需要从资本输出国运往资本输入国。两国之间若缺乏必要的现代直接运输通道，势必导致这些重型机器设备绕道运输，从而增加运输风险和运输成本，并在一定程度上影响两国之间的投资。正如前述，中巴虽然互为邻国，但是由于现代陆上运输通道不畅，双方货物运输主要依靠海运，而海运距离甚至超过1万公里，这给双方货物运输和相互投资增加了不小的风险和成本。

### （三）经济走廊建设将促进中巴相互投资增加

长期以来，虽然中国政府鼓励中资企业到巴投资，巴政府也为此提供了大量帮助，但中资企业对巴投资依然不多。因此，中巴双方需要认真研究促进相互投资特别是中资企业对巴投资的方法与措施，促使其不断增加对巴投资，加速巴经济发展。2013年5月中国总理李克强在巴访问期间，双方签署联合公报，重申拓展双边经贸关系是双方一项重要任务。双方同意努力将中国西部大开发战略与巴国内经济发展进程更加紧密结合，把两国高水平政治关系优势转化为务实合作成果。为此，双方将进一步加强在贸易、投资、能源、农业、金融等领域的合作。中方强调，将继续鼓励和支持中国企业在巴投资，为巴改善经济和民生作出贡献；推动有关金融机构对相对成熟的中巴经贸合作项目提供融资支持。双方同意加强青年企业家之间的交流，就开展贸易和投资合作加强沟通；进一步执行货币互换协议，加强金融领域合作。实际上，李克强总理访巴之际，已指示国内派出贸易投资促进团访巴，与巴方洽谈各种合作项目，扩大对巴投资合作。李克强总理访巴期间，两国都同意加速中巴经济走廊建设。正如前述，经济走廊建设不仅将改善中巴公路联系，推进中巴铁路联系甚至管道联系，而且将扩大中巴经济合作项目，从而为中国企业对巴投资和巴企业对华投资创造更多机会，促进中巴相互投资增加。正如谢里夫总理所说，这条经济走廊将改变巴基斯坦的命运，带来更多的机遇，吸引两国更多的投资。

# 四、经济走廊建设将促进中巴劳务合作扩大

战后,国际劳务合作发展迅速,并成为非常重要的国际经济合作形式。在中巴经济合作中,劳务合作起着越来越重要的作用。经济走廊建设无疑将促进中巴劳务合作继续扩大。

## (一) 劳务合作已成为中巴经济合作的重要组成部分

中巴经济合作主要采用四种形式:双边贸易、相互投资、劳务合作及中国对巴援助。中巴两国政府和人民有着长期友好合作的历史。自1956年以来,中国对巴提供了力所能及的帮助,迄今为止帮助巴建成30个左右的大型成套项目,完成技术合作50余期。这不仅促进了两国经济技术合作关系的进一步发展,也增进了两国政府和人民之间的相互了解与友谊。中巴劳务合作主要采取中国在巴承包工程的形式。自1981年中国企业进入巴基斯坦承包劳务市场以来,中巴两国承包劳务合作取得了令人满意的成绩。到2000年底为止,中国企业在巴共签订工程承包合同621份,合同总金额41.14亿美元,完成营业额37.44亿美元。到2012年12月底为止,中国企业累计在巴签订承包工程合同额252.63亿美元,营业额199.69亿美元;中国在巴各类劳务人员5824人。这些承包工程项目涉及能源、交通、通信、电力、冶金、建材、基础设施等诸多领域,对增强巴经济发展能力和后劲将发挥积极的作用。需要指出的是,近年来中国在巴新签合同额出现下降,但营业额实现增长。据中国商务部统计,2011年1—12月中国企业在巴新签承包工程合同67个,同比下降28.7%;新签合同额30.96亿美元,同比增长124.8%;营业额23.73亿美元,同比增长15%。2012年1—12月中国企业在巴新签合同额23.48亿美元,同比下降24.2%;营业

额 27.78 亿美元，同比增长 17.1%。①

## （二）经济走廊建设将创造大量劳务合作机会

经济走廊建设不仅要实现公路和铁路的互通，实现石油和天然气管道的连通，做到电缆和光缆的畅通，而且要在该走廊附近建立诸多工业园区，以促进经济走廊区域经济发展。因此，经济走廊建设势必产生大量的工程建设项目，从而在中巴之间产生大量的工程劳务合作机会。报道称，中巴经济走廊将规划通过公路和铁路连接中国喀什与巴基斯坦瓜达尔港，其中包括约200公里的隧道建设。2013年8月16日，巴总理谢里夫主持召开内阁主要成员参加的高级会议，研究中巴经济走廊建设规划：原则上批准从红其拉甫到瓜达尔港经济走廊路线选择的详细报告；讨论建设喀喇昆仑公路奇拉斯至曼塞拉的改线工程（即 N15 公路升级），并将该改线工程列为最优先项目，尽快规划建设；在改线工程基础上建设巴拉可特至卡噶里哈比不拉的公路，连接线建设运用新技术和设备，多建隧道、桥梁以尽可能缩短公路里程；准备开展建设伊斯兰堡—赫韦利扬公路的可行性研究，缩短伊斯兰堡到喀喇昆仑公路路程；批准新建穆扎法拉巴德到米尔普尔公路，缩短两城间里程；听取关于拉合尔—卡拉奇高速公路走向的报告；要求在建设各主干道时，应建设连接经济走廊、现有高速、国道和主要国际通道的连接线，以提高交通便利性，促进经济活动。由此可见，仅巴境内的公路连通就可能给中巴劳务合作提供许多重要机会。重要的是，巴国内能源、交通基础设施缺乏，经济走廊建设为能源和运输提出了新的需求，也为中巴开展劳务合作提供了更多的机遇。

## （三）经济走廊建设促进中巴劳务合作发展

劳务合作的形成取决于是否对双方有利。建设中巴经济走廊的宗旨在于，加强中巴互连互通，促进两国经济发展。实际上，中巴经济走廊是具

---

① 中国驻巴基斯坦经商参处："2012年中巴双边经贸合作简况"，2013年3月23日，http://pk.mofcom.gov.cn/article/zxhz/hzjj/201304/20130400082535.shtml.

有针对性的"双赢"战略。经济走廊的贯通一方面可以扩大中巴两国的货物进出口和人员交往，促进巴国转口贸易和中国游客到巴旅游；另一方面，能有效地增强中国能源的进口路径，把中东石油直接运抵中国内陆腹地，降低对正在建设中的中缅油气管道的依赖。从更宏观的角度看，中巴经济走廊贯通后，可能通过经济、能源领域的合作，把中国同南亚、中亚、北非、海湾国家等紧密联合在一起，形成经济命运共同体；同时，逐渐强化巴作为桥梁和纽带连接欧亚及非洲大陆的战略地位。李克强总理表示，要加强战略和长远规划，开拓互联互通、海洋等新领域合作；要着手制订中巴经济走廊远景规划，稳步推进经济走廊建设；这条经济走廊的建设旨在进一步加强中巴互联互通，促进两国共同发展。谢里夫总理表示，巴中经济走廊对双方都具有非凡意义，经济走廊的建设会使该地区所有人受益，带来更多的机遇，将成为巴中最大的合作项目。巴基斯坦联合通讯社 2013 年 7 月 16 日的报道指出，谢里夫总理访华时与中国签订的建设中巴经济走廊的协议将成为两国加强贸易合作的关键，促进巴经济增长。实际上，中巴经济走廊的建设和贯通，重要的是将带动中巴双方在走廊沿线开展重大项目、基础设施、能源资源、农业水利、信息通信等多个领域的合作，创立更多工业园区和自贸区。因此，中巴经济走廊建设不仅将创造更多的劳务合作机会，而且将促进两国积极开展劳务合作。

## 五、结束语：加速中巴经济走廊建设，促进中巴经济合作

中巴关系是牢不可破的全天候关系。巴基斯坦虽在中巴贸易中处于逆差地位，但中方非常重视双边贸易不平衡问题，正在就此采取积极措施。中国始终将中巴关系置于中国外交优先方向，愿与巴一道维护传统友谊，推进全面合作，实现共同发展。2013 年 5 月下旬，中国总理李克强在访巴期间，与巴方领导人就进一步加强中巴全天候战略伙伴关系深入交换了意见。

造成中巴贸易中巴方贸易逆差的原因是多方面的，其中主要原因之一

是，巴经济发展水平较低，增强商品出口的能力不足。因此，想要减少巴在中巴贸易中的逆差，促进中巴贸易持续发展，巴需要加速经济发展，提高经济发展水平，增强商品出口能力。这条经济走廊的建设旨在进一步加强中巴互联互通，促进两国共同发展。从更宏观的角度看，中巴经济走廊贯通后，对巴国内经济发展、中国西部大开发，都具有极其重要的现实意义和深远影响；不仅事关两国能源安全问题，更将促进两国经济互动更加频繁，为两国的经济发展创造更广阔的战略空间。可以深信，随着中巴经济走廊逐渐建成，中国对巴投资将不断增加，巴方对华出口将逐渐扩大，中巴经济合作将持续发展，中巴关系将进一步深化，中巴友谊将进一步巩固。

虽然从交通修筑、军事安全和投资环境等角度看，中巴经济走廊面临着一系列挑战，但是从更为宏观、更为长远的角度来看，中巴经济走廊必然功在当代，利在千秋。因此，沟通中国与巴基斯坦之间的陆路通道势在必行，而铁路运输又是全面提升交通网络的关键因素。2013年11月10日，在印度首都新德里出席亚欧外长会议的中国外交部长王毅在会见巴基斯坦总理国家安全与外事顾问阿齐兹时说，中巴是全天候战略合作伙伴。2013年两国领导人实现了年内互访，达成了一系列重要共识。当前，两国正在努力推进落实领导人共识，加强战略沟通，拓展务实合作，推进人文交流，深化国际地区事务协调，重点推动中巴经济走廊建设和其他重大项目合作，把两国战略合作关系不断推向前进。阿齐兹表示，巴方对巴中关系进展感到满意，感谢中方长期以来对巴经济社会发展提供的帮助。巴方将与中方共同努力，全力落实两国领导人共识，推进中巴经济走廊等大项目合作不断取得进展。[①]

---

[①] 吕鹏飞：“王毅：加快推进中巴经济走廊建设”，人民网—国际频道，2013年11月11日，http://world.people.com.cn/n/2013/1111/c1002-23500668.html。

# 政治外交

文化出版

# 对莫迪政府对外政策的若干观察

张 力[*]

随着2014年5月印度第16届大选结果揭晓,印度人民党候选人纳伦德拉·莫迪当选新一届印度总理。作为在议会拥有大多数支持的强势内阁,莫迪政府的对外政策引发广泛关注。分析莫迪本人在选战中的对外政策言论和他就职以来的重要外交动向,新一届印度人民党政府的外交政策初见端倪。从总体上判断,莫迪政府将全力寻求提升印度的国际地位,与主要大国和重要国家及地区积极开展互动,寻求自身战略利益的最大化,在积极参与国际治理的同时坚持外交独立和战略自主。莫迪政府将加大开放力度和推进"东向"战略,使印度更大程度地融入地区经济一体化进程。本文通过对莫迪新执政以来主要外交活动和印度与主要大国及重要邻国关系的观察,研判莫迪政府的外交政策走向。

## 一、中印关系

中印是主要邻邦和崛起中的大国,如何处理中印关系将在很大程度上体现莫迪外交政策的特征。在经济方面,莫迪被公认为有较深的"中国情结",曾在担任古吉拉特邦首席部长期间数次赴华访问调研,极力为该邦与中国企业开展合作牵线搭桥。莫迪竞选前后曾多次在公开讲话和媒体采访中强调印度应学习中国的经济发展模式,印度舆论大多看好莫迪政府时

---

[*] 张力,教育部人文社会科学重点研究基地四川大学南亚研究所教授。

期中印在经济领域的合作。有评论预测,莫迪政府将重视印度的社会经济发展,因此会将中国作为一个主要的发展伙伴;莫迪先前与中国的经济接触将有助于新政府巩固对华伙伴关系,解决存在的突出问题。莫迪政府不仅将重视解决减少对华贸易赤字的问题,也将欢迎中国更多地投资印度的基础设施产业。评论还认为,莫迪政府是强有力的领导班子,获得充分的议会支持,与中国政府有相似之处,这能使中印双方相互欣赏并发展高度务实的双边关系,印度也能效法中国,更有成效地推动经济开放和市场经济。[①]

李克强总理在莫迪当选印度总理后发去贺电,指出"中印关系超出双边范畴,具有全球和战略意义,中国始终将中印关系作为中国外交的优先方向之一";"中方愿同印方一道,推动中印面向和平与繁荣的战略合作伙伴关系不断迈上新台阶"。[②] 2014年6月9日,中国外长王毅作为国家主席习近平的特使访印并出席莫迪的就职典礼,表明中国重视与印度新政府共同推动中印关系。王毅访印期间分别与莫迪及印度总统穆克吉、外长斯瓦拉吉和国家安全顾问多瓦尔举行会晤。莫迪在会见王毅时赞赏中国的发展成就,表示对中国怀有友好感情,提议印中双方发挥各自优势,在基础设施、制造业、软件等领域深化合作。[③] 外长会谈讨论了贸易、投资等双边合作与互动安排,并以积极姿态讨论边界问题。王毅强调合作是中印关系的首要特征,"邻居无法选择,但友谊可以培育;问题无法回避,但答案可以创新;历史无法改写,但未来可以塑造"。双方商定,印度副总统安萨里将于2014年6月底赴北京参加和平共处五项原则(印度称"潘查希拉")发表60周年纪念活动。王毅还向印度媒体透露,习近平主席有望在年内访问印度。[④] 在7月中旬于巴西举行的第六届"金砖国家"峰会期间,习主席与莫迪总理举行了首次会晤。习近平对莫迪表示,中印是长久战略

---

[①] "Modi's 'businesslike Relaitonship' with China", http://www.dw.de/modis-businesslike-relationship-with-china/a-17660425.

[②] "李克强致电视贺纳伦德拉·莫迪就任印度共和国总理",中国政府网,http://www.gov.cn/guowuyuan/2014-05/26/content_2687518.htm.

[③] 王宗凯、汪平:"财经观察:印度经贸机遇'向东看'",新华网,http://news.xinhuanet.com/2014-06/10/c_1111067731.htm? prolongation=1.

[④] 周晶璐:"王毅访印:战略共识远超分歧",《东方早报》2014年6月19日。

合作伙伴而非竞争对手，提议中印双方对接各自发展战略，推进全方位交往，在基础设施建设、产业投资等领域扩大合作，共同引领区域经济一体化进程。①

2014年9月中旬，习近平主席应莫迪之邀对印度进行国事访问，中印领导人就一系列问题达成共识，《中印联合声明》指出：中印将遵守共同确定的原则与共识，愿在和平共处五项原则、相互尊重与照顾彼此关切和愿望的基础上，进一步夯实面向和平与繁荣的战略合作伙伴关系；中印作为两大发展中国家和新兴经济体的发展目标相通契合，应通过相互支持的方式加以推动和实现；中印两国各自的发展进程相互促进，决定实现优势互补，构建更加紧密的发展伙伴关系；中印发展伙伴关系应成为两国战略合作伙伴关系的核心内容，不仅符合中印共同利益，而且有利于本地区乃至世界的稳定与繁荣。②从发展前景看，中印新一届领导人之间加强接触对深化双边战略合作伙伴关系具有特殊的意义。在习主席访印期间，中印签署了有助于提升双边关系的10余项重要文件，涉及贸易、投资、金融、基础设施、工业园建设等经济发展领域，中国宣布在未来5年内向印度工业和基础设施发展项目投资200亿美元，承诺将致力于将双边贸易额跃升至1500亿美元的新台阶，将对南亚国家的投资提升到300亿美元，并为南亚国家提供200亿美元优惠贷款。③在安全合作领域，《联合声明》表示，双方同意尽快举行首轮海上合作对话，就海洋事务、海上安全交换意见，议题涉及反海盗、航行自由和两国海洋机构合作；并尽早举行双边裁军、防扩散和军控事务磋商。④根据中印先前达成的防务合作备忘录，以反恐联合演练为形式的双边军事合作继续进行。2014年11月，中印陆军在印度马哈拉施特拉邦普那举行了为期10天的城镇反恐联合实兵演练。

---

① 焦莹、苏玲："习近平会见印度总理莫迪"，2014年7月16日，http：//china.cnr.cn/news/201407/t20140716_515856521.shtml。

② "中印联合声明：寻求双方都接受的边界解决方案"（全文），凤凰网，2014年9月19日，http：//news.ifeng.com/a/20140919/42033837_0.shtml。

③ 赵晓娜："未来5年中印贸易额将提至1500亿美元 助全球经济增长"，2014年9月23日，http：//biz.xinmin.cn/2014/09/23/25464056.html。

④ "中印联合声明：寻求双方都接受的边界解决方案"（全文），凤凰网，2014年9月19日，http：//news.ifeng.com/a/20140919/42033837_0.shtml。

边界问题仍将是影响中印关系的突出问题。继 2013 年 4 月中印边界"帐篷对峙"事件之后，2014 年 9 月中印边防部队再次在西段实控线附近发生对峙，持续时间达 3 周，其间正值习主席访印，但边界对峙并未失控。对于此次突发事件，中国国防部发言人表示："中印边界尚未划定，有时发生个别情况是难免的，但是不会影响中印两国友好合作的大局。对于在边境地区发生的一些问题，双方都有顺畅的沟通管道，通过对话协商来加以妥善解决，共同管控局势，维护边境地区的和平稳定。"① 印度外长斯瓦拉吉也在出席联合国大会期间证实，中印双方已通过谈判使问题得到解决，已确定双方撤离接触地区的时间表。② 边界对峙并未失控，尤其是对这一事件的善后处理，在某种程度上反映出中印双方应对突发事件的自信和成熟，但同时也折射出边界地区形势对双边关系的敏感程度。

有观点认为，莫迪政府有望为解决中印边界问题带来新的动力。在大选期间，莫迪指责以国大党为首的前政府在边界问题上向中国妥协，并以强硬口吻称"阿鲁纳恰尔邦（藏南）是印度不可分割的领土，中国必须放弃扩张主义心态"；"任何大国都别想将这一地区从印度手中夺走"。③ 但这类言论多是为了让选民认可自己在领土问题上的民族主义立场。印度分析人士指出，印度目前对边界问题的基本态度已趋务实，即赞同从政治高度推动边界问题的解决，莫迪政府不会寻求任何改变，而将继续现有的通过对话和接触最终解决边界问题的政策。④ 也有分析认为，莫迪强调东北部边境地区的发展，任命对边界问题态度强硬的前陆军司令 V. K. 辛格为负责东北地区发展事务的联邦部长，意在缩小中印在边境基础设施和力量部署方面的差距；"修建可迅速向中印边界运输坦

---

① "国防部就'中印军队边界对峙'等答记者问"，人民网，2014 年 9 月 25 日，http://military.people.com.cn/n/2014/0925/c1011-25736680.html.

② "Border Stand-Off With China Resolved: Sushma Swaraj", September 26, 2014, http://www.currentnewsindia.com/2014/09/26/border-stand-off-with-china-resolved-sushma-swaraj/.

③ "Narendra Modi: China must drop mindset of expansionism over Arunachal Pradesh", February 22, 2014, http://www.dnaindia.com/india/report-narendra-modi-china-must-drop-mindset-of-expansionism-over-arunachal-pradesh-1964280.

④ Ibid.

克和重炮的军用铁路,(莫迪)让前陆军司令负责该地区绝对是完美的谋略"。① 据印度媒体报道,莫迪就职后不久,印度政府内政部就决定从中央预算中增拨巨额经费,加强沿中印边境实控线东段地区的公路、通信、学校等基础设施建设,并鼓励"阿鲁纳恰尔邦"居民向该地区移居,以去除安全隐患,避免在后续双边谈判中陷入被动。② 因此,对于莫迪政府是否会对边界相关政策作出调整,以及将产生何种影响,目前仍需密切加以关注。

中印近年来在地区层面的互动也将考验莫迪政府的对华外交。一方面,对于中国领导人提出的地区发展合作倡议以及对印度的邀请,印度作出谨慎回应,表示将在符合印方利益的前提下有选择地参与。2014年7月15日,金砖国家开发银行成立,中国上海成为总部所在地,印度则派高官担任首任轮值总裁。对于中国邀请印度参加"丝绸之路经济带"、"21世纪海上丝绸之路"的建设以及共同创办亚洲基础设施投资银行(AIIB)的提议,印度在经过反复权衡后作出了回应。③ 2014年10月24日,中国、印度、新加坡等21个首批意向创始成员在北京签署协议,共同决定成立亚洲基础设施投资银行。此外,在2014年7月的巴西金砖国家峰会上,习近平主席邀请印度领导人莫迪出席于同年11月在北京举行的亚太经济合作组织(APEC)峰会。印度多年来一直致力加入该机制但尚未被接纳,中国作为峰会的东道国发出与会邀请在印度引起积极的反响。印度媒体对此表示,中国领导人先于美国邀请印度参会释放了一个重要的政治信号,表明中国对印度怀有善意,并且中国领导层已准备好与莫迪领导下的印度发展更密切的关系。④ 但另一方面,莫迪上台后在积极推动亚太外交和"东向"政

---

① "Eyeing Pakistan and China, Modi bolsters security team", Reuters News, June 1, 2014, http://www.khaleejtimes.com/kt-article-display-1.asp? xfile = data/international/2014/June/international _ June16. xml&section=international.

② 葛元芬:"印鼓励'阿邦'民众移居中印实控线",《环球时报》2014年6月21日,http://world. huanqiu. com/exclusive/2014-06/5029182. html.

③ "中国邀印度共建海上丝绸之路",《东方早报》2014年2月16日,http://news. sina. com. cn/c/2014-02-16/080029481976. shtml;"外媒:印度咨询中方 考虑加入亚洲基础设施投资银行",2014年8月29日,http://www. guancha. cn/Neighbors/2014 _ 08 _ 29 _ 261850. shtml.

④ "印媒:中国领导人先于美国邀请印度参加APEC意义重大",2014年7月17日,http://news. ifeng. com/a/20140717/41187811 _ 0. shtml.

策的同时，以利益攸关、航行自由、海上安全为由尝试介入南海争端，与美国及日本、澳大利亚、越南、菲律宾等国家相互呼应，强化安全与防务合作，试图对中国施加战略压力。

中印关系是印度最重要的双边关系之一，印度政府的更替不会改变这一现实。可以肯定，对于莫迪政府来说，保持中印关系的稳定将至关重要。莫迪的执政理念强调印度的社会经济发展需要安定的地区周边环境，因此无论是从中国获取发展经验，促进中印双向贸易和投资，还是解决争端和避免对抗，保持中印关系稳定都将符合印度的重大利益。莫迪政府奉行务实对华外交政策，与中国出于周边稳定重视中印关系的政策有相通之处，而且中印两国在国际上相互借重有助于提升印度的地位，只要能有效管控竞争和矛盾，双方在地区范围的合作预期也将为印度带来更多机遇。从这些因素看，中印关系有望在莫迪任期内保持稳定和继续发展，中印双方也将在经贸领域和国际层面增强合作。

## 二、印美关系

在印度与美国不断提升双边战略合作的基础上，印美关系将是莫迪政府的外交重心之一。美国近年来出于自身在亚太和印度洋地区的利益考虑，日益重视发展与印度的战略合作关系，高调称印度是其"天然盟友"，美印关系是"21世纪的决定性伙伴关系"，其对印外交努力得到印方积极呼应。在瓦杰帕伊、辛格两届政府时期，印度视美国为能影响印度国际地位的最主要大国，高度重视印美关系的提升。在印美双方的共同推动下，双边合作不断扩展到多领域和多层面，在战略上渐行渐近已成不争的事实，2008年正式签署的民用核能合作协议成为印美提升战略合作的主要标志。奥巴马政府的"亚太再平衡"战略突出印度的角色作用，有拉拢印度在亚太和印度洋地区共同制约中国的考虑。正如美方分析家所言，"重振与印度的关系是美国极力防范中国日益扩大的经济与军事影响的组成部分"。① 印度也希望借助美国以增加抗衡中国的战略筹码。但与此同时，印美相互存在复杂的利益需求，双方对一些问题存有分歧，政治互信也不时面临考验。印度虽对美国的挺印姿态备受鼓舞，但也抱怨并未获得预期的战略实惠。印度不满美国限制技术外包和技术移民的政策，催促其彻底解除包括尖端军备在内的对印出口管制；批评美国以反恐为名援助巴基斯坦，反对其与塔利班进行谈判，担忧其撤军阿富汗会使地区局势恶化而使自身利益受损。2013年12月，印度女外交官科布拉加德因故被美司法部门拘押和粗暴对待，在印度国内激起强烈反响，一度引发印美外交危机。美国舆论则不时批评印度的国际角色尚未转变，对印度在乌克兰危机、制裁伊朗等问题上与美国保持距离深感不满。此外，美国企业界期待甚高的印美民用核能合作的具体实施也因印度国内立法而难以推进。如何在继续提升印美战略关系的同时克服双边关系中的困难，并对美国的地区大战略作出恰当回应，争取实现印度的利益最大化，尤疑是莫迪政府面对的重大外交课题。

对美国舆论来说，印度新任总理莫迪是一位有争议的人物。一方面，莫迪担任古吉拉特邦首席部长期间，该邦发生严重的教派暴力冲突，美国等西方国家曾以反人权、反宗教自由为由对其提出指控，美国甚至从2005年起拒向其发放入境签证，这一外交制裁其后虽经印方多次交涉但仍未撤销。另一方面，美国也对莫迪在印度地方邦执政时所取得的经济成就有较高评价，视其为推动经济改革和反腐败的象征。卡内基国际和平基金会分析家预测，莫迪当选总理有望加快印度的经济自由化进程，很令美国投资者和企业满意，将深化美印关系的发展。② 但印度人民党的强烈民族主义倾向也可能对莫迪执政后的印美关系产生负面影响，尤其会在一些印度敏感的权益问题上明显体现出来，例如克什米尔争端和美国针对印度技术移民的限制政策等。

---

① Katie Zezima and David Nakamura, "Modi's visit a chance for Obama to improve relationship, enlist India in his Asia policy", The Washington Post, September 29, 2014, http://www.washingtonpost.com/politics/modis-visit-a-chance-for-obama-to-improve-relationship-enlist-india-in-his-asia-policy/2014/09/29/f674a210-4818-11e4-a046-120a8a855cca_story.html.

② Ankit Pande, "Narendra Modi's Foreign Policy", The Diplomat, November 5, 2013, http://thediplomat.com/2013/11/narendra-modis-foreign-policy/.

2014年4月印度人民党获胜，莫迪当选总理已无悬念，美国便紧锣密鼓与其改善关系。美驻印大使南希·鲍威尔受美政府指派与莫迪进行直接接触。奥巴马在莫迪就职总理当日即通电祝贺，并正式邀请他尽快访美。白宫称"一旦新政府形成，我们期望与（印度）总理和内阁共同提升我们基于共享民主价值观的稳固双边关系"。美国务卿克里也致电莫迪，表示愿与其共同促进繁荣与安全。① 莫迪就任后，美国迅速对其展开快节奏的外交攻势。6月9日，美南亚与中亚事务助理国务卿比斯瓦作为莫迪当选后首位美方高级外交官访印，明确表示奥巴马政府期待与印度新领导人开展密切合作，她此行将为莫迪与奥巴马在9月的会晤确定日程。② 美副国务卿伯恩斯随后访印，莫迪在接见他时称"印美关系的日益密切将使世界受益"。③ 美国务卿克里和美商务部长普利兹克7月底访印并出席印美第三轮战略对话。8月初美国防部长哈格尔访印，双方讨论了提升防务与安全合作，包括开展联合军演、扩大军购、联合反恐、续订《美印防务框架协定》和推进《美印军事贸易和技术合作计划》等重要问题。

根据印美双方商定，2014年9月30日莫迪在赴美出席联合国大会后专程前往华盛顿与奥巴马会晤，两位领导人共进晚餐。奥巴马在会晤后表示，美印有许多共同点，这对双方继续深化和拓宽现有伙伴关系和友谊至关重要。莫迪也表示，通过访美和与奥巴马会晤，他更加坚信印美是基于共同价值观、利益和实力的天然全球伙伴，印美已经拥有密切伙伴关系的根基，目前所需的是恢复动力并使双方从中充分获益。④ 莫迪与奥巴马讨论了中东局势、打击"伊斯兰国"、阿富汗稳定、海上安全等地区热点问题，也谈及经贸发展、空间探索、科技与教育合作等双边问题。莫迪—奥

---

① Josh Lederman, "Obama invites India's new leader Modi to visit US", Yahoo News, May 16, 2014, http://news.yahoo.com/obama-invites-indias-leader-modi-visit-us-202724880.html.

② "US Govt. will work closely with Narendra Modi: Nisha Desai Biswal", The American Bazaar, June 10, 2014, http://www.americanbazaaronline.com/2014/06/10/us-govt-will-work-closely-narendra-modi-nisha-desai-biswal/.

③ David Brunnstrom, "Kerry, Hagel to visit India to push strategic ties", July 16, 2014, http://www.reuters.com/article/2014/07/16/us-usa-india-china-idUSKBN0FL2WZ20140716.

④ "Remarks by President Obama and Prime Minister Narendra Modi of India After Bilateral Meeting", September 30, 2014, http://www.whitehouse.gov/the-press-office/2014/09/30/remarks-president-obama-and-prime-minister-narendra-modi-india-after-bil.

巴马华盛顿会晤为推进印美关系提供了动能。随后，印美官员先后举行一系列会谈并签署多项谅解备忘录，其中"战略对话"水准的会谈广泛涉及核能合作、网络安全、能源安全、反恐、军备技术出口与联合研发、经贸关系等领域。作为莫—奥会晤的主要成果之一，印美宣布成立民用核能合作"联系小组"，负责研究、协调和帮助解决双方在该问题上的分歧，以期扫除影响该协议实施的法律和技术障碍。

从现状判断，印美关系将会保持发展态势，双边战略合作也会按既有步骤不断深化。莫迪政府会以现实主义和国家利益为准绳，继续提升对美关系作为印度外交的优先选项，寻求借助美国的帮助增强自身的国际影响力和战略分量。与此同时，莫迪也将直面并处理对美关系中的突出问题。美国当前的"亚太再平衡"战略重视印度的作用，强调与印度在亚洲和印度洋保持合作，并不掩饰利用印度在亚太地区制衡中国的战略意图。随着印度政坛的变动，美国势必继续对印度展开外交试探。但直至目前，印度对美国亚太战略的回应较为谨慎，莫迪政府有望继续这一政策，对美国力促亚太地区力量重组的战略保持灵活性，不轻易选边站，以免使印度的外交独立性和战略自主权受损。从这种意义上说，印度基于务实的利益考量，成为美国标准意义上的战略盟友的可能性不大。但另一方面，急于战略崛起的印度是否会为了"搭便车"而呼应美国在亚太、印度洋地区维护自身霸权、遏制中国的地区政策，从而对中国的战略利益构成挑战，也存在较大的不确定性。

## 三、印巴关系

随着印度人民党取代国大党执政，印巴关系的走向成为莫迪政府外交政策的重要风向标。莫迪在巴基斯坦曾经是个有很大争议的人物，印度人民党的印度教教派主义特征也在巴国内广受诟病。2002年，印度古吉拉特邦发生严重的印度教徒与穆斯林的暴力冲突，导致上千名穆斯林遇害，巴国内舆论认为时任该邦首席部长的莫迪负有不可推卸的责任，而莫迪作为强硬的印度教民族主义者的形象更加深了这一看法。2014年印度大选期间，莫迪公开承认巴基斯坦不会希望他能取胜，但在胜选后他又破例邀请巴总理谢里夫参加其就职典礼，这被各方认为是对巴的善意外交举动。谢里夫受邀访印和印巴两国领导人在庆典后举行正式会谈，也表明巴基斯坦领导人希望借莫迪上台寻求双边关系和解的机遇。印巴总理也表示原则上同意恢复两国间的和平谈判。同年11月底，尽管印巴双方及外界预测两国领导人在第18次南盟峰会（加德满都）期间不会举行双边会晤，但莫迪与谢里夫仍举行了"非正式"会晤。

莫迪政府的对巴政策是否会出现较大调整受到关注。一方面，除上届辛格政府外，印度人民党瓦杰帕伊政府时期的印巴关系也可成为判断莫迪政府对巴政策的参考。上届印度人民党领导人瓦杰帕伊1998年当选总理后不久，即与巴时任总理谢里夫共同促成象征印巴和解的"巴士外交"，并签署了建设核信任的《拉合尔宣言》。2001年7月，瓦杰帕伊与巴领导人穆沙拉夫举行阿格拉会谈，瓦主张以"人道主义方案"解决克什米尔问题得到巴国内民众的好评。尽管阿格拉会晤最终并未取得成果，但已接近历史性突破的边缘。但另一方面，正是在前届印度人民党执政期内，印巴在1999年发生了卡吉尔冲突，2002年又出现严重军事对峙，几近全面战争的边缘。从前景着眼，印巴对克什米尔问题的立场存在难以弥合的鸿沟，双方在反恐问题上也难达成共识，更谈不上具体合作，因此两国要实现实质性和解存在很大难度。2008年11月孟买遇袭后，印度指控是以巴领土为据点、受巴军方情报部门支持的恐怖武装组织实施了袭击，印巴和平进程中断。

印度人民党重新执政对于巴基斯坦也许并非一件坏事。有分析人士指出：巴基斯坦认识到，只有一位印度人民党的总理能够使印巴关系有所突破，双方达成协议并能说服印度教强硬派接受。而且，印度意识到，巴基斯坦拥有职业化军队和核武器，并非可轻易击败的对手，印度不可能彻底打败巴基斯坦，且平静外交比鼓噪战争更能取得实效，因此合理的政策选择是和平而不是战争。由此可见，莫迪将与瓦杰帕伊和辛格类似，除与巴基斯坦继续谈判之外别无选择。[①] 莫迪政府的强势特征有可能促使印度摆

---

① S. N. M. Abdi, "Quiet diplomacy is what India needs", Gulf News, March 19, 2014, http://gulfnews.com/opinions/columnists/quiet-diplomacy-is-what-india-needs-1.1306158.

脱某些外交羁绊，在对巴关系上迈出更大步子，强化对双边关系的管控能力，但因牵涉因素错综复杂，莫迪政府要实现印巴关系的向好转变仍将面临不少困难。

但鉴于印巴关系的敏感度，莫迪政府不会对巴基斯坦让步或示弱，必然会在促进对巴经贸关系和公共外交的同时强化对巴的反恐压力。巴基斯坦谢里夫政府对巴国内尤其是西北边境地区的安全制约能力受限，带宗教极端主义和恐怖主义特征的暴力武装活动仍十分活跃，如果再发生一次类似孟买袭击的突发事件，印度很难再保持战略淡定。事实已经证明，巴国内一些教派极端组织将继续为印巴双方寻求和解的努力制造障碍和麻烦。2014年6月8日，卡拉奇机场发生恐怖袭击，造成严重人员伤亡，巴基斯坦塔利班宣布对此次事件负责，并称此举是为美国在巴西北部落区实施无人机攻击、射杀塔利班领导人实施的报复。巴暴力极端组织"虔诚军"在事件发生后也一度直接将责任嫁祸于印度。但联系到谢里夫访印出席莫迪就职典礼，这一袭击事件更像是对巴政府欲改善对印关系而发出的警告。外界多认为，莫迪必然会借此强化自己坚定反恐的领导人形象，借助国际社会在反恐问题上向巴基斯坦施压，迫使巴满足印方要求。[①]

印巴边境态势同样不令人乐观。自莫迪就任印总理后短短数月内，印巴各自指控对方在克什米尔实控线违反停火协议已达数十次。2014年8月中旬，印度以巴驻印高级专员计划与印控克什米尔分裂分子接触为由，单方面取消原定举行的两国外秘会晤，随之发生印巴边防部队在克什米尔实控线地带的交火，导致边界两侧上万边民紧急疏散和逃离。尽管此后双方边防指挥官举行了多次会晤以平息军事摩擦，但印巴军队10月5—6日在克什米尔实控线两侧再次发生激烈交火，造成数十名军人和平民伤亡，数万边民逃离冲突地区躲避炮击，印巴相互指责对方挑起冲突，印度更是指责巴方以炮击掩护武装人员偷越实控线进入印境。此外，随着2014年底美国及北约联军从阿富汗大批撤离以及阿国内安全局势持续不稳，莫迪政府必将持续增大对巴基斯坦的压力，防止阿富汗塔利班从巴境内源源不断获

---

① Devaditya Chakravarti, "Dynamics of Narendra Modi's foreign policy", DNA News, March 24, 2014, http://www.dnaindia.com/analysis/standpoint-dynamics-of-narendra-modi-s-foreign-policy-1971855.

得支持。而且，北约撤离也使印巴在阿富汗的利益角逐加剧，如果印巴双方不加以有效管控，完全可能导致印巴在地区层面的战略对抗升级，莫迪政府对此挑战不得不予以谨慎对待。而从近期看，印巴是否尽快恢复外秘级对话仍将是决定双方关系能否步入正常化的关键。

## 四、印度与其他重要国家和地区的关系

莫迪就任印总理后，频频在重要的国际多边场合现身，极力展示其与前任不同的外交风格，也使外界对这位印度新强人的政策产生了更大兴趣。2014年7月14—16日，莫迪赴巴西出席第六次金砖国家峰会。这是莫迪任总理后出席的首次重大多边活动，其与中、俄、巴西和南非领导人建立了良好的互动关系。印度媒体指出，莫迪利用金砖国家峰会提供的独特国际舞台，为印度的务实外交政策打下了自身的鲜明烙印。[①] 11月17日，莫迪赴澳大利亚出席"二十国集团"峰会，其间参加了有众多印澳商界要人参加的聚会，重点介绍了其治国理念和经济改革举措，并极力邀请企业家到印度投资。11月25日，莫迪又赶往尼泊尔首都加德满都，出席以"为了和平与繁荣加深地区一体化"为主题的第18次南盟首脑峰会。莫迪在峰会上提出南盟地区未来合作的支柱是贸易、投资、援助、全方位合作与民间交往，强调相互间的互联互通，表示印度将为推动地区和平与繁荣承担最大责任。[②]

在其他双边关系中，印度与日本的战略关系近年来不断增强，双方已建立"全球战略伙伴"关系和多层次、多领域的正式对话机制，两国政府首脑在2013年内实现了互访。在印度时任总理辛格2013年访日期间，印日签署总数为4240亿日元的贷款协议，用于改造印现有铁路系统，双方同

---

① "Indian media praise PM Modi's diplomacy at Brics summit", July 17, 2014, http://www.bbc.com/news/world-asia-india-28339920.

② "Modi talks about 'closer South Asian integration' at SAARC Summit", November 26, 2014, http://www.thehindu.com/news/international/south-asia/modi-talks-about-closer-south-asian-integrationat-saarc-summit/article6636029.ece?ref=relatedNews.

意开展高科技、航天、能源安全和稀土开采等领域的合作，并支持加强双方在海上安全、反恐和防务领域的合作。印日深化伙伴关系不仅局限于扩大经贸领域的合作，还包括在战略层面与安全领域展开互动。需要指出的是，印日提升战略伙伴关系有明显的中国因素考虑。印日双方在外交场合对此闪烁其词，但彼此心照不宣。安倍2012年底重任首相后表示，只有强化与印度等亚太伙伴国家的安保合作，才能遏制中国的抬头。辛格在2013年访日演讲中则明确表示印度不接受一个以中国为中心的亚洲，并刻意突出中印之间的争端。印度有分析坦言，"显而易见，发生的这一切均以中国为背景，因为日本和印度都将中国视为威胁"。[1]

莫迪执政后，印日关系有望得到进一步提升。莫迪本人在任古吉拉特邦首席部长时与日本企业界关系密切，曾多次访日，为该邦吸引了大量日方投资。莫迪宣誓就职总理后，安倍迅速向其发出访日邀请，莫迪访日几经时间调整终在2014年9月成行。日本成为莫迪上任后在本地区外（6月底访问不丹）的首访国家。在莫迪访日期间，印日将双边关系提升为"特殊的全球战略伙伴关系"；日本宣布将对印投资增加一倍，在今后5年内向印度提供340亿美元的直接投资和发展援助，帮助印度发展基础设施和建设智能城市；双方以地区安全为名目签署防务领域合作与交流备忘录，内容包括提高防务与军备合作水平，定期举行双边海上演练以及日本继续参与美印"马拉巴尔"年度海上联合军演，并推进讨论日本向印出售先进的US-2i水上飞机的议案等。[2] 从总体上看，随着莫迪执政，印日关系有望得到进一步发展，印日深化战略伙伴关系将不再局限于经贸领域，也扩展到战略与安全层面互动，包括将为日本向印度出口先进军备铺平道路，并推动印日民用核能合作的谈判。但尽管如此，在涉及中国主权的钓鱼岛等问题上，莫迪政府可能会谨慎权衡各方面利益，不会轻易与日本走得过近。

印度与俄罗斯的双边关系较长时期以来一直保持稳定。印俄关系不存

---

[1] Rama Lakshmi and Chico Harlan, "India, Japan draw closer, with an eye on China", The Washington Post, May 30, 2013.

[2] "PM Narendra Modi's Japan visit: 10 key takeaways", September 2, 2014, http://articles.economictimes.indiatimes.com/2014-09-02/news/53479892_1_india-and-japan-bullet-trains-pm-narendra-modi.

在太大障碍,在莫迪任期内将继续保持活力。印度对俄罗斯在军备出口、能源安全等方面的依赖较深,印俄两国也不断探索在民用核能领域的合作。莫迪就职后在接见来访的俄罗斯副总理罗戈津时表示,俄罗斯在印度的困难时期一如既往地支持印度,是印度"久经考验的朋友"。他特别强调俄罗斯对印度强大自身军事力量的支持,表示将与普京总统一道致力于加强"印俄之间特殊的战略伙伴关系",将双边关系提升到新的高度,并期待同普京举行"卓有成效、实质性、前瞻性"的双边峰会。① 印度在克里米亚危机和叙利亚危机期间明确支持俄罗斯的立场,并在金砖国家集团等地区多边机制中与俄罗斯保持密切合作。有印度分析家认为,莫迪政府的关注点与俄罗斯的亚洲战略完全吻合,俄罗斯在印太地区能发挥积极作用,有利于建立更加"均衡的安全建构"。②

印俄双方也试图实现双边关系重心从防务领域向经济领域的转移,俄罗斯对印度的投资额度近年来不断增加,西方目前对俄的制裁有可能促使俄强化与印度的经济合作。印度新政府也将致力于在政治理解的基础上促进与俄的能源合作,印俄两国目前正在谈判俄扩大对印度的能源出口,包括使印度能够分享俄中达成的天然气管道输气项目,这些努力将使印度减少对中东地区的能源进口依赖。尽管印度外长斯瓦拉吉对来访的俄罗斯副总理罗戈津对俄拟向巴基斯坦出口先进军用飞机一事表示关切,但双方都强调不会就此影响双边战略合作伙伴关系。③ 2014年12月11日,普京访问印度与莫迪会谈,双方强调发展"特殊的战略伙伴关系",宣布将加强在军事技术、经贸、核能等领域的合作,签署多达数十亿美元合同的项目,包括:俄在今后20年为印建造12座核反应堆;俄在10年期内向印提供原油,并共同开发俄境内石油资源;印向俄购买400架轻型直升机等。④

---

① "Narendra Modi calls Russia 'time tested friend'", The Times of Inida, June 19, 2014.

② Rakesh Krishnan, "Modi's operandi in India's foreign policy", Russia & India Report, May 16, 2014, http://in.rbth.com/blogs/2014/05/16/modis_operandi_in_indias_foreign_policy_35293.html.

③ Ajay Kamalakaran, "Stability in the subcontinent is a critical for the success of Russia's Asia pivot", Russia & India Report, June 19, 2014, http://in.rbth.com/blogs/2014/06/19/stability_in_the_subcontinent_is_a_critical_for_the_success_of_russias__36073.html.

④ "普京访问印度 莫迪称俄罗斯为最佳军火卖家", 2014年12月12日, http://www.guancha.cn/Neighbors/2014_12_12_303182.shtml.

从总体上看，印俄关系在莫迪任内将保持继续发展的势头，并呈现合作内容的多样化。

莫迪政府也将注重发展与欧盟的合作伙伴关系。欧盟先于美国松动对莫迪的外交制裁，并表示将尊重印度的民主选择，不少欧洲领导人在莫迪当选总理后即向其发出访问邀请。不少迹象显示，在莫迪政府时期，印欧关系将更多集中在经济领域，双方将致力于处理贸易、投资和发展合作等问题，印度也将寻求从欧盟国家获得更多的技术转让和投资，以吸引欧盟企业参与包括高铁在内的印度基础设施建设。目前法国已同意与印度谈判印度高铁发展项目。莫迪政府也将尽早恢复此前因辛格政府拒绝欧盟开列条件而中止的印欧全面双边贸易和投资协定（BTIA）的谈判，包括认真考虑扩大欧盟产品在印度的市场准入。[①]

东盟国家是印度的地缘近邻，莫迪政府也将继续重视与其的双边和地区合作，以东盟为桥头堡向亚太地区纵深推进"东向政策"。印度强调将更大限度地向东盟国家开放印度市场，实质性地改善与缅甸的政治关系并推动双边能源和经贸合作，同时深化与越南、新加坡和印尼等国在安全和防务领域的接触。

## 结　语

一方面，印度是一个正在崛起的重要国家，也是战略文化底蕴丰厚的大国，其外交政策存在较强的连续性，对外政策的基本准绳是国家利益和战略自主，不会因内阁更替而发生根本性转变。但另一方面，莫迪政府作为印度政坛近30年未见之强势政府，只要有强烈的政治意愿，就能显著地影响国家的外交政策和对外关系。也许正是基于此，莫迪政府的外交政策走向才能引起外界的普遍关注。从积极意义上说，印度能够在中印边界问题上奉行更灵活的和解政策，可致力让印巴和平进程走得

---

① "Narendra Modi-led BJP govt looks to address European Union concerns over market access", The Financial Express, June 7, 2014.

更远,并与美国制约中国的亚洲战略保持一定距离。但与此同时,莫迪政府也能在这些重要外交与安全问题上展示强硬,从而导致双边关系和地区局势紧张。总之,莫迪执政将为印度的对外关系带来某些不确定因素,值得密切跟踪和研判。

# 2014年南亚各国大选纷争对其政局的影响及中国的应对

戴永红[*]

2014年印度进行了大选，作为南亚的地区大国，印度政局的"地震"不可避免地给南亚诸国带来了不同程度的影响。印度人民党的莫迪无论是在内政还是外交方面都显得"咄咄逼人"。在主要区域大国的影响下，南亚局势虽然趋于缓和，但依然存在诸多不确定因素。本文分别对南亚8国围绕大选展开的政党纷争进行系统梳理、预测和相应评价，指出其对南亚地区安全的影响，并提出中国的应对措施。

## 一、南亚区域大国所引领的新一轮政党纷争

### （一）印度：印度人民党压倒性胜利标志着家族政治的式微

2013年4月7日举行的印度人民院（议会下院）的选举早已尘埃落定，而2014年莫迪的成功组阁也标志着印度多党制新格局的形成。在人民院选举产生的543个席位中，莫迪领导的印度人民党（BJP）取得了压倒性优势，再加上其执政联盟所获席位，其取得了总计超过300个席位的成绩，执政地位得到了空前巩固。与之形成鲜明对比的是，印度国大党则遭

---

[*] 戴永红，教育部人文社会科学重点研究基地四川大学南亚研究所教授。

遇了滑铁卢式的惨败，包括其领导的团结进步联盟也仅获得了60个左右的席位，这也成为自印度独立以来国大党最失败的竞选之一。① 可以这样说，与印度人民党欢呼形成鲜明对比的是"尼赫鲁－甘地王朝"的覆灭。

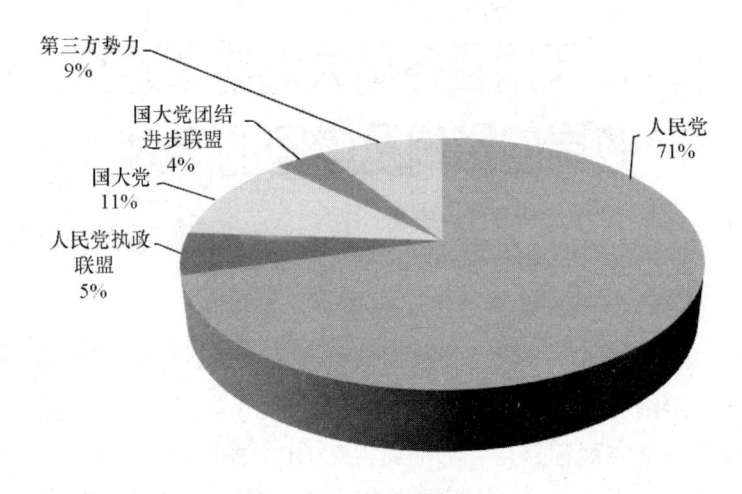

**图 1　印度人民院选举结果**

资料来源："印度大选结果揭晓　人民党获压倒性胜利"，新华网，2014 年 5 月 16 日，http://news.xinhuanet.com/world/2014-05/16/c_1110731766.htm。

国大党作为印度历史最为悠久、组织规模最为庞大、组织基础最为巩固的政党，尽管在历史上也曾遭遇选举失败，失去过政权，但却从未遭遇过如此惨败。国大党领军人物拉胡尔·甘地是尼赫鲁－甘地家族的第五代传人，虽然他有着显贵的身份，但却并不能拥有如莫迪那般的号召力，尤其是在广大选民愈益理性的今天，无论是个人魅力还是个人能力，他都绝非印度现今政坛的佼佼者。此外，国大党虽然对印度的政治影响力极大，并且已经连续执政两届，也创造出让世人瞩目的"Raise of India"，② 积累了丰厚的政治资本，但这并不意味着国大党没有潜在的危机，而这一切都在这次选举中得到了体现。于内，国大党虽然打着民主的旗号，但其内部却不断演绎着家族政治的世袭传统。甘地家族在这个组织里拥有绝对的发

---

① 张弛："大选之后的印度政党反思"，《中国党政干部论坛》2014 年第 7 期，第 92 页。
② 陈金英："两大党制：印度多党制分析"，《国际论坛》2008 年第 1 期，第 57 页。

言权、决定权，从某种程度上来说这是一个封闭性的组织，缺乏一个拥有活力的政党所需的生机。政治家族并不是印度政坛所独有的，西方和日本也都存在此类现象（如美国的肯尼迪家族、布什家族，日本的安倍家族、福田家族等），但如尼赫鲁－甘地家族这般能够垄断党内权力，并在家族内部实行似"封建帝制"下的权力继承则是罕见的，甚至可以称之为现代政党制度的倒退。这种家族政治使得众多拥有政治抱负却没有政治背景的人才无法施展才干，人才的流失也就成为一种必然，而这进而又会使组织结构趋于僵硬，最终丧失活力以及国内的执政地位。[①] 于外，印度最近几年受困于全球金融危机而一蹶不振，经济发展速度明显下降，而社会腐败现象日益严重，人民生活水平下降，民众想通过改变当今政坛格局而改善国家经济也就在情理之中。同时，平民出身的莫迪不但更易获得普通民众的身份认同，而且他拥有地方治理的经验，并且在古吉拉特邦取得了令人瞩目的执政业绩，其个人能力得到了证明与肯定。相较而言，国大党候选人拉胡尔虽然拥有显赫的尼赫鲁家族光环，但高贵的家族血统并不能转化为选民的认同，并不能满足广大选民"求变"的政治诉求。就是在这样"内外交困"的情形下，国大党失去了印度的王冠，也失去了那些拥有新思想、新观念的年轻选民的支持。

莫迪领导的人民党上台后屡有创新，尤其是在内政方面提出了具有"莫迪特色"的执政理念与目标。莫迪要求他的内阁简政增效，提高施政效率以兑现当初竞选的承诺，并在此基础上建立强大包容的印度，以实现印度的经济复兴。但是莫迪的雄心同样面临掣肘，他所领导的印度人民党以及国民志愿团都严格奉行印度至上的民族主义，不仅在国内排斥穆斯林，而且抵制全球化，阻挠印度经济的市场化。民族主义虽然能够号召选民支持一个政党，但却无助于一个执政党通过政策实施去巩固其执政地位。如今莫迪宣扬自己的"古吉拉特邦模式"，只不过是当年瓦杰帕伊政府的翻版，他的私有化和市场化政策是否能够与狭隘的教派主义兼容，这一切还得拭目以待。

综上所述，2014年的印度政坛是一种循环中的"变与不变"，印度不

---

[①] 牛贵宏："一党独大体制的兴衰与印度政党政治的变迁"，《东南亚纵横》2003年第6期，第64页。

断挣扎于"市场化与民族化"、"种族与教派"的旋涡之中。莫迪虽然拥有出色的个人能力，但在印度这固化的"传统"面前又能走多远呢？因此，印度在未来5年中有变有不变，而莫迪政府则需要在这场拉锯中找到自己的定位，否则国大党的昨日也许就是印度人民党的明天。

### （二）巴基斯坦：政党政治版图重组与世家政治的延续

在2013年举行的巴基斯坦议会选举中，穆斯林联盟（谢里夫派）获得186席，成为议会第一大党，取得了压倒性胜利，谢里夫随即就任总理并组建新内阁。但是在各省议会中，地方政党势力并没有和中央保持统一，形成一种非传统的"割据"。不同政党依然掌握着传统势力，其中穆斯林联盟（谢里夫派）在旁遮普省执政，人民党在信德省执政，第三大党正义运动党在开伯尔—普什图省执政，[①] 俾路支斯坦则由穆斯林联盟（谢里夫派）与普什图人民民族党联合执政。

此次进行的选举是具有标志性意义的，它首次实现了民选政府之间的权力交接，而这次交接则完成了巴基斯坦主要政党力量的大洗牌，政治版图也随之重新划分。强势执政的穆斯林联盟（谢里夫派）在拥有议会的绝对优势之后，进行组阁并随之巩固执政权力。人民党在滑铁卢式的惨败后沦为一个地区性政党。这次选举中还应给予关注的就是一些新兴力量，如正义运动党。无论是穆斯林联盟的复兴还是人民党的衰落，这一切都说明巴基斯坦政局的一个良性发展——政党趋于成熟，政党政治日益现代化。

人民党的衰落实际上折射出近年来巴基斯坦经济社会发展的大背景。困境中的经济呈现出高通胀、低增长、高赤字的状态，外资缺乏投资信心，失业率不断上升，国内安全环境又出现不断恶化的趋势，这一切都使得民众的生活受到了严重影响。此外，人民党执政期间政局持续动荡。人民党在2008年国民议会选举中获胜成为主要执政党后，该党联合主席扎尔达里出任总统。人民党与穆斯林联盟（谢里夫派）结成的执政联盟虽联手迫使穆沙拉夫辞职，但在法官复职、限制总统权力、宪法修正案等一系列

---

[①] "巴基斯坦国家概况"，中华人民共和国外交部，2013年8月，http://www.fmprc.gov.cn/mfa_chn/gjhdq_603914/gj_603916/yz_603918/1206_604018/。

问题上矛盾激化。因此，人民党上台后不久，穆斯林联盟（谢里夫派）就宣布退出执政联盟，成为第一大反对党。宗教人士卡德里发动大规模游行示威活动搅动政局；巴最高法院对重启扎尔达里腐败案调查紧咬不放，穆斯林联盟（谢里夫派）等反对党加紧攻讦，人民党处境更加被动；执政联盟内部分歧不断，统一民族党两次退出执政联盟，使人民党执政面临垮台危机。人民党施政深受掣肘，扎尔达里多方运作，勉强维持"摇而不坠"的局面。①

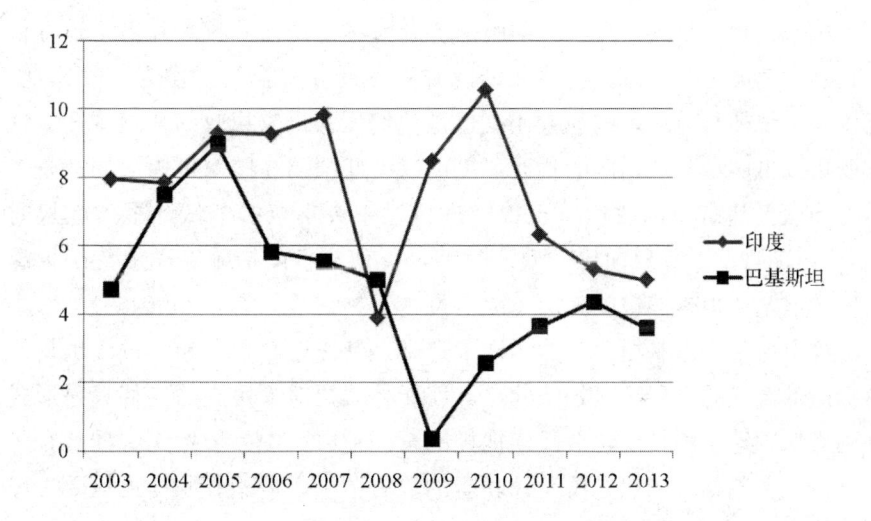

图 2　印巴两国近年 GDP 增长率比较

资料来源：世界主要国家历年 GDP 增长率，百度文库，http://wenku.baidu.com/link?url=hr9p6tfhMtiQYXfe8c1hJnjxNpiVcG7Nk0DtcjoG_ZuMusGEoDxYvs14XlIpANTFAR51fWTXtiE3bxqoBr9ZLKaNub3ij6CkcuqBqTynmDq。

对于巴基斯坦政坛的控制者——穆斯林联盟和人民党，其实很难用一种传统意义上的现代政党来描述，他们属于一种世家政治的延续。二者都属于精英型，一者是旁遮普的世族豪强，一者是信德的名门望族，他们所追求的并不是进行充分的社会动员，实际上是各实力派的妥协直接影响了

---

① 李青燕："巴基斯坦政党政治版图重组及影响"，《当代世界》2014 年第 2 期，第 67 页。

政治进程。因此,在富有才干和执政经验的政党领袖的控制下,巴基斯坦的政党制度已经与整个议会民主制一道,成为各政治势力派别瓜分利益的工具。无论是纳瓦兹·谢里夫,还是总统阿西夫·扎尔达里,亦或是曾经的军人领袖,都只不过是地方利益的代表,他们的背后才是巴政坛真正的操控者——那些世代生活在相关区域的大氏族。

在政党内部层面,同样存在着地方制约中央的局面。穆斯林联盟和人民党虽然对外展示出一位党内集体推选出的领袖,但实际上起主要支撑作用的是地方各级的党代表。这种地方氏族结构更类似欧洲中世纪的分封制度,很难谈得上是现代政党。中国学者叶海林曾经访问过萨尔果达地方行政长官,对方说,"在我们这儿,没有党,只有家族"。[①] 作为国家领袖,无论是总统还是总理,向地方让权也是他们作为世家执政的普遍特征。这样既可以巩固本党本地区的利益,更可以借此削弱在国家机构中的竞争对手。当然巴基斯坦的政治家也曾经进行过中央集权的尝试(军人政权时期),但随着军人政权向民选政府过渡,类似集权的措施在氏族传统根深蒂固的巴基斯坦自然也就无法延续下去。

综上所述,巴基斯坦虽然实现了选举,其民选政权的和平过渡也是具有标志性意义的,但不可否认的是,穆斯林联盟对人民党的代替只是形式上两党执政地位的转变,在氏族把控的全国地方,中央依然无法拥有有效的掌控。旁遮普省依然是穆斯林联盟的势力范围,信德省同样也只受人民党的控制,2014年变的是形式上的改选,不变的是权力范围的划分。

### (三)阿富汗:加尼政府的上台与中阿合作的新局面

2014年4月5日开始的阿富汗总统选举,将完成该国历史上第一次和平民主的政权交接。尽管塔利班像往常一样指责"选举是外国势力操作的阴谋",并威胁暴力袭击投票者,但阿富汗人民仍以超乎寻常的无畏和热情参与选举。40万军警在各投票点维持治安,3000头毛驴将选举物资运

---

[①] 叶海林:"巴基斯坦政党背后的世家政治",《1994-2013 China Academic Journal Electronic Publishing House》2014年第5期,第57页。

送到全国各地，保证了大选的顺利进行。① 由于在第一轮投票中没有候选人获得半数以上选票，此次投票是阿卜杜拉和加尼进行的第二轮角逐，但阿卜杜拉随后声称大选存在舞弊，并表示要抵制大选，其支持者也称要另立政府。经过反复沟通，双方同意在联合国的监督下对全部选票进行核查。加尼的获胜与此前多数媒体的预测一致。与竞争对手相比，加尼堪称学者型官员，他早年在美国哥伦比亚大学获得博士学位，主攻经济领域，在学术方面颇有建树，曾在大学任教，此后加入世界银行，并曾担任阿富汗财政部长，参与制定的不少经济政策受到好评。此间舆论指出，加尼当选后，将对阿富汗的经济发展起到重要的推动作用。②

阿新政府首先面临的就是"双首长式"民族团结政府的正常运作难题。按照加尼与阿卜杜拉联合签署的共同协议，阿富汗将建立一个实施改革、共同决策和民族团结的政府。在总统就职仪式上，除宣布加尼当选阿富汗下届总统外，也要宣布行政长官和副手人选。行政长官作为政府部长会议主席，而内阁依旧由总统领导。阿国民议会要在两年内修改宪法。就职典礼后，总统要设立一个委员会起草宪法修正案，以便启动改革进程，设立和规范新的国家架构。"双首长式"组织架构在阿历史上是个先例，尤其是将昔日的竞争对手强捏在一起联合执政，其效果会如何将难以想象。加尼和阿卜杜拉相识多年，曾在不同岗位为卡尔扎伊政府效力，但两人在政治、经济、军事、外交政策上存在相当大的分歧，双方关系长期处于"紧张"状态。观察家们认为，在选举中，双方阵营在政治资源方面势均力敌，不论协议如何规定，两人在共同分享政府权力遇到分歧时，固执己见可能成为常态。一些政治分析家甚至断言，在当前诸多严峻挑战下，阿民族团结政府难以长期维系。③

加尼政府上台后，首访便选择北京。而在 2014 年底，两名阿富汗塔利班官员同巴基斯坦官员一道前往北京，商讨阿富汗交战各方之间展开和平

---

① "阿富汗大选"，FT 中文网，2014 年 12 月 29 日，http://www.ftchinese.com/photonews/afghan_elections_2014。

② "阿富汗大选结果出炉 政权平稳过渡或现转机"，凤凰资讯，2014 年 9 月 22 日，http://news.ifeng.com/a/20140922/42050979_0.shtml。

③ "大选后的阿富汗"，《中国日报》，2014 年 9 月 25 日，http://www.chinadaily.com.cn/micro-reading/dzh/2014-09-25/content_12442227.html。

进程的可能性,而那或许并非这类会议首次举行。一名巴基斯坦记者称,中国阿富汗事务特使孙玉玺曾前往巴基斯坦白沙瓦与阿富汗塔利班代表会谈,不过这名记者的说法无法获得独立证实。尽管阿富汗境内的战争和混乱已持续多年,但长期以来,中国似乎不愿直接介入。那么,是什么变化促使其现在尝试与伊斯兰派武装分子斡旋呢?中国和外国分析人士认为,答案在于三个方面的因素:第一,中国越来越重视国内的分裂势力;第二,中国担心,在美国主要兵力撤离阿富汗后,其西部边境地区会出现不稳定因素;第三,中国急需确保自己能获取阿富汗的矿产和石油资源,中国公司已经在这上面投入了巨资。①

中国出于国家边疆安全、能源通道安全的考虑,必然会加速与阿富汗新政府的合作,甚至是与塔利班进行接触。阿富汗政府则一方面会为了稳定国内局势,将考虑美军撤出阿富汗后新的外交合作选择;另一方面也是基于国内经济发展,争取外国援助的需要,中国必然成为其今后的主要选择。因此,在可预期的未来,中阿之间的合作将是比较乐观的。

### (四)斯里兰卡:种族冲突下的政治和解与中斯关系的新变局

2015年1月8日,斯里兰卡大选从当地时间上午7时开始至下午4时结束,1500万选民在1.2万个投票点选举新总统。② 这本是一场毫无悬念的选举,但却得出了令人意想不到的结果。其实在2014年11月20日,拉贾帕克萨曾"充满自信地"宣布提前两年举行总统选举,意在寻求第三次连任。然而第二天,原本和拉贾帕克萨同属执政党自由党的西里塞纳宣布倒戈,辞去自由党总书记和政府卫生部长职务,转投反对党统一国民党,并成为反对派共同的总统候选人。"这让拉贾帕克萨措手不及",日本《外交学者》称,此举引发连锁反应,约20位内阁部长和政府官员接连宣布倒

---

① "中国成阿富汗局势调解人",新浪新闻中心,2015年1月15日,http://news.sina.com.cn/c/2015-01-15/115531403037.shtml。

② "斯里兰卡大选牵动周边 反对党上台或将颠覆国政",人民网,2015年1月9日,http://world.people.com.cn/n/2015/0109/c157278-26356341.html。

戈，拉贾帕克萨连任的前景突然变得岌岌可危。而选举的结果也出乎拉贾帕克萨的意料，西里塞纳赢得大选，成为政党的领袖、政府的执掌者。

斯里兰卡政局的变化也使得中斯关系存在变数。拉贾帕克萨领导的斯前政府与中国政府有过愉快的合作历史。过去 10 年间，中国向斯注入大笔资金，成为该国最大的投资国、头号政府贷方以及第二大贸易伙伴。2014年，中国潜艇两次停靠在斯里兰卡首都科伦坡，引发来自印度的抗议。拉贾帕克萨自 2005 年掌权以来，使斯里兰卡转向中国，布鲁金斯学会印度外交政策资深研究员说："如果拉贾帕克萨连任，中国会感到高兴。西里塞纳在同中国交往时可能会尔反尔，尤其是在军事方面。他或许不会完全转向，但可能会展现更加谨慎的姿态。"在拉贾帕克萨时期，中国资助的项目包括计划投资 14 亿美元在科伦坡港填海造地，兴建一座大小与摩纳哥相当的城市。这是斯有史以来最大的外国投资项目。曾于 2014 年 9 月访问斯里兰卡的中国国家主席习近平已承诺出资 400 亿美元成立"丝路基金"，为"新丝绸之路"项目沿线国家的基础设施建设提供融资。"新丝绸之路"包括途经斯里兰卡的海上路线。[①] 国立澳大利亚大学战略国防研究中心的客座研究员戴维·布鲁斯特说："北京有些人可能会认为，中国应该在印度洋地区扮演更加积极的军事角色。"他说，如果拉贾帕克萨赢得下一个任期，中国海军可能还会来访，而且中国还会增加投资。

如今西里塞纳上台，他的反华竞选言论是否会转化为具体行动仍需拭目以待。而就在大选前，他在拉贾帕克萨政府任职时还经常称赞中国在斯里兰卡经济发展中扮演的角色，但当他成为候选人后，出于竞选需要却曾经发表过比较极端的反华言论。西里塞纳称要与印度、中国、巴基斯坦和日本建立"均等关系"，同时采用大批用外国信贷搞项目的做法，这等于是在暗中批评中国。日本《每日新闻》援引西方国家外交人士的话说，"斯里兰卡换了总统，对中国的依赖就会减轻"。《悉尼先驱晨报》认为，西里塞纳的誓言将缓和该地区的紧张关系，尤其是德里因看到近来斯里兰卡港口欢迎中国的核潜艇而感到越来越警觉，这很可能也会缓和华盛顿的焦虑，因为美国的决策者一直担心中国日益扩大的势力范围。但彭博新闻

---

① "外媒：斯里兰卡大选结果或将影响中国南亚战略"，《参考消息》2015 年 1 月 9 日，http://news.sina.com.cn/w/2015-01-09/095131379667.shtml。

社一篇文章则认为,即使西里塞纳誓言要跟中国投资说再见,他具体会做到哪一步还不知道,中国还被视为抗衡印度的重要力量。斯非政府组织另类政策中心负责人萨拉瓦纳姆图对彭博社表示,没有人会真的愿意把中国投资赶出去。报道援引中国人民大学国际关系学者时殷弘的话说,中国与斯里兰卡关系基础牢固,一场选举对两国关系影响不大。中国现代国际关系研究院研究员李莉表示,不管谁领导斯里兰卡,都不会错过搭上中国发展快车的机会。①

笔者认为,中国是唯一愿意在基础设施和公共支出上向别国提供资助的国家,斯里兰卡在这方面是不会拒绝的。中国经济发展的快车不仅使本国人民受利,同样也是世界经济发展的引擎,中国的发展为更多的国家带来了机遇。在如今这个全球化时代,任何国家都不可能忽视中国的影响,都不能无视中国利益的存在。尽管西里塞纳曾经有过过激言论,但也只是出于竞选的需要。执政之后,政绩所需要的经济发展是离不开中国的"强心剂"的,中斯关系未来短期内也许会有波折,但从长远角度而言,前景依然是光明的。

### (五)尼泊尔:政党纷争下的发展与中印间的平衡外交

2013年6月,尼泊尔临时政府宣布于11月19日举行第二届议会选举,随后众多政治势力开始分化为两大对立阵营:尼联共(毛)、尼大会党、尼共(联合马列)和马德西联合民主阵线四大政党支持如期进行选举,而以莫汉·拜迪亚领导的尼共(毛)为代表的33党联盟则坚持反对如期选举。尼共(毛)秘书长戴维·古隆向四大政党"喊话"称:"如果你们自认为有能力在忽视我们的情况下举行选举,那么请悉听尊便!"② 莫汉还威胁称该党将与前国王贾南德拉合作,以捍卫国家和民族主义,此举遭到执政党的强烈反对。而随着选举日的逼近和各党派竞选活动的升温,以莫汉领导的尼共(毛)为代表的33党联盟誓言将扰乱选举进程,随后尼全

---

① "斯里兰卡选出新总统令中斯关系存变数?",《南华早报》2015年1月12日。
② "尼泊尔制宪大选开战升温 谈判大门难开",中国新闻网,2013年7月24日,http://www.chinanews.com/gj/2013/07-24/5080797.shtml。

国出现了抵制选举的大罢工、交通停运、汽车爆炸袭击以及恐吓选民等骚乱活动，凸显了尼民主政治的脆弱性与斗争性。尽管如此，2013年11月19日，尼还是如期举行了第二届制宪议会选举。本次选举共有124个参选政党，出乎意料的是，在任执政党尼联共（毛派）所获得的席位远落后于中间派的尼泊尔大会党和中间偏左的尼共（联合马列），仅获80席位而居第三，尼大会党则获得196席而成为第一大党，尼共（联合马列）成为第二大党。[1] 尼国内民众对此次选举的唯一期待是希望尼泊尔早日结束政治真空，许多人不再对各政党在竞选活动中为争取选票而做的承诺抱有任何幻想，[2] 这表明尼泊尔的政治将朝着民众期待的方向变得更加实用主义。

在外交方面，尼泊尔身处中印两个大国之间，其政策走向已经由原来的一边倒转为在中印之间实现平衡。据《印度斯坦时报》12月29日的报道，中国外交部长王毅访问加德满都时宣布，北京将把对尼泊尔的援助提高4倍。王毅还表示，尼泊尔可以充当中国与南亚之间的"桥梁"，这满足了尼泊尔政治权势集团的长期愿望。而尼泊尔驻拉萨总领事馆总领事哈里·普拉萨德·巴逍也希望拉日铁路的国际化能早日延伸至尼泊尔，并在珠峰下构筑最牢靠的中尼关系。[3]

### （六）孟加拉国：不断升级的游行示威与民主进程中的政党纷争

2014年12月24日，孟加拉国民族主义党主席卡莉达·齐亚出庭参加腐败案听证会，民族主义党的支持者与政府支持者在法院外发生激烈冲突，造成至少50人受伤，这使得孟加拉国的政治和解再度蒙上阴影。据媒体报道，孟加拉国的主要反对党民族主义党称，该党领导人卡莉达·齐亚

---

[1] "尼泊尔公布议会选举结果"，新华网，2013年11月29日，http://news.xinhuanet.com/2013-11/29/c_118353585.htm。

[2] Bikash Sangraula, "In key election, Nepal's tumult drives new pragmatism", The Christian Science Monitor, November 17, 2013, http://www.csmonitor.com/layout/set/r14/World/Asia-South-Central/2013/1117/In-key-election-Nepal-s-tumult-drives-new-pragmatism.

[3] "尼泊尔驻拉萨总领事：尼中在珠峰下构筑最牢靠关系"，中国新闻网，2015年1月17日，http://news.hexun.com/2015-01-17/172481082.html。

已经遭到"变相的软禁"。据惯例,孟加拉国通常在一个由无党派人士组成的看守政府的主持下举行大选,现任孟加拉国政府废除了这一制度。反对党联盟认为,没有看守政府的选举难以保证自由和公平。①

其实,孟加拉国自1991年恢复民主政治后,尽管实行多党政治,但真正能够执政的政党只有谢赫·哈西娜领导的人民联盟和齐亚·卡莉达领导的民族主义党,两党为争夺国家领导权一直处于对立状态,②因此孟加拉国的政治被外界普遍称为"两个寡妇的斗争"或者"复仇政治",这种政党斗争的结果加剧了孟加拉国的贫困和混乱,阻碍了民主发展的道路。联合国驻孟加拉国代表德萨利曾感叹道:"孟加拉国的民主受到两大主要政党的制约。两党的竞争有时达到了令人感到过分的程度,完全超出了民主的正常范围。"③而孟加拉国民众也普遍认为两位夫人的敌对竞争是造成国家贫穷和腐败的主要原因。2009年1月6日,重新执政的人民联盟领导人谢赫·哈西娜呼吁包括反对党在内的所有政党加强合作,不搞复仇政治,齐心协力推进国家发展。尽管执政党向反对党释放善意,但两党之间仇恨难解。从历史经验来看,不管哪个政党在大选中获胜,另外一个都将坚定不移地扮演"捣乱者"的角色,通过罢工或者抗议来阻挠执政党的正常运作。以齐亚·卡莉达为首的民族主义党批评政府对反对派进行打压,坚持成立一个中立的看守政府,反对人民联盟操纵大选,并要求哈西娜必须下台。④同时卡莉达还领导反对党联盟举行全国大罢工,并支持保卫伊斯兰联盟发起的"围困达卡"行动,号召商界抵制人民联盟搞单方面选举。哈西娜则指责民族主义党与恐怖组织为伍,要求民众支持人民联盟,并主持召开了14党联盟会议,支持其担任过渡政府首脑监督选举。

正是这样的政党纷争导致了孟加拉国的政治进程屡屡陷入困境,始于2014年底的反对党示威游行一直持续到2015年。笔者认为孟加拉国的两

---

① "孟加拉反政府示威沦为暴力群殴",《中国日报》2014年12月25日。
② 张世均:"孟加拉国当代政党政治的特点",《河南师范大学学报》2008年第1期,第79—82页。
③ Salah Uddin Shoaib Choudhury, Bangladesh Democracy in Doldrums, http://www.weeklyblitz.net/544/bangladesh-democracy-in-doldrums.
④ "Bangladesh general elections", BBC NEWS, January 3, 2014, http://www.bbc.co.uk/news/uk-25584962.

党如果不能相互妥协，不能形成一种政治宽容的环境，那么孟加拉国的现代化进程依然遥遥无期。

### （七）马尔代夫：司法干预下的民主困境与党派纷争下的政治乱局

2014年5月28日，马尔代夫议会通过秘密投票方式，选举执政的进步党候选人阿卜杜拉·马斯赫为新一任议长，并投票选举反对党民主党候选人穆萨·马尼克为副议长，而刚刚被逐出执政联盟的共和党候选人、马尔代夫首富卡西姆在选举中落选。由于卡西姆在没有得到执政联盟同意的情况下宣布参加议长竞选，以现任总统亚明为首的执政党进步党于5月27日宣布，将卡西姆领导的共和党逐出执政联盟，同时宣布执政联盟解体。2013年11月，亚明领导的进步党在卡西姆的支持下赢得马尔代夫大选胜利，组建了以进步党和共和党为主体的执政联盟，并在2014年3月举行的议会选举中大获全胜。[①]

早在2013年11月9日重新举行的第一轮大选中，民主党候选人纳希德仍以46.97%的得票率领先，而进步党候选人亚明只获得36%的选票，位居第二。随后最高法院再次介入，强行推迟原定于11月10日举行的第二轮投票，使得11月16日才完成第二轮投票。在这期间，进步党候选人亚明努力争取到了作为中间力量的马尔代夫首富、共和党候选人卡西姆的支持，使得第二轮投票出现峰回路转，他成功获得51.61%的选票，超过其对手——民主党候选人纳希德。11月17日上午，马选举委员会正式公布总统选举结果，亚明正式当选为马尔代夫新一任总统，从而避免了马尔代夫总统"权力真空"的出现。[②] 回顾马整个选举过程，可谓一波三折，在这期间，各党派以及相关部门围绕大选公正性问题展开斗争，其纷争的背后实质是各党派以及利益集团间的政治博弈。民主党领导人纳希德在此次选举中的失利表明马传统势力依旧强大，作为前总统加尧姆胞弟的进步

---

[①] "阿卜杜拉·马斯赫获选为新一任议长"，新华网，2014年5月28日。
[②] "最美丽岛国迎来新管家"，《国际先驱导报》2013年11月25日，http://news.hexun.com/2013-11-25/159991986.html。

党候选人亚明本次的胜选就是很好的说明，而这次阿卜杜拉·马斯赫当选为新一任议长也同样佐证了这一点。

### （八）不丹：大国夹缝中的民主进步与实力对等外交的尝试

由于地理上的因素，印度一直是不丹最大的贸易伙伴和援助国。正因为如此，印度对于不丹的政治经济具有极大的影响力。2013年7月不丹大选前，印度突然决定取消对不丹国内的燃油和家用燃气的补贴，致使不丹的燃油和家用燃气价格上涨，直接导致当时的执政党在不丹大选中失利。[①] 作为一个初尝民主政治的国家，不丹民主的发展难以摆脱印度的影响。尽管大选存在党派纷争，但目前不丹国内各政党都较年轻，力量还不够强大，能上台执政的只有繁荣进步党和人民民主党，而两党政治竞争背后的印度因素明显。未来人民民主党在为不丹经济发展带来希望的同时，其政治独立性将难以得到保证。要实现经济与民主政治的同步发展，需要执政党在政治独立性与对印度的经济依附性问题上做很好的平衡，这将不仅考验不丹执政党的政治智慧，同时还将有助于增强不丹在大国夹缝中生存的本领。

目前不丹国内正式注册的政党共有5个，其中主要的政党是繁荣进步党和人民民主党。2008年不丹举行首届国民议会选举时，繁荣进步党赢得压倒性胜利，该党主席吉格梅·廷里就任首届民选政府首相。2013年7月13日，不丹举行第二届国民议会大选，人民民主党在此次大选中获得胜利，赢得47个国民议会席位中的32席，而繁荣进步党只获得15席，成为反对党，随后组建了以策林·托杰为首的新政府。[②] 在不丹大选的背后，除了繁荣进步党与人民民主党的政治博弈外，更多的是印度因素在左右选举进程。作为中印之间的"夹心小国"，不丹政治的变动总是受到印度的高度关注。繁荣进步党执政时曾试图打破与中印间的不平衡关系，摆脱印度控制，在中印间实现对等外交，被誉为"国民幸福形象大使"的繁荣进

---

[①] "莫迪首访不丹展'魅力攻势'被指平衡中国影响力"，人民网，2014年6月16日，http：//world.people.com.cn/n/2014/0616/c1002-25151844.html.

[②] "不丹'亲中'政党下台 印度欢呼亲华苗头被掐"，环球网，2013年7月15日，http：//mil.huanqiu.com/paper/2013-07/4129957.html.

步党主席廷里在这方面表现得尤为明显。

不可否认，不丹的内政外交都夹杂着印度元素，印度将是中国与不丹之间不可逾越的障碍，对此我们要正视而不是逃避。对于不丹的政策方向，则是在培养其国内亲华势力的同时，积极发展与不丹的经贸关系，利用中国经济强大的影响力进一步密切两国之间的联系，引导其外交政策由印度的一边倒转向中印两国间的平衡外交。

## 二、大选纷争对各国政局及南亚地区安全的影响及中国的应对

2014年，南亚3个国家实现了选举换届，尤其是区域大国印度的选举和新政府的上台将会对南亚政局产生深远的影响。阿富汗和斯里兰卡两国作为中国外交新常态下进一步寻求合作的对象，因此其国内的动态也应当引起我们的外交重视。近年来，在全球化深入发展和国际金融危机蔓延的大背景下，南亚政党政治发生深刻变化，出现了多党制普及、联盟政党主政、执政党的经济政策差异缩小以及政党纷争与政局变化呈现出"普遍化"与"常态化"的特点和现象。[①] 面对复杂多变的局面，中国需要不断强化"周边是首要"的意识，加快制定"大周边"战略，统筹与南亚国家的周边外交与沿边地区的发展稳定，有效化解南亚周边的动荡风险，妥善处理大国地缘角逐。应重点做好两方面的工作：一是坚持以中国利益为核心，勿在政党间进行选边站。在对外关系中坚持国家利益为核心无疑是一国外交政策的根本要求和最终目标，同时也是"实用主义"的基本表现。南亚国家作为我们的周边邻国，在对外交往中必须作为优先考虑。二是利用经济优势吸引其他南亚国家，避免印度"过敏"。各新选政党上台后其政策上会总体保持一定的延续性，因此不论哪个政党上台也无需过分担忧，客观因素的综合影响使其在对华政策上变数不大。未来中国经济发展

---

① 崔翔、杜小林："南亚政党政治发展特点与趋势"，《当代世界》2013年第10期，第76页。

潜力巨大，因此可以利用经济优势增强对其他南亚国家的影响力，加大与南亚国家的贸易往来以及对外投资。一方面可以通过经济上的"实惠"深化与南亚国家的关系，另一方面还可以减少印度的猜疑和担忧。此外，印度人民党上台后，将继续坚持该党传统的"实用主义"外交和"实力"外交政策，莫迪将重振印度经济，而中国作为全球第二大经济体、最大贸易国，加强与中国的经贸关系是印度未来经济发展的必然出路。

综上所述，南亚总体上的发展是趋于稳定的，各国民主化进程虽然艰难但也在不断成熟当中。中国对于南亚的方针政策依然应当是"经贸先行"和"内政不干涉、党派不站边"，同时也应当从战略全局的高度实现"两翼包抄、中间突破"，在战略要点上早落子、早布局。

# 中国的印度洋政策及其对印度的影响

斯瓦兰·辛格[*]

2013年11月,在中国共产党召开的第十八次全国代表大会上,中国国家主席习近平公开作出了"建设海洋强国"的部署,以洗雪被外来海上强权奴役的"百年国耻"。[②] 为付诸行动,2014年2月,两艘中国海军驱逐舰和一艘崭新的水陆两栖登陆舰驶过印尼爪哇群岛和苏门答腊岛之间的巽他海峡,在印度洋进行海军军演后返程。这是继2011年8月10日政府经过反复酝酿和讨论决定推出航母后,中国海上力量建设的又一重要举措。该航母是由苏联制造航空母舰"瓦良格"号(Varyag)改装而成,被中国命名为"施琅"号,是中国海军力量崛起的标志。[③] 而"瓦良格"号航母是苏联的最后一艘航母,当时尚未完工,因此"施琅"号的出现让很多评论家认为这预示着另一个超级大国正在崛起。此外,自20世纪80年代中期开始,外界对中国的海军现代化表示出严重关切,而航母试航更加剧了外界的猜测。在外界看来,至少中国是希望用这些新的装备来维护自身在亚太、印度洋地区甚至非洲的权益的,因为这与中国国内不断增长的资源和原材料的需求息息相关。中国进入这片广阔海域被视为寻求保护贸易路线的必要之举,特别是确保这条起源于阿拉伯海、途经印度洋和南中国海

---

[*] 斯瓦兰·辛格,印度尼赫鲁大学国际研究学院教授,国际政治、组织和裁军研究中心主任,亚洲学者联合会主席,印度亚太学会秘书长。

[②] Mohan Malik, "The Indo-Pacific Maritime Domain: Challenges and Opportunities", in Mohan Malik (ed.), Maritime Security in the Indo-Pacific: Perspectives from China, India and the United States, Lahman, Maryland: Rowman & Littlefield, 2014, p. 18.

[③] Vijay Sakhuja, Asian Maritime Power in the 21st Century: Strategic Transactions China, India and Southeast Asia, Singapore: Institute of Southeast Asians Studies, 2011, p. 78.

的能源通道的安全。因为它不仅面临来自海盗和恐怖主义的新威胁，未来还可能面临要与其他大国进行资源争夺的风险。

诚然，中国也一直担心本国远洋海军力量不如印度洋上的其他大国（如美国、日本和印度），尤其是在马六甲海峡的咽喉要道。① 此外，中国对其他亚洲国家（如印度、日本和韩国）日益增强的海军建设和能源进口深感忧虑，认为这些国家发展海军力量，未来将会与中国进行利益争夺，阻碍中国海洋发展。尤其是在印度洋地区，中国对印度较大规模的海军机构有所担心，在中国看来，印度继承了英国的战略眼光和海军装备，包括两艘航空母舰。2001年以来印度在安达曼和尼科巴群岛成立三军司令部，近来更是决定进入南中国海进行勘探活动，② 对此中国已表示警觉。此外，中国与其他海洋邻国的关系也十分紧张。中国宣称对整个南中国海拥有主权，包括油气资源和其他矿产资源。值得一提的是，在过去的几十年中，中国对这片水域进行主权声索的原因经历了一个从原有的"政治—意识形态—战略"的国家主权论到"进行资源联合开发利用"论的话语转变。这种转变促使中国加强海上力量投射，海军现代化也成为其长远规划的重中之重。

对印度来说，中国与包括文莱、马来西亚、菲律宾、越南在内的海上周边邻国的纠纷加深了其对中国进入印度洋的担心。这些国家仍然对北京持有怀疑态度，即便是那些具有善意政治姿态的有关联合开发与合作的倡议。③ 鉴于近年来中国经济的快速增长，中国海军的一举一动都将引发外界对于中国海上扩张的恐惧，担心这种扩张意在使其海上邻国臣服于中国。值得一提的是，这种"中国威胁论"往往出自美国专家之手。例如，中国航母"施琅"号（中国官方命名"辽宁号"）的海试引来了居多冗长的评论，但很少有人将它视为十分先进或是令人恐慌的武器。在提供保障

---

① David Zweig and Bi Jianhai, "China's Global Hunt for Energy", Foreign Affairs, Vol. 84, No. 5 (Sept-Oct, 2005), p. 34.

② John W. Garver, "The Gestalt of Sino-India Relationship", in Carolyn Wilson Pumphrey (ed.), The Rise of China in Asia: Security Implications, Carlisle, PA: Strategic Studies Institute, US Army War College, 2002, pp. 278-279.

③ Jae-Hyung Lee, China and the Asia-Pacific Region: Geostrategic Relations and a Naval Dimension, Linclon, NE: iUniverse, 2003, p. 92. See Chart on China's Military Clashes in South China Sea.

安全方面,"施琅"号与美国的航母相比似乎与想象中的相去甚远。美国海军在海洋上部署了 11 个航母战斗群,而中国即便以最快的速度发展,可能也需要用半个世纪的时间才能追赶上美国的水平。不过,"施琅"号象征着中国进行海军现代化的愿景,传达了中国立志成为全球海上强国的决心以及保护本国正在不断扩展的经济命脉的姿态。这也引起了外界尤其是中国的近邻的关注。

# 一、中国的马六甲海峡困境

中国专家除了担忧日益增多的海上船舶和超级油轮运输会造成航道堵塞,并遭受海上恐怖主义复合攻击外,尤其担心像马六甲海峡这样的咽喉要道可能遭到封锁,从而造成中国重大的能源危机。[1] 鉴于威胁涉及多个国家,挑战极为复杂,估计中国不会单独行动,也肯定不会放弃与其他利益方的相互协商。例如,2010 年 5 月,一艘希腊货船在亚丁湾被索马里海盗劫持。货船悬挂利比里亚国旗,船员中有希腊人和菲律宾人,从乌克兰向中国运输铁矿。[2] 不过值得一提的是,这种极为复杂、涉及多方面利益的情况也容易导致海上强国之间的相互猜疑增加。例如,有报道称,2011 年 7 月中国在南中国海域拦截了一艘访越返航的印度海军舰艇,并对其进行了检查和审讯,此举引起了印度的猜测。同样,在此几个月之前,据悉印度海军围追了一艘行驶在孟加拉湾地区的中国船只,印度怀疑该船只伪装成拖网渔船从事监视活动。的确,诸如此类的事件进一步加深了两国彼此的猜疑。

此外,在过去几十年中,美国在亚太地区表现活跃,这也进一步助长了各国相互间的猜疑和不信任。在美国以及盟军发动了两场海湾战争和阿富汗反恐行动后,中国的智库和大学研究机构一直在讨论美国如何在危机

---

[1] David Zweig and Bi Jianhai, "China's Global Hunt for Energy", Foreign Affairs, Vol. 84, No. 5 (Sept-Oct, 2005), p. 33.

[2] Sohail Choudhury, "Mysterious world of Somali pioates", Blitz Weekly, August 26, 2011.

的情况下（无论是在中东或在台湾海峡）加强对中国海军的封锁，并探讨这将怎样导致中国的海外贸易和能源供应严重中断。不过，美国也可能在中东地区危机十分严重的情况下寻求中国海军的援助，这种可能性将会导致中国决策者的政策抉择复杂化。正是在这样的背景下，2003年12月，在一次党中央领导人会议上，时任中国国家主席胡锦涛开启了一场有关"马六甲困境"的辩论。[1]除了他所预言应加强机制建设以确保中国能源供应和海外贸易通畅外，中国也越来越关注海盗与海上恐怖主义的威胁。[2]中国专家和官员正建议通过发展三支远洋舰队来解决"马六甲困境"：第一支舰队部署在韩国和日本周围海域巡逻；第二支舰队则派往西太平洋；第三支舰队即印度洋舰队，用来保护马六甲海峡。[3]值得一提的是，中国的外交工作也正在配合支持这些行动，如习近平主席的海上丝绸之路倡议等，此倡议已经得到一些国家（如马尔代夫和斯里兰卡）的热情响应。[4]

中国的"马六甲困境"也离不开美国因素，如美国在中国周边地区包

---

[1] David Zweig and Bi Jianhai, The Foreign Policy of a "Resource Hungry" State, Working Paper 5, Hong Kong: Center on China's Transnational Relations, 2004; also Henry J. Kenny, "China and the competition for oil and gas in Asia", Asian Pacific Review, Vol. 11, No. 2 (November 2004), p. 36; Mokhzani Zubir and Mohd Nizam Basiron, "The Straits of Malacca: the Rise of China, America's Intentions and the Dilemma of the Littoral States", MIMA Online Papers (Malaysia, 2005), available at http://www.mima.gov.my/mima/htmls/papers/pdf/mokhzani/mzmnb.pdf; Mokhzani Zubir, "The strategic value of the Straits of Malacca", MIMA Online Papers (Malaysia, 2004), available at http://www.mima.gov.my/mima/htmls/papers/pdf/mokhzani/strategic-value.pdf, p. 9.

[2] Mihir Roy, "Energy and Sea Lanes of Communication", Journal of Indian Ocean Studies, Vol. 9, No. 1, (April 2001), pp. 60-61. Threats to SLOCs in Asia-Pacific can be broadly classified into two categories: (a) external threats like military conflicts, laying mines, territorial conflicts, disputes on islands, naval arms race and piracy and (b) non-traditional threats such as narco-terrorism, drug-trafficking, illegal migrations like boat-people. Then there are also the added threats of poor seamanship and unsatisfactory ship husbandry.

[3] Mohan Malik, "The Indo-Pacific Maritime Domain: Challenges and Opportunities", in Mohan Malik (ed.), Maritime Security in the Indo-Pacific: Perspectives from China, India and the United States, Lahman, Maryland: Rowman & Littlefield, 2014, p. 18.

[4] "Sri Lanka leader reaffirms ties with China despite tensions", The Japan News, March 27, 2015 (accessed on 30 March 2015) at http://the-japan-news.com/news/article/0002039470; Atul Aneja, "China woos Maldives to join Maritime Sulk Road", The Hindu (New Delhi), September 15, 2014, (accessed on 30 March 2015) at http://www.thehindu.com/news/international/southasia/chinese-president-xi-jinping-woos-maldives-to-join-maritime-silk-road/article6412585.ece

括印度洋地区扩大军事存在，与印度发展密切的关系。美国正在加强海军能力建设，寻求对中国进入印度洋海上通道的完全控制。多年来，类似评估已成为中国海军扩张计划一个关键的驱动因素。诚然，即便没有美国因素，印度洋上日益繁忙的运输也有自身问题。2011年7—8月，两艘船只航行至孟买海滩附近时发生碰撞；一艘船只从孟买出发后也发生事故，并导致海上溢油。显然，海上事故频发给海军和海事机构带来了极大的压力，也让印度对中国在印度洋日益强大的海军投射和军事存在十分警惕。众所周知，世界石油消费量预计将从当前每日7500万桶增至2025年的每日1.2亿桶，而这增加的4500万桶中的80%将由亚洲国家消费。因此，预计通过马六甲海峡的油轮日运输量将从目前的1000万桶升至2020年的2000万桶。① 随着中国成为依赖马六甲海峡航线的主要石油进口国，北京必须确保印度洋上的航道安全，或者寻求替代的能源供应者，开发替代能源和开拓新的替代能源路线。鉴于能源替代战略进展缓慢，中国必须努力提升海上能力以维护印度洋海上通道的畅通与安全，服务于本国日益扩大的对外贸易，满足这些仍需通过印度洋航线（经波斯湾及南中国海）的能源进口需求。

中国也试图与海上邻国进行友好交往，以缓解"马六甲困境"。例如，中国一直试图与印度洋航线安全利益的相关方在打击海盗与海上恐怖主义方面建立合作关系。中国一直积极支持中日韩（CJK）年度会谈，讨论其联合巡逻以帮助对方的船只抵御印度洋上的索马里海盗。② 与此同时，中国也加大与印度洋沿海地区国家的接触，尤其是在2004年12月印度洋海啸灾难发生后。中国是首批宣布300万美元紧急援助的国家之一。时任总理温家宝在雅加达出席东盟领导人特别会议时再次承诺给予受灾国家6000万美元援助，并承诺中国愿长期参与灾后重建工作。③ 此外，中国也试图缓解南中国海的紧张局势，其相关措施包括：2005年3月14号，中菲越

---

① See, for example, Henry J. Kenny, "China and the competition for oil and gas in Asia", Asia Pacific Review, Vol. 11, No. 2 (November 2004), pp. 36-47.

② Chien-Peng Chung, "Japan's Involvement in Asia-Centered Regional Forums in the Context of Relations with China nad the United States", Asian Survey, Vol. 51, No. 3 (2011), p. 427.

③ Rizal Sukma, "Indonesia-China Relations: The Politics of Re-engagement", Asian Survey, Vol. 49, Issue 4, (2009), pp. 601-602.

在马尼拉签订三方协议,表达了三方联合考察南海协议区内石油资源储量的意愿。对此,时任菲律宾总统格洛丽亚·阿罗约还称赞该协议是一次重大的外交突破,有利于地区和平与安全。① 但必须承认,协议并没有完全消除外界对中国意图的怀疑,即便是菲律宾国内民众。

的确,一些老问题依旧存在。以中菲越三方协议为例,由于协议并不针对其他的南中国海争端声索国,所以协议的效用较为有限。同时,中国也在寻找通往印度洋的替代路线,例如试图借用途经中亚或者南亚的油气管道网络打造新的能源走廊。这些通过缅甸和巴基斯坦的能源管道被认为可以使中国成功摆脱对狭窄、海盗猖獗的马六甲海峡的依赖。但事实上,中国对印度洋航线的依赖不会完全消失。鉴于印度洋在很大程度是由美国及其盟友印度和日本所控制的,这将继续促使中国进行必要的能力提升,以增进自己的力量投射和地区影响。② 对此,中国有理由感到自身不仅是已被孤立,还是已被外界遏制的对象。正因如此,中国也更加强烈地想维护从南中国海到北印度洋、波斯湾地区这一海上航线的安全。

## 二、中国在印度洋的存在

首先,中国不是一个印度洋沿岸国家,但它的船只经常出现在印度洋海域。多年来,中国通过与一些沿岸国家如孟加拉国、印度尼西亚、马来西亚、缅甸、斯里兰卡、泰国等建立强大的政治、经济和防务关系,已加强了自己在这片海域的存在。在缅甸,中国已经完成几个港口的升级,包括位于实兑、皎漂、勃生、丹老及仰光的港口。此外,中国还在位于汉依

---

① "China, Philippines, Vietnam Sign Joint South China Sea Oil Search Accord", Radio Free Asia, 21st March 2005, available at http://www.expertclick.com/NewsReleaseWire/default.cfm?Action=REleasePrint $ & ID=8473. By earlier estimates, the South China Sea is believed to have proven oil reserves of some 7 billion barrels, though one US estimate of 1994 had put it as high as 28 billion barrels, which is impressive given this regions rising energy deficit.

② Jonathan Holslag, "China's Role to Influence", Asian Survey, Vol. 50, No. 4 (2010), p. 656.

岛、加泊（Akyab）、泽代基岛（zadetkyi）及丹老的海军基地建设雷达以及整修加油设施。

然而，印度分析家则担心北京将利用这些港口达到军事和战略的目的，中国的崛起唤起人们对于15世纪伟大航海家郑和率领舰队远征进入印度洋的记忆。诚然，毛泽东时代的中国已成为向内看的国家，但现今这一切似乎都开始改变。鉴于中国对印度洋沿岸国家有着重大影响力，中国未来想进入印度洋（甚至是影响）的要求极有可能会得到认可。有分析曾指出，中国要具备支撑"可持续的海军部署"的能力至少也需要数年时间（如果不是数十年的话），但2011年中国在索马里海岸打击海盗的行动似乎表明，这种情况可能比预期要进展得迅速。

根据大多数的评估，中国海军的力量预计将进一步投射到西亚和非洲附近的海域，用来更好地确保中国的经济和战略利益。中国在斯里兰卡汉班托特港建设一个15亿美元的集装箱码头，而在此之前这里还是一个沿海小渔村，这也说明中国海军在印度洋上的存在将更加长久和深远。此深水综合港区现包括开发区、炼油厂、油库和机场，可谓中国与印度洋沿岸国家友谊的新象征。同样，在过去的几年里，中国在阿拉伯海沿岸位于巴基斯坦俾路支的瓜达尔建立了港口设施。有传言说这个港口小镇最终将成为中国能源管道的一个主要转运枢纽和主要终端，承载将波斯湾的原油和天然气运往中国西部的重任。[1] 此外，中国已向孟加拉国提供了资金、劳力和工程专业知识，用以援建位于印度洋孟加拉湾的吉大港，以方便石油和其他商品的转运。[2] 中国也是第八届印度洋群岛运动会最大的赞助商，该活动于2011年8月在塞舌尔举行，参加的运动员超过2000名。这些令人印象深刻的相关事件很可能成为质疑中国扩充潜艇舰队的重要佐证。尽管北京表示它对在印度洋上建立主要海军基地不感兴趣，但它仍然需要使用相关设施来支撑其日益增加的海上力量投射，包括正在计划建造除"施琅"号之外的另外两艘航空母舰。

关于中国在印度洋的战略姿态，北京已经发出了将扩大自身在印度洋

---

[1] Steve A. Yetiv and Chunlong Lu, "China, Global Energy, and the Middle East", Middle East Journal, Vol. 61, No. 2 (Spring 2007), p. 200.

[2] Ibid.

沿岸政治角色的信号。的确，相关事实也证明中国正在加大在印度洋上的投入，以及更积极地参加地区安全事务。事实上，20世纪90年代中期，中国就曾利用亚洲相互协作与信任措施会议为印巴纠纷斡旋，还为印度洋沿岸国家提供海军装备和船舶。此外，自2010以来，中国海军在亚丁湾打击海盗行动也更加频繁。值得一提的是，正是在印度的倡议下，2001年1月中国在环印度洋地区合作联盟特别会议上被授予观察员地位。除此之外，2005年12月中国成为南盟观察员，在此过程中印度也发挥了积极作用。中国也正寻求在印度洋谈判中扮演重要角色。自2010以来，中国已主动向印方发起了关于加强"维护印度洋海上航道安全"合作的对话倡议。不过，新德里对中国在印度洋尤其是印度周边的沿海国家逐步增强的军事、经济和政治影响力深表担忧。必须承认，中国在印度近邻区域（即从阿富汗至巴基斯坦再到斯里兰卡）的角色定位仍然是严肃的话题，也是媒体竞相报道的头条议题。

从历史上看，新德里并不完全反对在相关地区对话或论坛中与中国接触。事实上，在1947年3—4月亚洲关系会议筹备过程中，印度曾力推中国承办1948年亚洲关系会议，尽管这一提议最终因中国国内因素而搁浅。在此之后，印度还同意中国参加1955年4月在万隆举行的亚非会议。中印两国还共同提出了"五戒"（和平共处五项原则），作为两国外交政策的基本原则。2009年9月，印度前国家安全顾问梅农在谈到印度的能源安全战略时曾表示："难道现在不是我们相关海洋国家该讨论如何最大限度地减少国家间冲突的风险，以及防止海盗、走私、恐怖分子威胁的时候吗？"[①]事实上，印度已经向亚洲国家和其他主要利益方发起几次类似倡议，但北京的态度有些不明确。来自中国现代国际关系研究院的知名南亚专家李莉博士引述说："中国还没有公布印度洋政策，这需要时间，中国的崛起是如此之快……确保印度洋海上航线安全越来越事关我们的利益。"[②]

---

[①] Reshma Patil, "China signals desire for talks on Indian Ocean", Hindustan Times, August 12, 2011.

[②] Reshma Patil, "China wants talks on Indian Ocean", Hindustan Times, August 11, 2011.

## 三、对印度洋海洋资源的探索

20世纪70年代末,海底采矿已经十分普遍,但在相当长时间里只有美国等发达国家有实现这一壮举的技术能力,苏联和日本则紧跟其后。不过,在很长时间里海底资源并没有形成商业开发,[①] 但这些对未来前景的关注已成为海洋法公约争论的主要驱动力。每个国家都试图寻求在专属经济区邻近水域的权益,然后在公海海底进行自由的资源探索和利用。特别是20世纪90年代以来,面对亚洲国家的经济快速增长、不断攀升的资源需求(尤其是能源方面)以及各国间的竞争和冲突,中国已全力以赴推动海洋科学和技术跨越式发展,以期实现新的"重大突破",努力争取2050年实现中国海上力量进入世界前三强的目标。[②] 事实上,正因如此,中国也一直处在争论的前沿。力争成为21世纪海上强国的驱动力进一步促使中国扩大海军力量,寻求成为在印度洋上的主要利益方的政治合法性。诚然,这种驱动力是逐步显露的,因此它对于印度洋国家发展的影响很少受到关注。

众所周知,"施琅"号的首次海试以及自2011年以来它在南中国海的航行引来全球关注,但2011年7月中国大洋矿产资源研究开发协会获得联合国批准其在印度洋海底某些地区进行探索和挖掘的消息,则没有受到外界的极大关注。事实上,中国是第一个在该地区获得这样批准的国家,由于该地区将非洲和南极洲之间的海洋进行了划分,因此具有独特而重要的战略意义。[③] 尽管这一事实在印度战略界引发了一些争论,但这种争论主要集中探讨中国计划在印度洋海域建造类似"施琅"号的军舰背后的各种驱动力。事实上,能跟中国欲加强开发利用海底资源的宏伟愿景相提并论

---

[①] Yong Leng Lee, Southeast Asia and the Law of the Sea, Singapore: Singapore University Press, 1978, pp. 35-36.

[②] Jianhai Xiang (ed.), Marine Science & Technology in China: A Roadmap to 2050, Beijing: Science Press, 2010, pp. 144−145.

[③] "China to explore Indian Ocean seabed", Straits Times Singapore, August 4, 2011.

的并非中国的海军建设，而是中国希望成为下一个超级大国的更大愿景。值得一提的是，国际海底管理局理事会核准了中国提出的多金属硫化物矿区申请，中国在西南印度洋国际海底区域获得了1万平方公里具有专属勘探权的多金属硫化物资源矿区，多金属硫化物富含铜、铅、锌、金和银等金属。这已经不是先例，中国也不是第一个申请获批的国家。在此之前，中国于2001年在东太平洋获得7.5万平方公里多金属结核资源勘探区，享有专属勘探权和优先开采权。事实上，在这一地区，中国的"蛟龙"号载人潜水器已完成第17次下潜试验，最大下潜深度达到5057米。它的最大下潜深度可以达到7000米，这有利于在太平洋和印度洋进行探测。① 同时，中国还是继美、法、俄、日之后第五个掌握3500米以上大深度载人深潜技术的国家。所有这一切都可以视作中国愿景的一部分。

诚然，俄罗斯自然资源部也曾获得联合国许可，可开发在大西洋海底的世界最大的未开发铜矿和金矿床，该项目涉及未来近2000万—3000万美元的投资。俄罗斯还准备申请对太平洋海底的钴、铁和锰矿进行勘探。② 中国对海底资源开发利用的举动并没有得到印度战略圈的中国专家们的全面关注，他们也没有就印度的应对措施和战略进行针对性的讨论。值得一提是，印度也是一个航海的民族，也有开发利用海底资源的经验。③ 尽管海权之前未受印度政治精英的足够重视，但根据《联合国海洋法公约》，印度有超过200万平方公里海洋空间的专属经济区，这是陆地空间的2/3。印度已经被联合国授权，可以作为"先驱投资者"在一个面积达15万平方公里的结壳矿区进行回收和处理。不过，目前印度在该项目上还未能取得突破性进展，只收获了一些在海上钻井方面的成功经验。④ 如果印度基于其大陆架延伸的逻辑声索扩展专属经济区，将会引发它与直接邻国（如斯里兰卡）的争议，这将使印度的海底开采复杂化。

---

① "China to explor Indian Ocean seabed: repot", The China Post (Taipei), August 4, 2011.
② "UN approves Russia's request to explore Atlantic bed for copper, gold-paper", Rianovosti, August 5, 2011, at http://en.rian.ru/bussiness/20110805/1675574156.html.
③ The Netherlands Institute for the Law of the Sea, International Organizations and the Law of the Sea Documentary Yearbook, The Hague: Kluwer Law International, 2002, p. 203.
④ for details see R. C. Sharma and P. C. Sinha, India's Ocean Policy, New Delhi: Khanna Publishers, 1994.

## 四、对印度的战略影响

众所周知，长久以来，印度战略家们对中国在缅甸、孟加拉国、斯里兰卡和巴基斯坦，直至苏丹等沿线（即近来所谓的"珍珠链"）建立一系列港口等表示担心。值得一提的是，中国通常所使用的包括驱逐舰和护卫舰在内的设施已经成为目前亚丁湾反海盗（国际反海盗行动的一部分）的常用设备。2011年有中国海军将领曾建议北京在亚丁湾建立海军基地，这引发了关于中印之间可能就北印度洋重要海上能源航线进行地区对抗的担心。尽管北京一直试图让印度放心，但对印度来说，中国仍然是一个艰巨的挑战，因为两国对波斯湾石油都越发依赖，同时还面临美国在该地区的战略重返。

目前，中国在南中国海至亚丁湾一带较为活跃，一些中国的油轮穿梭在该海域，导致中国与海上邻国关于海事、外交的纷争愈演愈烈。此外，"施琅"号航母的下水也引起了印度战略专家的高度关注。的确，这些事实似乎正在让古老的"围堵印度"论死灰复燃。而近来中国在处理与邻国领土纠纷时的强硬立场再次强化了这种言论，尤其是当中国在各种多边论坛中表现出不愿意支持亲印提案的态度时。有专家认为，印度洋正迅速成为中国与印度之间的潜在竞争区。中国通过印度洋将来自非洲和波斯湾的原材料定期运往国内。中印两国都越发希望在国外采购竞争中获得胜利，以满足其国内不断扩大的能源和其他资源的需求。事实上，正是在中国因素的推动下，印度已在常规多边行动中日益活跃，以影响亚太安全形势发展。印度正逐步向美国靠拢，特别是2015年1月印美两国签署《美印亚太和印度洋地区联合战略展望》，此举可视作印度对中国行动的政策反应。[1]但未来印度究竟将扮演何种地区角色，这在某种程度上取决于中国经济增长和现代化的发展轨迹，以及中国外交和军事现代化的水平。

---

[1] for this document please see: http://pmindia.gov.in/en/news_updates/us-india-joint-strategic-vision-for-the-asia-pacific-and-indian-ocean-region/.

中国也在积极推进其以中国梦为依托的战略构想，包括重新定义大国关系和复兴丝绸之路。2013年在文莱的东盟峰会上，李克强总理公布了中国"海上丝绸之路"（可视作中国第五代领导人战略构想的一部分），倡议中国与东盟双方"共同建设21世纪'海上丝绸之路'，重点落实海洋经济、海上互联互通、环保、科研、搜救以及渔业合作"。[1] 另外，习近平主席也积极向俄罗斯、中亚、非洲和印度洋推销该倡议，并提出"一带一路"计划，包括加尔各答—昆明经济走廊以及瓜达尔港经济走廊（中国并没有直接与新德里讨论该项目[2]）。对此，由总理纳伦德拉·莫迪领导的印度新政府已经开始提出反制措施，即"季节：跨印度洋海上航路和文化景观"计划，该计划旨在振兴古航道并恢复印度与该地区国家的文化联系。[3] 印度还希望扩大与海上邻居（如斯里兰卡和马尔代夫）的现有海上合作与基础设施建设。2015年3月，莫迪访问斯里兰卡和毛里求斯时，强调了几项关于加强经济和基础设施建设的倡议。此后，他还访问了韩国、蒙古国和中国。不过，值得一提的是，莫迪的活跃外交政策的视野和前瞻性还未达到中国的高度。这意味着中印双方将继续加强硬实力和海军现代化，为其各自外交提供有力保障。印度国家安全顾问的近期言论也证实了这一点，他强调印度对于中国海军可能在印度洋沿岸建立海军基地表示担忧。[4]

显而易见，印度仍然忌讳被视为某一大国的盟友或跟随者，也不愿参加任何由大国独导的多极秩序。印度更愿意加入由规范和机制主导的多边主义，更倾向于接受东盟方式建设共同体，以寻求合作和对话，在互利互

---

[1] Willy Wo-Lap Lam, Chinese Politics in the Era of Xi Jinping: Renaissance, Reform, or Retrogression?", New York: Routledge, 2015, p. 219.

[2] "China launches first Maritime Silk Road cruise liner", The Economic Times, February 9, 2015 (accessed on 30 March 2015), at http://articles.economictimes.indiatimes.com/2015-02-09/news/58967775_1_maritime-silk-road-cruise-liner-indian-ocean.

[3] Sachin Parashar, "Narendra Modi's 'Mausam' manoeuvre to check China's maritime might", The Times of India, September 16, 2014 (accessed on 30 March 2015), at http://timesofindia.indiatimes.com/india/Narendra-Modis-Mausam-manoeuvre-to-check-Chinas-maritime-might/articleshow/42562085.cms.

[4] Dipanjan Roy Chaudhury, "Chinese base in Indian Ocean threat to peace: Ajit Kumar Doval, National Security Advisor", The Economic Times, March 28, 2015 (accessed on 30 March 2015), at http://economictimes.indiatimes.com/news/politics-and-nation/chinese-base-in-indian-ocean-threat-to-peace-ajit-kumar-doval-national-security-adviser/articleshow/46720771.cms.

惠的基础上发展关系。目前印度战略界已习惯于过分强调中印两国在未来亚洲安全格局的潜在对抗，并积极力举发展印度海军，用以作为其海上权利护持的主要工具。印度东部舰队备受重用一事就经常被用作例证。另外的例证则是当前正在历经变化，并已经超出东盟范围的印度的"向东行动"政策。2005年印度海军在印度洋海啸灾后开展对其他受灾国的援助，以及近来印度加强与菲律宾、新西兰和澳大利亚等国的接触，表明印度的海上形象正在发生变化，也预示印度海军战略布局正在变化。

自20世纪90年代早期实施"向东看"的政策以来，印度就一直积极参与亚太地区进程。当前印度参与亚太事务已远远超出商业和贸易领域范畴，还涉及气候变化、打击海盗和能源安全等多个领域，并包括安全、外交、维和、重建和救济等众多议题。在此过程中，印度与东南亚、东亚之间贸易往来增多，安全互动也增多，而且这种互动不仅仅局限于与新加坡、越南等国家，还包括与日本、韩国、澳大利亚等国。无疑，印度海军在扩大印度在亚太地区的存在方面发挥了重要作用。印度海军不仅增加了在东北亚海域的多边演习行动，印度军舰还远至海参崴参加军演。

## 五、印度的政策反应

同样，中国开启海军现代化后，印度海军也已开始"秀肌肉"。[1] 除了在靠近马六甲海峡附近的安达曼和尼科巴群岛部署特别三军指挥部外，印度还积极整顿东部海军舰队，加强新的基础设施建设，更新设备资产以及完善组织机构。无疑，印度加强对东部海军舰队的重视，表明其对中国海军在孟加拉湾和印度洋沿岸势力的不断扩大深感担忧。虽然印度官方倾向于将此举解释为印度20年来"东向"政策的一部分，是意在扩大印度与东南亚海军间外交、经济和军事协作的特别行动，但印度海军加速"东向"

---

[1] see for example, Satyindra Singh, "Blueprint to Bluewater, The Indian Navy, 1951-65, New Delhi: Lancers International, 1993, pp. 479-85; G. M. Hiranandani, Transition to Triumph: History of the Indian Navy, 1965-1975, New Delhi: Lancers Publishers, 2000, pp. 33-36.

步伐还是为了向外界传达信号，表明印度将在未来的亚太安全架构中发挥重要作用。北京似乎同样热衷于加速本国多边行动的步伐。中国成功发起的上海合作组织（SCO）、博鳌论坛、金砖四国等机构（按顺序）分别联通了中亚、东亚、新兴经济体，中国还参与东北亚地区六方会谈，这一切都表明中国已热衷于参与执导（如果不控制）新兴的环印度洋地区框架。

历史上，印度海军东部舰队与总部位于印度商业中心孟买的西部舰队相比，长期处于弱势地位。西部海军舰队一直以来被认为是印度海军的"剑臂"，总能从印度的战略规划者们那得到更多的关注和资源。不过，中国的崛起以及中国海军的现代化似乎正在改变印度西部和东部舰队的原有方程式。印度战略家正在强调东部舰队在印度海军战略中的作用。值得一提的是，如今这支位于印度南部省份特维沙卡帕特南的舰队还拥有印度海军潜艇力量。众所周知，潜艇仍然是印度未来最具攻击力的权利护持工具。的确，近年来印度海军"重西轻东"的格局正在悄然改变，东部海军舰队规模得到大幅增长，东部舰队的现代化建设正在稳步提速。2005年，东部海军舰队旗下仅有30艘作战舰艇，2011年达到50艘，约占整个印度舰队力量的1/3，今后还会进一步增加。印度的航空母舰 INS（印度海军船）"维拉特"已配给给东部舰队，西部舰队的5艘"拉吉普特"级（Rajput）导弹驱逐舰（苏联卡辛级驱逐舰修改版）也已经加入东部舰队。

印度从亲密盟友美国采购的设备也用于武装印度海军东部舰队。印度海军唯一一艘来自美国军购的"特林顿"号（USS Trenton）两栖船坞运输舰被命名为"拉希瓦"号（INS Jalashwa），现已被分配到东部舰队。东部舰队还拥有国产隐形护卫舰 INS 什瓦利克、INS 萨特普拉、INS 萨亚德里、P8I 海神远程海上巡逻机，以及意大利制造的舰队补油船"莎克蒂"号（INS Shakti）。最值得注意的是，东部舰队还负责印度的核潜艇。"歼敌号"是印度自主研发的首艘核动力潜艇，2009年首次下水亮相，是印度第一艘可携带核弹头的核潜艇，安置在维沙卡帕特南码头。有消息称，印度将再建造两艘核潜艇，也将部署在东部舰队。目前东部舰队有两个军事基地，分别位于维沙卡帕特南和加尔各答。计划中的杜蒂戈林前进基地和巴拉迪作战中转基地也已动工。除了迪加和拉贾利海军航空站，东部舰队正在新建位于乌齐普里的帕伦度海军航空站，将主要部署无人机。据媒体报道，拉姆比里海军基地将成为印度核潜艇的海军基地，成为印度核潜艇的"巢穴",为其提供必要的核设施。① 数年前,印度海军开始在东海岸打造秘密潜艇基地,该建造项目被命名为"Varsha"。② 为显示东部舰队的重要性,印度海军最近还将东部舰队司令的军衔提升为中将,与西部舰队司令的级别相同。

为了应对中国的崛起,以防止中国在环印度洋沿岸的势力扩大,印度海军除了提升东部舰队的兵力水平外,还通过访港和海军联合演习密切同其他亚太国家的互动(其中有不少国家仍然对中国表示警惕)。尽管印度参与联合海军演习的主要目的是为发展与他国友善的海军合作,但其中国因素也是显而易见的。近年来,东部舰队参与双边和多边海军演习的积极性明显提高。自20世纪90年代初以来,印度海军定期与新加坡、印度尼西亚和马来西亚海军进行联合军演。其中米兰海军演习持续时间最长,一直定期举行,参与者为一些亚太国家。2007年9月,印美马拉巴尔演习有史以来第一次在印度的东海岸举行(它通常在阿拉伯海举行),新加坡、日本和澳大利亚海军也参与其中。值得一提的是,近年来日本十分积极地欲将印度带入东亚集团,并将其视作维护自身在印度洋安全的重要一环(日本大部分的石油进口需通过印度洋运输)。③ 此外,印度海军还定期航行穿梭于被中国视作核心利益的南中国海,并前往太平洋进行港口访问和联合演习。不过,值得注意的是,近几年来印度与中国海军也进行相关演习,尽管这些演习可能是象征性的,其规模相当有限。因此,那些仅仅用"中国威胁论"来解释印度东部舰队扩张动因的论点存在不足之处,这种片面分析可能导致对关于中国扩大印度洋存在以及它对印度的影响与印度政策回应的误解。

---

① "India Shifts To The East", US Strategy Page, August 28, 2011, http://www.strategypage.com/htmw/htsurf/articles/20110828.aspx.

② Sudha Ramachandran, "Indian Navy pumps up eastern muscle", Asia Times, August 20, 2011.

③ Chien-Peng Chung, "Japan's Involvement in Asia-Centered Regional Forums in the Context of Relations with China nad the United States", Asian Survey, Vol. 51, No. 3 (2011), p. 426.

## 六、结 论

20世纪50年代中印两国建立了友好情谊，但1962年的冲突冻结了两国间这种友好的互动关系，直到20世纪70年代初，再加上近年来印度崛起，这些或许使得北京对进入印度洋抱有好奇心。这种好奇心因一些特定事件一再被勾起，例如20世纪60年代中国参与东南亚国家革命，1979—1989年苏联对阿富汗的占领，然后是自20世纪90年代初以来中国的经济开放和中国的崛起，以及北约部队在阿富汗的行动。正因如此，中国也越来越将确保进入印度洋航道以及维护印度洋安全视为政策优先项，以确保本国不断扩大的国际贸易畅通，尤其是资源通道安全。[1] 其次，为满足中国西部不对称的经济发展，照顾相对不发达的西部省份云南、四川和广西，中国也需要进一步加强这种传统需求，开辟通往印度洋的方便门户，加强与南亚沿岸国家接触。[2] 第三，中国在印度洋上的海军存在也促进了（甚至鼓励）中国与东南亚国家间的互动，这些国家大都视中国为平衡印度的砝码。当然，随着中国空前的经济增长，并伴随着中国的消费水平指数上升，中国扩大印度洋势力的驱动更多已来自于它对资源的追求。对中国来说，确保进入这片广阔海域以及维护航道安全，事关中国3万亿美元的对外贸易生命线，也事关中国持续的和平崛起。

作为与中国共享亚洲文明的国家以及中国的近邻，印度也日益被国际社会视作另一个崛起的大国，它拥有同样令人印象深刻的经济增长。在此背景下，印度意识到国内不断增长的资源需求，也意识到有必要增加本国在印度洋沿岸的接触、存在和影响，以确保资源供给，特别是石油和天然气。因此，中国的崛起常常被视为对印度崛起的遏制。虽然这种零和博弈未能完全理解中印关系的复杂本质，以及两国根源于各自社会和文化的极

---

[1] G. M. Hiranandani (ed.), Transition to Guardianship: India Navy 1991-2000, New Delhi: Lancers International, 2009, p.10.

[2] Sudhir Devare, India & Southeast Asia: Towards Security Convergence, Singapore: Institute of Southeast Asian Studies, 2006, p.96.

具创新增长模式的细微差别，但是目前大多数关于中国印度洋战略的分析都片面强调两国在资源领域的潜在竞争性，侧重对两国海军投射力量进行量化分析。尽管这些关于中印海军力量的量化分析反映了中印双方在印度洋互动过程中最显著的一面，但这仅仅是其中的一面（竞争面），即便如此，它也只是揭开了两国复杂的战略观念和政策的冰山一角。事实上，要全面理解中国海军崛起，离不开对习近平主席引领的中国第五代领导集体的宏大战略构想的解读。对印度来说，它不仅需要解释中国的相关举措，也需要关注中国未来的发展趋势，并做好相关准备以便及时应对。

（刘思伟译）

# 社会文化

# 中印人文交流发展历程

姜景奎[*]

人文指人类社会的各种文化现象。顾名思义，人文交流就是两个文化主体之间把彼此拥有的文化现象进行互相展示、互相给予，以达到相互学习、相互理解、相互促进进而共同进步的活动或行为。中印人文交流即指中印两国之间进行的各类涉及文化领域的往来。

为便于论述，本文以时间为轴，分阶段对中印人文交流进行探讨。笔者曾将中印关系分为"初始期（公元1世纪之前）"、"发展期（公元1—6世纪）"、"黄金期（公元6—13世纪初）"、"转型期（13世纪初—17世纪中）"、"衰落期（17世纪中—20世纪初）"、"探索期（20世纪初—1988年）"、"新时期（1988年—）"7个时期，[①] 在此略做调整，将"衰落期"、"探索期"、"新时期"3个时期调整为2个，即"衰落期（17世纪中—1950年）"和"新时期（1950年—）"。本文以此6个时期为脉，分别对应中印人文交流的肇始（公元1世纪之前）、发展（公元1—6世纪）、繁荣（公元6—13世纪初）、式微（13世纪初—17世纪中）、衰落（17世纪中—1950年）和复兴（1950年—）。

## 一、中印人文交流的肇始

中印往来始于何时，已无从考证。不过，印度两大史诗《摩诃婆罗

---

[*] 姜景奎，北京大学东方文学研究中心、北京大学南亚研究中心教授。
[①] 参见拙文："论中印关系的分期问题"，《广东外语外贸大学学报》2012年第3期，第5—10页。

多》和《罗摩衍那》及政论著作《利论》等古籍中都出现了中国,即"支那"或"秦"(Cina)。《摩诃婆罗多》成书于公元前4世纪—公元4世纪,《罗摩衍那》成书于公元前4世纪—公元2世纪,《利论》成书于公元前4世纪,由此推知,至少在公元前4世纪,印度人就已知道中国。中国的记载稍晚,以张骞出使西域为始,时间在公元前2世纪。①

实际上,这一时期是中印人文交流的准备阶段,从双方的人文交流主题来说,印度文明和中华文明的主体(即印度教·佛教文明和汉文明)臻于完善,具有了可资交流借鉴的内容。公元6、5世纪,中华大地出现了百家争鸣的文化大发展局面,后经西汉君臣汉武帝、董仲舒"罢黜百家独尊儒术",中华文明以儒家文化为主体的格局基本形成。几乎在同一时期,印度出现了沙门思潮的争鸣局面。在这一过程中,佛教、耆那教等非正统信仰得以产生并发展,婆罗门教则集古印度教、吠陀教和早期婆罗门教之大成,加强了自身的正统地位,逐渐成为印度文明的核心内容。但佛教的势力一直不容小视,其理论的完备程度和信徒的学术造诣在当时世界范围内的主要信仰体系中当属上乘。在孔雀王朝第三代皇帝阿育王的推崇下,佛教甚至与婆罗门教并驾齐驱,成为当时印度的主要信仰之一,传遍次大陆乃至中亚诸国。这样,偏重物质的中华文明和偏重精神的印度文明各自发展成熟,不仅成为世界文明大家庭中的两位巨人,还为日后两大文明的互补性交流创造了得天独厚的条件。从双方的行政主体看,中华文明经历了夏(公元前2070—前1600年)、商(公元前1600—前1046年)、周(公元前1046—前256年)、秦(公元前221—前206年)和西汉(公元前206—公元25年)诸阶段,以汉文明为行政基础的中国实体形成,成为中华文明对外交流的主体。印度文明经历了印度河文明(公元前3000年前后—前1500年前后)、吠陀文明(公元前1500年前后—前600年前后)、

---

① 公元前140年,汉武帝欲联合大月氏攻击匈奴,张骞应募任使者,于公元前139年出使陇西,经匈奴领地时被俘。后逃脱,西行至大宛,经康居,抵达大月氏,再至大夏,停留一年多才返回。在归途中,为避匈奴,张骞改从南道,依傍南山(秦岭山),但仍为匈奴所得,又被拘留一年多。公元前126年,匈奴内乱,张骞乘机逃回汉朝,向汉武帝详细报告了西域情况,武帝授以太中大夫。在大夏(可能是吐火罗,位于今阿富汗东北部地区),张骞见到了"邛竹杖"和"蜀布",讯知乃当地商贾由其东南之天竺(印度)所得。由此可推得,早在公元前2世纪,印度和中国的西南地区就有了贸易往来。见《史记·西南夷列传》和《史记·大宛列传》。

列国时期（公元前 600 年前后—前 4 世纪）、孔雀王朝（公元前 322—前 185 年）、巽加王朝（公元前 185—前 75 年）、甘婆王朝（公元前 75—前 26 年）诸阶段，以印度教·佛教为行政基础的印度实体也已成形，成为印度文明对外交流的主体。再看交通状况，可以肯定，至公元前 2 世纪初，后世闻名的中印通道已基本开通，有滇缅道、西域道、西藏道、南海道等。

在这一时期，中印双方的物质文明已经达到较高水准，此为两大文明交流的必要条件之一；统治阶层的开阔视野和外向型思维是中印交流的另一必要条件，秦朝的霸业和西汉王朝的扩张助长了中华文明和异域沟通合作的宏愿；"阿育王是一名虔诚的佛教徒，佛教的基本教义有着一种国际性诉求。自然地，阿育王将目光投向域外，并尝试使他所笃信和尊崇的佛教影响到无以计数的异域人民。"① 实际表现便是中国王朝的外交使节和印度王朝的传法僧。在印度僧人尚未步入中土之际，西汉王朝的使节已经到了印度，张骞第二次出使西域时，曾在乌孙派副使到达印度。地跨西域及印度的罽宾国曾有官方使节觐见西汉皇帝，《汉书·西域传》对此有明确记载。当时，中国西南的"邛竹杖"和"蜀布"等位列印度的"进口"清单，印度的玛瑙、水晶、象牙、犀牛角和玳瑁等是中国欢迎的物品，南印度出土的汉代古钱说明中印已经建立起较好的贸易关系。这一时期的中印互动仍然停留在朴素的互惠性商贸往来层面，不过佛教的国际化趋势和中国物品的外贸流向、阿育王的传教意识和西汉王朝的远交近攻理念引导着这种互动向人文交流快速发展，中印关系由不自觉的经济接触很快就转向自觉和有意识的人文交流。

## 二、中印人文交流的发展

公元 1 世纪，中印人文交流开始进入自觉而有意识的发展阶段。在这一阶段，中华文明的行政代表有东汉王朝（公元 25—220 年）、三国

---

① ［印］师觉月著，姜景奎等译：《印度与中国——千年文化关系》，北京大学出版社 2014 年版，第 1 页。

(公元220—280年)、晋(公元265—420年)和南北朝(公元420—589年)等;印度文明的代表比较复杂,前期有希腊人国家、塞种人国家及百乘王朝等,中后期主要有贵霜王朝(公元105—250年)和笈多王朝(公元250—570年)等,南印度则由一直处于割据状态的诸国代表。总体而言,双方均处于某种物质平稳增长、文化进一步确立的状态。中华文明的人生理想逐渐定位于"修身齐家治国平天下",其"天下"的物质属性更强,更"入世",缺失人身的个性关注和人生的终极关怀;从某种层面说,中华文明的"天下"并不完善,物性过盛而精神不足,需要补充精神化养分。同时,印度文明的人生理想逐渐定位于"梵行家居林栖遁世",其出世修行以获得解脱的观念"横行霸道","出世"色彩浓厚;也就是说,印度文明的"天下"精神性过盛而物性不足,需要补充物化养分。① 所以,中印文化一开始就进入了互补状态,其交流往来乃为天成。

这一时期,中印四大通道基本畅通,两大文明的代表们开始来往。据载,1世纪初,黄支国(今印度金奈附近的甘吉布勒姆地区)曾派使者赠送汉朝犀牛;东汉皇帝曾多次派使者前往天竺。南北朝时期,双方互动频繁。《魏书》载,仅公元451—521年间,印度诸国就至少派遣了42批使者来到中国,其中有罽宾、西天竺、舍卫国、婆罗奈、阿逾陀、南天竺、俱萨罗等。公元428年,天竺迦毗黎国(今南印度高韦里河流域)国王月爱派使者向南朝宋文帝(公元424—453年在位)递交国书;公元502年,中天竺王屈多遣使竺罗达来华,予国书于南朝梁武帝(公元502—549年在位)。这两封国书均保留于中国正史,是古代中印友好的历史见证。

官方的正常关系有助于民间往来,中印人文交流由此发展起来。从某种角度来说,东汉明帝(公元58—75年在位)夜梦金人而后派使者去西域求取佛法的传说②是中印人文交流的开始。得益于皇帝之梦,天竺高僧摄

---

① 从某种角度说,这一不足由与汉文化有密切关系的月氏文化(贵霜王朝)及之后的伊斯兰文化等补充,辅之以中印物质文化的直接交流。
② 《后汉书·西域传》载:"世传明帝梦见金人,长大,顶有光明,以问群臣。或曰:'西方有神,名曰佛,其形长丈六尺而黄金色。'帝于是遣使天竺问佛道法,遂于中国图画形象焉。"

摩腾<sup>①</sup>和竺法兰<sup>②</sup>来华传播佛教,华夏大地上的第一座官方寺庙白马寺随即诞生。朝廷认可以后,普通百姓便开始追随,中华大地上的木鱼之声才袅袅不绝,至今不衰。有人说,佛教生发于印度,大成于中国;印度佛教犹如一粒种子,在中国这块沃土上生根、发芽、成长并枝繁叶茂,成为中华文明中不可或缺的一部分。

由于互补性及中印先人的求真精神,印度文明重要组成部分的佛教加快了两大文明交流的步伐,加强了交流的力度和深度,中印文明由此得以进一步发展和完善。由于印度记载缺失,中华文明影响印度文明的状况暂且不表,单说印度佛教之于中华文明的情况。可以说,中国在这一时期形成了一股"西行热潮"和"求法热潮",甚至是一场"求法运动"。在这场运动中,东土信徒西行,西方高僧来华,其间伴有皇帝、贵族的延聘法师、以身献法等,逐渐形成了声势浩大的全民行为。<sup>③</sup> 以时间论,摄摩腾和竺法兰于公元1世纪来华,安世高(安息人)、支娄迦谶(月氏人)等于公元2世纪来华,他们在华主要翻译佛经。同在公元2世纪,汉末豪强笮融(?—197年)大做佛事,成为佛教领袖级人物。<sup>④</sup> 公元3世纪,三国魏佛教僧侣朱士行<sup>⑤</sup>(公元203—282年)西行求经。公元4世纪,西域僧人鸠摩罗什<sup>⑥</sup>(公元344—413年)先是赴印学法,而后东行传法,贡献卓著。法显是这一时期中印人文交流贡献最大者之一,他于公元399年走陆

---

① 摄摩腾(Kaśyapa mātaṅga),又译迦叶摩腾,中天竺僧人。汉永平十年与竺法兰到洛阳,共开印度僧人来华传法之先河。久居白马寺,其间翻译大量佛经,有《四十二章经》传世。

② 竺法兰(Dharmaratna),中天竺僧人。与摄摩腾一起来华,二人共译《四十二章经》。摄摩腾逝世后,自译《十地断结经》《佛本生经》《佛本行经》《法海藏》等。

③ 这不仅是宗教信徒的个人行为,也是一种民族进取意识的显现和对民族文化的改造和发扬,体现了中华文明博大的胸怀和自我完善的能力。

④ 笮融是东汉丹阳(安徽当涂)人,投奔徐州刺史陶谦(公元132—194年)后获得赏识擢升,掌管广陵(江苏扬州)、下邳(江苏睢宁)、彭城(江苏徐州)的粮运。他笃信佛教,用大量钱财雕造铜佛像,建造塔寺;每到浴佛节,他都会在长达数十里的路上摆满筵席,前来吃饭及围观之人往往多达万人。在他的管辖范围内,听经学法之人可免除徭役。在他的影响下,有5000多户人家皈依佛教。

⑤ 朱士行开创了中国佛教史上的三个第一:北方第一个受具足戒的汉地僧人;第一个讲经(《道行经》)的僧人;第一个西行求经的汉地僧人。不过,朱士行到于阗之后没有继续西行,一直留居于阗。

⑥ 鸠摩罗什出生于龟兹(今新疆库车一带),父亲是印度人鸠摩炎,母亲是龟兹国王之妹耆婆,对中国佛教贡献很大,与真谛、玄奘、义净和不空金刚等并称"汉传佛教译经大师"。

路西域道赴印，于412年取水路南海道回国。这时期最为著名的来自印度的传法僧是真谛（公元499—569年），他于公元546年来到中国，之后辗转各地授徒译经传法，被后世誉为汉传佛教译经大师之一。

据《高僧传》载，魏晋南北朝时期来华的印度僧人还有僧伽提婆、僧伽罗叉、僧伽难陀、佛陀耶舍、求那跋摩、僧伽达多、菩提达摩等。另据《中西交通史料汇编》载，这一时期去印度取经的中土僧人还有智严、宝云、慧睿、智猛、竺法护、康法朗、宋云、惠生等。这些僧人大士往来于中印之间，主要活动于中土，为中印人文交流作出了不朽贡献。他们开寺收徒，传播佛法。译经是他们最重要的工作之一，也是佛教"征服"中土的重要过程和重要方式。鸠摩罗什、义净等都是译经大家，他们亲力亲为，主持译场，大量佛经被译成中文。由此，印度文明被植入华夏，表象是佛教，其实不止于斯。文学方面，中国志怪小说的出现与此时佛教的传入和佛经的翻译有直接关系。绘画方面，佛教成为绘画题材之一，天竺技法（凹凸法）演绎出"曹衣出水"，[①] 中国绘画出现了革命性变化。音乐方面，中国佛教音乐产生，奠基人当属三国时的曹植；南朝梁武帝萧衍（公元502—549年在位）曾改革宫廷音乐，将诸多佛教因素加入其中，他还令人专门创作佛曲，在宫廷里演奏。

随着佛教进入中国的还有印度建筑，寺庙和石窟是两大代表。南北朝时代大规模兴建寺庙，竟然成风，《洛阳伽蓝记》载，北魏首都洛阳内外有1000多座寺庙。唐朝诗人杜牧的《江南春》云，"南朝四百八十寺，多少楼台烟雨中"，可见南朝寺庙之多。中国著名的四大石窟出于这一时期：甘肃敦煌的莫高窟建于前秦，符坚建元二年（公元366年）有沙门乐尊者行至此处，见鸣沙山上金光万道，状有千佛，于是萌发开凿之心，后历建不断，遂成佛门圣地；甘肃天水的麦积山石窟建自公元384年，后来经过10多个朝代的不断开凿、重修，遂成中国著名的大型石窟之一，也是闻名世界的艺术宝库；山西大同的云冈石窟始凿于北魏兴安二年（公元453年），东西绵亘约1公里，气势恢弘，内容丰富，是中国五六世纪佛教石窟艺术的杰出代表；河南洛阳的龙门石窟始凿于北魏孝文帝迁都洛阳（公元

---

[①] 北齐画家曹仲达的画受到印度雕刻的影响，画面人物衣服的皱褶形象逼真，似出水之衣，因此获誉"曹衣出水"。

494年）前后，迄今已有1500多年历史，展现了中国北魏晚期至唐代期间最具规模和最为优秀的造型艺术。这些建筑源自印度，生根于中国，既蕴含印度文明成分，也饱含中华文明因素。

东来传法的僧人大多学识渊博，通晓诸多领域；他们带来了佛教，也带来了印度的天文、历算、医药等方面的知识，促进了华夏诸多领域的变革，下文有表。这种交流和影响可谓自觉自愿，中国的入世精神丰富了印度文明，[①] 印度的出世精神完善了中华文明。由于中国典籍有载，印度文明对中华文明的影响成为人类文明交往的佳话。

## 三、中印人文交流的繁荣

公元6世纪以后，中印国力日盛，均施行开放政策，加之西域通道畅通无阻，中印交往达到顶峰，两国关系步入鼎盛时期，人文交流也进入繁荣阶段。本时期始自6世纪，止于13世纪。隋（公元581—618年）、唐（公元618—907年）、五代十国（公元907—960年）和宋（公元960—1279年）等是这一时期中华文明的代表；印度文明的代表是戒日帝国（公元612—647年）、诸拉吉普特王国（公元7世纪中叶—12世纪末）和南印诸国（公元9—12世纪）等，这些代表虽不如前一个时期的笈多帝国强盛，但戒日帝国历时虽短却有影响，拉吉普特的上升则是整个印度的重要事件，影响巨大。

这一时期，中印官方互有往来。唐代的王玄策（活动于公元7世纪）是中国古代最为著名的出使印度的使者，他曾三次奉唐皇之命前往西天，拜见过戒日王，并可能把《道德经》梵文译本赠予迦摩缕波国（今印度阿

---

[①] 在中印交流方面，许多人认为是单向的，仅是中华文明受惠于印度文明，即印度文明影响了中华文明；而中华文明对印度文明的影响很小，甚至没有，理由是没有相关文献证明。其实不然，中华文明擅历史，重入世，强调以文字记载史实，因而现有大量记载印度文明影响中华文明的汉语文献；而印度文明擅神话，重出世，强调以口耳传承故事，因而现有大量神话传说及宗教文献，而非文明交往的史实记载。因此，不能完全以所谓的文献来印证中印交流的历史，更不能得出中印交流乃单向交流的结论。

萨姆）的鸠摩罗王。据不完全统计，公元619—758年之间，有80余个使团达到中国，遣使国家包括罽宾、摩揭陀、泥婆罗、犍陀罗、南天竺、勃律、西天竺、中天竺等。在前期求法运动的感召下，中印僧人适时地感知到佛教之于中国及中国之于佛教的重要，他们比前辈更加努力，不畏艰辛，在佛法路上持续往来，形成中印两大文明史上最为可歌可泣的人文交流景象，为人类文明所独有。

玄奘（公元600—664年）是中印人文交流史上最伟大的西行求法者。他于629年[①]从长安出发，两年后到达印度。他巡礼北印佛迹，住学那烂陀寺，师从戒贤法师，结识戒日王，交好鸠摩罗王，周游五印度，广求高师，升坛讲法，舌战群师，名震天竺。公元645年，玄奘载誉回国。他在长安设立译经院，主持佛经翻译工作，凡20年，与弟子共译出经论74部、1335卷；由他口述、弟子辩机记录的著作《大唐西域记》史料价值和佛学价值兼具，是研究印度、西域、中亚的必备资料。义净是玄奘之后的伟大求法者，于公元671年冬乘船赴印，中途在室利佛逝国驻留六七年，于公元693年回国。他归国后在洛阳和长安两地译经，共译出佛经63部、280卷之多；还写有研究中印文化交流史以及印度、东南亚和中国佛教史的重要著作《大唐西域求法高僧传》、《南海寄归内法传》等。

玄奘、义净之后，僧人赴印求经成为某种时尚，公元641—691年间就有40余位，此前此后仍有很多，比较著名的有惠日、含光、悟空、智宣等。《佛祖统纪》卷四三载，公元966年，宋太祖（公元960—976年在位）曾下诏招募西行求法之人，应者157人，这是中国官方唯一一次组织集体赴印求经。据《吴船录》载，这批求法者中继业于公元976年回国，有人回来得更晚。到宋仁宗（1022—1063年在位）时，中国内地的求法运动基本结束。

这时期印度来华僧人中最为著名的是善无畏（公元637—735年）、金刚智（公元671—741年）和不空金刚（公元705—774年）三位。善无畏原是印度乌荼（今印度奥里萨邦北部）国王，后让国修佛。他于公元716年抵达长安，被唐玄宗（公元712—756年在位）尊为教主和国师，译有《大日经》7卷，传入密宗，影响颇大。金刚智是南印度人，16岁出家，

---

[①] 也有公元627年和公元628年之说。

公元719年来到广州，后至长安和洛阳，主要译有密教金刚乘相关经典，为中国佛教密宗的建立奠定了基础。不空金刚是北印度人，随叔父来华，拜金刚智为师，修佛讲经，深受皇帝敬重，是中国佛教密宗的实际创立者。此外，达摩笈多、波罗频迦罗蜜多罗、那提三藏、无极高、菩提流志、极量、利涉、牟尼室利、寂护、莲花生、释天竺、般若等也是重要的来华僧人。据《佛祖统纪》载，公元972—1053年，仍有印度僧人来华译经传道。这些高僧大德背井离乡，在中国传教翻译兼顾，为中国佛教的发展作出了巨大贡献，与玄奘、义净等一样，同是中印人文交流的伟大使者。

就中华文明重要组成部分的西藏文明而言，这个时期也很重要：藏传佛教始于公元7世纪中叶，当时的藏王松赞干布（公元629—650年在位）迎娶了尼泊尔尺尊公主和唐朝文成公主，两位公主分别带去了释迦牟尼8岁和12岁等身像以及大量佛经，这是吐蕃人了解佛教的开始。后来的赤松德赞（公元755—797年在位）大力扶植佛教，请来印度佛学大师寂护（约公元725—788年）和密宗大师莲花生（约活动于公元8世纪），并建寺礼佛；还请来12名印度僧人主持出家仪式；另分两批派7人去印度学佛。但公元836年，苯教贵族大举灭佛，佛教在西藏几近灭绝。此为"前弘期"。念智称是10世纪后半叶到西藏传法的印度学者，翻译了不少显密佛典。超岩寺佛教上师阿底峡是东印度人，于1042年应邀到西藏传法，其著作《菩提道炬论》在西藏影响很大。仁钦桑布是西藏佛教复兴时期的重要人物，他3次赴印，先后向75位学者学习，归藏后翻译了50部显教经论和108部密教典籍。10—13世纪，很多青年赴印学习，多人学成回藏，从事传道和译经工作。自此直至15世纪，为藏传佛教的"后弘期"。随着上层喇嘛逐步掌握地方政权，藏传佛教最终形成。从某种意义上说，藏传佛教是中印人文交流的又一硕果，是印度佛教经由人文交流在中华大地上开放的另一朵奇葩。

随着佛教的传播和佛经翻译的进行，这时期的中华文明在语言、文学、艺术、天文、医学等方面也受到了印度文明的影响。

第一，语言・文学方面。印度人对语言的研究由来已久，公元前后就出现了著名的语言学专著《波你尼语法》，也出现了非常科学的字母表。这类知识随着佛教传入中土，在音韵学、语法学、字典学方面对中国产生了很大影响，汉语拼音的产生和发展与此关系密切。"唐传奇"是短篇小说类的作品形式，其内容往往与佛经及印度时空观相关，《柳毅传》、《南柯太守传》是这方面的例子。"变文"是唐代出现的另一种文学形式，对中国后世的小说创作有深远影响，《降魔变文》、《目连救母变文》等是这方面的代表。

第二，词典·翻译方面。翻译佛经，字、词解读非常重要。于是，在翻译之余，有人编辑了相关辞书。义净的《梵语千字文》以及印度来华僧人僧怛多櫱多和波罗瞿那弥舍沙的《唐梵两语双对集》等都是当时不错的词典，对译经很有帮助。佛经翻译是一项大工程，是中印人文交流中最为重要的工作之一，在译经过程中，不少译者形成了某种翻译方法，由此升华，便成为翻译理论。几位汉传佛教译经大师就各有自己的观点，如鸠摩罗什主张意译为主；义净主张直译为主；玄奘不仅重视直译，还提出了著名的"五不翻"原则。

第三，绘画·乐舞方面。承上一时期，唐代绘画又有新发展，不仅有本土画家，还有西来者，他们共同提升了唐代绘画的整体水平。被后人尊为"画圣"的吴道子（约公元686—760年）是盛唐时期最杰出的画家，在佛教画方面成就突出，画作西域色彩浓郁，作品有"吴带当风"之誉。具有西域风气的天竺乐是隋朝宫廷乐派之一；佛曲是唐代十分流行的音乐形式。音乐和舞蹈、戏剧相伴，印度、中亚、西域诸多风格的乐器、曲调、舞派和舞技与中土同类相融，构成了这一时期重要的乐舞形式。

第四，天文·历算方面。印度的天文历算向来有名，其《九执历》在当时具有世界级水平。该书被译成中文后对中国的天文历算影响很大。此外，佛经中有不少涉及天文历算的内容，如《宿曜经》、《俱舍论》、《佛说大孔雀咒王经》、《北斗七星念诵仪轨》等，为中土相关人士所识所用，成为中国天文历算的组成部分。唐朝还聘请印度人入太史阁，让他们担任天文官员。

此外，印度的医药、制糖术等对中国也有重要的借鉴意义，其眼科医书《龙树菩萨眼论》早就传入中国。药王孙思邈（公元581—682年）的医学著作《千金翼方》中有不少方子是来自印度的方剂，有些方剂甚至采用从印度传入的药材。印度很早就用甘蔗制糖，唐玄宗派王玄策出使印度的目的之一就是学习制糖术，据说后者回国时曾有印度人随他来华，帮助中国制糖。

当然，交流是双方面的，赴印中国人和返程印度人同时将中国的相关知识和技术带到印度，如中国的造纸术、植桑养蚕术以及缫丝织布术等，盖因印度没有记录，无法细论。

## 四、中印人文交流的式微

1206年对于中印两大文明来说都是一个非常重要的年份。在中国，1206年成吉思汗（1206—1227年在位）建立大蒙古国；在印度，伊斯兰民族在印度建立德里苏丹国。笔者将中国的元朝（1206—1368年）①和明朝（1368—1644年）与印度的德里苏丹国（1206—1526年）和莫卧儿王朝前半期（1526—1658年）②对应，归入一个大的时期，即前文说的中印关系的转型期（13世纪初—17世纪中）。此前，中华文明的引领者是汉文明，印度文明的引领者是印度教·佛教文明，而这一时期情况大变，中华文明的引领者变为原来的"北狄蛮族"，其文化与汉文化不同，印度文明的引领者也变为外来异族，其文化与印度文化迥异。由此，中印传统的人文交流风光不再，甚至停滞不前。元朝之后的明朝虽为汉族朝廷，但由于中国佛教的繁荣发展、印度佛教的销声匿迹以及印度伊斯兰政权的持续统治，双方的人文交流仍然没有多大起色。

这一时期的中印交往主要通过海路，中国商船赴波斯湾地区，必经印度半岛南部的马八儿（朱罗）、俱蓝（今印度西南海岸城市奎隆）等国。元代，中印间互派使者达数十次之多，明朝的郑和下西洋世界闻名。虽有官方交往，但人文交流却不见活跃。不过，郑和七下西洋，为中国与东南亚、南亚及非洲国家间的交往作出了不可磨灭的贡献。在这七次远航中，郑和几乎每次都会途径印度；在最后一次下西洋的过程中，船至印度西海

---

① 正式编年史元朝始于1271年，忽必烈于该年定都北京，改国号为"大元"。
② 1658年是莫卧儿王朝一个重要的时间节点，这一年，奥朗则布（1658—1707在位）登基，帝国在达到鼎盛阶段后迅速衰落，并在英国的蚕食下一步步走向覆灭。

岸的古里时，他积劳成疾，一病不起，竟作古于古里。毋庸置疑，郑和下西洋的壮举宣扬了中华文明，促进了中国与当地各国的物质交流，增进了相互了解，加深了彼此友谊。此外，随郑和下西洋的费信、马欢和巩珍三人回国后分别写出的《星槎胜览》、《瀛涯胜览》、《西洋番国志》，也都是研究中印关系及人文交流的重要文献。从这个角度看，这类物化交流对中印人文交流也不无裨益，既加强了人际沟通，也加深了文化理解，实为浅性和软性的人文交流。

## 五、中印人文交流的衰落

进入 17 世纪之后，与中印相关的世界局势又发生大变化：英国、荷兰、法国纷纷成立东印度公司，这些公司得到本国政府特许，有商业垄断权，甚至有组建军队、殖民外邦的权利。一方面，这些公司在中印等地进行商业掠夺、统治殖民；另一方面，美国、俄国、日本等崛起联动，图谋不轨。中印两大文明体遭到空前蹂躏，逐渐失去了主宰自己命运的能力。具体而言，在中华版图内，1636 年清朝成为中华文明的当然代表（1636—1912 年），其执政者也不是汉族。1840 年鸦片战争爆发后，中国屡遭英、法、俄、日、美等列强入侵，主权严重丧失，其间伴有太平天国起义和义和团运动等，直至沦为半殖民地半封建社会。1912 年，清朝灭亡，中华民国（1912—1949 年）成为中华文明的执行代表，但先有军阀混战，中间有抗日战争，后有国共内战，以致中华文明长时间走不出"魔境"。在印度版图内，莫卧儿王朝后半期（1658—1858 年）放弃了之前实行的宗教宽容政策，印度本土的印度教文明和中央政权推行的伊斯兰教文明冲突加剧，国内矛盾重重，马拉塔人、锡克人等持续抵抗；西方势力纷至沓来，印度主权逐渐沦丧，直至 1858 年完全成为英国的殖民地（1858—1947 年）。1915 年圣雄甘地从南非回国是一个重要事件，使这时期的印度有了某种意义上的代言人，印度争取民族独立的运动开始正式拉开帷幕（1915—1947 年）。因此，在 17 世纪中期至 20 世纪中期整整 300 年的时间里，中印两大文明体内忧外患，几乎很少发生直接关系。

令人欣慰的是，中印山水相连，即使是在最困难的时期，相互仍有惜惜之情。魏源的《海国图志》，黄懋材的《印度札记》、《游历刍言》、《西徼水道》，马建忠的《南行记》和吴广霈的《南行日记》等著作都对印度进行了关注。1893 年，印度哲学家辨喜来华，在著作中表达了对中国人们的同情和好感。1901 年，康有为流亡印度，写有《印度游记》、《须弥雪亭诗集》，对印度情势有所分析。1907 年 3 月—1908 年 10 月，中国的章太炎、刘师培、苏曼殊、陈独秀以及印度的钵逻罕、保什、带君等中印爱国人士在日本东京创立亚洲和亲会，共同树立起反对帝国主义和"互相扶持使各国独立"的旗帜。凡此种种都表明一个理念，即中印应该同心同德、互助合作。

20 世纪 10 年代之后，这种互助交流进一步发展，具体表现有：（1）北京大学于 1916 年开设"印度哲学"课程，这标志着中国现代大学开始研究印度。(2) 泰戈尔 1924 年访华，孙中山病中致信问候，中国出现第一次泰戈尔热。(3) 许地山、金克木、吴晓玲、徐志摩、徐梵澄、陈翰笙、常任侠等赴印访问，掀起了现代中国知识分子游学印度的热潮。(4) 印度中印学会于 1934 年成立，泰戈尔任主席；中国中印学会于 1935 年成立，蔡元培任理事会主席，戴季陶任监事会主席。(5) 印度支持中国抗日，应八路军总司令朱德之请，印度国大党成立援华医疗队，医疗队 1938 年来华工作。(6) 尼赫鲁 1939 年访华，蒋介石招待，与毛泽东互致信函。(7) 徐悲鸿 1939 年底至 1941 年初访印，在国际大学讲学，在圣蒂尼克坦和加尔各答两地举办个人画展，并分别为泰戈尔和圣雄甘地画像，此乃现代中印美术交流史上的里程碑。(8) 1940 年，太虚法师率中国佛教代表团访问印度，并派遣法舫等人前往国际大学留学。(9) 蒋介石夫妇 1942 年访印，会见圣雄甘地、国大党领袖尼赫鲁、穆斯林联盟主席真纳以及妇女界领袖 V. 潘迪特夫人和 S. 奈都夫人等。(10) 印度国际大学于 1937 年成立中国学院，教授汉语及中国文化；中国于 1942 年成立东方语文专科学校，教授印地语及印度文化。(11) 印度著名汉学家师觉月 1947 年受印度政府派遣至北京大学讲授印度哲学与印度文化，协助季羡林、金克木等进行印度学学科建设。这其中为中国抗日事业客死于华夏的印度医生柯棣华和为印度汉学教研事业终老于印度的中国学者谭云山，更是中印现代人文交流史上的代表性人物。

## 六、中印人文交流的复兴

1947年，印度脱离英国殖民统治，成立印度共和国；1949年，中国结束内战，成立中华人民共和国；两国于1950年4月1日建立正式外交关系。从此，中印关系进入全新阶段，中印人文交流迈上复兴之路。

20世纪50年代初，中印人文交流在文化、艺术、教育、体育等领域全面展开。1951年6月，中国体育观光团对印度进行访问，开中印当代体育交流之先河。同年9—12月，中国文化部副部长丁西林、世界和平理事会常务理事李一氓率领包括郑振铎、季羡林等学者在内的23人文化代表团赴印，到访德里大学、阿里格尔穆斯林大学等印度高等院校，并在德里、孟买和加尔各答举办中国文化艺术展览会，拉开了两国现代大型文化交流活动的序幕。1952年1月，吴印咸率领中国电影代表团参加第一届印度国际电影节，为两国电影交流打开绿灯。1952年5月中国印度友好协会在北京成立，1956年印度中国友好协会在德里成立。由此，20世纪50年代中印人文交流成果丰硕：在文学领域，两国文学界的互访活动与相互译介频繁。茅盾、老舍、冰心、巴金等中国现代作家访问印度，J. 古马尔、M. R. 安纳德等印度作家访问中国。中国开始大量译介印度文学作品，《沙恭达罗》、《云使》、《小泥车》等印度古典文学作品以及 M. 普列姆昌德、K. 钱达尔、M. R. 安纳德等印度现代作家作品的中译本相继在中国出版，郑振铎、冰心、石真等翻译的泰戈尔作品获得中国读者的持续追捧，印度文学研究界通过英译本对鲁迅等中国现代作家的研究也在这一时期展开。在艺术领域，双方互访与交流同样密切。印度舞蹈家 U. 香卡、K. 拉克西曼等一大批艺术家到访中国，与中国同行和观众进行交流，其中 K. 拉克西曼的表演受到中国作家冰心和京剧表演艺术家梅兰芳的赞赏；中国舞蹈家张均数次向 U. 香卡学习印度古典舞，为日后中国的印度古典舞教育奠定了基础。美术方面，M. F. 侯赛因等印度画家访问中国，获中国画家齐白石赠画；中国学者常任侠被派往印度，任国际佛教艺术展览中国部顾问，从事印度艺术史研究。电影戏剧方面，K. A. 阿巴斯、R. 卡普尔等印度电影人相继访华，由他们参与制作的宝莱坞经典影片《流浪者》在中国家喻户晓，片中主题曲《拉兹之歌》风靡中土；中国青年艺术剧院于1957年将《沙恭达罗》搬上中国话剧舞台，成为中印戏剧交流史上的一桩盛事。在教育领域，两国加强了高等教育方面的合作，互派留学生与专家，中国的印度语言文化教研和印度的中国语言文化教研空前繁荣。

1962年中印边境冲突爆发后，两国人文交流一度停滞，20世纪80年代之后开始趋好。中印文学交流再领风骚，季羡林、金克木、徐梵澄、刘安武、金鼎汉以及黄宝生、薛克翘等学者翻译研究并举，成就斐然。《罗摩衍那》、《〈摩诃婆罗多〉插话选》、《罗摩功行之湖》、《奥义书》、《薄伽梵歌》等古典名著，《泰戈尔全集》、普列姆昌德小说等现代名著的中译本陆续问世，P.雷努、M.R.安纳德、R.K.那拉扬、J.古马儿、K.钱达尔、耶谢巴尔、V.沃尔马等印度现当代著名作家作品的中印本也在中国出版发行。中国还主动将本国文学名著译介到印度，中国外文局印地文部翻译的鲁迅、巴金、老舍等中国现代作家经典作品的印地文版相继推出，受到印度中国文学研究界的欢迎。与此同时，《中国古代文学史》、《印度印地语文学史》、《〈罗摩衍那〉初探》、《普列姆昌德评传》等研究类专著也得以出版，代表了中国印度文学研究领域的最高成就。这一时期印度对中国文学的热情也逐渐升温，艾青、舒婷、莫言等中国现当代作家的作品受到印度学者的关注，两国作家代表团的互访活动得以继续。艺术方面，两国恢复了20世纪50年代开始的艺术交流，加强了相互间的艺术研究与合作，艺术家互访不断。中国舞蹈家张均多次赴印度学习舞蹈，为研究中印舞蹈开拓新的空间。1983年印度音乐家R.香卡来华演出，再次开启两国音乐界的相互合作与研究。印度电影再度进入中国市场，《大篷车》等印度电影在中国获得巨大反响；张艺谋、陈凯歌等中国电影导演的作品受到印度电影人的关注。在民间团体往来恢复的同时，两国政府自1988年起签署多项文化交流与合作协定，有计划地开展全面的交流活动，加强双方在文化、艺术、教育、体育等方面的合作。

进入21世纪以来，中印人文交流踏上快速通道。2003年印度总理瓦杰帕伊访华期间两国签署双边教育交流项目协议，在交换学者、教师培训、高校交流以及印地语和中文教师交换等方面达成协议。印度文化关系理事会长期资助中国学生前往印度学习，同时派遣印度专家赴中国从事教学研究活动。两国政府间的文化合作更加频繁，不断深化在教育、文化、传媒、体育等领域的合作与交流。中印双方分别于 2006 年、2007 年、2010 年、2011 年、2012 年、2014 年、2015 年共同启动"中印友好年"、"中印旅游友好年"、"国家节"、"中印交流年"、"中印友好合作年"、"中印友好交流年"、"印度旅游年"① 等大规模文化交流合作项目。自 2006 年开始，中印两国政府每年相互邀请百名青年互访，② 以加强两国青年人之间的交流、友谊及对对方国家的理解。

相关高校及科研院所在中印人文交流中起着重要作用，中国社会科学院、北京大学、四川大学等的贡献尤其引人注目。北京大学的印度研究始于 1916 年，至今已有百年历史。2003 年北大成立印度研究中心，2009 年成立南亚学系，2012 年成立南亚研究中心，教学研究科目几乎覆盖与印度相关的所有领域，其印度语言文学、宗教文化、中印关系方面的研究国内领先且国际知名。近年来，北大南亚研究中心设立"北大南亚讲坛"，邀请国内外知名学者及相关人士进行讲座研讨；创立《北大南亚东南亚研究》，发表国内外相关研究成果；与国内外相关机构和学者合作，推进相关项目和活动。四川大学南亚研究所成立于 1964 年，已有 50 余年的历史，一直是中国南方印度研究的重要机构，在印度政治、经济研究方面颇有成就。《南亚研究季刊》是四川大学南亚研究所出版发行的学术刊物，主要刊登国内外学者研究南亚政治、经济、对外关系、历史、社会、文化等方面的学术论文。迄今该刊已出版 70 余期，在国内外产生了广泛的影响。中国社会科学院与印度社会科学理事会一直协作，订立了长期交流合作计划，定期共同或分别举办相关学术会议。其梵语研究中心在印度古典文学文化研究方面成就显著，其南亚研究中心在当代中印关系领域的智库角色较为重要。《南亚研究》是中国社会科学院的公开发行刊物，也是中国目前在印度及南亚政治、经济、安全、国际关系等领域最为权威的综合性学

---

① "中国旅游年"将于 2016 年在印度举办。
② 2011 年为"中印交流年"，互访人数临时增至 500 人，印度青年代表团实际 491 人，于 2011 年 9 月访华；中国青年代表团实际 475 人，于 2012 年 2 月访印。由于此为 2011 年互访项目，2012 年 11 月中国另有百人青年代表团访印。另外，鉴于青年交流对增进相互了解的重要意义，2014 年 9 月中国国家主席习近平访印期间，两国决定继续开展青年互访活动，并将互访人数增至每年 200 名（2015—2019 年）。

术期刊。中印建交之后，中国社会科学院、北京大学和四川大学等一直走在中印人文交流的前列，进入21世纪以来，诸机构更是积极主动，发挥既有优势，在印度研究方面耕耘不缀，活动不断。例如：北京大学举办谭云山·师觉月诞辰100周年国际学术研讨会（2008年）、中印大学生论坛（2009年、2013年）、泰戈尔诞辰150周年国际学术研讨会（2011年）等，四川大学举办中国—南亚论坛（2011年）、中国南亚学会年会（2014年）等，中国社会科学院举办"中印合作：新机遇与新理念"国际学术研讨会（2013年）等。这些活动大大推动了中印人文交流前行的步伐，丰富了中印人文交流的内容。与中国相仿，印度的德里大学、尼赫鲁大学、中国研究所等也为中印人文交流作出了贡献，德里大学在中国历史和佛教方面、尼赫鲁大学在中国语言文学和中印关系方面、中国研究所在中国社会和中印关系等方面都有建树，德里大学还主办了东亚佛教国际学术研讨会，尼赫鲁大学主办了"一带一路"国际研讨会等。这些中印机构一直是现当代中印人文交流的基础和执行者，其成果是中国的印度研究和印度的中国研究的标志，互动是中印友谊的象征。

从某种角度来说，对象国的语言教学是国与国之间人文交流最重要的内容之一。2000年以来，中国不少高校创设印地语系，开设印地语课程，目前中国开设印地语教学的高校已经从原来的三四所增加到10多所。印度的汉语教学更进一步，在其高校学习汉语人数远远多于中国高校学习印地语人数的情况下，印度中等教育中央委员会自2011年4月起将汉语作为外语列入印度学校课程，使汉语成为印度初高中学生的选修外语之一。如此，中印人文交流在新时期又丰富了内容并获得了新的动力。

中印人文交流在其他诸多方面也取得了进展。如：2005年，《摩诃婆罗多》中译本出版。2007年，印度玄奘纪念堂正式落成。2009年，中印两国专家翻译的《西游记》印地语本出版。2010年，洛阳白马寺印度风格佛殿落成；同一年，印度作为主宾国参加第17届北京国际图书博览会。2011年，"华夏瑰宝展"在印度国家博物馆隆重举办。2012年，新疆木卡姆艺术团和中国广播艺术团在印度成功演出。2013年，首届中印媒体高峰论坛在新德里举行。2014年，中国作为主宾国参加第45届印度国际电影节。2015年1月，中印电影公司签约；2月，第二届中印媒体高峰论坛在北京举行……大多数活动都是两国对等的。以上只是中国的单边事例，可见中印人文交流之繁忙。

此外，还有两个中印政府重大人文交流项目值得述及：其一，《中印文化交流百科全书》项目。该项目是 2010 年 12 月温家宝总理访印期间双方政府确立的，之后来自中国社会科学院、北京大学、中国藏学研究中心等单位的专家和来自印度尼赫鲁大学、德里大学、国际大学、贝拿勒斯印度大学等高校的学者紧密合作，于 2014 年 6 月完成编辑出版工作，并于 6 月 30 日由中国国家副主席李源潮和印度副总统哈米德·安萨里在中国人民大会堂首发。该书内容远至公元前 4 世纪，近至 21 世纪，是中印 2000 余年友好关系的集大成者。其二，中印经典和当代作品互译项目。该项目是 2013 年 5 月李克强总理访印时，两国政府发表的联合声明第 17 条确定的重大文化交流项目，为期 5 年；2014 年 9 月习近平主席访印时，两国政府发表的联合声明第 11 条提出要加速推进该项目。目前，中印双方已经进入实施状态。

当下，中印人文交流在各个层面、各个领域都有重大发展，并日益深入民间。印度的瑜伽、电影、食品和药品等越来越受中国人青睐，中国的食品、武术、中医等也愈加吸引印度人；双方到对象国旅游的人数、自费留学的人数都在持续增长……

# 中印铁路"龙象共舞"的前景与问题[*]

卢光盛[**] 向 丽[***]

近年来,"高铁外交"正逐渐成为中国领导人出访时的"保留节目"。2014年9月在习近平主席访问印度期间,中印两国签署了铁路合作备忘录和行动计划,其中包括修建高速铁路在内的多项铁路合作内容。在中国高调推进"高铁外交",但实际推进并不如预期那么顺利的情况下,中印铁路"龙象共舞"的前景到底如何呢?本文试分析如下。

## 一、印度铁路现状及发展规划

印度是亚洲最早拥有客运铁路服务的国家,同时拥有通车里程世界第二的铁路网。印度铁路网包括宽轨(轨距1676毫米)、米轨(轨距1000毫米)、窄轨(轨距有762毫米和610毫米两种),[①] 总里程约6.46万公里,[②] 总轨

---

[*] 本文研究得到"中国西部边疆安全与发展协同创新中心决策咨询项目"和"云南大学青年英才培育计划"项目资助。

[**] 卢光盛,云南大学国际关系研究院、中国西部边疆安全与发展协同创新中心教授,云南大学西南周边国家社会研究中心副主任、博士生导师。

[***] 向丽,云南大学国际关系研究院硕士研究生。

[①] "About Indian Railways", http://www.indianrailways.gov.in/railwayboard/view_section.jsp?lang=0&id=0, 1, 261, 2014年11月17日。

[②] "About Indian Railways", http://www.indianrailways.gov.in/railwayboard/uploads/directorate/stat_econ/pdf/FACTS_FIGURES_ENG_2011_12/8.pdf, 2014年11月17日。

道长度超过11.5万公里。① 印度每天约有1.1万列火车日常运行，其中7000列是客运列车，② 虽然每天输送人数超过2500万人次，③ 但是印度的铁路运输仍远远达不到客流量的需求。印度铁路的拥挤、设备老化、事故频发等问题在世界铁路运输纪录上都是非常出名的（印度铁路事故每年致死1.5万人④）。为了解决这些问题，印度政府决定开始进行铁路升级、修建高速铁路计划。

2014年3月18日在北京举行的第三次中印经济战略对话上，印度官员表示：由于高铁建设所需费用相对巨大，印度现有铁路将以升级铁轨为主，将现有铁路时速提高到180千米每小时，而在这一方面印度正在积极寻求中国的帮助与支持。⑤

2014年7月8日，印度总理莫迪为改变印度铁路设施老化的现状，提出修建高铁的计划。印度铁道部向国会提交了铁路预算书，其中一条造价超过600亿人民币的西部高铁计划已经被列入年度预算。⑥ 据中国中央社报道，印度正推动"钻石四边形"高速铁路计划，连接孟买、德里、加尔各答、金奈四大城市。联邦铁路部长高达向国会下院提出铁路预算书，其中提到国铁9个区段行车速度将增至时速200公里，还将拨款10亿卢比（约合1亿人民币）给为印度国铁执行铁路工程的公司推动高铁计划。⑦ 在高速铁路修建计划的路线中，印度将优先建设连接西部古吉拉特邦主要城

---

① ［印］B. R. Deepak："2014印度大选"，http：//news.sina.com.cn/w/z/ksyd2014/，2014年11月17日。

② "About Indian Railways"，http：//www.indianrailways.gov.in/railwayboard/view_section.jsp? lang=0&id=0，1，261，2014年11月17日。

③ ［印］B. R. Deepak："2014印度大选"，http：//news.sina.com.cn/w/z/ksyd2014/，2014年11月17日。

④ 向阳："印度铁路事故每年死1.5万人"，2012年2月22日，http：//news.xinhuanet.com/world/2012-02/22/c_122739259.htm。

⑤ "Integrate Chinese technology with Indian railways, energy sectors: Li Keqiang"，Mar 20，2014，http：//timesofindia.indiatimes.com/india/Integrate-Chinese-technology-with-Indian-railways-energy-sectors-Li-Keqiang/articleshow/32349816.cms。

⑥ 程艳："印度提交预算：花6千亿卢比建高铁"，2014年7月10日，http：//roll.sohu.com/20140710/n402033856.shtml。

⑦ 中国评论通讯社："印度拨款1亿预算推动高铁计划"，2014年7月8日，http：//hk.crntt.com/doc/1032/7/7/7/103277789.html? coluid=0&kindid=0&docid=103277789&mdate=0708221757。

市阿默达巴德和该国最大商业城市孟买之间的路线。这条高铁线路的可行性研究预计于 2015 年完成，建设费用预计为 6000 亿卢比（约合 622 亿人民币），已被列入 2014—2015 财政年度（2014 年 4 月—2015 年 3 月）的预算案。印铁道部长高达在国会宣布该计划时说，整个高铁计划所需投资金额巨大，在今后 10 年间每年至少要投入 5000 亿卢比（约合 518 亿人民币），并且同时在该方案中拟对私人资本以及外资实行准入政策。[①] 这一计划一经提出，马上吸引了中国、日本、法国等多国的眼球，竞争将在所难免。

## 二、中印铁路合作的历史发展

修筑中印铁路的设想已经有超过 100 年的历史。19 世纪初，英帝国主义侵入缅甸后，为进一步侵略中国西南地区和长江流域，开始计划开辟印度、缅甸到云南的铁路线。但是，直至 20 世纪 30 年代末，中印铁路项目一直因当时的政局和民众反对而未能实施。[②] 1960 年在联合国一项区域合作计划上，泛亚铁路被首次提出。泛亚铁路南路的建造方案，即修筑连接土耳其、伊朗、巴基斯坦、印度、孟加拉国、缅甸、泰国，然后分别进入中国云南，以及经马来西亚进入新加坡的铁路路线，将中印铁路的修建再次推上日程。不过最终因路线选择、投资数额巨大、技术标准难以协调等多方面的原因，泛亚铁路的建设计划一直拖延至今，使得中印铁路的修筑一直停留在"蓝图"阶段。

近年来，中国的高铁技术日益成熟并走向世界，得到世界各国的认可。同时，中国领导人也频繁高调提及"高铁外交"政策，积极促成中印双方在铁路基础建设方面的合作。2014 年 3 月 18 日于北京举行的第三次中印战略经济对话中，双方没有提及高速铁路，但是在公布的备忘录中提

---

[①] 程艳："印度提交预算：花 6 千亿卢比建高铁"，2014 年 7 月 10 日，http://roll.sohu.com/20140710/n402033856.shtml.

[②] 孙武韬、徐鸿芹："中印铁路史略"，《云南民族学院学报（哲学社会科学版）》1996 年第 1 期，第 47 页。

及了"既有线提速"合作等问题。① 3月19日，印度代表团团长艾鲁瓦利在拜访李克强总理时表示："中国帮助印度现代化铁路的具体提案取得了很大的进展，包括重载运输、通过升级已有铁路线来大幅提高火车速度等方面。就高速铁轨发展方面，印度提出将德里—阿格拉、德里—坎布尔和德里—昌迪加尔等作为中印铁路合作的试点项目。"李克强总理也在会谈时表示："作为中印合作的一个突破，我们必须将我们的高铁和能源设备的技术与印度市场整合起来。"②

2014年9月，在习近平主席访问印度期间，中印两国发表了《中华人民共和国和印度共和国关于构建更加紧密的发展伙伴关系的联合声明》。声明中明确提出，"两国领导人满意地注意到中印铁路合作取得的进展。双方签署了铁路合作备忘录和行动计划，包括以下几点：一是双方将合作确认金奈—班加罗尔—迈索尔路段既有线提速所需的技术投入；二是中方将为印100名铁路技术官员提供重载运输方面的培训；三是双方将在车站再开发、在印建立铁路大学等领域开展合作；四是印方愿积极考虑与中方合作建设一条高速铁路"。③

此后的中印铁路合作步伐快得有些出人意料。2014年11月24日，印度媒体报道称中印高铁合作有望取得重大突破，"印度正筹建一条造价约2000亿元人民币的全球第二长高铁线路，将于近期内与中国签订可行性研究相关合约"。④

---

① "India-China SED dialogue to focus on high speed rail tracks", Mar 16, 2014, http://timesofindia.indiatimes.com/business/india-business/India-China-SED-dialogue-to-focus-on-high-speedrail-tracks/articleshow/32157090.cms.

② "Integrate Chinese technology with Indian railways, energy sectors：Li Keqiang", Mar 20, 2014, http://timesofindia.indiatimes.com/india/Integrate-Chinese-technology-with-Indian-railways-energy-sectors-Li-Keqiang/articleshow/32349816.cms.

③《中华人民共和国和印度共和国关于构建更加紧密的发展伙伴关系的联合声明》，2014年9月19日，http://news.xinhuanet.com/world/2014-09/19/c_1112555977.htm.

④ "中印将合建世界第二长高铁 总造价近2000亿"，2014年11月24日，http://finance.ifeng.com/a/20141124/13300729_0.shtml?_share=sina&tp=1416758400000.

## 三、中印铁路合作的前景分析

（一）中印两国在铁路合作方面互有需求，合作潜力大，市场前景广阔

互有需求是双方顺利合作的基础。印度虽然拥有通车里程世界第二的铁路网，但是在铁路基建方面却相对落后，铁路的拥挤、设备老化、事故频发等问题都预示着其必须尽快完成升级来满足国内运输需求。同时，为缓解印度铁路压力，国内对修筑高铁的呼声也越来越高。印度现有铁路的升级、高铁的修筑将需要大量的技术人才、资金、设备等，而印国内对人力、物力、财力的严重缺乏使得其在完善铁路升级、修筑高速铁路方面必须寻求他国的帮助。近年来，中国高铁技术的成熟和高速发展得到世界各国的认可。中国具有先进的技术设备，拥有大量的技术人才，同时资金充足，有资本为中印铁路合作提供资金支持。加之，近年来中国领导人频繁提及"高铁外交"，支持中国铁路技术走出国门，使得双方铁路合作"一拍即合"。同时，中印铁路合作还具有广阔的市场前景，印度在铁路基础建设方面的完善主要致力于以下几个方面：第一，对现有铁路升级，主要是既有线提速。这将需要大量的技术投入，中国早已完成了铁路升级，在既有线提速方面经验丰富，技术实力强大，双方在既有线提速方面具有广阔的合作前景。2014年9月，双方签署了关于将合作确认金奈—班加罗尔—迈索尔路段既有线提速所需的技术投入的合作备忘录和行动计划。第二，印度铁路的升级、高速铁路的修筑都将需要大量的技术人才，中国拥有大量的铁路技术人才，双方可以在人才培训方面展开合作，还可以合作建立铁路大学，以便于人才培养。中方还可以直接向印度输出技术人员，便于指导印度铁路建设。因而，中印双方在人才教育培训方面也可以展开多方面的合作。中印双方于2014年9月签署的合作备忘录和行动计划中就包括中方将为印100名铁路技术官员提供重载运输方面的培训。第三，印

度铁路的升级还需要对火车站进行再合理开发利用,这将为中印双方在相关领域开展合作提供广阔的市场。第四,印方还致力于高速铁路的修筑。印方高铁建设暂时处于空白阶段,市场广大,同时印方也愿积极考虑与中方合作建设一条高速铁路,双方在高铁合作方面具有广阔的前景。

因此,总的来看,中印双方在既有线提速、技术投入、人才培养、铁路基建、修筑高速铁路合作等方面具有广阔的市场前景。

## (二) 与其他国家相比,中国在多方面拥有明显的优势

首先,与其他国家相比,中国政府大力支持中国铁路技术、人才、设备等走出国门。近年来,中国领导人频繁提及"高铁外交",努力与印度在铁路建设合作方面达成一致,积极促成双方在铁路合作方面有进一步的发展。而对于日本、德国、法国或加拿大高铁企业来说,高铁只是一个国家内的私人公司的商业经营模块,缺乏政府及其深层面的大力支持。

其次,在资金投入方面,中国较其他国家而言更有能力、资本为双方铁路合作提供资金支持。铁路是一项投资额度巨大且回报周期长的基础设施建设,缺乏资金的支持是不可能快速完成的。中国资金充足,完全有能力为中国的铁路走向世界而融资开路。

第三,在技术方面,中国的铁路建设发展迅速,高铁技术也日益成熟。虽然日本、美国等国家的高铁技术在安全、稳定性方面具有一定的长处,但中国高铁在性能集成方面更具有优势。中国高铁的技术竞争优势在于整个系统集成方面的完善,这是别的国家铁路公司无法比拟的。同时,最新的报道称,中国高铁列车最核心的部件——牵引电传动系统("高铁之心")和网络控制系统("高铁之脑")已经实现了百分之百的"中国创造"。2014年11月25日,装载"中国创造"牵引电传动系统和网络控制系统的中国北车CRH5A型动车组进入"5000公里正线试验"的最后阶段。这是国内首列实现牵引电传动系统和网络控制系统完全自主创新的高速动车组,标志着中国高铁列车核心技术正实现由"国产化"向"自主化"的转变,中国高铁列车实现由"中国制造"向"中国创造"的跨越。这将大力提升中国高铁列车的核心创造能力,同时也是中国高铁走出去的

底气所在。①

第四，国家最为关心的，也是高铁建设能否顺利进行的关键因素——成本问题。世界银行驻中国代表处2014年7月发布的一份关于中国高铁建设成本的报告指出，中国高铁的加权平均单位成本（人民币）为：时速350公里项目为1.29亿元/公里；时速250公里项目为0.87亿元/公里。②国际上，高铁建设的平均成本多为每公里3亿元以上，③所以价格因素是中国高铁在铁路竞争中取胜的重要砝码。

## 四、中印铁路合作的制约因素

### （一）中印政治互信不足是铁路合作的首要障碍

政治一直是影响国与国之间关系与合作的重要因素之一。中印两国是紧邻的亚洲超级大国，一直以来中印之间由于政治上的问题，不仅在边界、领土等方面存在对抗与分歧，同时出于安全、军事、国际政治环境等多方面的考虑，两国关系一直处于试探与防备、合作与竞争的状态。面对中国全方位的高速发展，印度很想搭上中国发展的快车道，但是领导层眼光的长远问题以及对于国内安全性的多重考虑等，导致其对中国存在很大的戒备心理，缺乏信任度。虽然中方不断努力促成双方在铁路方面的合作，2014年9月18日双方领导人还签署了包括铁路合作在内的投资高达

---

① 王文嫣：“中国高铁造出最核心部件 实现100％中国制造”，2014年11月25日，http：//m.sohu.com/n/406376821/? wscrid=1140_2。

② Gerald Ollivier, Jitendra Sondhi and Nanyan Zhou, "High-Speed Railways in China: A Look at Construction Costs", China Transport Topics, No. 9, July 2014, p. 2, ttp://www-wds.worldbank.org/external/default/WDSContentServer/WDSP/IB/2014/07/04/000333037_20140704084135/Rendered/PDF/892000BRI0Box3000china0transport09.pdf。

③ 温俊华：“争夺印度高铁市场 中国不仅有价格优势”，2014年9月15日，http：//news.ifeng.com/a/20140915/41982161_0.shtml。

200亿美元的12项合作协议,[①] 从表面上看中印铁路的合作关系有向明朗化发展的趋势,但从近期印度国内高层意向和民众呼声来看,印度政府方面对中印铁路合作表现得并不是很积极,加之印度自身缺乏安全感、国内政治派系对抗等多方面的原因,印领导层在双方铁路合作方面仍处于举棋不定的状态,双方在铁路合作方面也主要停留在合同、协议层次,而实际合作行动却很少,这为中印铁路合作蒙上了一层阴影。

## (二) 成本收益是中印铁路合作的关键障碍

铁路建设具有投资额度大、见效慢、回报周期长等特点,对国内经济实力的要求很高。印度铁路近几十年来发展缓慢的最主要原因也是经济实力问题。印度铁路现今面临的主要问题是全国大部分铁路基础设施老化严重,印度要全面升级改造全国铁路网、兴建高速铁路,耗资巨大,而想要全面改善全国铁路设施仍存在巨大缺口,所以至今印度国内仍存在修与不修两种截然对立的呼声且双方力量悬殊不大。第三轮中印战略经济对话主持人、印度计划委员会副主席蒙特克·辛格·阿卢瓦利亚说:"对印度来说,高速铁路网恐怕并不划算。"他说:"从成本效益来看,我们将是拥有高速铁路(网)的国家中收入最低的。"[②] 成本问题本是印度修建高铁的主要考虑因素,同时收益低效又为这一规画打上了问号。虽然中国资金雄厚,有相对充足的资金,但是该行业资金回本周期过长,见效较慢,这在一定程度上也要求中国投资企业谨慎考虑与印度在铁路建设方面的合作。

## (三) 中印铁路合作还具有一定的市场担忧

近年来同处亚洲大陆的中国和印度经济发展迅速,双边贸易规模不断扩大。据中国商务部资料显示,中印双边贸易额从2000年的29.19879亿

---

① 江玮:"中印签署12份合作协议 未来5年向印投资200亿美元",2014年9月19日,http://xibei.ifeng.com/finance/detail_2014_09/19/2930068_0.shtml。
② "印媒:印度对中国高铁技术'说不'",2014年3月21日,http://finance.ifeng.com/a/20140321/11951897_0.shtml。

美元[①]增加到2010年的617.60亿美元。[②] 2010年，中国成为印度第二大贸易伙伴，印度则是中国在南亚地区最大的贸易伙伴。随着经贸关系的加深，两国间贸易摩擦问题也愈发严峻，这也是阻碍中印铁路合作的重要因素。首先，中国在中印贸易中长期处于顺差状态，截至2011年6月，中国对印度出口的商品总额远远高于从印度进口的商品总额，中印贸易顺差已经攀升至近100亿美元。[③] 2014年3月印度PHD商会的一份报告显示，2013—2014年度中印贸易额达到495亿美元，占印度对外贸易总额的8.7%；而2013年4—12月，印度对中国出口额仅为108亿美元。[④] 这种贸易不平衡在一定程度上会引起印度政府和民众对中国产品大量进入印度市场后的担忧。其次，截至2010年12月，印度共对中国发起反倾销调查165起，涉案金额约50亿美元，是对中国发起贸易救济调查最多的发展中国家。[⑤] 2008年金融危机以来，印度开始针对中国的一些商品发出禁令，而且为了控制涌向印度的中国商品，对中国商品发起反倾销诉讼等。印度还不断针对中国出口产品展开多种形式的贸易歧视措施，主要包括不合理的重征进口税、配额、禁止进口等制度。印度这些不合理的贸易保护措施使中国产品和商人蒙受了巨大的贸易损失，这为中国企业与印度在铁路基建方面合作设置了障碍。

### （四）印度对中国铁路技术心存疑虑

首先，印度的铁路运营时间比中国早，历史较悠久。印度的铁路运营时间始于1853年，[⑥] 而中国出现的第一条正式投入运营的铁路是1876年

---

[①] 中华人民共和国商务部："印度简况"，2002年8月5日，http://in.mofcom.gov.cn/article/ddgk/200208/20020800035415.shtml。

[②] 中华人民共和国商务部："中印（度）经贸合作简况"，2011年9月21日，http://yzs.mofcom.gov.cn/article/t/201109/20110907749218.shtml。

[③] 同上。

[④] 印度商会报告："中国成为印度最大贸易国"，http://world.huanqiu.com/exclusive/2014-03/4874669.html，2014年11月17日。

[⑤] 中华人民共和国商务部："国际金融危机背景下中印贸易摩擦"，2011年10月11日，http://gpj.mofcom.gov.cn/aarticle/d/da/201110/20111007774097.html。

[⑥] ［印］Shric P. C. Verma："印度铁路的研究与开发"，《国外内燃机车》1998年第4期，第39页。

英国人修建的淞沪铁路,较之印度足足晚了23年。直到1881年,中国才开始拉开建设铁路的序幕。① 同时,早前的中国铁路网也不如印度铁路网,② 而且中国的高速铁路建设始于1999年兴建的秦沈客运专线,中国高铁的发展历史至今仅有十几年。2008年以前,中国的高速动车组均需引进德国、日本等国的先进技术,直到2008年中国才拥有一条具有完全自主知识产权、世界一流水平的高速铁路——京津城际铁路,至今还不足10年。因此,基于经验方面的考虑,印度有理由对中国铁路技术表现出担忧。

其次,虽然印度铁路拥挤、设备老化,但中印两国铁路技术各有特点,特别是在发展铁路重载运输技术方面各有优势,主要表现在以下几个方面:第一,中印两国发展重载运输的途径不同,印度铁路选择新建货运专线来发展重载运输,用重载运输来促进国家的工业化发展,将重载运输的作用由提高运输能力、降低运输成本方面,提高到促进国家工业化的高度;而中国铁路采用的是新建客运专线来发展高速铁路,用高速铁路来促进国家的城镇化和释放既有线的货运能力,在既有线上发展重载运输。③ 这两种运输方式的不同,使得印度将会对中国在指导其重载运输技术方面持保留意见。第二,印度铁路在发展双层集装箱运输时,改变了中国及北美铁路所采用的凹底车方式,在宽轨线路上用平车来开行双层集装箱运输,消除了凹底车两端的装载无效长度,集装箱的运输能力可提高100%,发展了双层集装箱运输的新方式。中国及北美铁路受准轨条件所限,采用凹底车来运输双层集装箱,集装箱运输能力仅提高约30%。④ 印度在发展双层集装箱技术方面的创新不仅能提高运输能力,更使其有理由对中国铁路运输技术表示不满。第三,印度铁路在发展重载运输时,不仅提高了车辆轴重和每延米重(延米是计量单位,可以理解为1延米=1米。1延米顾名思义是1延长米,延长米是用于统计或描述不规则的条状或线状工程的工程量),同时还扩大了铁路限界。而中国新建铁路仍沿用过去的铁路限

---

① 唐军军、王艳菲:"简论我国铁路发展历史及现状",《才智》2010年第5期,第207页。
② "印度为何拒绝中国技术",2014年3月28日,http://opinion.hexun.com/2014-03-28/163448022.html。
③ 张四梅:"印度铁路重载运输的发展及对我国发展重载运输方式的启示",《国外铁道车辆》2013年第7期,第4页。
④ 同上。

界，在一定程度上限制了重载运输的发展。①中印两国在铁路重载运输技术方面的明显差异，使得印度对中国进行相关铁路技术指导表示怀疑。

第三，虽然近年来中国铁路迅速完成升级，高速铁路技术也日趋成熟，中国高铁在整个系统集成方面具有突出优势，但是其在稳定性和安全性方面与日本、西欧国家相比仍有一定差距。2011年7月23日发生的动车追尾事故为中国高铁技术的高效、安全蒙上阴影，也给中国高铁技术走出国门带来了负面影响。同时，中国铁路技术在地质灾害、极端恶劣天气影响应对方面依然有一定的不足，每年都会有大量列车因极端天气影响而晚点甚至停运，这也为人们的出行带来了诸多不便。总之，中国高铁在稳定性、综合防灾系统构建等方面亟需加强，这些细小方面的完善与否也将影响印度国内对中国高铁技术的认可与否。

### （五）中印铁路合作面临着以日本为首的他国竞争

印度铁路建设项目吸引了日本、中国、法国、西班牙、德国、韩国等多国的眼球，而对中国而言，竞争压力最大的当属日本。

第一，在技术方面，日本铁路技术具有以下优势：自动化程度高、设备质量稳定、人工干预少；旅客列车正点率高，行车、车辆与客服间的信息透明；具有完善的综合防灾系统；采用跨线直通列车和组合列车的模式，采用多种直通列车的组织形式；②拥有中国铁路亟需构建的完善的综合防灾体系和系统。近年来，虽然中国高速铁路技术日趋成熟，拥有很多安全保障措施，中国高铁在整个系统集成方面具有突出的优势，但是地质灾害、极端恶劣天气对铁路运输的影响依然很大，亟需构建综合防灾系统。中国和日本在铁路技术方面各有优势，难分上下。因而，在与印度合作修筑铁路方面，日本给中国带来了巨大的竞争压力。

第二，在高铁合作方面，日印双方高铁合作关系密切，给中印高铁合作带来了巨大的压力。日本与印度在高铁建设合作方面抢占先机，中国竞

---

① 张四梅：“印度铁路重载运输的发展及对我国发展重载运输方式的启示”，《国外铁道车辆》2013年第7期，第4页。
② 林宏、刘俊、刘闻东、李文杰：“日本铁路运输组织现状及其实”，《国外铁路》2012年第3期，第72页。

争失去了优先机会。印度官员在2014年3月中印第三次经济战略对话后表示："中国与印度在高铁合作方面仍有可能,主要取决于日本方案的进展情况。"① 其言下之意是,日本方案的可行性问题成了中国与印度高铁合作的关键问题。而日本若进行价格竞争,将成本降到最低甚至负值修建高铁,在技术同等的条件下,中国就可能会失去与印度合作的优先机会。日本共同社2014年7月9日的报道称,针对印度的高铁计划,日本已经占得先机,日本国际协力机构参与了2014年1月对"阿默达巴德－孟买"路段进行可行性调查。② 此外,日本积极促成与印度在高铁方面的合作,双方合作关系密切,将对中印高铁合作带来巨大的竞争压力。日本时事通讯社2014年9月1日称,日印双方达成多项经贸合作意向,日本今后5年将与印度开展基础设施、食品加工、农村开发等领域的合作,还包括政府开发援助（ODA）在内的3.5万亿日元投资和融资。同时,日本首相安倍表示,为了实现印度正在推进的高速铁道网计划,日本将在资金和技术方面给予援助。③ 2014年9月1日下午,印度总理莫迪与日本经济产业大臣茂木敏雄会谈,双方就合作促进日本企业向印度投资达成一致。今后5年内,日本对印直接投资和进军印度市场的日企数量将翻一番。就印度引进日本的核电、高铁技术项目,安倍表示愿意提供资金支援的意向,决定向印度提供500亿日元的长期低息贷款,并在5年内通过借款和民间投资等方式提供约数兆日元的经济援助。④ 这些都是日本通过资本等经济手段对印度高铁等项目作出的应对措施。而中印两国于2012年11月在新德里举行的第二次战略经济对话强调三方面的铁路合作——高速铁路发展项目、重载运输和车站发展,但是第三次战略经济对话仅提到"既有线提速"问题,没有涉及高速铁路的发展项目。印方态度的突然转变,也说明印度有关方面对于中国高铁合作项目存在很大的分歧,这阻碍着中印铁路合作。

---

① "印媒：印度对中国高铁技术'说不'",2014年3月21日,http://finance.ifeng.com/a/20140321/11951897_0.shtml.
② 程艳："印度提交预算：花6千亿卢比建高铁",2014年7月10日,http://roll.sohu.com/20140710/n402033856.shtml.
③ "安倍承诺日本对印投资5年翻番 日印建立特别全球战略伙伴关系",2014年9月2日,http://www.guancha.cn/Neighbors/2014_09_02_262976.shtml.
④ "日本印度关系升格'特别级'莫迪'亲日也亲华'",2014年9月2日,http://news.takungpao.com/world/exclusive/2014-09/2708366.html.

通过以上分析，本文认为中印铁路合作还存在国际政治关系、地缘政治影响、他国竞争、印度国内部分群体对中国高铁技术不信任甚至抵制等多方面的不利因素，但总的来说，考虑到中印铁路有着政治共识、资金、市场和技术等方面的有利条件，两国在铁路方面的合作前景光明，铁路合作有望为中印"龙象共舞"铺就新的基础。

# 中印两国的水安全问题与涉水合作[*]

曾祥裕[**]

水是生命之源，生态之本。水资源问题过去一直被视为经济社会问题。近年来，有越来越多的学者明确指出，水资源问题是具有决定性作用的非传统安全问题。水资源相对于日渐增长的需求正变得日渐稀缺。由于水资源的极端重要性和不可替代性，水资源日渐稀缺完全可能诱发或加剧国际冲突；但水资源压力也完全可能推动相关各方进行国际合作，共同应对这一问题。本文拟初步探讨中印两国的水安全问题，并对两国涉水合作做初步探讨。

## 一、印度的水安全问题及其主要表现

印度面临着极为严峻的水安全挑战，具体表现在人均水资源严重短缺、水资源时空分布严重不平衡、用水效率低下、水污染严重等方面。人口迅速增长、管理粗放、水争端频发、气候变化等因素又进一步加剧了上述问题。

### （一）水资源严重短缺

印度是全世界水资源总量最丰富的国家之一，平均年降水量1170毫

---

[*] 本文为国家社会科学基金青年项目（14CGJ006）阶段性成果。
[**] 曾祥裕，教育部人文社会科学重点研究基地四川大学南亚研究所副研究员。

米，即约 3.846 万亿立方米，年水资源量为 1.911 万亿立方米。然而印度总人口 12 亿多，水资源按人口分摊下来就变得极为有限：2009 年的人均水资源量仅 1582 立方米，[①] 不仅远低于世界平均值，而且低于人均 1700 立方米的缺水警戒线。其实，印度人均水资源量多年来一直保持下降趋势，从 1998 年的 1986 立方米降为 2001 年的 1820 立方米及 2005 年的 1731 立方米，预计到 2025 年将降为 1335 立方米，2050 年降至 1140 立方米。[②] 与此形成对照的是，印度的用水量连年迅速增加，1990 年仅为 5000 亿立方米左右，而到 2010 年已增长到 7610 亿立方米（占当年实际可再生水资源量比重高达 40%），[③] 印度水利部预测到 2025 年用水量将增为 1.093 万立方米，到 2050 年更将达到 1.447 万亿立方米，届时印度所有可利用水资源将消耗一空。水资源一体化开发全国委员会（National Commission on Integrated Water Resources Development，NCIWRD）的预测较乐观，预测到 2050 年用水量的最低值为 9730 亿立方米，最高值为 1.18 万亿立方米，但强调指出其前提是尽快大幅提高用水效率，特别是要将农业用水效率从 35%—40% 提高到 60%。[④]

印度用水量大增的原因包括人口膨胀、食品结构改变、城市化、经济发展等因素。一般预计印度人口将从 2010 年的 12 亿增长到 2050 年的 16 亿，如其他因素不变，则用水量会相应上升 1/3。近年来，印度肉类消费明显增加，而肉类食品耗水量要明显高于植物性食品。印度城市化发展迅

---

[①] Irrigation in Southern and Eastern Asia in Figures-India, Aquastat Survey, 2011, p. 5, 可从 http://www.fao.org/nr/water/aquastat/main/index.stm 进入。

[②] Wilson John, "Water Security in South Asia: Issues and Policy Recommendations", ORF Issue Brief, #26, February, 2011. Prasenjit Chowdhury, "Mismanagement of Water Resources", Deccan Herald, April 18, 2014. Irrigation in Southern and Eastern Asia in Figures-India, Aquastat Survey, 2011, p. 16.

[③] Irrigation in Southern and Eastern Asia in Figures-India, Aquastat Survey, 2011, p. 8. 另据印度水利部早年预测，印度 2010 年、2025 年、2050 年的用水量分别应为 8130 亿、10930 亿、14470 亿立方米，见 IDSA Task Force, Water Security for India: The External Dynamics, New Delhi: Institute of Defense and Analysis, September, 2010, p. 24. 印度用水量缺乏较准确的统计数据，主要靠估算。

[④] Water and Related Statistics 2010, Central Water Commission website, p. 38, http://www.cwc.nic.in/ISO_DATA_Bank/W&RelatedStatatics_2010.pdf.

速，2011年的城市化率已达31.3%，2010—2015年间的年增速高达2.47%，[①] 而城市居民人均生活用水量为农村地区的两三倍，[②] 城市人口大增就意味着用水量必然大增。工农业持续发展也会大大增加用水量。

## （二）时空分布极不平衡

印度水资源空间分布极不平衡：北方水资源丰沛而稳定，南方和西部水资源总体偏少且极不稳定。印境内河流可分为20个水系，4个大组，分别是北部的喜马拉雅诸河（如恒河、印度河、布拉马普特拉河等）、中南部的德干高原诸河（如马哈那迪河、戈达瓦里河、克里希纳河等）、西北拉贾斯坦沙漠地带的内流诸河以及东西海岸诸河。喜马拉雅诸河水量有喜马拉雅冰雪融水以及季风降雨两个补给源：前者保证了喜马拉雅诸河水源稳定，全年不断流；后者补给了巨量水流，保障了中下游地区能足量分享水资源。该大组中的恒河—布拉马普特拉河—梅格纳河水系特别重要，其汇水面积达109.7万平方公里，占全国的33.5%；年平均径流量达1.11062万亿立方米，占全国的59.4%；年可利用水资源量2740亿立方米，占全国的39.7%。[③] 德干高原诸河则与喜马拉雅诸河形成鲜明对比，因为其发源于内地或山区，水源地补给有限，主要依靠季风降水，所以水量极不稳定：枯水期漫长乃至出现断流；丰水期降雨量往往超过河流容纳能力，经常酿成洪灾；近年来还多次因季风推迟或降水偏少而酿成严重旱灾。印度降水还存在东西失衡的问题，西部的拉贾斯坦降水不足每年150毫米，从中央邦到泰米尔纳度邦的广阔地带年均降雨量低于500毫米，西海岸及东北地区年均降水约2500毫米，而东北部的梅加拉亚高达每年1万

---

[①] "The World Factbook", CIA website, https://www.cia.gov/library/publications/the-world-factbook/fields/2212.html.

[②] 此处可参考中国的数据。2012年，中国城乡居民日人均用水量分别为198升和82升，比例为2.34∶1。这一比例在2004年一度高达3.11∶1。

[③] Irrigation in Southern and Eastern Asia in Figures-India, Aquastat Survey, 2011, p. 6. 需要说明的是，为方便核算，资料来源在国土面积等数据上采用了印方数据即320余万平方公里。资料来源特别声明这种技术处理并不表明其接受印方主张。出于技术原因，本文数据只能遵从上述资料来源，特提请读者注意。

毫米。①

印度水资源的时间分布同样极不均衡。印度属于典型的季风气候，全年分为冬季、热季、夏季和后季风季，其中6—9月的夏季为雨季，全国超过90％的江河补给量在4个月内完成，雨季15天内的降水量甚至可占到全年的50％，②而其他季节均干燥少雨。

（三）用水效率低下

印度用水效率很低，浪费极为严重，农业用水尤为粗放。其具体体现，首先是农业用水量过大，2010年的农业用水量高达6880亿立方米，占总用水量的91％（同期农业产值仅占印国内生产总值的17％左右），③每耗水1立方米仅产粮约377克，而相同耗水量在中国可生产粮食约1200克。④其次是灌溉方式落后，灌溉水有效利用率极低。地面灌溉、喷灌和局部灌溉的灌溉水有效利用率分别为60％、75％和90％。⑤这三种方式在印度6396.2万公顷灌溉田中的比例分别是97％、2％和1％。换言之，最粗放、最低效的地面灌溉仍居绝对多数，高效灌溉方式仅有示范意义，实际影响微乎其微。综合计算，印度的灌溉水有效利用率仅为35％—40％，其中地面水的有效利用率为38％—40％，地下水的情况还要差些。第三是作物种植结构严重倾向于耗水作物：2004年仅水稻、小麦这两种最耗水作

---

① Irrigation in Southern and Eastern Asia in Figures-India, Aquastat Survey, 2011, p. 1. N. Shantha Mohan and Salien Routary, "Interstate Transboundary Water Sharing in India, Conflict and Cooperation", in Lydia Powell and Sonali Mittra eds, Perspectives on Water: Constructing: Alternative Narratives, New Delhi: Academic Foundation, 2012, p. 198.

② World Bank, India's Water Economy: Bracing for a Turbulent Future, Washington, D. C.: World Bank, 2005, p. 1, http: //documents. worldbank. org/curated/en/2005/12/6552362/ india-indias-water-economy-bracing-turbulent-future.

③ Irrigation in Southern and Eastern Asia in Figures-India, Aquastat Survey, 2011, p. 3. 农业属耗水产业，用水量大大高于GDP占比不足为奇，但印度的占比长期高达90％以上，比例仍然过高。

④ 笔者据两国农业用水量和粮食产量计算而得。

⑤ "Annex I: Irrigation efficiencies", UN Food and Agriculture Organization website, http: //www. fao. org/docrep/t7202e/t7202e08. htm.

物的种植面积就占到了总耕种面积的约60%,①而水稻耗水量高达每公顷2.4万立方米,是玉米的6倍、豆类的10倍、花生的20倍。②

印度生活用水的低效与浪费同样严重。据统计,德里因泄漏、爆管等造成的水损失高达供水量的40%,③孟买因偷水、管线老化等造成的损失更是高达40%—50%,④其他城市的情况与此类似。

### (四) 水污染严重

印度水污染形势极为严峻,地表水和地下水的情况均不容乐观。印度全国的污水处理率仅为31%,有70%的水体受污染,水质在联合国2003年发表的《世界水发展报告》122国水质排名中仅列第120位。⑤甚至作为首善之区的德里也多次因主要水源朱木拿河的氨和氯化物指标太高而被迫关闭水厂或缩减产能,导致水厂出现约35%的产能闲置。⑥印度地下水普遍受盐水入侵所苦:泰米尔纳度、马哈拉施特拉、旁遮普、拉贾斯坦、哈利亚纳、古吉拉特、卡纳塔克、北方邦、德里、奥利萨和比哈尔等地一直存在盐水入侵问题,拉贾斯坦和哈利亚纳甚至有19万平方公里地区的水资源因盐水入侵而无法饮用。⑦

印度的水污染有三大主因:一是各地特别是城市大量向河流排放未经处理的生活污水。印度城市在2004年产生污水约105.85亿立方米,其中仅25.55亿立方米经过了处理,剩下的66%(即70.3亿立方米)均未经

---

① Irrigation in Southern and Eastern Asia in Figures-India, Aquastat Survey, 2011, pp. 9-11, 14, 17。水稻、小麦占耕种面积比例据该调查报告第10页数据表计算。

② Inderjeet Singh, "Ecological Implications of the Green Revolution", Seminar, No. 626, October, 2011, p. 41.

③ Rumi Aijaz, "Water Crisis in Delhi", Seminar, No. 626, October, 2011, p. 44.

④ Wilson John, "Water Security in South Asia: Issues and Policy Recommendations", ORF Issue Brief, #26, February, 2011, p. 4.

⑤ Prasenjit Chowdhury, "Mismanagement of Water Resources", Deccan Herald, April 18, 2014, http://www.deccanherald.com/content/3046/mismanagement-water-resources.html.

⑥ Rumi Aijaz, "Water Crisis in Delhi," Seminar, No. 626, October, 2011, p. 45.

⑦ Wilson John, "Water Security in South Asia: Issues and Policy Recommendations", ORF Issue Brief, #26, February, 2011.

处理。① 二是农业过量使用杀虫剂和化肥等，其残留有害物流入河水或渗入地下而污染了水体。三是过量取用河水和地下水，导致水体的稀释与自净功能严重下降，造成有害矿物质在地下水中聚集。

## 二、中国的水安全问题及其主要表现

2010年底公布的《中共中央国务院关于加快水利改革发展的决定》开篇就将水资源定为生命之源、生产之要、生态之基，指出加快水利改革发展事关经济社会发展全局，关系到经济安全、生态安全、国家安全。② 尽管中国政府已从宏观战略上确定了水资源的重要地位，但中国的水安全问题是长期形成的，其缓解与解决也需要持之以恒的艰苦努力。

### （一）水资源短缺严重

中国水资源总量丰富，仅次于巴西、俄罗斯、加拿大和印尼位居全球第五，2013年水资源总量为2.79579万亿立方米。③ 但由于中国人口总数长期居全球第一，故人均水资源量长期保持低位：在2006年全世界153个国家人均水资源量的排序中，中国仅排第121位。中国2009年的人均水资源量为2079立方米/人，仅为当年世界平均水平（6225立方米/人）的1/3。预计中国人口到2033年将达到15亿，人均水资源量还将相应下降到1890立方米/人。④

---

① Irrigation in Southern and Eastern Asia in Figures-India, Aquastat Survey, 2011, p. 7.
② "CPC Central Committee and State Council's Joint Decree on Accelerating the Development and Reform on Water Resource Utilization and Management"（中共中央国务院关于加快水利改革发展的决定），December 31, 2010, available at http://www.gov.cn/gongbao/content/2011/content_1803158.htm。
③ "2013年中国水资源公报"，第4页，中国水利部网站，2014年11月20日，http://www.mwr.gov.cn/zwzc/hygb/szygb/qgszygb/201411/t20141120_582980.html。
④ Irrigation in Southern and Eastern Asia in Figures-China, Aquastat Survey, 2011, p. 10, accessible at http://www.fao.org/nr/water/aquastat/main/index.stm.

中国正处于工业化和城镇化加速发展的阶段，对水资源的需求压力会进一步增大。中国2013年用水6183.4亿立方米，其中工业用水占了22.8%。[①] 尽管中国已是公认的制造业大国，但广阔的中西部地区仍较为落后，亟需工业化，将来中西部的工业耗水量必随之大幅上升。2013年，中国城市居民人均日用水量为212升，农村居民日用水量为80升，城乡居民用水量之比为2.65∶1。[②] 2013年底，中国城市化率达到53.73%（7.3111亿/13.6072亿），比上一年上升1.16%。[③] 如果中国在2030年达到预定的城市化率目标（即70%），则用水总量必然随之大增。另外还要注意，中国将水短缺分为资源型缺水、工程型缺水、水质型缺水和管理型缺水四大类。资源量不足只是水短缺的原因之一，中国各地还存在其他三种缺水问题，而且它们相互交织，极为复杂。目前，水质型缺水和管理型缺水正变得越来越突出，而农村地区因灌溉工程年久失修等造成的工程性缺水也有所发展。

## （二）水资源时空分布不均

中国水资源时空分布不均极为突出。就空间分布而言，中国北方的黄淮海地区水资源总量仅为全国总量的7.2%，人均水资源量更是低至462立方米，相当于全国平均值的21%，但该区域的人口却占了全国的35%（4.4亿），国内生产总值占全国的35%。因此，北方各地普遍过度开发水资源，黄河流域开发利用程度已达76%，淮河流域达53%，海河流域更是超过100%，[④] 进而引发了地下水超采、地面塌陷、水质恶化等严重问题。黄河断流是对中国北方水资源过度消耗的严重预警。1972年，黄河下游在历史上首次断流，断流河长278公里，断流时长19天。此后黄河又多次断

---

[①] "2013年中国水资源公报"，第5页，中国水利部网站，2014年11月20日，http://www.mwr.gov.cn/zwzc/hygb/szygb/qgszygb/201411/t20141120_582980.html.

[②] "2013年中国水资源公报"，第6页，中国水利部网站，2014年11月20日，http://www.mwr.gov.cn/zwzc/hygb/szygb/qgszygb/201411/t20141120_582980.html.

[③] "2013年国民经济和社会发展统计公报"，2014年2月24日，http://www.stats.gov.cn/tjsj/zxfb/201402/t20140224_514970.html.

[④] "胡四一副部长解读《国务院关于实行最严格水资源管理制度的意见》"，水利部网站，2012年4月6日，http://www.mwr.gov.cn/zwzc/zcfg/jd/201204/t20120416_318845.html.

流,从 1987 年起黄河下游更是年年断流,中游部分支流也出现了断流现象。1997 年,黄河下游长达 704 公里的河段完全断流达 226 天,1998 年又断流 142 天,成为断流情况最严重的两年。此后中国政府采取了坚决的治理措施,才逐步缓解并初步消除了黄河断流现象。

中国的水资源分布同样存在严重的时间不均衡性。中国的降雨主要集中于夏季,往往在南方导致严重的水灾,但冬春两季降雨较少,往往导致干旱。由此导致的旱涝灾害每年都会造成严重的经济损失,仅 2013 年洪涝地质灾害的直接经济损失就达 889 亿元人民币,干旱造成的经济损失更是高达 905 亿元,两项相加占到了全年国内生产总值的 0.315%。[1]

### (三) 用水效率底下

中国用水效率底下,浪费极为严重。中国 2010 年每万元工业增加值的耗水量为 120 立方米,是节水先进国家的 3—4 倍。农业用水占用水总量的 65%,但效率极低,农田灌溉水有效利用系数仅为 0.5,远低于 0.7—0.8 的国际先进水平。[2] 经过艰苦的努力,到 2013 年才成功将以上系数提高到 0.523。[3] 中国政府的目标是到 2015 年将上述系数提高到 0.53 以上,到 2020 年提高到 0.55 以上,至 2030 年进一步提高到 0.6 以上,[4] 不过这必须通过艰苦的努力,且目标任务与国际先进水平仍有不小差距,可提升的空间仍然不小。

### (四) 水污染严重

中国水污染的情况极为严重,江河、湖泊、水库、地下水普遍受到严

---

[1] "2013 年国民经济和社会发展统计公报",2014 年 2 月 24 日,http://www.stats.gov.cn/tjsj/zxfb/201402/t20140224_514970.html。

[2] "胡四一副部长解读《国务院关于实行最严格水资源管理制度的意见》",水利部网站,2012 年 4 月 6 日,http://www.mwr.gov.cn/zwzc/zcfg/jd/201204/t20120416_318845.html。

[3] "2013 年中国水资源公报",第 6 页,中国水利部网站,2014 年 11 月 20 日,http://www.mwr.gov.cn/zwzc/hygb/szygb/qgszygb/201411/t20141120_582980.html。

[4] 《国务院关于实行最严格水资源管理制度的意见》,中国政府网,2012 年 2 月 16 日,http://www.gov.cn/zwgk/2012-02/16/content_2067664.htm。

重污染，一半以上水功能区不能达标。据水利部发布的《2013年中国水资源公报》，当年度对全国20.8万公里的河流水质状况评价表明，全国一至三类水河长比例为68.6%，四类、五类和劣五类河长占31.4%。对全国119个主要湖泊共2.9万平方公里水面的水质评价表明：全年总体水质为一至三类的湖泊有38个，四至五类水质湖泊50个，劣五类水质湖泊31个，分别占评价湖泊总数的31.9%、42.0%和26.1%；富营养湖泊83个，占评价总数的69.8%。对5134个水功能区的评价表明，满足水域功能目标的有2538个，占总数的49.4%。在评价的2999个重要江河湖泊水功能区中，符合水功能区限制纳污红线主要控制指标要求的1890个，达标率仅63.0%。对全国1229口地下水水质监测井的评价表明：水质适用于各种用途的一至二类监测井仅占评价监测井总数的2.4%；适合集中式生活饮用水水源及工农业用水的三类监测井占20.5%；而77.1%的监测井水质仅适合除饮用外的其他用途。[①]

## 三、对中印水合作的构想

以上讨论足以说明，中印两国在水资源领域面临着相似的严峻挑战，其中水资源短缺尤为严重，印度的用水缺口还要大于中国。两国均处于经济社会高速发展变化的阶段，与此相伴的制造业发展、城市化、食品结构变化、人口增长等因素均会在未来若干年持续加大用水压力。两国水资源分布不均的情况也类似，但其空间布局大体相反：中国是南方水资源相对丰沛而北方更为缺水，因此才有南水北调工程；印度则是北方特别是东北水源丰富稳定而南方更为缺水，故其"内河联网工程"的核心主要是"北水南调"，辅以一定的"东水西调"。中国降水的季节性波动往往造成旱涝灾害；而印度特别是南方深受季风气候影响，季风早来或晚来半个月都可

---

① "2013年中国水资源公报"，第6—8页，中国水利部网站，2014年11月20日，http://www.mwr.gov.cn/zwzc/hygb/szygb/qgszygb/201411/t20141120_582980.html。

能造成严重灾害，甚至直接关系到成百上千农民的生死。[①] 中印用水效率低下的情况相互类似。比较而言，印度的情况特别是农业领域的情况比中国还要严重。以 2010 年为例，印度当年度的农业用水为 6880 亿立方米，远超中国的 3691 亿立方米，[②] 但粮食产量仅 2.358 亿吨，远低于中国的 5.465 亿吨。[③] 在生活用水领域，印度因爆管渗漏等造成的损失比中国严重，水费的有效征收也不如中国。中印水污染的形势都极为严峻，但主因略有不同。印度的制造业仍发展不足，故其工业造成的水污染比中国更为缓和。但印度污水处理率比中国低，故其生活用水导致的污染又比中国更严重。对超采地下水的危害包括加剧水污染的问题，中国已有较明确的认识，正采取措施来谋求解决，而印度似乎还未充分认识到这一问题，并未采取有力措施来控制地下水超采。

面临共同危机的中国和印度理应相互合作，共同解决各种严峻的水安全问题。这种合作既不应停留在纯原则性的宣言或声明上，也不应成为脱离实际而不具可操作性的激进设想。以下试对相关问题进行更详细的讨论。

### （一）雅鲁藏布江水利联合开发中短期均不具可行性

雅鲁藏布江源于中国西藏，经雅鲁藏布大峡谷流入印度实际控制区后被称为布拉马普特拉河，下游流入孟加拉国并汇入孟加拉湾。印方对中国在雅鲁藏布江的水利开发疑虑颇深。近年来，中印都有学者提议两国联合开发雅鲁藏布江水利资源。上述设想的出发点是美好的，但要落实下来则非常困难，其原因有五：其一，印方某些势力提出联合开发，目的并非要搁置争议、开发资源，而是要借此吸引国际关注。其二，在中印边界划界

---

[①] 印度每年都有大批农民因贫困自杀，水旱灾害引发的农业歉收是其最主要原因。

[②] 据"2010 年中国水资源公报"计算，水利部网站，2012 年 4 月 26 日，http://www.mwr.gov.cn/zwzc/hygb/szygb/qgszygb/201204/t20120426_319624.html。

[③] 印度粮食产量见"India Grain Output Expected to Rise"，Wall Street Journal，April 21, 2011, http://www.wsj.com/articles/SB10001424052748703983704576276262425877634。中国粮食产量从中国国家统计局网站查询，参见 http://data.stats.gov.cn/workspace/index?a=q&type=global&dbcode=hgnd&m=hgnd&dimension=zb&code=A0D0G01&region=000000&time=2010, 2010。

和领土争端尚未解决的情况下，联合开发雅鲁藏布江水资源只会令局势进一步复杂化，甚至可能被印方用于巩固其在中印争议领土东段的地位。其三，印度国内围绕东北地区特别是布拉马普特拉河水资源开发存在激烈争议，远未达成共识，中方卷入会令局势更为复杂。其四，联合开发必须尊重位于下游且严重依赖雅鲁藏布江水资源的孟加拉国。孟对外（主要是对印）水资源依存度超过95%，[1] 位于上游的中印两国联合开发雅鲁藏布江水利资源对孟将产生直接影响。作为负责任大国，中印两国都必须充分尊重孟加拉国合法合理的关切，但中印孟三边合作将极为复杂，短期内很难操作。其五，联合开发的技术条件不成熟，所涉及地区的配套设施（特别是交通条件和输电设施）严重不足，相关知识技术储备欠缺，包括对合作开发可能产生的生态、水文、地质影响均缺乏研究。基于以上原因，在可预见的将来，中印联合开发雅鲁藏布江水利资源将难见实效，不具可行性。

## （二）涉水科研与政策研究合作

中印应超越跨境河流思维，在更为广阔的领域积极探索务实合作，围绕水资源问题进行联合可成为一个重点领域。"科学技术是第一生产力"，这一判断同样适用于水资源领域。节水科技合作可成为中印涉水合作的亮点，因为全面提高工业、农业和生活领域的用水效率是有效应对供水问题的根本途径。在中印两国工业化和城市化均加速发展的大背景下，两国还可以深入开展水污染防治技术、城市污水处理技术的联合研究，探索新型城市化、节水型工业化的新路径。上述合作将帮助两国积极应对水污染问题，有效缓解水短缺问题，因为缓解了水污染就相当于增加了水供给。解决水问题既需要先进适用的技术手段，更需要符合实际的政策措施，从这个角度来说，涉水政策甚至比涉水科技更为重要。中印联合开展涉水政策研究特别是水资源管理方面的研究，将有效帮助两国缓解严重的管理型缺水。例如，为了鼓励用水户参与灌溉用水的管理，提高灌溉用水效率，中

---

[1] IDSA Task Force, Water Security for India: The External Dynamics, New Delhi: Institute of Defense and Analysis, September, 2010, p. 57.

印均在农村大量建立用水户协会（water user association），但其运作仍存在各种问题。中方有信息表明，部分用水户协会难以足额收取水费，损害了其他用水户的权益，极大地危害了用水户协会的管理效能。在印度的安得拉邦，用水户协会过于依赖外部资源，自我维持能力不足，同样面临严峻挑战。① 此外，水价问题也需要重点研究。普遍承认合理的水价是鼓励节水的有效手段，但确定具体定价方案极为复杂，因为既要充分保障大多数居民特别是低收入居民的合理用水权益，又要有效遏制超过合理水平的过度耗水。中印在这一领域开展联合研究将大有可为。两国相互学习、相互借鉴，必将对各自制定合理的涉水政策发挥重要的参考作用。

### （三）涉水经济合作

中印贸易合作潜力尚待开发，两国商品贸易额在 2011 年达到 730 亿美元，后因全球经济危机的影响而略有下降，在 2013 年达到 655 亿美元。两国投资与产业合作潜力巨大，特别是中国愿积极在印度的制造业和基础设施领域投资。以上都为中印涉水行业（如节水、治污、水利基础设施建设等行业）的产业合作提供了巨大的机会。两国可鼓励相关企业直接对接，扩大涉水机械、设备、物资等方面的贸易。更重要的是，两国可积极鼓励对方在节水治污领域广泛投资，中方在印投资可有效利用印度价格较低而素质较高的知识型劳动力资源，印方则可设法尽快打入巨大的中国市场并力争成为领先者。中国有一批世界领先的水利开发规划机构和水利建设企业，不仅能够高水平地承担各种大小型水利工程建设任务，而且其价格极具竞争力，能有效满足印方建设基础设施，缓解工程型缺水的迫切需求。

### （四）涉水国际合作

地区与全球层面的国际合作对有效应对水安全挑战至关重要。中印两国都是亚洲主要跨境河流的上中游国家，两国能否有效应对水危机将对所

---

① V. Ratna Reddy, Water Security and Management: Ecological Imperatives and Policy Options, New Delhi: Academic Foundation, 2009, pp. 100—101.

在地区的安全、稳定与发展产生巨大影响。中印两国水资源消耗量极大，两国的积极行动对全球有效节水、可持续发展、应对气候变化等方面的联合行动意义重大。中印成功应对水危机将极大地鼓励其他用水大国采取类似的必要措施，而若失败则不仅将在中印两国导致灾难，更会在全世界产生严重的恶劣影响。

有鉴于此，在国际性的涉水磋商和关于气候变化问题的谈判中，中印完全可以相互协作，向发达国家争取更公正、更合理的国际安排。中印应联合起来，在双边磋商或国际机制中理直气壮地要求发达国家向中印提供必要的技术、资金与管理经验支持，帮助两国应对水安全问题。在这一领域，两国可优先与节水治污方面的领先国家磋商。由于美国用水效率并不高，因此其未必是首选的合作对象，而欧洲、日本以及以色列用水效率较高，节水技术与产业也较为发达，因此值得重点关注。考虑到地理接近性和在生态、气候问题上的关联性，可将与日本的磋商与合作作为优先领域。

## 四、结论

中印两国均面临严重的水安全问题，而国际合作是有效应对的重要手段，中印合作的前提是超越"稀缺—冲突"范式。应该认识到，资源稀缺只是一种客观状况，根据不同的应对策略，其既可以促成合作，也可能导致冲突。因此，中印两国需表现出足够的战略远见，克服短期利益冲动，认真探索水资源领域的合作。中印两国在水资源领域的有效合作将对本地区产生重要的积极影响，对全球范围的水资源合作也有重要的示范作用。中印学者、媒体和政策研究人员亟需对两国水资源合作进行深入研究，为具体的政策措施提供必要的智力支持。

# 国别报告

# 2014 年印度综述

宋志辉[*]

2014年，印度举行了史上最大规模的大选，印度人民党重新夺回执政权，莫迪如愿登上总理宝座。走马上任后，莫迪公布了雄心勃勃的政治和经济改革计划，试图通过大规模私有化筹集资金以加快基础设施建设，对私人资本和外资开放铁路系统，打造"智能城市"，建设经济走廊和实施"模范村"计划以带动城乡整体发展，以"印度制造"计划全面提升印度工业整体水平。外交上，持续发展印中关系，两国高层多次会晤，中国国家主席习近平成功访印，双方达成多项合作协议。与此同时，加强与日本、美国、俄罗斯、韩国、澳大利亚和周边邻国的友好往来，营造良好的周边环境。2014年内，印度继续发生多起反政府武装袭击，导致50多人伤亡。此外，强奸事件频发以及政治人物的辩护引起社会强烈反响，对社会稳定构成冲击。面对巨大的政治挑战、经济压力和严重的社会问题，莫迪的执政之路并不轻松。

## 一、成功举行史上最大规模的大选

2014年4月，印度开始举行人民院（议会下院）选举。选举分九个阶段举行，共有8.14亿登记选民参与投票，投票率达到66.4%，创下印度大选的最高纪录。选举结果显示，印度人民党在议会下院545个席位中获

---

[*] 宋志辉，教育部人文社会科学重点研究基地四川大学南亚研究所副研究员。

得275席,执政的国大党则惨败,只赢得44席。30年来印度人民党首次单独成为议会多数党,成功组建新一届政府。莫迪的胜利不仅仅代表了政党之间的更替,更印证了十年来在经济快速增长背景下印度社会发生的结构性变化,其中最突出的表现就是中产阶层壮大及其日益增长的影响力。莫迪的胜选意味着印度的政治轨迹发生彻底改变,尼赫鲁创建的甘地王朝被推翻。5月26日,以莫迪为总理的印度联邦政府宣誓就职。从新政府人事安排来看,"最小化政府、最大化治理"理念成为莫迪兑现建设"新印度"竞选承诺的一把利剑。根据莫迪的设计,"小政府大治理"包含两个层面:从机构层面看,就是精简功能重复的部门,以加快工作步伐,更好地协调部门之间的关系;从人事层面看,则"着重简化内阁,削减政府部长人数,但将扩大基层官员数量"。根据已宣布的名单,莫迪新政府只有40多位部长,而2004年和2009年连续执政的国大党政府中,部长人数分别为79位和78位。此次入阁的部长以"50后"和"60后"为主,最年轻的仅38岁,超过70岁的只有两位。莫迪新政府不仅大幅瘦身,而且变得比以往更有朝气。

然而,长期以来,由于莫迪的政治形象广受争议,加上印度所面临的严峻经济形势,摆在莫迪面前的挑战也不容忽视。首先,在其政治生涯之初,莫迪曾在多次公开演讲中煽动印度教反对穆斯林,因而被普遍认为具有印度教民族主义倾向,并曾因2002年古吉拉特邦暴乱事件受到外界抨击,美国一度对其实施签证禁令。其次,在管理方面,一般认为,莫迪很可能将其在担任古吉拉特邦首席部长期间的经济改革经验扩大用于全国。莫迪担任邦首席部长时较易于集权掌控地方官僚,但身为一国领导人,他需建立共识,不能独断独行。第三,在印度现有联邦体制下,选民不应对莫迪有过高期待。由于"地方上75%—80%的问题在中央政府管辖范围外",因此中央政府在许多问题上鞭长莫及。① 此外,印度经济现状并不乐观,增长急速放缓,通货膨胀率上升,而其僵硬的劳工法令阻碍产业投资,再加上基础设施落后,政府颁布的新土地收购法令使土地收购过程更加复杂,投资者买地建厂更加困难,拖缓了工业发展步伐。莫迪的改革言

---

① "印度总理辛格辞职结束十年掌政,莫迪接棒临考验",中国新闻网转自《联合早报》,2014年5月18日,http://www.chinanews.com/gj/2014/05-18/6182768.shtml。

论固然显得雄心勃勃,但实际上在大刀阔斧地进行改革时,还将面临根深蒂固的阻力。11月9日,莫迪总理对内阁进行首次改组,新增四名内阁部长和17名副部长级官员。此次改组内阁因多名成员自身问题而引发质疑,有媒体指出,莫迪新任命的21名官员中,有七人被控谋杀、恐吓和欺诈等罪名。[①] 其中,来自古都阿格拉的议员拉姆·尚卡尔·卡特尔利亚刚被任命为教育部副部长,就被曝出身负超过20项罪名指控,包括谋杀未遂以及煽动宗教敌意。莫迪先前在竞选过程中主打"反腐"和"发展经济"两张牌,成功击败腐败丑闻缠身的老牌执政党国民大会党。然而,莫迪政府66名正副部长级官员中,有近1/3受到刑事指控,数量是国民大会党执政时期的两倍。

## 二、出台多项措施力促经济发展

莫迪所在的印度人民党在竞选期间提出了复兴印度经济的口号,折射出印度当前严峻的经济形势。在世界银行发布的2014年全球经商便利程度排名中,印度在所有189个经济体中列第134位,属于较难做生意的国家之一。如何改善投资环境、刺激经济增长、振兴制造业、抑制通货膨胀是摆在莫迪面前的现实问题。5月26日的就职仪式结束后,莫迪发表书面致辞,称将致力于把印度的发展征程带上新高度,把印度建成强大、发达、包容的国家,同时与国际社会一道加强国际和平与发展。6月9日,印度总统穆克吉发表讲话指出,印度经济面临"极度困难"时刻,通货膨胀达到"不可接受"的程度;而印度新政府于同日表示,复兴经济是该届政府最重要的目标。7月10日,莫迪政府公布了上台以来的首份预算案,誓言在控制举债的情况下恢复经济增长。新措施包括开放对外资的限制、让更多国营企业私有化以及改革税制等。

---

① "印度60名部长1/3遭刑事指控7人被控谋杀等罪",星岛环球网转自《北京晨报》,2014年11月13日,http://news.stnn.cc/guoji/2014/1113/153521.shtml。

## （一）大规模变卖国营资产，以集资振兴经济

莫迪上任后快刀斩乱麻，推出一系列经济振兴措施，包括精简内阁阵容、大规模变卖国营资产、批准一系列基建项目和启动旋风式的贸易外交等。7月8日，新政府在其公布的第一个财政预算案中决定大规模变卖国营资产，增强国库和争取时间推行结构性改革以振兴经济，兑现创造就业机会和经济增长的竞选诺言。① 政府私有化计划可能将筹集到7000亿卢比的资金，几乎等于过去四年的总和。莫迪将在不放弃整体控制权的情况下，售卖已部分售出的国营公司股份。印度政府目前的财政赤字已相当于国内生产总值的4.1%。除了出售国营资产，印度财政部长贾特里预计还将推出其他措施增加政府收入，包括全国统一的普通销售税。这项措施将让投资者更容易在印度经商，同时也将扩大税基。印度目前的税基非常小，印度政府2013年的税收只占国内生产总值的8.9%，大约是经济合作与发展组织发达成员国平均税收的1/4。此外，印度新政府也将削减燃油、肥料和粮食的补贴，这些补贴导致国内生产总值下降2.3%。印度央行曾警告，宽松的财政政策可能会使遏制通胀率上涨的工作变得更复杂。印度央行行长拉詹在其公布的一份财政稳定报告中也指出，印度若要达到经济和金融稳定，有几个项目是不可或缺的，包括整顿财政、可预测的税收及低通胀率。

## （二）对私人资金和外资开放铁路系统，加快基础设施建设

7月8日，印度铁道部长高达宣布铁路系统改革计划，包括铁路系统对私人资金和外资开放，并将尽快建设高铁。高达当天在联邦议会提交2014—2015财年铁路预算时说，印度在本财年将投入约110亿美元进行铁路系统建设改造，吸引大约10亿美元的私人资金，并建议政府同意吸收外

---

① "印度政府欲集资振兴经济 将大规模变卖国营资产"，中国新闻网，2014年7月7日，http://www.chinanews.com/gj/2014/07-07/6357300.shtml。

资。私人资金将用于建造铁路立交桥、火车站电梯等。[①] 高达表示，印度计划在孟买和古吉拉特邦的主要城市阿默达巴德之间修建首条高铁。印度铁路部门是印最大国有资产之一，由于经营不善，连年亏本，基础设施年久失修，远远不能满足国内乘客需求，经常发生安全事故。印度公布铁道系统提升方案，重点包括吸引外资以及展开印度首个高速列车计划。印度政府公布的铁道发展计划让外资投入，史无前例。铁道提升方案的其中一个具体的目标是把九条路线的行车速度提高至每小时200公里。8月6日，印度还决定允许国防和铁路行业接受外国企业的更多投资，旨在吸引更多国际资本和技术。印度内阁批准将国防生产企业的外资持股上限从26％调高至49％，非印度资金对铁路建设公司的持股比例最高可达100％。调高持股比例上限将有助于印度获得其需要的投资，节省外汇储备并鼓励技术转移。印度政府数据显示，自2001年首度对外资开放以来，印度国防业只吸引到410万美元的外商直接投资。铁路行业则需要进一步获得外国资本和技术，才能建造高速列车、更多城铁，以及连接矿区和港口的铁路。

### （三）打造"智能城市"，建设德里—孟买走廊

作为新政府一项升级印度城市的宏伟计划，莫迪总理计划在全国建造100座"智能城市"，即配备高科技通信能力的城市。莫迪表示，建造新城市是应对人口迅速城镇化、同时与中国竞争的一个办法。为此，莫迪政府宣布到2015年为智能城市建设投入12亿美元，更多资金将来自私人投资者和外国。[②] 印度住房和城市发展部长文卡亚·奈杜表示，这一数字将包括用高科技基础设施进行升级的老城市和全新的城市中心。一些新城市已经在建设之中，特别是在德里和孟买之间的走廊地带。规划者设想建造一个以一条主要货运线为依托、跨越六个邦的高科技工业区，很多计划中的城市将包括特别投资区或特别经济区，通过放松监管和降低税收的优惠条件吸引外企投资。建造智能城市所需资金中将有很大一部分来自于私人开

---

[①] 吴强："印度拟对私人资金和外资开放铁路系统"，中新网转自新华网，2014年7月8日，http://www.chinanews.com/gj/2014/07-08/6364441.shtml。

[②] "印度拟打造百座'智能城市'赶超中国"，参考消息网，2014年7月21日，http://world.cankaoxiaoxi.com/2014/0721/430583_1.shtml。

发商以及外国。耗资 1000 亿美元的德里—孟买走廊计划有 26% 的投资来自日本，新加坡也主动提出要帮印度建造一座智能城市。英国财政大臣乔治·奥斯本访印时也提供了 10 亿英镑（约合 16.9 亿美元）的信贷额度，以帮助英国公司投资于印度基础设施。莫迪的旗舰智能城市项目是古吉拉特国际金融技术城，这个新城市预期成为古吉拉特邦的"华尔街"。该城市计划在一个人造岛屿上建造一座 80 层的"钻石塔"，现两座 28 层的塔已经完工，成为古吉拉特邦最高的建筑。这座城市将拥有太阳能板、自动垃圾收集系统以及水处理和回收厂。该市建设的第一阶段预计于 2016 年完成，整体预计在 2020 年完工。10 月 10 日，印度财政部经济事务秘书阿尔温德·马拉亚姆表示，莫迪总理已宣布，2015—2016 财政预算案将包括多个基础设施建设项目，包括智能城市和高速列车的建设。这是莫迪政府的第二个财政预算案，印度各部委已开始着手提交 2014—2015 财政预算案的开支修订预算，并为 2015 年 4 月 1 日开始的下一个财年进行准备。

（四）实施"模范村"计划，带动农村整体发展

8 月 15 日，莫迪总理在印度独立日演讲中雄心勃勃地提出国会议员对贫困农村一帮一的"模范村"计划。计划提出，每名国会议员直接推选一个模范村，并负责该村在医疗、卫生、教育方面的发展。这一旨在带动印度农村整体发展的计划提出后，在印度国会议员中引发争议。阿萨姆邦人民党资深议员拉贾·萨哈认为，模范村仅是一个口号，没有实际意义，"即便所有 800 名国会议员每人'收养'一个模范村，也仅有 800 个村受益。印度有上百万个村，真正有效的做法应是加强村委会建设，让其更有实权"。也有议员认为，建模范村有失公平，可能招致怨恨。国大党议员桑托克·辛格说："我的辖区内有 800 个村，如果我选择其中一个，对它投入更多资金，那无疑将刺激其他村落，我很可能因此失去下届选举获胜的机会。"但来自比哈尔邦的人民党议员 R.K. 辛格却是模范村的忠实支持者，他认为议员选择并建设模范村能为现代农村设定一种标准，鼓励其他村向其靠拢。另外，选择哪个村做模范村让不少议员犯愁，如果选择自己的家乡或自己种姓的村庄无疑将面临非议，因此有人建议议员选择最贫困的村，帮助其率先脱贫。推行"模范村"计划的另一障碍是印度复杂的地

域管辖制度,国会议员在地方上的执行力很有限,很多时候不得不通过邦政府或地方实体落实模范村扶助措施。不过,人民党议员 R. K. 辛格认为,中央政府官员也有优势,"他们能联络更多政府部门,集合更多资源来建设一个村。莫迪的计划是有远见的,只是有待厘清其脉络"。①

### (五)启动"印度制造"计划,提升全球影响力

9月25日,莫迪总理在首都新德里隆重启动"印度制造"(Make in India)经济振兴计划,引起国际关注。莫迪总理的"印度制造"计划旨在推动印度制造业发展,增强在印度投资兴业的吸引力,提升全球影响力。这项新政将给有意在印度投资的国内外企业提供一站式服务,并改革劳动法律和税收,简化审批程序,吸引各界在印度投资设厂,扩大当地就业。新政策主要涉及25个行业,包括汽车、化工、制药、纺织、信息技术、港口、航空、旅游、铁路、再生能源、采矿以及电子产业等。② 莫迪表示,跨国公司如今将目光投向亚洲,而印度拥有民主体制、人口红利和需求巨大这三大优势,是外资投资的理想目的地。尽管拥有庞大的劳动力人口和低廉的人力成本,但基础设施落后、劳工法律僵化、政府寻租严重、行政效率低下等不利因素一直是印度吸引外资的重大阻碍。在世界银行发布的《2014年全球营商环境报告》中,印度在189个国家中排名第134位,比上一年下滑了三个位次。投资者在从印度获得高额回报前,也得好好掂量一下在印度做生意的"交易成本"。虽然莫迪抛出了民主、英语、人口红利三大利好,将"印度制造"的明天描绘得无比光明,但印度说英语的人与人口红利所指的25岁以下的年轻人并不重叠。印度的"英语人口"集中于精英阶层,而接受过大学教育的印度年轻人则不足2000万人。印度制造业正在千呼万唤中苏醒,但由于体量庞大,无论前景多美,是否能走稳关键的前几步尚待观望。印度能否因此成为"世界工厂",也将是舆论关注的焦点。

---

① 邹松:"印度总理莫迪建'模范村'计划 遭到多方质疑",新华网转自《环球时报》2014年8月26日,http://news.xinhuanet.com/world/2014-08/26/c_126917086.htm。
② "印度总理启动'印度制造'计划 欲展'雄狮梦'",中国新闻网,2014年11月24日,http://world.gmw.cn/2014-11/24/content_13939028.htm。

## 三、社会问题仍然突出

2014 年，印度持续发生反政府武装袭击和强奸女性事件，社会问题仍然突出。3 月 10 日，印度一支安全部队和当地警察在切蒂斯格尔邦南部的吉拉姆加迪地区遭到印度反政府武装纳萨尔派的袭击，双方交火数小时。4 月 12 日，印度中部反政府武装活跃地区发生两起爆炸袭击，为自印度大选开始以来发生的最严重的暴力事件。[①] 5 月 1—2 日，阿萨姆邦发生系列武装袭击，三起袭击造成 50 多人身亡。年内，印度再次发生多起强奸事件，甚至连外国妇女也遭强掳和性侵，有的女性在遭到轮奸之后被活活烧死，引发国内多地大规模游行。强奸频发不仅给印度女性带来痛苦，也使前来印度旅游或工作的女性的安全得不到保障。尽管印度法院加大对强奸案件的惩处力度，但印度国内类似事件仍然频频发生。2 月 14 日，印度新德里法庭判处三名男子死刑，因他们在 2012 年 2 月将一名 19 岁女孩轮奸三天后，残忍地将其杀害并肢解。3 月 13 日，印度一法院宣布，维持对新德里黑公交轮奸案四名罪犯的死刑判决，并驳回其上诉。3 月 20 日，印度孟买一家法院判处四名男子犯有强奸罪，该四人被控于 2013 年 8 月在孟买轮奸一位 22 岁的女摄影记者。4 月 4 日，印度法庭宣布，判处四人中的三人绞刑。这是自 2013 年施行这部严格法律以来，印度法庭首次判轮奸案嫌犯死刑。频繁发生的强奸、轮奸事件引起社会的强烈不满。5 月 31 日，全印民主女性协会以及学生联合会在首都新德里举行示威活动。北方邦两名少女遭轮奸和吊死案件持续发酵，受害人亲属失去对邦政府的信任，拒绝领取补偿，要求印度中央调查局接手案件调查并公开对凶手处以绞刑。印度国大党副主席拉胡尔·甘地和多名高官探望受害者家庭时，受害者亲属表示，他们已经对当局失去信任。针对连续发生的强奸案件，一些政客却不时为强奸辩护，引发不少女性权益人士指责。6 月 5 日，印度中央邦内

---

[①] "印度中部两起爆炸袭击致 12 亡"，中国新闻网，2014 年 4 月 12 日，http://www.chinanews.com/gj/2014/04-12/6057168.shtml。

政部长高尔在接受访问时称，强奸"有时候是对的，有时候是错的"，而且不可预知。[①] 8月22日，印度财政部长在一个会议上将2012年的黑公交轮奸案称作"小事件"，引发广泛批评。政治人物的辩护和不作为引起印度政府的重视。6月9日，印度总统慕克吉对国会发表讲话时称："政府将对针对妇女的暴力行为实行'零容忍'政策，还将强化审判系统以使法律能更有效地实施。"在一年一度的"8·15"印度独立日演讲中，莫迪总理在面对新德里红堡现场聚集的数千名听众时，也声讨强奸。在强调完国家团结之后，莫迪第一个演讲论点转移到"令自己蒙羞"的强奸问题上。他强调，印度每个家庭的父母都不要再为女儿受欺侮而感到惭愧，应该责问那些彻夜不归的儿子，毕竟每一起强奸案的肇事者都是某家缺少管教的儿子。莫迪表示，政府将大力打击强奸犯罪，同时呼吁国内政客停止"将强奸事件政治化"。

## 四、中印关系持续发展

2014年，中印关系持续保持良好发展势头，两国高层多次会晤，保持高层交流，但由于印度频频制造"中国威胁论"，两国关系中仍然杂音不断。5月26日，印度大选确认莫迪胜选后，李克强总理即致电莫迪，祝贺其就任印度总理。5月29日，李克强总理与莫迪通电话，祝贺其履新。莫迪感谢李克强的祝贺，并表示印中是友好邻邦，两国人民的友好往来源远流长。6月8日，王毅外长作为习近平主席特使访印并与莫迪政府"第一次接触"。王毅外长当天在新德里会见了印度外长苏什玛·斯瓦拉杰，转达习近平主席和李克强总理对莫迪的问候以及习近平致莫迪的口信。6月28日，李克强总理在人民大会堂会见印度副总统安萨里，欢迎其访华并出席和平共处五项原则发表60周年纪念活动。7月18日，在巴西出席金砖五国第六届峰会期间，习近平主席与莫迪总理实现首次会晤，莫迪在会后

---

① 乌元春："印度官员发骇人言论 称强奸'有时对有时错'"，中国新闻网转自环球网，2014年6月6日，http://www.chinanews.com/gj/2014/06-06/6252626.shtml。

形容与习近平举行了"成果丰硕的会谈"。这也是王毅外长以习近平特使身份访问印度后，两国又一次高层接触。9月17—19日，习近平主席应邀对印度进行国事访问。访问期间，两国领导人对中印战略合作伙伴关系发展进行战略规划，并就一系列重大议题交换意见，在气候变化、反恐、粮食安全、全球治理等问题上凝聚共识，加强在联合国、二十国集团、金砖国家等机制内的合作，增进相互理解、交流互鉴、互利合作与和平共处。访问期间，两国在贸易、投资、金融、基础设施等领域签署合作协议，这些协议将极大拓展合作领域，挖掘合作潜力，破解合作瓶颈，提升合作层次，扩大合作规模。习近平和莫迪公布了为期五年的贸易和经济发展计划，希望在未来五年将双方贸易额提升至1500亿美元，以解决日益扩大的贸易失衡问题（印度的对华贸易赤字已达400亿美元）。两位领导人还同意在空间和制药领域开展合作。[①] 陪同习近平访问的中国企业高管也签署了价值34.3亿美元的合约。廉价航空运营商印地高航空公司获得了中国工商银行大约26亿美元贷款，用于购买大约30架飞机。印度信实通信公司与中国华为技术有限公司签署了一份谅解备忘录，以扩大2G和3G网络。适逢"中印友好交流年"，此访为两国丰富多彩的交流合作注入了新的生机与活力。年内，中印双方在金砖国家组织框架内密切互动，在亚洲基础设施投资银行建设方面密切沟通。双方还就中国企业在印度建设工业园区事宜、双方共享雅鲁藏布江水文信息和建立中印两国行政官员定期互动框架等签订了相关协议。11月14日，在第25届东盟峰会召开期间，李克强总理会见了莫迪总理。11月15日，习近平主席在澳大利亚布里斯班出席二十国集团峰会期间再次与莫迪总理会晤。11月24日，两国签订共同建设一条造价约2000亿元人民币、全长1750公里的全球第二长高铁线的可行性研究相关合约，为两国合建高铁打下基础。与此同时，印度方面却频频制造"中国威胁论"，并不断加强对华军事准备，为两国关系正常发展投下阴影。为了应对中国，印度不惜耗资6200亿卢比打造"山地打击军"。印度军方表示，第17山地打击军将印军应对中国的能力提高到"威慑"水平，即具备了应对突袭的快速反应能力。印度空军司令拉哈也在接受采访

---

① Srikanth Kondapalli, "Did India gain anything from Modi-Xi meeting?", July 18, 2014, http://www.rediff.com/news/column/did-india-gain-anything-from-modi-xi-meeting/20140718.htm.

时强调"中国威胁",称"到2050年,中国将收复台湾,占领南海的多个争议岛屿,吞并印度'阿鲁纳恰尔邦'(中国藏南地区),从日本手中夺回钓鱼岛,并收复在俄罗斯丧失的领土以及蒙古国"。很显然,印度军方还将继续在"中国威胁"领域展开动作。

## 五、实施全方位外交

2014年,印度新政府在继续实施"向东看"政策的同时,加紧实施全方位外交,在重点加强与美国、日本接触的同时,还频繁与俄罗斯、韩国、澳大利亚和南亚邻国及东盟国家加强往来,在配合美、日等国制衡中国的同时为自己营造有利周边环境。一方面,莫迪政府为印度经济发展创造条件;另一方面,其遏制中国的意图也十分明显。

### (一)加强与日本、美国等国接触,制衡中国意图明显

1月25—27日,日本首相安倍晋三访问印度。其间,安倍晋三与印度总理辛格举行会谈并发表联合声明,内容包括日本帮助印度进行基础设施建设,向印度提供2000亿日元以上的贷款用于德里地铁建设工程和可再生能源等项目,以及日印双方建立由日本国家安全保障局局长和印度国家安全顾问定期开展对话的机制。两国签署了八项协议,涉及旅游、电信、电力等领域。1月26日,安倍晋三以主宾身份出席了印度"共和国日"的庆典活动。印日两国高调接触,既方便日本向印度出售飞机、核电、新干线以获取经济利益,为放宽武器出口三原则探路,也符合印度"向东看"的战略布局。8月24日,印日双方开始磋商将现有的"2+2"对话机制升级为部长层级,此次磋商在莫迪与安倍晋三展开年度峰会前尘埃落定为两国"战略与全球伙伴关系"打了一剂强心针。8月30日,莫迪提早一天抵达日本,开始进行为期五天的访问。莫迪此举意在向中国传递"大胆信号",企图"牵制中国"。莫迪此次访问带了数名亿万富翁及印度工业界领导人,重点在促进日本核能、新干线、武器出口印度的问题上与日方展开讨论。

此外，双方还探讨了重启核能谈判的相关事宜。日印首脑会谈后发表的联合声明称，日印将建立"特别战略全球合作伙伴关系"，加深在经济、政治、文化、安保等领域的合作。尽管莫迪访日具体收获主要体现在经济上，但其战略意义不可小视。[①] 2013 年，印度一名女外交官在纽约被拘押，此事在印度国内引发愤怒和不满，印美关系因此急剧恶化。为了缓解紧张关系，同时也为莫迪访美营造气氛，美国国务卿克里于 7 月 30 日抵达印度，开始其"融冰之旅"，试图修复两国一度紧张的关系。8 月 7 日，美国国防部长哈格尔访问印度，旨在和印度新政府建立联系，加强和印度之间的关系。9 月 26 日，印度总理莫迪抵达美国纽约，开始对美国进行正式访问并出席联合国大会。莫迪在联大一般性辩论时表示，搞好与周边国家的关系是印度政府最优先考虑的事情。印度渴望得到一个和平与稳定的发展环境，一个国家的命运和其邻居紧密相连，这就是印度政府将增进与邻国的友谊和合作作为最高优先考虑的原因。9 月 30 日，莫迪与美国总统奥巴马举行元首会晤。印美两国虽有共性，但分歧也大，两国关系能不能翻开新的篇章，仍有待观望。印度总理莫迪访美之旅标志着印度人民党政府的第一轮大国外交将达到顶峰。美国在莫迪当选前后前倨后恭、判若两人的姿态确实让人觉得非常滑稽，不像是全球第一大国的外交作为，但却体现了美国在全球秩序中将自己作为人权和道德标杆的事实，也表明了美国政府过去几年对印度的不满以及由此产生的对印度的轻忽。与此同时，印美防务领域的合作持续升温，除每年举行"马拉巴尔"海军联合演习外，印度还从美国购买了大量的武器装备。从长远来看，印美深化防务合作仍面临诸多考验，不会一帆风顺。[②]

## （二）印巴关系有所改善，但发展前景仍然曲折

5 月 26 日，巴基斯坦总理谢里夫受邀参加莫迪总理的就职典礼。这是

---

[①] "印度总理莫迪访日 寻求扩大军事合作"，参考消息网，2014 年 8 月 31 日，http：//world.cankaoxiaoxi.com/2014/0831/480352.shtml。

[②] 刘宗义："莫迪访美能否扭转印美关系下滑？"，中评社，2014 年 10 月 2 日，http：//bj.crntt.com/doc/1034/0/5/3/103405389_2.html? coluid = 137&kindid = 7730&docid = 103405389&mdate=1002001737。

印巴两国自1947年各自独立以来，一方政府首脑首次出席对方总理就职仪式，在印巴双边关系中颇为罕见。谢里夫访印前表示，他此行将向印度传递和平与爱的信息，而和平谈判方式也是解决地区危机的唯一途径。5月27日，莫迪与谢里夫举行正式会谈，这是2008年11月的孟买恐怖袭击后，印巴领导人首次在新德里举行正式会谈，莫迪此举意在缓解印巴两国之间的紧张局势。① 会谈中，莫迪表示，印巴两国应放下双方的政治分歧，立即朝建立正常化关系迈进。谢里夫的到访以及与莫迪的会晤引发印度舆论的强烈反响，印度媒体称莫迪与谢里夫的会晤具有标志性意义。谢里夫在接受印度新德里电视台采访时也称，这是一个伟大的时刻和机会，将开启两国关系的新篇章。然而，印巴两国总理的快速靠近并非为所有人所乐见，莫迪和谢里夫的"亲密"在各自国家都招致反对的声音。权力强大的巴基斯坦军方和印度教民族主义者一直对密切双边关系十分担忧，可能会阻止两国走近。就在就职典礼后不久，莫迪总理于8月12日视察了印控克什米尔锡亚琴冰川。莫迪的此次视察被视为向巴基斯坦释放的一个强烈信号，即印度将加强对查谟和克什米尔地区的控制。作为回应，巴基斯坦驻印度大使巴斯特会见了克什米尔的分离主义人士，引发两国外交关系紧张，印度也暂停了与巴基斯坦的外交对话。8月24日，印度和巴基斯坦军队在边境猛烈交火，导致至少四人死亡。自从莫迪担任总理后，巴基斯坦在查谟和克什米尔地区违反停火协议的次数多达70次。11月27日，正在尼泊尔参加南盟峰会的印度总理莫迪、巴基斯坦总理谢里夫被证实会面握手。这是自不久前印巴边境激烈冲突之后两国总理首次接触，而处于低谷的印巴关系也给此次南盟峰会蒙上了阴影。

### （三）莫迪履新外访首选不丹，发出重视邻国信号

6月15日，履新尚不满一个月的印度总理莫迪赴不丹访问，这是其就职后首次外访，第一站便选择了地理上位于中印之间的邻国。访问期间，莫迪除会见了不丹国王旺楚克、首相策林·托杰等高层外，还在不丹国会

---

① "印度总理莫迪会见巴基斯坦总理谢里夫，微笑握手"，中新网，2014年5月27日，http://www.chinanews.com/gj/2014/05-27/6217802.shtml。

发表了演讲。此次不丹之行标志着印度新总理开启首轮外访行动。8月3日，莫迪抵达尼泊尔首都加德满都进行为期两天的访问，这是印度总理17年来首次访问尼泊尔。在此前夕，印度政府抛出一项庞大的水电合作计划，试图在水力资源丰富的尼泊尔取得水电开发主导地位。尼泊尔政界对此议论纷纷，三大政党的表态一变再变，透露出对印度提议的忧虑，一些政党领导人则公开称："尼泊尔不能成为第二个不丹。"莫迪在与尼泊尔总理会谈时表示，将向尼泊尔提供十亿美元的优惠贷款。他在尼泊尔制宪会议（议会）演讲时还指出，印度希望帮助尼泊尔建设高速公路、资讯通道及输电变压线等设施。莫迪到访带来了巨额资金，受到尼泊尔的热烈欢迎，但也有媒体认为，莫迪此行开了不少"空头支票"。然而，莫迪此行却未能如愿带回与尼泊尔签订的能源项目合作协议，双方就协议的具体条款产生争议。印度新政府外交毫不掩饰地"偏爱"南亚邻国，既出于其国内经济发展对周边资源的需求，同时也是为了改善印度的周边环境，以应对其他大国在该地区对印度影响力的"稀释"效应。为了应对中国，印度在金砖国家开发银行设立、中国主导筹建亚洲基础设施投资银行之际，先后与不丹、尼泊尔等南亚国家达成一致，计划设立"南亚区域合作联盟发展银行"。印度新任总理在履新之初与邻国频繁互动，这在该国历届政府外交"开局"中颇为罕见，显露出新德里日渐强烈的"后院意识"。印度官方亦多次表态，将把邻国外交置于更加优先的位置，提升地区影响。[1]

## （四）印俄关系持续发展，军事合作为重中之重

长期以来，印度高度重视与俄罗斯的战略合作伙伴关系，2014年内印俄高层互动频繁，而双边关系的重头戏当属普京访印。12月10日，俄罗斯总统普京抵达印度首都新德里，并在24小时内同印度总理莫迪签署输油管线、核能、钻石贸易和武器出口等多项大单。普京访印带去的商业合作计划包括在印度建设核电站、对印提供廉价的长期液化天然气协议、民用客机买卖合同、对印度国家石油公司开放俄罗斯北极油田的股票、对印提

---

[1] 符永康："印度新总理将密集出访：首访不丹 重视邻国"，中国新闻网，2014年6月15日，http://www.chinanews.com/gj/2014/06-15/6281957.shtml。

供俄罗斯粗钻石等。此次印俄首脑峰会虽属年度例行会议,但正值俄罗斯深受西方国家制裁急寻贸易出路之时,印度需抓住时机扩大印俄贸易,巩固双边关系,以在一定程度上制衡俄罗斯倒向中国的趋势。12月11日,普京与莫迪举行正式会谈,这是双方继巴西金砖国家峰会后首次进行会晤。此次会晤侧重经济合作,为此莫迪特意取消例行的议会演讲,陪同普京参加正在新德里召开的世界钻石业大会。在核电合作领域,印俄同样雄心勃勃。[1] 莫迪曾在巴西金砖国家峰会上承诺陪普京参观由俄罗斯承建的印度库丹库拉姆核电站。该核电站1号反应堆2013年已运转发电,2号反应堆将于2016年启用。据俄罗斯驻印度大使阿莱克斯·卡达金介绍,俄罗斯计划为印度建设24座核电反应堆。在核能合作领域,俄罗斯目前是唯一与印度展开实际合作而非只把承诺挂在嘴边的国家。在油气供给方面,印俄正处于互惠最佳时机。普京希望通过访印向西方传达一个信号——西方对俄罗斯的制裁对俄似乎并未造成太大影响。在接受印度媒体访问时,普京将俄印关系称作"特殊战略伙伴关系"。普京表示,当北约在阿富汗的活动逐渐减少之后,印度与俄罗斯在联手对抗恐怖主义和打击毒品走私问题上拥有共同利益。他还保证将逐步提高两国经济合作水平,扶植两国合资公司,以逐步将俄罗斯在航空航天、军事及工程方面的优先技术转移给印度。不过,印俄两国专家都认为,普京对印访问的时间太过仓促,并对其拒绝在印度议会联席会议上发表演讲表示遗憾。此外,俄罗斯拒绝印度派航母参加7月14日在符拉迪沃斯托克港举行的"因陀罗—2014"俄印远东联合军演,也为印俄关系的发展投下阴影。

## (五)继续实施"向东看"政策,加紧制衡中国

长期以来,印度一直积极实施"向东看"政策,而莫迪政府则使之变成"向东行动"战略,以强化对中国的制衡。3月15日,辛格总理亲自出席在缅甸首都内比都举行的第三届环孟加拉湾多领域经济技术合作倡议峰会。3月16日,印度外交部长萨尔曼·胡尔希德在年度东盟—印度对话上

---

[1] 吴强:"印度总理表示将把印俄关系发展到新高度",中新网转自新华网,2014年6月19日,http://www.chinanews.com/gj/2014/06-19/6300775.shtml。

致开幕词时强调,在海上安全问题上维护现行国际法很重要。印度总统慕克吉9月初对越南进行国事访问期间,河内已经同印度签署了有关购买军备尤其是海上巡逻艇的涉及一亿美元的谅解备忘录。在习近平主席即将访问印度之际,印度同意向越南提供一亿美元的军贸交易出口信贷额度,双方发表的联合声明称,该信贷额度将为两国的防务合作提供新契机,同时两国还同意加强能源合作。在莫迪总理的领导下,印度正在推进把自身打造成武器出口国的新战略,并利用出口信贷促进对外武器销售。[①] 10月28日,越南总理阮晋勇访问印度,两国签署了在南海合作开采石油的协议。莫迪在与阮晋勇会谈后会见记者时表示,印度政府一直致力于加强参与亚太事务,这对印度的未来至关重要,而越南处于该计划的最前列。除了石油开采外,印度还将加强同越南的军事合作。为此,印度决定向越南追加一亿美元的信用贷款,并向其提供四艘海军巡逻舰。印度还在培训越南的海军人员操作俄罗斯造的"基洛"级潜艇,迄今为止,印度已经培训超过500名越南海军人员,河内甚至要求印度为其培训更多人员。11月13日,第26届东盟峰会在缅甸首都内比都召开,莫迪和东盟十国领导人出席了当天举行的东盟—印度闭门会议。会上,东盟轮值主席国领导人吴登盛强调了双方共同应对恐怖主义的重要性,并指出双方须在2003年东盟—印度联合声明的基础上,着力在2015年之前把双边贸易额提升至1000亿美元。此外,双方还应特别在印度—缅甸—泰国三方高铁项目、柬埔寨—老挝—越南高铁项目以及食品安全这三方面加强合作。会上,东盟十国的领导人和印度总理莫迪就未来的合作进行了再次阐述,双方都表示将为东盟的繁荣、稳定和发展共同努力。而在11月11日,印度总理莫迪先于其他国家领导人来到缅甸首都内比都,应邀与缅甸总统吴登盛举行会谈,两人就建设连接印度东北部城市英帕尔和缅甸中部城市曼德勒的道路网进行了磋商,并提及印度企业在缅甸西部实兑推进的河流港口建设项目。在促进国防关系的同时,印度还侧重加强与澳大利亚、日本、新加坡和越南等国海军的海上合作,目前新德里仍在强化其与印度尼西亚的海上合作关系。印

---

① 普拉杜姆纳·拉纳:"中国丝路经济带不应遗漏印度",中评社,2014年8月21日,http://bj.crntt.com/doc/1033/4/9/6/103349696.html?coluid=59&kindid=0&docid=103349696&mdate=0821170643。

度在与他国的联合声明中反复提及南海，无疑说明新德里在海上安全问题的立场已经发生变化。莫迪与菲律宾和日本领导人会晤，说明新德里对东南亚和东亚的兴趣与日俱增，印度正在把"向东看"变成"向东行动"，以强化制衡中国。

# 2014 年巴基斯坦综述

李景峰*

2014 年巴基斯坦国内局势跌宕起伏，但总体局势可控；社会安全领域高开低落，总体形势不佳；外交姿态活跃，但收获有限；经济略有起色，但能源短缺问题依然严峻。

## 一、内政

2014 年，巴基斯坦内政事端起伏，经历了穆沙拉夫审判、正义运动党要求重新选举等事件，但整体局势可控，谢里夫执政地位进一步巩固。

### （一）对穆沙拉夫的审判

2014 年初，各方势力继续在审判前总统穆沙拉夫问题上角力。1 月 2 日，穆沙拉夫在赴最高法院接受质询的途中因心肌疼痛而被送往陆军心脏病学研究所（the Armed Forces Institute of Cardiology，AFIC）接受治疗，[②] 陆军心脏病学研究所组成一个七人医疗队检查其是否需要出国接受

---

\* 李景峰，四川省社会科学院助理研究员。

② "Musharraf still in intensive care", The Nation, January 4, 2014, http://nation.com.pk/national/04-Jan-2014/musharraf-still-in-intensive-care-medical-board-yet-to-make-final-decision-on-treatment-abroad.

治疗。而1月6日沙特阿拉伯外交部部长费萨尔访巴①和1月21日沙特国防部副部长苏尔坦王子访巴②的消息使得巴基斯坦国内出现穆沙拉夫即将出国治疗的猜测。为平息猜测,巴基斯坦国防部长赫瓦贾·阿西夫(Khawaja Asif)否认在此问题上受到沙特和阿联酋的压力,称:"穆沙拉夫需要呆在巴基斯坦国内接受审判。"③ 2月7日,在穆沙拉夫再次需要出庭接受巴基斯坦最高法院特殊法庭关于其叛国罪的问讯时,其法律顾问再次以身体不适为由提交免出庭申请。④ 穆沙拉夫的律师团队也据理力争,认为巴基斯坦司法体系忽视穆沙拉夫2007年11月3日实施紧急状态的背景,而简单认为这是一起普通案件的想法是错误的。他们还认为特殊法庭没有审判穆沙拉夫的权力,如果审判也应该由军事法庭进行。⑤

政治是妥协的艺术。巴基斯坦前总理吉拉尼2014年7月11日在卡拉奇称,人民党政府曾与穆沙拉夫达成协议,保证穆沙拉夫体面退休而不受弹劾,而巴穆盟谢派当时也同意该协议。⑥ 因此,对穆沙拉夫的审判更多地是政治的需要,而且表面看是军方和政府之争,其本质还是"民主"之争。穆沙拉夫执政时期是巴基斯坦建国后经济发展最为迅速的时期,这一点巴基斯坦民众也有所感知,但是受英联邦国家民主观念的影响,巴基斯坦部分民众仍然认为"民主"比"经济"更重要,因此他们认为1998年穆沙拉夫军人干政是对"民主"的破坏,是不能接受的事实。从政治层面看,纳瓦兹·谢里夫是军人执政的直接受害者,他更清楚巴基斯坦军方对于国家政治的影响力,也就更加强调民主的重要性。因此,尽管2013年穆

---

① "Saudi foreign minister arrives today", The News, January 6, 2014, http://www.thenews.com.pk/Todays-News-13-27772-Saudi-foreign-minister-arrives-today.

② "Saudi deputy defence minister visits POF", The News, January 22, 2014, http://www.thenews.com.pk/Todays-News-13-28097-Saudi-deputy-defence-minister-visits-POF.

③ "Musharraf travel ban to stay: Asif", The Nation, January 5, 2014, http://nation.com.pk/national/05-Jan-2014/musharraf-travel-ban-to-stay-asif.

④ "Musharraf may not appear in court", The News, February 7, 2014, http://www.thenews.com.pk/Todays-News-2-231025-Musharraf-may-not-appear-in-court.

⑤ "Special Court has no jurisdiction to try Musharraf": Counsel, The News, February 11, 2014, http://www.thenews.com.pk/Todays-News-13-28507-Special-Court-has-no-jurisdiction-to-try-Musharraf-Counsel.

⑥ "Musharraf 'exit deal': Gilani spills the beans", Daily Times, July 12, 2014, http://www.dailytimes.com.pk/sindh/12-Jul-2014/musharraf-exit-deal-gilani-spills-the-beans.

沙拉夫回国参加巴基斯坦大选，但其国内政治影响力有限，并不能对巴基斯坦政局产生影响，而 2014 年巴基斯坦高等法院对穆沙拉夫的审判始终悬而不决，从某种程度上也表现出巴基斯坦内部力量的相互制衡。

## （二）正义运动党的示威抗议

2014 年 5 月 3 日，巴基斯坦正义运动党声称，2013 年大选存在严重的舞弊现象，他们计划于 5 月 11 日举行抗议活动，① 这拉开了正义运动党抗议选举舞弊，要求重新大选的序幕。

5 月 11 日，抗议活动如期举行，正义运动党主席伊姆兰·汗在集会中提出了包括要求巴基斯坦选举委员会立即解散的九点建议。② 虽然此次抗议活动受组织经验不足以及巴基斯坦政府与巴基斯坦塔利班和谈的大背景的影响，持续时间较短，但其思路吸引了巴基斯坦反政府人士卡德里回国，并为后来的抗议示威活动提供了样本。6 月 23 日卡德里返回巴基斯坦，但是巴基斯坦政府以安全原因拒绝其飞机在伊斯兰堡机场降落，而要求其前往拉合尔。卡德里抵达拉合尔机场后，其支持者与现场维持秩序的防暴警察发生冲突，造成大约 80 人受伤，③ 最后卡德里在旁遮普省省督穆罕默德·萨瓦尔的陪同下才离开机场。6 月 29 日，卡德里召集巴基斯坦国内政党在拉合尔召开全巴基斯坦政党大会，并在会后的联合声明中要求旁遮普首席部长沙赫巴兹·谢里夫和他的内阁成员辞职。④

7 月 24 日，伊姆兰·汗称，将于 8 月 14 日在伊斯兰堡进行长达 20—

---

① "Political parties split over Imran's call for protest", Daily Times, May 5, 2014, http://www.dailytimes.com.pk/national/05-May-2014/political-parties-split-over-imran-s-call-for-protest.

② "Imran presents 'charter of demands'", Daily Times, May 12, 2014, http://www.dailytimes.com.pk/islamabad/12-May-2014/imran-presents-charter-of-demands.

③ "Govt-Qadri match ends in 'draw'", Daily Times, June 24, 2014, http://www.dailytimes.com.pk/national/24-Jun-2014/govt-qadri-match-ends-in-draw.

④ "Qadri-led APC wants whole Punjab set-up to go home", Daily Times, June 30, 2014, http://www.dailytimes.com.pk/national/30-Jun-2014/qadri-led-apc-wants-whole-punjab-set-up-to-go-home.

30天的名为"长征"的运动（Azadi March）。① 8月5日，伊姆兰·汗提出总理谢里夫应该辞职。② 8月8日，伊姆兰·汗通过伊斯兰大会党主席向谢里夫提出六点要求，包括重新审计四个选区的投票、建立独立委员会审核2013年的大选、重建巴选举委员会、改革选举制度等。③ 面对正义运动党提出的要求，谢里夫于8月6日和12日先后提出对话和由高等司法委员会调查涉嫌操纵2013年大选事件的建议，但都遭到伊姆兰·汗的拒绝。④

8月15日，伊姆兰·汗及数千名支持者抵达伊斯兰堡，同行到达的还有人民运动党主席卡迪尔及其支持者，他们要求谢里夫在48小时内辞职，否则将开启非暴力抵抗运动来抵抗联邦政府。⑤ 为了防止正义运动党和人民运动党的抗议运动引起首都"红色区域"（the Red Zone）的混乱局面，政府在红区布置了1.5万名警察维持秩序。⑥ 8月18日是巴基斯坦人民正义党领袖卡德里给谢里夫政府48小时通牒的最后期限，但谢里夫政府没有任何妥协的迹象，卡德里呼吁更多群众加入他所领导的示威游行，⑦ 伊姆

---

① "Azadi March final round to get justice：Imran"，The Nation，July 25，2014，http：//nation.com.pk/national/25-Jul-2014/azadi-march-final-round-to-get-justice-imran.

② "Nawaz should resign，hold fresh polls，says Imran"，The News，August 6，2014，http：//www.thenews.com.pk/Todays-News-13-32033-Nawaz-should-resign-hold-fresh-polls-says-Imran.

③ "Imran presents six demands for giving up Azadi March"，The News，August 9，2014，http：//www.thenews.com.pk/Todays-News-13-32095-Imran-presents-six-demands-for-giving-up-Azadi-March.

④ 8月6日，伊姆拉·汗表示，他与谢里夫政府没有举行对话的空间，详见："Nawaz should resign，hold fresh polls，says Imran"，The News，August 6，2014，http：//www.thenews.com.pk/Todays-News-13-32033-Nawaz-should-resign-hold-fresh-polls-says-Imran；巴基斯坦正义运动党主席伊姆拉·汗拒绝总理谢里夫提出的高等司法委员会调查涉嫌操纵2013年大选事件的方案。他表示，只有总理下台，他才会接受委员会的调查，详见："Nawaz makes Imran 'final offer'"，Daily Times，August 13，2014，http：//www.dailytimes.com.pk/national/13-Aug-2014/nawaz-makes-imran-final-offer.

⑤ "Step down in 48 hours, dissolve all assemblies"，Daily Times，August 17，2014，http：//www.dailytimes.com.pk/national/17-Aug-2014/step-down-in-48-hours-dissolve-all-assemblies.

⑥ "Security beefed up in Red Zone"，Daily Times，August 17，2014，http：//www.dailytimes.com.pk/islamabad/17-Aug-2014/security-beefed-up-in-red-zone.

⑦ "PAT to hold 'People's Parliament' today；urges people to join rally"，Daily Times，August 19，2014，http：//www.dailytimes.com.pk/national/19-Aug-2014/pat-to-hold-people-s-parliament-today-urges-people-to-join-rally.

兰·汗也号召其支持者进入巴基斯坦重要政府机构所在地"红色区域"进行示威活动，同时宣布其领导的正义运动党辞去除开伯尔—普赫图赫瓦尔省之外的一切公职，以敦促政府尽快重新举行大选。[①] 8月29日，正义运动党与人民运动党正式宣布组成两党联盟，并同意在相互磋商下进一步推进抗议活动。8月31日，抗议者对议会大厦和总理府进行袭击。9月13日，警方以攻击国家设施罪逮捕200名正义运动党成员。

正义运动党和人民正义党这个阶段所组织的示威游行没有得到巴基斯坦国内其他政治势力的太多响应。8月14日，拉合尔高等法院法官团称PTI和PAT举行的长征游行活动是违宪行为。[②] 8月18日，巴基斯坦纺织工厂协会、拉合尔工商会、巴基斯坦工业协会等工商界组织纷纷对正义运动党领导的示威游行活动进行抨击，称这样的行为不符合国家经济发展和人民经济利益。[③] 8月23日，俾路支省议会一致决议，反对正义运动党及人民民族党联合组织的静坐抗议活动。[④]

受抗议活动影响，8月11日卡拉奇—100指数下跌1309.09点，跌幅达4.6%，这也打破了卡拉奇股市单日最大跌幅的历史记录。[⑤] 国际货币基金组织（IMF）、斯里兰卡总统马欣达·拉贾帕克萨、中国国家主席习近平等领导人也先后取消或推迟赴巴基斯坦的访问。美国方面于8月21日和9月3日两次表示2013年巴基斯坦的大选是自由、公正、公平的，谢里夫当选政府总理符合巴基斯坦宪法规定。

随着抗议活动给巴基斯坦国家和民众带来的负面影响逐渐显现，正义运动党和人民正义党也实时调整策略，改变和谈条件，降低抗议调门。10月20日，正义运动党主席伊姆兰·汗表示，如果谢里夫总理能够如实公布

---

① "PTI set to enter Red Zone today; quits all assemblies, except KP", Daily Times, August 19, 2014, http://www.dailytimes.com.pk/national/19-Aug-2014/pti-set-to-enter-red-zone-today- quits-all-assemblies-except-kp.

② "PTI, PAT demands violate constitution", Daily Times, August 15, 2014, http://www.dailytimes.com.pk/national/15-Aug-2014/pti-pat-demands-violate-constitution.

③ "No to civil disobedience by industrialists", Daily Times, August 19, 2014, http://www.dailytimes.com.pk/business/19-Aug-2014/no-to-civil-disobedience-by-industrialists.

④ "BA adopts resolution against PTI, PAT", Daily Times, August 24, 2014, http://www.dailytimes.com.pk/national/24-Aug-2014/ba-adopts-resolution-against-pti-pat.

⑤ "KSE crashes on political unrest", The Nation, August 12, 2014, http://nation.com.pk/business/12-Aug-2014/kse-crashes-on-political-unrest.

其名下的全部财产，正义运动党愿意结束静坐运动并撤回要求辞职的立场。10月21日，人民运动党主席卡德里也同意他的工作人员离开伊斯兰堡。

然而，正义运动党与巴基斯坦政府的和谈并不顺利。11月15日，伊姆兰·汗拒绝了巴基斯坦政府提出的和谈建议，并呼吁民众在11月30日举行示威。他说，只要司法不介入调查大选腐败案，他们就继续组织静坐活动。① 对此，内政部长尼萨尔称，如果正义运动党组织的示威者闯入政府机要区域（red zone），政府将通过法律程序采取必要措施。② 11月30日，伊姆兰·汗在伊斯兰堡组织抗议集会，并称如果巴基斯坦最高法院不在4—6周内调查此事，他将于12月16日举行全国性的抗议示威。③ 12月15日，白沙瓦一所军队学校遭到塔利班武装分子的恐怖袭击，造成重大人员伤亡，伊姆兰·汗宣布取消在伊斯兰堡的静坐运动。④ 2014年，正义运动党的抗议示威活动也暂告一段落。

## 二、安全

受美国2014年计划从阿富汗撤出战斗部队的影响，巴基斯坦2014年国内安全形势高开低走，政府与巴基斯坦塔利班的和谈艰难开始，但举步维艰，最终和谈失败。随后，巴基斯坦军方在部落地区实施"利剑"行动，使巴基斯坦安全形势再次陷入低谷。

从宏观来看，2014年巴基斯坦共有7650人死于暴力事件，同2013年

---

① "Imran turns down govt's dialogue offer", The Nation, November 16, 2014, http://nation.com.pk/national/16-Nov-2014/imran-turns-down-govt-s-dialogue offer.
② "PTI rally at sit-in venue allowed, says Nisar", The News, November 29, 2014, http://www.thenews.com.pk/Todays-News-13-34406-PTI-rally-at-sit-in-venue-allowed-says-Nisar.
③ "Entire country to be shut down on Dec 16: Imran", The News, December 1, 2014, http://www.thenews.com.pk/Todays-News-13-34422-Entire-country-to-be-shut-down-on-Dec-16-Imran.
④ "PTI calls off countrywide strike", The Nation, December 17, 2014, http://nation.com.pk/national/17-Dec-2014/pti-calls-off-countrywide-strike.

的 5687 人相比上升 35%。受"利剑"军事行动影响，2014 年 6 月单月死于暴力的人数最多，达到 958 人；3 月单月死于暴力的人数最少，为 387 人。从袭击种类看，2014 年巴基斯坦死于武装分子袭击的人数为 982 人，同比下降 16%，这也反映出和谈以及巴基斯坦政府在部落区的军事行动对于维护巴基斯坦安全形势的有效性。从地区来看，2014 年巴基斯坦联邦部落直辖区（FATA）死于暴力事件的人数为 3400 人，同 2013 年的 1457 人相比大幅上升；另外 2014 年旁遮普死于暴力事件的人数为 307 人，同比增加 156%，主要原因在于 2014 年 11 月 2 日巴印边境瓦嘎口岸的爆炸事件。[1]

## （一）巴基斯坦政府与巴基斯坦塔利班的和谈

巴基斯坦政府一直尝试与巴基斯坦塔利班和谈，以稳定国内安全形势，但始终没有进展。2014 年巴塔和谈意愿逐步加强，主要原因有三：第一，在 2014 年美国从阿富汗撤军的大背景下，部分巴塔成员也希望通过与巴基斯坦政府的和谈结束在巴境内的对抗，以便有更多精力支持阿富汗塔利班；第二，巴塔大多来自巴联邦部落直辖区，该地区民众长期经历战争，向往和平；第三，巴基斯坦新任总理谢里夫上台之初就把经济发展和国家稳定作为其执政的两个重要任务，对通过和谈维护巴基斯坦的稳定持认可态度。

和谈之初，巴基斯坦政府和巴塔都表示出积极的姿态。2014 年 1 月 29 日，谢里夫总理宣布组成一个四人和谈委员会与巴塔谈判，并宣布其将直接管理这个和谈委员会，内政部长尼萨尔担任协调员。2 月 1 日，巴塔宣布成立五人和谈委员会与巴基斯坦政府进行和谈，并提出其谈判的三个前提要求：依照伊斯兰教法来展开和谈；从争议地区撤兵；释放被捕的巴塔成员。[2] 为配合巴基斯坦政府与巴塔的和谈，美国方面于 2 月 5 日宣布暂停在巴基斯坦的无人机袭击。

---

[1] "The Conflict Monitoring Center"，http://www.cmcpk.net/#fragment-4123.

[2] "TTP negotiators put Sharia spoke in peace wheel"，The Nation，February 6，2014，http://nation.com.pk/national/06-Feb-2014/ttp-negotiators-put-sharia-spoke-in-peace-wheel.

然而，巴基斯坦政府与巴塔的和谈却受到巴塔内部主战派的阻挠。2月13日，巴基斯坦卡拉奇商业区发生一起针对警察乘坐巴士的炸弹袭击事件，造成13名警察死亡，大约60人受伤。① 2月16日，巴基斯坦塔利班分支组织宣布杀害其2010年绑架的巴基斯坦23名边防部队士兵，巴基斯坦政府称近期不会再与巴塔接触。②

为创造和谈气氛，避免巴塔内部部分派别的干扰，巴塔与巴基斯坦政府互释善意。3月1日，巴塔宣布停火一个月。对此，巴基斯坦总理谢里夫表示欢迎，并向陆军参谋长拉希勒表示，希望在此背景下，巴军队停止一切针对巴塔的武装袭击。③ 3月6日，巴基斯坦政府和谈委员会代表与巴塔委员会代表举行会谈，并在会后的联合声明中表示，双方致力于推进和谈进程，消除国家面临的恐怖主义威胁。3月24日，巴基斯坦政府和谈代表——内政部部长尼萨尔和三军情报局负责人与巴塔代表在伊斯兰堡举行了会晤，并确定双方未来会谈的议程。通过会谈，巴基斯坦政府确认巴塔主流派别与日前发生在奎塔和卡拉奇地区的暴力事件无关。④ 3月26日，巴基斯坦政府与巴塔的直接对话在北瓦济里斯坦进行，双方同意延长停火时间，释放在押的非武装人员。⑤ 3月29日，在由内政部长尼萨尔主持的、联邦政府委员会成员以及巴塔代表参加的联席会议上，双方表示同意继续推进和平谈判进程。巴塔成员主要负责人毛拉也表示，停火协议在超过3月31日这个期限后将继续实施，但是他没有说明这种停火是暂时的还是永久的。⑥ 4月5日，内政部长尼萨尔表示，巴联邦政府决定释放13名被关

---

① "On 'peace journey', Taliban bomb cops bus", The Nation, February 14, 2014, http://nation.com.pk/national/14-Feb-2014/on-peace-journey-taliban-bomb-cops-bus.

② "TTP kills talks, govt resurrects op", The Nation, February 18, 2014, http://nation.com.pk/national/18-Feb-2014/ttp-kills-talks-govt-resurrects-op.

③ "PM asks Army to hold fire as Taliban announce ceasefire", The News, March 2, 2014, http://www.thenews.com.pk/Todays-News-13-28857-PM-asks-Army-to-hold-fire-as-Taliban-announce-ceasefire.

④ "Govt, spymaster join heads to fine-tune peace talks agenda", Daily Times, March 25, 2014, http://www.dailytimes.com.pk/national/25-Mar-2014/govt-spymaster-join-heads-to-fine-tune-peace-talks-agenda.

⑤ "Truce extension agreed", The Nation, March 27, 2014, http://nation.com.pk/national/27-Mar-2014/truce-extension-agreed.

⑥ "Govt mulls over Taliban's demands", The News, March 30, 2014, http://www.thenews.com.pk/Todays-News-13-29387-Govt-mulls-over-Taliban%e2%80%99s-demands.

押的塔利班囚犯，作为开展双边和谈的友好姿态，释放的囚犯主要包括在塔利班向联邦政府提交的释放人员清单中。他还表示，联邦政府与巴塔间的和平进程正向正确的方向进行，并指出在过去的几周，自杀式袭击与其他恐怖活动已经明显减少。在接下来的双边对话之前，巴基斯坦政府还计划释放一些非战斗性激进分子，并希望巴塔方面也能表现出一些诚意。①

随着停火截止日期的临近，巴塔内部关于是否与巴基斯坦政府和谈的斗争也日益尖锐。4月6日，巴塔高级指挥官喀什德·马赫苏德（Kasheed Mehsud）由于反对与政府和谈，在南瓦济里斯坦的沙克特地区（Shaktoi area）被杀，一起被害的还有他的四名助手。②当晚，巴塔内部又发生一系列冲突，造成至少20人死亡。③4月11日，巴塔和谈委员会委员、伊斯兰大会党党员易卜拉欣称，政府与巴塔的和谈进程出现僵局，原因是双方都保持沉默，他希冀和谈能朝着正确的方向努力。如今巴塔宣布停火的时期已结束，而巴塔内部各个分支却出现矛盾升级，发生两起内部冲突事件，造成至少19名武装分子身亡。④4月14日，巴塔派别之间的争斗日趋表面化。巴塔马哈苏德集团发言人哈吉表示，马哈苏德集团反对赛义德集团试图控制南瓦济里斯坦的行动，并将在必要的时候予以回击。巴塔主要派别也在北瓦济里斯坦地区举行了会议，商讨与政府进行和平谈判的相关议题，但各个派别没有达成共识。巴基斯坦内部关于是否和谈的争论也引发其内部关于和谈条件的改变：与政府军实现停火，双方交换在押人员，在南瓦地区设置由巴塔控制的缓冲区，制止南瓦地区巴塔内部马哈苏德集团和赛义德集团的冲突。⑤

---

① "Govt freeing 13 more TTP prisoners", The Nation, April 6, 2014, http://nation.com.pk/national/06-Apr-2014/govt-freeing-13-more-ttp-prisoners.

② "Anti-talks TTP commander, four aides killed in SWA", The News, April 8, 2014, http://www.thenews.com.pk/Todays-News-13-29588-Anti-talks-TTP-commander-four-aides-killed-in-SWA.

③ "Taliban infighting breaks out", The Nation, April 8, 2014, http://nation.com.pk/national/08-Apr-2014/taliban-infighting-breaks-out-20-militants-killed-in-clashes-between-sajna-mehsud-groups.

④ "19 militants perish in fresh infighting", The Nation, April 12, 2014, http://nation.com.pk/national/12-Apr-2014/19-militants-perish-in-fresh-infighting.

⑤ "Split within Taliban comes to surface", Daily Times, April 15, 2014, http://www.dailytimes.com.pk/national/15-Apr-2014/split-within-taliban-comes-to-surface.

受内部争斗影响，巴塔 4 月 16 日发表声明，宣布不会延长停火期，但他们会继续同政府进行对话。作为回应，巴基斯坦政府 17 日宣布放缓与巴塔的和谈进程，转而实施"边走边看"的政策。至此，巴基斯坦政府和巴塔的和谈进程基本结束。

## （二）巴基斯坦在北瓦济里斯坦实施的"利剑"行动

和谈的失败和巴基斯坦塔利班内部的冲突使巴基斯坦政府看到和谈只能解决巴国内部分安全问题，对于部分恐怖分子和极端分子只能实施武力手段。

5 月 23 日，巴军方动用直升机和大炮突击巴塔在北瓦济里斯坦的武装分子藏身处，击毙四名嫌疑人。这次突袭行动为期三天（5 月 21—23 日），主要目标是"东突伊斯兰运动"组织，共击毙 71 名武装分子。[1] 巴基斯坦陆军参谋长拉希勒就此向谢里夫总理明确表示：政府与巴塔的和谈时机已过。[2]

作为准备，巴基斯坦国会 6 月 6 日通过《2014 年反恐怖主义法案修正案》，新修正案强化了执法部门处理犯罪行径的效力；打击巴基斯坦境内恐怖主义、支持恐怖主义的分子，以及与恐怖主义相关的洗钱等不法行为；要求巴安全部队向恐怖主义嫌疑分子开火前需要获得上级的批准。[3]同日，由 64 名来自北瓦济里斯坦部落的长老组成的大支尔格会议要求该地区的部落民在 15 日内驱赶所有的外国武装分子，并称如果北瓦济里斯坦在 15 日内不能建立和平秩序，巴基斯坦军方就将在该地区采取行动。[4]

作为对抗，6 月 8 日十名武装分子身着机场安全部队制服潜入卡拉奇

---

[1] "Army targets foreign militants in NWA", The Nation, May 24, 2014, http://nation.com.pk/national/24-May-2014/army-targets-foreign-militants-in-nwa.

[2] "Army tells Nawaz no more talks with Taliban, takes matter in its own hands", The News, May 24, 2014, http://www.thenews.com.pk/Todays-News-13-30511-Army-tells-Nawaz- no- more- talks-with-Taliban-takes-matter-in-its-own-hands.

[3] "NA passes anti-terror bill", The Nation, June 7, 2014, http://nation.com.pk/national/07-Jun-2014/na-passes-anti-terror-bill.

[4] "NWA jirga given 15 days to expel militants", The Nation, June 7, 2014, http://nation.com.pk/national/07-Jun-2014/nwa-jirga-given-15-days-to-expel-militants.

机场，随后向安全人员投掷手榴弹并开火。经过彻夜激战，巴基斯坦安全部队击毙了全部十名塔利班武装分子，十名安全部队成员在交战中殉职，五架飞机受损。巴塔宣布对卡拉奇国际机场袭击负责。此次袭击彻底断送了双方和谈的可能，冲突成为不可避免的选项。

受和谈失败影响，美国无人机恢复在巴基斯坦的袭击任务。6月11日，美国无人机向巴基斯坦吴拉姆（Dabba）地区的一所住宅发射两枚导弹，至少击毙了六名疑似恐怖分子。这也是美国无人机在停止五个月后对巴基斯坦部落地区重新进行的袭击。

6月15日，巴基斯坦三军公关部（Inter Services Public Relations，ISPR）主任布贾瓦（Asim Saleem Bajwa）将军表示，军方对隐藏在北瓦济里斯坦地区的国内外恐怖分子发动代号为"利剑"的定点空袭，摧毁了八个恐怖分子的藏身地点，打死105名恐怖分子，其中大多数是来自乌兹别克斯坦的恐怖分子。巴基斯坦国防部长穆罕默德·阿西夫（Khawaja Muhammad Asif）表示，政府与军队将联合打击恐怖分子直到其自动投降或者被彻底消灭为止。巴基斯坦军方表示，将在该地区增加部署四万名士兵，从而使该地区的军力部署达到八万。① 而巴塔也不甘示弱，其发言人称是巴基斯坦政府破坏了和谈，因此如果巴基斯坦军方继续对其实施打击的话，他们将采取报复措施。②

6月16日，巴基斯坦总理谢里夫在国民议会发表演说，宣布政府将暂停与巴塔的谈判，而军方在北瓦济里斯坦的军事行动还将继续。③ 巴陆军参谋长拉希勒也于当天表示，政府军在北瓦济里斯坦地区的军事行动不是为了反对当地部落，只是为了打击与政府为敌的恐怖分子。据《国民报》报道，当天在最新一轮的军事行动中，军方出动武装直升机和固定翼飞机对北瓦地区的恐怖分子展开武装打击，摧毁了恐怖分子的一些藏身地，共

---

① "Operation at last!", The Nation, June 16, 2014, http：//nation.com.pk/national/16-Jun-2014/operation-at-last.

② "TTP warns of new militancy wave", The Nation, June 16, 2014, http：//nation.com.pk/national/16-Jun-2014/ttp-warns-of-new-militancy-wave.

③ "Nawaz defends inevitability of operation", The Nation, June 17, 2014, http：//nation.com.pk/national/17-Jun-2014/nawaz-defends-inevitability-of-operation.

有37名恐怖分子被打死，六名巴基斯坦士兵阵亡。① 6月20日，谢里夫总理在巴基斯坦陆军参谋长、开普省省督和首席部长的陪同下视察白沙瓦军队指挥部，听取有关"利剑"行动的报告，并对军方在六天之击毙232名武装分子的战果表示肯定。②

国际社会和巴基斯坦国内也对于清剿行动表示理解和支持。6月21日，美国参议院通过对巴援助法案。根据该法案，美国在2015财年将巴基斯坦提供总额为9.6亿美元的援助资金。③ 6月27日，俄罗斯总统普京在接受采访时也称巴基斯坦实施的打击恐怖分子的清剿行动非常重要，俄罗斯将确保完成与巴基斯坦达成的所有项目，以此作为对巴基斯坦的支持。④ 6月27日，谢里夫总理再次专程前往北瓦济里斯坦地区慰问那里的流离失所者（IDPs），并宣布斋月期间对北瓦济里斯坦部落地区的流离失所者的补助提高至4万卢比/月。⑤

为配合军队在北瓦济里斯坦的军事行动，巴基斯坦参议院于6月30日通过了《2014保护巴基斯坦安全法案》，授权政府对恐怖活动采取更为严厉的预防和打击措施。⑥ 同一天，巴基斯坦军方在北瓦济里斯坦主要城市米拉沙赫（Miranshah）实施搜捕行动，这也标志着经历了两周炮火准备后，"利剑"行动的地面行动正式展开。⑦

巴基斯坦军方的清剿行动进展顺利，没有遭到巴塔太大抵抗。巴基斯坦军方称截至10月底，他们已经击毙超过1000名武装分子，86名士兵在

---

① "37 militants eliminated in NWA", The Nation, June 17, 2014, http://nation.com.pk/national/17-Jun-2014/37-militants-eliminated-in-nwa.

② "Pakistan will win this war: PM", The Nation, June 21, 2014, http://nation.com.pk/national/21-Jun-2014/pakistan-will-win-this-war-pm.

③ "US Senate panel approves $960 million for Pakistan", The Nation, June 22, 2014, http://nation.com.pk/national/22-Jun-2014/us-senate-panel-approves-960-million-for-pakistan.

④ "Russia to complete all projects in Pakistan: Putin", The Nation, June 28, 2014, http://nation.com.pk/national/28-Jun-2014/russia-to-complete-all-projects-in-pakistan-putin.

⑤ "Nawaz solaces IDPs generously", The Nation, June 28, 2014, http://nation.com.pk/national/28-Jun-2014/nawaz-solaces-idps-generously.

⑥ "Senate approves PPO with thumping majority", The News, July 1, 2014, http://www.thenews.com.pk/Todays-News-13-31287-Senate-approves-PPO-with-thumping-majority.

⑦ "Ground operation begins in NWA", The News, July 1, 2014, http://www.thenews.com.pk/Todays-News-13-31283-Ground-operation-begins-in-NWA.

战斗中牺牲。① 截至11月15日,他们已经在北瓦地区清除了"哈卡尼网络"和"东伊运"武装分子,收缴了220万发子弹和一万件武器,击毙1198名恐怖分子,并把武装分子在该地区占据的90%的地区置于军方控制之下。②

然而,巴基斯坦安全形势并未因"利剑"行动的实施而得到切实好转。10月4日,奎达的哈扎拉社区发生自杀式袭击,造成六人死亡,至少20人受伤。当天,奎达郊区还发生一起路边炸弹爆炸事件,造成七人死亡。12月15日,位于巴基斯坦白沙瓦的一所军队学校遭到塔利班武装分子的恐怖袭击,造成至少136人死亡,其中包括100多名儿童,还有245人受伤,主要是学生和教职工。巴塔发言人侯拉萨尼(Muhammad Umar Khorasani)宣布塔利班为此次事件负责,称此次袭击是为在巴军方2014年6月于北瓦济里斯坦实施的"利剑"行动中死亡的塔利班成员及其家人报仇。

显然,这些恐怖袭击显示出"利剑"行动没有完全达到预期,巴塔的有生力量仍然存在,巴基斯坦反恐形势依然严峻,是打是谈仍然是巴基斯坦政府和军方在2015年需要认真考虑的问题。另外,清剿行动带来的75万内部流离失所人员也必将成为未来巴基斯坦的安全隐患。③

### (三) 美国无人机袭击

从整体来看,2014年是美国自2007年以来在巴基斯坦实施无人机袭击次数最少的一年,为25次,共造成约153人死亡。首次袭击发生在6月11日,最后一次袭击发生在12月26日。10月是美国在巴基斯坦单月执行

---

① "Eight soldiers, 21 militants killed in Bara fighting", The Nation, October 30, 2014, http://nation.com.pk/national/30-Oct-2014/eight-soldiers-21-militants-killed-in-bara-fighting.

② "NWA cleared of Haqqanis, ETIM", The Nation, November 16, 2014, http://nation.com.pk/national/16-Nov-2014/nwa-cleared-of-haqqanis-etim.

③ 受6月15日开始在北瓦地区所实施的"利剑"行动(Operation Zarb-e-Azb)的影响,截至7月6日,已经有来自北瓦济里斯坦的58663户家庭的751986人在巴基斯坦难民署注册为难民。"Registered IDPs from North Waziristan now total 751,986", The News, July 7, 2014, http://www.thenews.com.pk/Todays-News-13-31437-Registered-IDPs-from-North-Waziristan-now-total-751986.

无人机袭击次数最多的月份，共实施九次袭击，占 2014 年袭击总数的 36%。7 月 19 日美国在北瓦地区实施的无人机袭击则是单次造成伤亡最大的一次，共造成 15 人死亡。2014 年美国无人机在北瓦济里斯坦共执行 22 次袭击，占袭击总数的 88%。①

## 三、外交

受巴基斯坦国内安全形势影响，2014 年巴基斯坦外交的核心任务一是为巴基斯坦争取更多的经济援助，二是获得国际社会对巴基斯坦反恐行动的理解和支持。

### （一）巴美关系

2014 年，巴美关系逐步升温，但信任缺失。双方合作领域广泛，但核心在于地区安全。对美国而言，维护巴基斯坦现政府的稳定是其巴阿战略的重要支持，因此"利剑"行动的实施客观上促进了巴美关系的提升。

**1. 巴美围绕阿富汗局势的磋商**

2014 年起，美国计划从阿富汗撤出部分战斗部队，维护阿富汗稳定的责任更多地转移至阿富汗国民军，但受各方因素影响，阿国民军战斗力较弱，无法承担起维护阿社会稳定的重任，阿塔利班在阿活动能力在美国撤出战斗部队的背景下仍有可能增强。因此，为了维护阿富汗未来的稳定，在美国阿富巴战略的指引下，巴基斯坦维护该地区稳定的作用更加突出，美国必须重视并修复与巴基斯坦的关系，尤其是加强双方的安全合作。2014 年 1 月 27—28 日，巴基斯坦与美国的战略对话在搁置三年后重新开启，巴基斯坦总理国家安全与外交事务顾问阿齐兹率领代表团访问美国，

---

① The Conflict Monitoring Center, Drone Strikes Table 2014, December 27, 2014.

并与美国防务部长黑格会谈。在双方的联合声明中，两国重申通过战略对话加强双边合作，并表示伊斯兰堡与新德里关系改善能够推动地区稳定和发展，认为只有地区国家不介入阿富汗，阿富汗才能走向和平与稳定。2月19日，巴基斯坦陆军参谋长拉希勒在伊斯兰堡会见来访的美国中央司令部司令奥斯丁将军，双方表示会加强对巴阿边界地区恐怖活动的打击力度，也会进一步推动巴美的军事合作。2月20日，巴基斯坦驻美国大使贾利勒与美国海军部长雷马布斯在五角大楼举行会议，就两国海上安全合作问题进行了探讨。3月3日，巴财政部长伊萨克·达尔会见来访的美国务院巴基斯坦和阿富汗问题特别代表贝丝·琼斯一行。达尔向琼斯表达了巴基斯坦支持阿富汗和平重建的良好愿望，希望就阿富汗的和平重建以及地区和平与发展等问题同美方加强合作。4月23日，美国阿富汗和巴基斯坦特使多宾斯会见巴总理谢里夫和陆军参谋长拉希勒，双方就地区安全合作、美国撤军后的阿富汗重建、阿富汗大选后的形势等共同关心的话题进行谈论。5月9日，美国副国务卿威廉·伯恩斯（William Burns）访问伊斯兰堡。伯恩斯与巴总理谢里夫、财长达尔、内政部长尼萨尔、总理国家安全与外交事务顾问阿齐兹以及陆军参谋长拉希勒举行会谈。伯恩斯的这次访巴旨在改善美巴双边关系，交换双方在双边外交与地区安全领域中的观点和看法。值得注意的是，在巴基斯坦政府的坚持下，美国承诺暂停对塔利班的无人机袭击，因为这种袭击破坏了政府与激进分子间的和平对话。此外，伯恩斯还向巴政府施加压力，要求巴政府对部落地区的恐怖分子进行武装打击。

**2. 巴美关于巴基斯坦核设施安全的讨论**

巴美不仅讨论在巴基斯坦—阿富汗地区的安全合作，还对巴基斯坦核武器表示关切，并对巴基斯坦核武器管控措施表示肯定。2014年3月24日，巴基斯坦总理谢里夫与美国国务卿克里举行会晤。克里表示，美国政府对巴基斯坦政府的核武器管控措施表示赞赏，并坚信巴基斯坦核武库是安全的。克里的表态肯定了巴基斯坦管控核武器的能力，否定了某些国家对于巴基斯坦核设施安全的担忧，体现了美国对于巴基斯坦核安全的认可，也表达了美国对谢里夫政府的支持。

### 3. 巴美关于巴基斯坦国内反恐行动的沟通

美国除了对巴阿地区和巴基斯坦核设施安全问题感兴趣外，对巴基斯坦国内反恐形势也较为关注。2014年5月29日，美国国务卿克里同总理谢里夫通电话，双方讨论了共同利益问题。7月11日，美国务院阿富汗和巴基斯坦问题特别代表琼斯与巴财长达尔会面，双方就巴基斯坦"利剑"行动引发的流离失所者问题交换意见。11月7日，巴基斯坦陆军参谋长拉希勒将军访问美国中央司令部，受到司令部最高领导人劳埃德·奥斯汀将军和其他官员的热情接待并与他们举行了会谈，双方讨论了阿富汗局势，尤其是美国从阿富汗撤军后阿富汗可能出现的情况、未来巴阿边境管控方案等。此外，拉希勒将军还向美中央司令部官员介绍了正在北瓦济里斯坦地区进行的反恐军事行动的基本情况。拉希勒感谢美国中央司令部官员在巴"利剑"行动中给予的支持。12月10日，在战略对话框架下的第23次巴美防务磋商小组会议在美国首都华盛顿召开，此咨询会议的目的是设计联合打击巴阿地区恐怖势力的战略战术，会后两国国防官员一致认为，巴基斯坦军方在北瓦地区进行的"利剑"行动意义重大，美方认为这有效打击了巴境内的武装激进分子。

### 4. 巴美其他领域的合作

2014年，巴美在经贸领域保持磋商，但合作以美国的援助为主，且主要集中在能源和基础设施建设领域。经贸方面：1月22日，美国私有发展代表团同拉合尔工商会举行合作发展会议。双方一致同意进一步加强巴美基层合作，促进共同目标的安全、繁荣。[①] 4月12日，财政部长达尔在参加国际货币基金组织和世界银行组织的春季会议时与美国财政部副部长拉斯金（Sarah Bloom Raskin）举行会晤，并就当前巴基斯坦的宏观经济走

---

① "US-Pakistan trade leaders to enhance people-to-people contacts", Daily Times, January 23, 2014, http://www.dailytimes.com.pk/business/23-Jan-2014/us-pakistan-trade-leaders-to-enhance-people-to-people-contacts.

势和财政政策交换了看法。① 5月15日,负责国际经济事务的美国国家安全事务副助理部长阿特金森(Caroline Atkinson)在华盛顿会见巴基斯坦商务工程师达斯悌支·汗(Khurram Dastgir khan),双方讨论了双边经济合作。达斯悌支·汗称,巴政府的自由政策和宏观经济政策为外国企业家提供了巨大商机,并强调了纺织品和服装行业在巴美贸易中的前景。阿特金森表示,美国将承诺促进各经济部门在巴基斯坦的投资。② 援助方面:3月6日,巴基斯坦与美国签署一份价值7200万美元的项目合同,计划由美国国际开发署(USAID)出资7200万美元整修、升级曼格拉大坝(Mangla dam),以解决20万巴基斯坦人的用电问题。③ 5月12日,巴基斯坦与美国签署协议,由美方出资6400万美元帮助巴修建N-25高速公路,其中2600万美元将先期拨付。④ 10月8日,美国在美巴能源和经济发展合作会议上表示将投入140亿美元资金支持巴基斯坦4500MW的巴沙大坝建设。⑤

美国在人道主义援助和社会救济方面也为巴基斯坦提供了一定的帮助。2月6日,美国国际开发署宣布将向巴基斯坦近8万营养不良儿童提供1330吨的速食食品。⑥ 11月19日,美国国际开发署和国际救援委员会共同出资为巴基斯坦的初级中学提供移动公交图书馆。⑦

---

① "Dar meets US treasury official", Daily Times, April 12, 2014, http://www.dailytimes.com.pk/business/12-Apr-2014/dar-meets-us-treasury-official.

② "Pakistan to facilitate US investors: Khurram Dastgir", Daily Times, May 16, 2014, http://www.dailytimes.com.pk/business/16-May-2014/pakistan-to-facilitate-us-investors-khurram-dastgir.

③ "Pak, US ink $72m deal to enhance Mangla Dam capacity", The Nation, March 7, 2014, http://nation.com.pk/business/07-Mar-2014/pak-us-ink-72m-deal-to-enhance-mangla-dam-capacity.

④ "Pak-US deal signed to complete Chaman-Kalat road", The Nation, May 13, 2014, http://nation.com.pk/business/13-May-2014/pak-us-deal-signed-to-complete-chaman-kalat-road.

⑤ "US pledges support for 'transformational' Diamer-Bhasha Dam", Daily Times, October 9, 2014, http://www.dailytimes.com.pk/business/09-Oct-2014/us-pledges-support-for-transformational-diamer-bhasha-dam.

⑥ "Malnourished children in Pakistan", The News, February 7, 2014, http://www.thenews.com.pk/Todays-News-13-28432-Malnourished-children-in-Pakistan.

⑦ "USAID signs agreement for mobile bus library programme", Daily Times, November 20, 2014, http://www.dailytimes.com.pk/islamabad/20-Nov-2014/usaid-signs-agreement-for-mobile-bus-library-programme.

## （二）巴中关系

2014年，巴中关系进入稳步推进阶段，两国领导人和政要交往频繁，增进了双方的政治互信；经济走廊建设进入实施阶段，中国在巴投资额、中巴经贸额同比都有大幅提升；双方在阿富汗问题、反恐问题、联合国改革问题、气候变暖问题等国际事务中密切磋商，照顾彼此的核心利益。

**1. 巴中领导人和政要交往频繁**

2014年，巴基斯坦总统马姆努恩·侯赛因、总理纳瓦兹·谢里夫均两次访问中国，前总统扎尔达里和人民党主席比拉瓦尔·布托也于2014年8月到中国参加信德商务会议，并签署了一份关于卡拉奇轨道交通列车的备忘录。如此频繁的领导人外交给2014年的巴中关系注入了强大的推动力，推动双方经贸合作、防务安全合作、社会文化合作达到新高度。

2014年2月18日，应中国国家主席习近平的邀请，巴基斯坦总统马姆努恩·侯赛因抵达北京，开始对中国进行为期三天的友好国事访问。中国也成为侯赛因就任总统后的首个出访国，在北京期间，他与中国国家主席习近平、总理李克强和全国人大常委会委员长张德江分别举行了会晤。侯赛因此行将重点与中国领导人讨论双方在能源、基础设施建设和共同打造"中巴经济走廊"方面的合作事项。

4月9日，应中国政府之邀，谢里夫总理抵达三亚参加2014年博鳌亚洲论坛。4月10日，谢里夫在第14届博鳌亚洲论坛中与李克强总理会晤时表示，巴欢迎中国企业在巴基斯坦投资，特别是在能源和基础设施领域。两国领导人还讨论了双边、地区和全球问题。

5月20日，巴基斯坦总统侯赛因代表巴基斯坦参加在上海举行的亚信峰会。5月22日，在中国国家主席习近平和巴总统侯赛因的见证下，中巴两国签署拉合尔"橙线"地铁项目框架协议。该地铁项目总长度为27.1公里，总投资12.7亿美元。

11月7日，谢里夫总理应邀抵达北京对中国进行国事访问。访问期间，谢里夫与中国国家主席和总理举行了会晤，并签署了投资协议。他表示，随着投资协议的实施，巴基斯坦能源短缺问题将得到缓解。

此外，两国高层也往来频繁。2月28日，中国国防部长常万全访巴，会见巴基斯坦总理；3月28日，巴基斯坦军工部长侯赛因访华，并对与中国船坞进行技术合作表现出浓厚兴趣；6月5日，巴基斯坦陆军参谋长拉希勒将军访华，并与全国人大常委会委员长张德江和国防部长常万全举行会晤；7月9日，中国外交部长王毅访巴，并同旁遮普首席部长沙赫巴兹·谢里夫举行会谈，表示中方会全力支持巴方在北瓦地区的反恐活动；11月19日，巴基斯坦空军参谋长塔希尔·布托访问中国；12月7日，中国国务委员、公安部部长郭声琨访巴，并与巴陆军参谋长拉希勒将军在其办公室举行双边会谈。

**2. 巴中经贸往来**

在中巴经济走廊建设的推动下，2014年巴中经贸往来有了新特点。

第一，中国企业家赴巴考察投资前期准备充足，投资效率高。例如：2014年1月10日，中国山东如意科技集团董事长邱亚夫赴巴，并拜会巴总理谢里夫。邱亚夫强调，如意科技集团未来两年内将在巴基斯坦投资20亿美元，以帮助巴基斯坦建造两座发电量为3亿兆瓦的火力发电站和开设服装制造公司。4月3日，如意科技集团与旁遮普省政府签署了一份谅解备忘录，如意科技集团将在真纳服装工业园投资20亿美元。3月12日，中国葛洲坝集团公司总经理、集团股份公司董事长聂凯率团赴巴，并拜会巴总理谢里夫，双方就能源、基础设施等领域的投资问题交换了意见。5月2日，中国葛洲坝集团公司就计划在巴基斯坦的加尼达投资35亿—40亿美元修建3个电力厂，计划发电2640兆瓦。

第二，中国在巴基斯坦投资大多集中在能源和基础设施领域。3月27日，巴基斯坦大米出口商协会与广东省粮食行业协会签署合作备忘录，旨在扩大双方在谷物贸易、加工及技术交流方面的合作。5月23日，巴国家传输和配电有限公司与中国电力技术装备有限公司签署谅解备忘录，中国同意在巴建立3条输电线路。6月5日，巴基斯坦Asiapak投资有限公司同中国东方电气集团有限公司签署协定书，将在本·卡西姆建设一座发电量达1320兆瓦的燃煤发电厂。9月21日，中国机械设备工程股份有限公司与旁遮普政府签署合作备忘录，共同合作开发煤矿。

第三，中国通信企业在巴基斯坦同时拿到 3G 和 4G 执照。4 月 24 日，巴基斯坦 3G、4G 牌照在首都伊斯兰堡拍卖，4 家公司参与竞标。经过激烈竞标，中国移动巴基斯坦公司（辛姆巴科公司）成为巴基斯坦唯一一家同时拥有 3G 和 4G 移动通信频段的电信运营商。

**3. 巴中其他方面的合作**

巴中在阿富汗问题上合作深入。2014 年 7 月 27 日，中国阿富汗事务特别代表孙玉玺拜会巴外交秘书阿扎兹·艾哈默德·乔杜里（Aizaz Ahmad Chaudhry），双方讨论了包括巴基斯坦反恐和阿富汗事务在内的双边地区问题。阿扎兹在会谈中强调，巴基斯坦和中国在阿富汗问题上有共同利益和目标，双方将尽力支持阿富汗的和平、稳定、团结和繁荣。10 月 20 日，中国、巴基斯坦、阿富汗三国大使、外交官和安全专家举行三边安全会议，决定成立三方联合反恐小组，协调反恐政策和反恐策略，分享反恐情报。10 月 31 日，巴基斯坦总理国家安全与外交事务顾问阿齐兹带领巴基斯坦代表团赴北京参加第四轮亚洲—伊斯坦布尔进程部长级会议。

另外，巴中在农业科技、防务等领域的合作也持续进行。巴基斯坦"沙姆谢尔"号护卫舰于 4 月 20 日应邀抵达青岛港参加西太平洋海军第 14 界年会。

**（三）巴印关系**

2014 年 1 月 1 日，巴印依据《1998 年双边协定》交换各自的核设施以及关押的对方囚犯清单，这也拉开了 2014 年双边关系的序幕。但是受印巴克什米尔问题困扰，双方关系仍然无法取得实质性进展，主要表现在：第一，2014 年 8 月，印度取消印巴外秘级会谈；第二，2014 年 9 月，印方对于巴基斯坦总理谢里夫在联合国提出克什米尔问题不满；第三，印度方面对于巴基斯坦非法越境渔民表示抗议；第四，印巴边境交火。

### 1. 印度大选前的巴印关系

出于大选的需要，辛格政府在2014年比较注重改善与巴基斯坦的关系，展现出积极姿态。1月4日，印度总理辛格称希望在卸任印度总理之前能有合适的机会访问巴基斯坦。2月6日，印度外务官员卡乌（Preneet Kaur）表示，印方准备好与巴方就各方面事务展开对话，通过和平对话的方式解决双方面临的一切问题。2月11日，由15名成员组成的印度中小企业代表团抵达拉合尔，出席拉合尔"印度秀"展览会。2月20日，在马尔代夫南盟部长理事会会议期间，巴基斯坦总理国家安全与外交事务顾问阿齐兹会见了印度外交部长，双方同意继续努力提高双边关系，并以建设性的方式来解决彼此关切的问题。4月19日，联邦商务及纺织工业、私有化国务部长表示，联邦政府已建立与瓦噶（Wagha）农业贸易委员会之间的"印度热线"（India Cell），通过与其的合作，监督与印度的农业贸易。

### 2. 印度大选后的巴印关系

2014年5月，莫迪当选为印度新一届政府总理，巴总理谢里夫应邀出席莫迪的就职典礼也使巴印关系进入短暂的蜜月期。《华盛顿邮报》、《纽约时报》在报道中称，谢里夫总理接受印方邀请赴新德里参加莫迪总理的就职典礼让全世界"看到了南亚地区和平的希望"。[①]

5月16日，巴基斯坦总理谢里夫致电印度人民党领导人莫迪，祝贺其在大选中获胜，称这是印度大选史上"令人印象深刻的胜利"，并邀请莫迪访巴。5月21日，印度总理莫迪邀请巴总理谢里夫出席其在26日举行的总理就职宣誓仪式。5月26日，巴总理谢里夫受邀访印，这是1947年印巴分治以来印巴两国政府首脑首次出席对方的就职仪式。为了示好，巴

---

① "US media sees peace opportunity in Nawaz visit", Daily Times, May 25, 2014, http://www.dailytimes.com.pk/national/25-May-2014/us-media-sees-peace-opportunity-in-nawaz-visit

边界安全部队向印方移交151名持印度护照的非法过境人员。① 5月27日，巴总理谢里夫与印度总理莫迪在新德里举行会晤，这是2008年孟买袭击案后双方政府首脑首次正式会晤，双方就互相关心的问题交换了意见，并肯定了加强双边经贸往来的重要性。②

**3. 克什米尔问题再次凸显**

巴基斯坦在其西部边境开展"利剑"行动的地面行动后的第四天，即7月4日，印度新任总理莫迪访问印控克什米尔地区的斯利那加，③ 这也让巴基斯坦国内持巴印关系将得到进一步改善的音调迅速降低。

8月1日，印度新上任的陆军参谋长苏哈戈（Dalbir Singh Suhag）将军称对于巴基斯坦军方的挑衅将会坚决、迅速地予以回击，④ 其强硬姿态使巴印关系再次陷入紧张之中。8月18日，印度外交部取消原定于本月25日在伊斯兰堡举行的印巴外交秘书级会谈，称原因是巴驻印高级专员上周邀请印控克什米尔地区分离主义领导人到新德里，就即将举行的印巴外交秘书级会谈进行咨询。8月31日，巴外交部发言人表示，印度8月23日在茶瓦（Charwah）、哈帕（Harpal）、茶塔（Chatrar）等地无故开火，这是8月印度在印巴实际控制线附近的第20次无故开火，并导致巴一些无辜平民和士兵伤亡。外交部发言人还称，从6月1日至8月30日，印度在边境无故向巴基斯坦开火的次数达到了93次。⑤ 受正义运动党在国内的抗议活动和军方在北瓦地区的清剿行动的制约，巴基斯坦总理谢里夫再次释放

---

① "Goodwill gesture: Nawaz frees Indian prisoners, fishing boats", Daily Times, May 26, 2014, http://www.dailytimes.com.pk/national/26-May-2014/goodwill-gesture-nawaz-frees-indian-prisoners-fishing-boats.

② "'Do more!': Modi tells Nawaz", Daily Times, May 28, 2014, http://www.dailytimes.com.pk/national/28-May-2014/do-more-modi-tells-nawaz.

③ "Shutdown in Held Kashmir greets Modi on first visit", Daily Times, July 5, 2014, http://www.dailytimes.com.pk/national/05-Jul-2014/shutdown-in-held-kashmir-greets-modi-on-first-visit.

④ "New Indian Army chief warns Pakistan of stern action", The News, August 2, 2014, http://www.thenews.com.pk/Todays-News-13-31947-New-Indian-Army-chief-warns-Pakistan-of-stern-action.

⑤ "Pak concerned over continuous ceasefire violation by India: FO", Daily Times, September 1, 2014, http://www.dailytimes.com.pk/national/01-Sep-2014/pak-concerned-over-continuous-ceasefire-violation-by-india-fo.

诚意，在 9 月 5 日给印度总理莫迪、印度总统、副总统及外交部长都赠送了芒果。①

巴印之间关于克什米尔问题争论的核心在于，是双边解决还是多边解决。印度和巴基斯坦建国后就爆发了第一场印巴战争，在联合国的调停下，印巴双方同意按照联合国的方案在合适的时机按照克什米尔人的意愿决定该地区的归属。因为该地区是穆斯林占多数的地区，因此该方案也相对有利于巴基斯坦，这也是巴基斯坦所希望的"多边"原则。1971 年，印巴发生第三次战争，后在俄罗斯的调停下签订《西姆拉协定》。根据该协定，克什米尔问题由印巴双方解决，这也是至今印度所一直要求的"双边"原则。因此，巴基斯坦总理谢里夫在第 69 届联合国大会上发言称，克什米尔问题已被搁置几十年，至今未了。②

10 月 7—8 日是巴基斯坦穆斯林的开斋节，印度方面在这两天沿印度一侧向巴方发射炮弹，共造成 12 名巴基斯坦平民遇难。③ 联合国、美国都呼吁巴印两国在印巴实控线上保持克制，并希望两国能够通过对话来解决双方的分歧。④ 10 月 10 日，巴基斯坦总理谢里夫主持国家安全委员会会议，讨论印度在实控线附近的炮击行为，会后内政部长尼萨尔对记者表示，战争不是印度和巴基斯坦应有的选择，巴基斯坦请求联合国派遣监督员调查在印巴实际控制线到底是哪一方先实施炮击行为的。⑤ 10 月 12 日，巴基斯坦总理国家安全与外交事务顾问阿齐兹就印度在查谟—克什米尔实控线地区故意挑起事端而导致边境安全局势不断恶化致函联合国秘书长潘基文，希望联合国发挥其在缓和地区紧张局势方面所能起的作用，并希望

---

① "Mangoes for Modi", The Nation, September 6, 2014, http://nation.com.pk/national/06-Sep-2014/mangoes-for-modi.
② "PM is out and loud for Kashmir solution", The Nation, September 27, 2014, http://nation.com.pk/archives/Sep-27-2014.
③ "Thousands flee Indian firing at Sialkot border", The Nation, October 9, 2014, http://nation.com.pk/national/09-Oct-2014/thousands-flee-indian-firing-at-sialkot-border.
④ "US, UN urge Pak-India talks resumption", The Nation, October 9, 2014, http://nation.com.pk/national/09-Oct-2014/us-un-urge-pak-india-talks-resumption.
⑤ "War not an option", The Nation, October 11, 2014, http://nation.com.pk/national/11-Oct-2014/war-not-an-option.

国际力量介入，帮助巴印解决两国之间存在的争端。① 10月13日，谢里夫总理再次表示，克什米尔问题的任何解决方法都必须以联合国决议和克什米尔人民的意愿为依据。10月14日。在联合国工作小组会议上，巴基斯坦外交官强调解决几十年来影响南亚和平与稳定争端的重要性，并与印度外交官就克什米尔地区争端进行了口头上的交流。10月18日，巴陆军参谋长拉希勒发誓将抵御任何外来入侵，称只有按照联合国决议和根据克什米尔人民的意愿解决当前问题，才能维护地区的持久和平。②

印巴边界交火和联合国的争论标志着"就职外交"后短暂升温的巴印关系得到彻底冷却。11月2日晚，在印巴边境瓦嘎的一家路边餐馆发生自杀性袭击，导致包括妇女、小孩和预备役部队人员在内的至少60人死亡，80多人受伤。真主军（Banned Organisation Jundullah）宣布对此次袭击事件负责。③

### （四）巴基斯坦与其他国家的关系

巴基斯坦与沙特阿拉伯的关系是巴基斯坦与伊斯兰世界关系中的重要一环。2014年1月6日，沙特阿拉伯外交部部长费萨尔抵达巴基斯坦杰格拉拉空军基地，开始对巴基斯坦进行为期两天的正式访问，双方重点讨论了地区安全尤其是北约从阿富汗撤军后的地区安全，并洽谈了贸易与投资、基础设施、水电水利等经贸领域的合作。1月22日，巴基斯坦政府宗教事务部长穆罕默德·优素福博士和沙特麦加朝圣部长阿哈加尔分别代表巴基斯坦和沙特阿拉伯王国签署了2014年朝圣协议。2月4日，巴基斯坦陆军参谋长拉希勒赴沙特阿拉伯开展为期3天的官方访问，并拜访沙特阿拉伯皇储萨勒曼·本·阿卜杜勒，双方围绕国防、安全合作、地区稳定和增进双边关系展开对话。2月15—17日，沙特阿拉伯王储兼副首相、国防

---

① "Pakistan seeks UN role to calm LoC", The Nation, October 13, 2014, http://nation.com.pk/national/13-Oct-2014/pakistan-seeks-un-role-to-calm-loc.

② "Kashmir holds key to lasting peace: COAS", The Nation, October 19, 2014, http://nation.com.pk/national/19-Oct-2014/kashmir-holds-key-to-lasting-peace-coas.

③ "Suicide blast hits Wagah", Daily Times, November 3, 2014, http://www.dailytimes.com.pk/national/03-Nov-2014/suicide-blast-hits-wagah.

大臣萨勒曼对巴基斯坦进行为期3天的友好国事访问。巴基斯坦国防部长阿西夫与其举行会谈，两国同意加强在国防生产和军事人员相关技能培训方面的合作。双方还签订两项经济合作协议，根据协议规定，沙特阿拉伯将会为巴基斯坦从沙特进口尿素化肥和巴基斯坦福克纳水电项目的建设提供总价值1.83亿美元的经济援助。4月16日，为期两天的第十届巴基斯坦—沙特联合部长级会议在利雅得召开，主要讨论了双边贸易与商务关系以及提高双边经贸往来等问题。7月19日，巴基斯坦总理谢里夫前往沙特进行国事访问。

阿富汗是巴基斯坦的近邻，是关系巴基斯坦国家安全的重要国家，而巴基斯坦又是国际社会解决阿富汗问题无法回避的国家。2014年两国关系的新特点具体表现在：第一，领导人往来频繁，安全问题仍是主要话题。1月11日，巴总理谢里夫与阿富汗总统卡尔扎伊互通电话，双方就双边关系、协调反恐与合作等议题进行了交流。2月13—14日，谢里夫总理出席在土耳其首都阿卡拉举行的巴基斯坦、土耳其和阿富汗第八届三边峰会，并与阿富汗总统卡尔扎伊会面。会后三国发表的联合声明重申了共同打击任何形式的恐怖主义的决心，同时也强调了政治解决阿富汗国内问题的重要性，并敦促阿富汗塔利班加入阿富汗的和平进程。[①] 2月23—24日，第九届巴基斯坦—阿富汗联合经济委员会第一次会议在阿富汗首都喀布尔召开，双方承诺加强双边经济合作，促进两个国家的和平与稳定。3月27日，巴基斯坦总统侯赛因会见了阿富汗总统卡尔扎伊。两国元首一致认为，恐怖主义和极端主义是双方共同面对的威胁。5月19日，巴基斯坦陆军参谋长拉希勒前往喀布尔同阿富汗陆军参谋长卡里米、北约驻阿富汗国际安全部队司令约瑟夫将军举行会谈。9月29日，巴基斯坦侯赛因总统应邀前往阿富汗首都喀布尔参加阿富汗新总统阿什拉夫·加尼（Ashraf Ghani）和首席行政长官阿卜杜拉·阿卜杜拉（Abdullah Abdullah）的就职典礼。11月6日，巴基斯坦陆军参谋长拉希勒出访阿富汗，与阿富汗总统阿什拉夫·加尼、首席行政官阿卜杜拉·阿卜杜拉等人分别举行会谈，并提议帮助训练阿富汗国民军，还承诺向阿富汗提供一个步兵旅的装备。11月

---

① "Ankara Summit committed to joint peace efforts", The Nation, February 14, 2014, http://nation.com.pk/national/14-Feb-2014/ankara-summit-committed-to-joint-peace-efforts.

14日，阿富汗总统阿什拉夫·加尼访问巴陆军总部，并与巴陆军参谋长拉希勒举行会晤。加尼总统表示，阿富汗希望巴基斯坦在边境管理和武装部队人员培训方面给予配合与支持。12月19日，巴基斯坦陆军参谋长拉希勒访问阿富汗，同阿富汗总统阿什拉夫·加尼和国际安全援助部队总司令约翰·坎贝尔（John Campbell）分别举行会晤。第二，越境袭击不止，打恐目标存在争议。6月4日，巴基斯坦军方称，当天早上阿巴边境线另一侧的阿富汗叛乱分子向巴基斯坦巴焦耳地区发射炮弹，造成包括2名士兵在内的4人遇难，另有4人受伤。7月1日，巴基斯坦政府否认在北瓦济里斯坦打击恐怖主义的行动中存在歧视行为，要求阿富汗政府逮捕巴基斯坦塔利班首脑法兹卢拉，并将其移交给巴基斯坦政府。巴基斯坦政府也明确表示，决不允许任何人利用巴基斯坦领土反对任何其他国家。9月17日，阿富汗外交部照会巴基斯坦，称其在北瓦济里斯坦打击恐怖主义分子的行动导致阿富汗4名士兵丧生。第三，CASA－1000项目过境费用谈判取得进展。10月11日，在世界银行行长金镛（Jim Yong Kim）和美国巴阿事务特别代表丹·费尔德曼（Dan Feldman）的见证下，巴基斯坦和阿富汗在世界银行总部签订了CASA－1000能源项目的电费协定，巴基斯坦可从每千瓦的过境电力中获得1.25美分的收益。

巴基斯坦和伊朗国民大都信奉伊斯兰教，但由于主体分别信奉逊尼派和什叶派，因此两国虽然相邻，但都有各自考虑，伊朗—巴基斯坦天然气管道项目历经多年仍无法顺利实施。2014年5月11日，应伊朗总统哈鲁尼的邀请，巴总理谢里夫抵达德黑兰，开始对伊朗进行为期两天的正式访问，这是谢里夫自上任以来首次访问邻国。其间，谢里夫与哈鲁尼举行正式会晤，双方领导人一致重申加强双边贸易的重要性，同意继续推进伊朗—巴基斯坦天然气管道建设项目，赞同提高双方各领域的双边关系，为此双方签署了8个谅解备忘录（协议书）。9月22日，巴总理国家安全与外交事务顾问阿齐兹与伊朗外交部长扎里夫（Javad Zarif）在联合国总部举行会谈，双方讨论了包括伊朗—巴基斯坦天然气管道在内的双边问题。10月27日，巴基斯坦石油部长阿巴斯（Shahid Khaqan Abbasi）率领代表团访问伊朗，与伊朗讨论加快实施伊朗—巴基斯坦天然气管道项目建设。12月9日，伊朗经济事务与财政部部长阿里·塔伊布尼亚（Ali Taiebnia）在巴总理府拜会了谢里夫总理，双方讨论了双边经济关系。

作为英联邦成员国，巴基斯坦与英国关系密切。2014年3月15日，巴总理国家安全与外交事务顾问阿齐兹代表巴基斯坦出席了在伦敦举行的英联邦国家外长级会议。4月2日，巴总理谢里夫同英国国家安全顾问达洛奇会谈，并表示巴基斯坦全力支持阿富汗的民主化进程。4月30日，巴总理谢里夫与英国首相卡梅伦在唐宁街10号首相官邸举行会谈，双方就涉及两国共同利益的问题表示完全互相理解。11月19日，英国反恐行动特使克劳维斯在巴基斯坦首都伊斯兰堡拜会了巴基斯坦国防部长阿西夫。阿西夫强调在以美国为首的北大西洋公约组织（北约）和国际安全援助部队（ISAF）撤出阿富汗后，巴基斯坦将起到稳定阿富汗局势的作用。12月5日，谢里夫总理访问英国，称巴基斯坦始终致力于维护和遵守英联邦国家的价值观和原则。在阿富汗问题上，他强调一个稳定、繁荣、民主的阿富汗符合巴基斯坦的利益。

2014年，巴基斯坦与俄罗斯的关系得到较大提升。1月6日，在巴联邦财政部长达尔的主持下，巴基斯坦与俄罗斯代表团就解决双边贸易问题进行了讨论。5月23日，巴国会议长萨迪克与俄罗斯联邦议会主席马特文科（Valentina Matvienko）在莫斯科举行会面，双方认为除了经贸、能源和制造业外，两国还应强化立法部门间的合作。8月21日，俄罗斯联邦海军部长维克多·齐尔诺夫（Viktor V. Chirkov）应巴基斯坦海军参谋长的邀请对巴基斯坦进行为期4天的军事合作访问。11月20日，巴基斯坦与俄罗斯签署防务合作协议。协议由巴国防部长阿西夫和俄罗斯国防部长绍伊古签署，被巴国防部称为巴俄两国防务合作的基石。绍伊古此次访问也是苏联解体后俄罗斯国防部长第一次访问巴基斯坦，标志着巴俄关系进入新阶段。

巴基斯坦与日本的关系以经贸合作为主。2014年1月2日，谢里夫总理在与日本驻巴基斯坦大使会谈时表示，日本是巴基斯坦一个非常重要的合作伙伴，巴基斯坦愿意与日本加深各领域的合作。4月23日，日本政府表示，将为巴政府提供近5200万美元的金融贷款，用于支持巴能源领域的改革。10月18日，日本驻巴基斯坦大使重申，日本将为改善巴基斯坦的卫生设施提供资金。11月7日，日本向巴基斯坦红十字会提供10万美元的援助资金，用于帮助受洪灾影响地区的民众。

德国是巴基斯坦第四大贸易伙伴，是巴在欧盟中的第一大贸易伙伴，巴基斯坦与德国的双边贸易额每年在 25 亿美元左右。2014 年 9 月 15 日，巴基斯坦与德国第二轮双边政治协商会议在伊斯兰堡举行，巴基斯坦总理国家安全与外交事务顾问阿齐兹邀请德国对巴基斯坦进行投资，并在新能源领域和职业机构培训方面进行合作。11 月 10 日，应德国总理穆克尔的邀请，谢里夫总理对德国进行了为期两天的正式国事访问。谢里夫表示，巴基斯坦和阿富汗将相互保证自己的领土不会被用于跨境恐怖活动，消灭恐怖主义符合两国共同的国家利益，巴基斯坦渴望和平并将尽最大的努力促进阿富汗的和平与稳定。

巴基斯坦与其他国家也保持着友好交往的关系。2014 年 3 月 10 日，巴基斯坦国防装备部秘书马利克会见来访的马尔代夫武装部队总司令艾哈迈德少将，双方达成协议，巴基斯坦向马尔代夫出售一定数量的"雷电"战机和轻型武器。3 月 16 日，第二轮巴基斯坦—欧盟战略对话在布鲁塞尔举行，双方同意在能源、气候变化、科研和高等教育等领域进行合作。5 月 17 日，巴基斯坦 澳大利亚第四轮双边政治磋商在伊斯兰堡举行。

# 2014 年孟加拉国综述

李建军[*]

2014 年，孟加拉国第十届国民议会选举如期举行，人民联盟主席哈西娜在没有对手的选举中轻松获胜，连任总理，但大选结果备受争议。经济方面，增速放缓，但主要经济指标如 GDP 增长率、外贸出口、财税收入、外汇储备表现良好；经济发展仍面临对抗性政党政治、产品结构性问题与基础设施不足的挑战。外交方面，继续执行全方位外交政策，在大国中寻求多边平衡，对外关系形势良好；在积极发展与中国、印度、美国等国关系的同时，与日本的关系大踏步发展。

## 一、大选如期举行，哈西娜在争议中获连任

2014 年 1 月 5 日，孟加拉国第十届国民议会选举如期举行，由于卡莉达·齐亚领导的反对党 18 党联盟联合抵制，拒绝参选，执政的哈西娜进行了单边选举。哈西娜领导的人民联盟赢得了没有对手的选举，哈西娜连任总理。原总统艾尔沙德领导的民族党成为最大反对党，而卡莉达·齐亚领导的民族主义党则彻底出局，沦为街头政党。

---

[*] 李建军，教育部人文社会科学重点研究基地四川大学南亚研究所助理研究员。

## （一）大选基本情况

孟加拉国第十届国民议会选举投票时间为2014年1月5日上午8时至下午5时。国民议会中共有350个席位，其中300个由选民直接选举产生，50个为妇女保留席位，任期均为5年。此次大选通过选民投票产生孟第十届议会，获得超过半数席位的党派将拥有组阁权，来自41个政党的651名候选人以及独立候选人报名参选。孟全国共有注册选民9190万，由于153个选区的候选人自动当选，因此仅需产生剩余147个议席，需投票的选民人数约为4393.9万，为1996年以来最低。孟选举委员会在全国1.8209万个选举中心设立了91213个投票点，为保证大选顺利进行，政府在全国部署了37.5万安保力量，并安排5万名士兵保持警戒状态。

## （二）选举结果

由于卡莉达·齐亚领导的反对党18党联盟联合抵制，拒绝参选，因此哈西娜领导的人民联盟赢得了"没有对手的战争"，取得压倒性胜利。人民联盟赢得议会300个席位中的234席（其中127席自动当选），占议会议席总数的78%，创下了独立战争以来第三次（曾经连续两次）赢得2/3多数票的纪录。最大反对党为艾尔沙德领导的民族党，仅占34席，其中20席自动当选。与人民联盟结盟的小党（如工人党、民族社会党）赢得有史以来最多的议会席位，孟加拉民主主义前线、孟加拉塔瑞卡特联盟（Bangladesh Tarikat Federation）首次赢得议会席位。16名独立参选人打败人民联盟竞争对手（包括人民联盟现任议员参选人）而胜出，其中12人是前人民联盟成员，后脱离人民联盟独立出来。

根据孟加拉国选举法规定，只要某一选区内的登记候选人为单一竞选者，候选人自然成为新一届议员。此次大选，孟全国300个选区中有153个只有一名候选人，无需投票直接当选，这其中有127名候选人来自人民联盟。在其余的147个选区中，人民联盟在107个选区获胜，这使得人民联盟获得的总席位达到234个。此次选举亦创下孟建国以来选举的"四个之最"：议员自动当选人数历史之最，有152席之多，超过由选民直接选举产生的 300 席的一半；最强大的执政党；最虚弱的反对党；议会代表的广泛性最低。2014 年 1 月 12 日，以哈西娜任总理的新内阁 49 名成员在总统哈米德的主持下宣誓就职。

### （三）大选结果备受争议

本届大选从宪法理论角度讲毋庸置疑，但从政治现实来看却充满争议。国内反对党强烈质疑本届大选，反对党领袖卡莉达·齐亚于 1 月 6 日表示，此次投票是一场"选举闹剧"。由哈西娜政府幕后操纵的单方面选举遭到人民的反对，政府继续执政已缺乏道义、法律基础。她强调没有一个政党可以在未经人民授权的情况下执掌政权，要求取消选举结果，重新组织自由、公正、多党参与的大选，呼吁各国给予支持，规范孟民主标准。她宣布将于 1 月 6、7 日发起全国大罢工，抗议政府举行单方面大选，此前宣布的不间断封路运动也将继续推进。

国际社会反应各异。哈西娜在大选中胜出后，孟加拉国的利益攸关方很快向其表示祝贺，承认大选结果，其中包括印度、中国、俄罗斯等大国。印度至始至终都是哈西娜政府的坚定支持者和强有力的盟友，第一个承认本届大选结果。1 月 6 日，印度政府发表声明称，孟本届选举为"遵守宪法规定"的选举。1 月 13 日，印度总统慕克吉致电哈西娜，祝贺其第三次当选孟总理。1 月 15 日，中国总理李克强向哈西娜发去贺信，祝贺其领导的人民联盟在选举中获胜，并第三次当选孟总理。俄罗斯、柬埔寨、越南、新加坡、斯里兰卡、尼泊尔、缅甸等国先后向哈西娜总理发来贺信，祝贺其连任。西方国家对选举持中立态度，既不承认选举合法，也不承认违法。美国、英国、德国、法国等西方国家发表声明称，孟第十届议会选举"令人失望"，"极其有限"地代表民意，号召两大主要政党应在民主制度框架内重启对话，消除分歧，共同推动包容、和平、可信、民主的大选。但它们又同时表示，仍将与孟新政府继续开展合作。

在哈西娜政府采取的强有力的措施保障下，新一届政府已顺利执政一年，有效化解了因大选带来的内外部危机，孟政局已日趋明朗，政局渐稳。

## 二、经济增速放缓,面临诸多挑战

据世界银行的测算,2014 财年(2013 年 7 月 1 日—2014 年 6 月 30 日)孟 GDP 增长率为 5.9%,仅比上一财年的 5.8%增长 0.1%,远低于孟政府设定的 7.3%的目标。虽然孟国家主权信用等级被国际评级机构穆迪评定为"Ba3"级,评级展望稳定,但受对抗性政党政治、产品结构性问题、基础设施建设不足等不利因素的影响,经济发展仍面临诸多挑战。

### (一)经济增速不大,但主要经济指标表现良好

2013—2014 财年,孟 GDP 增长率连续第二年低于 6%,增速进步不大,与上一财年基本持平,但经济基本保持平稳运行,主要经济指标表现良好。

**1. GDP 增速尚可**

2013—2014 财年,孟 GDP 增长率为 5.9%,低于孟政府 7.3%的目标,但高于南亚地区除印度外的其他邻国(平均增速为 5.1%)。本财年,孟人均收入稳步增长,继续突破 1000 美元。据孟统计局测算,2013—2014 财年孟人均收入增长 12.9%,达到 1190 美元,比上一财年的 1054 美元增长 136 美元,[1] 更加接近中等收入国家的标准,位列南亚国家第四。

**2. 出口保持增长态势**

2013—2014 财年,孟进出口均实现增长。其中,进口额比上一财年增长 13.92%,达 370 亿美元;出口额比上一财年增长 15.2%,达 301.7 亿

---

[1] "孟人均收入水平有望继续增加",中国驻孟加拉国大使馆经商参赞处,2014 年 6 月 1 日,http://bd.mofcom.gov.cn/article/jmxw/201406/20140600611110.shtml。

美元，但与孟制定的 305 亿美元出口目标稍有差距。出口收入主要依靠六大产品（纺织品、冷冻食品、黄麻及其制品、皮革及其制品）和四大市场（欧盟、美国、加拿大、日本），成衣出口仍独占鳌头。孟目前是世界上仅次于中国的全球第二大成衣出口国，在全球成衣市场所占份额为 5%。2013—2014 财年，孟成衣出口 244.9 亿美元，较上一财年的 215.2 亿美元增长 13.8%，创历史新高，占孟总出口额的 81.17%。成衣市场的多元化努力初见成效，出口到澳大利亚、巴西、智利、中国、印度、日本、韩国、墨西哥、俄罗斯、南非、土耳其等非传统市场的成衣产品达 29.8 亿美元，同比增长 29%；同期出口到加拿大和欧盟等传统市场的增速为 10.9%，总额为 185.4 亿美元。[①]

### 3. 财税收入微增

2013—2014 财年，孟税收总计为 1.2 万亿塔卡，同比增长 10.41%，但低于年度预算目标 3.59 个百分点（约合 448.8 亿塔卡）。增值税与所得税增速放缓是拖累孟总体税收增长的主要因素，其中增值税总额为 4300 亿塔卡，同比增长 11.75%，低于预期目标 312 亿塔卡；所得税总额为 4290 亿塔卡，同比增长 15.51%，低于预期目标 44 亿塔卡。三种主要税收中仅关税高于预期，其总税收为 3320 亿塔卡，同比增长 3.18%。[②]

### 4. 外汇储备创新高

2013—2014 财年，孟外汇储备再创新高，首次突破 200 亿美元大关。截至 2014 年 6 月 29 日，孟外汇储备达到 214.7 亿美元，成为南亚地区外汇储备排名第二的国家，仅次于印度。出口增加、劳务报酬汇款以及较低的进口支付是孟外汇储备持续增长的主要原因。其中，作为经济发展三驾马车之一的侨汇收入贡献巨大，孟侨汇收入位居全球第八。2013—2014 财

---

[①] "非传统市场服装出口快速增长"，中国驻孟加拉国大使馆经商参赞处，2014 年 5 月 18 日，http://bd.mofcom.gov.cn/article/jmxw/201405/20140500603205.shtml。

[②] "孟上一财年税收略低于预期目标"，中国驻孟加拉国大使馆经商参赞处，2014 年 8 月 14 日，http://bd.mofcom.gov.cn/article/jmxw/201405/20140500604991.shtml。

年，孟侨汇收入 142.3 亿美元，比上年同期下降 1.6%，为 13 年来首次下降。[①] 2014 年 7 月，孟侨汇收入达到 14.8 亿美元，打破了 2012 年 10 月 14.5 亿美元的最高纪录。

### （二）经济发展面临的问题

尽管孟中短期宏观经济发展前景比较光明，但也存在很多变数和制约因素。孟经济发展除要面对腐败严重、通货膨胀高企、外汇管制较多、国民职业道德低下、创新力不足等不利因素外，还存在三个主要制约因素。

**1. 对抗性政党政治严重影响经济发展**

孟新一届政府虽然已顺利执政一年，但孟民主政治长期积累的痼疾决定了其政局难以平稳发展。卡莉达·齐亚领导的反对党联盟采取街头斗争的方式，持续不断地向哈西娜政府施压，要求重新举行多党参与的议会选举，本年两党尚未进行建设性对话，政治暴力事件虽然明显下降，但投资势头并未增大，孟政局处于稳中有乱的状态，这对经济健康发展造成了严重伤害。

据世界银行发布的《孟加拉国发展报告（2014）》显示，2013 年 7 月—2014 年 1 月孟共有 45 天发生罢工和封锁活动，受上述政治动荡的影响，孟经济至少损失 14 亿美元（约合 1085.7 亿塔卡），约占 2013—2014 财年 GDP 的 1%，其中服务业损失占 86%、工业 11%、农业 3%。服务业作为占孟 GDP 比重超过 54% 的第一产业，在政治动荡中受损最为严重，包括交通运输、批发和零售贸易、国内旅游和娱乐、酒店餐饮、通信及网络、银行金融在内的多个行业均遭受重创。[②] 金融业缺少新的投资，银行贷款需求下降，致使大多数银行利润下降，债务违约有所增加。旅游业受不断停业和封锁的影响，景区内国内游客下降约 90%，许多国外旅游团取

---

① "2013—14 财年侨汇收入 13 年首次出现下降"，中国驻孟加拉国大使馆经商参赞处，2014 年 7 月 2 日，http://bd.mofcom.gov.cn/article/jmxw/201407/20140700670666.shtml。

② "世行报告：政治动荡至少给孟造成 14 亿美元损失"，中国驻孟加拉国大使馆经商参赞处，2014 年 5 月 18 日，http://bd.mofcom.gov.cn/article/jmxw/201405/20140500603204.shtml。

消赴孟旅游计划。

### 2. 产品结构性问题突出

孟出口收入主要依靠六大产品（纺织品、冷冻食品、黄麻及其制品、皮革及其制品），但这些产品多属于劳动密集型产品，技术含量低，结构单一，附加值低，中间性投入产品高度依赖进口，结构性问题突出。

2013—2014 财年，孟出口收入总额为 301.7 亿美元，其中六大产品出口收入总额为 274.9 亿美元，占比高达 91%；源自四大市场（欧盟、美国、加拿大、日本）的出口收入占总额的 80.9%。[①] 孟这六类产品的出口贸易对 GDP 的贡献越大，越反映出其商品结构单一、国家经济对这些产品依赖性强、抵御风险的能力差，同时也表明孟出口多元化的努力收效甚微。

### 3. 基础设施建设不足

基础设施建设不足已日益成为孟经济发展的瓶颈。《2014—2015 年全球竞争力报告》调查显示，基础设施建设不足（21%）、腐败（20.7%）及政府效率低下（15.3%）是影响在孟从事商业活动的最重要因素。[②] 在商业环境方面，孟加拉国在全球排名第 118 位，显示其商业环境极为恶劣，其中基础设施是影响排名的主要原因，孟在该项上的排名为 115 位。孟要降低贫困率，必须加强基础设施建设。据世界银行发布的《加强基础设施建设，消除南亚地区贫困》报告显示，为了满足日益增长的人口需求，孟 2011—2020 年需要投资 740 亿—1000 亿美元，用于电力、道路和供水设施的修建工作（换算为投资与 GDP 比值则为 7.38%—10.02%）。其中，孟应首先关注运输部门建设，其次为电力方面的投资，此外是供水和卫生设施、固体废物处理、电信以及农业灌溉。在世界银行对南亚 8 国作出的排名中，孟在电力及供水改善方面仅排名第七，人均电信接入排名第六，卫

---

[①] "孟出口多元化努力收效甚微"，中国驻孟加拉国大使馆经商参赞处，2014 年 8 月 8 日，http://bd.mofcom.gov.cn/article/jmxw/201410/20141000766827.shtml。

[②] "《全球竞争力报告》：基础设施不足与腐败阻碍孟商业发展"，中国驻孟加拉国大使馆经商参赞处，2014 年 9 月 14 日，http://bd.mofcom.gov.cn/article/jmxw/201410/20141000766868.shtml。

生设施排名第三，而在交通方面则排名最后。①

## 三、全方位发展对外关系，与日本关系大踏步前进

2014年，孟继续奉行独立自主、不结盟政策，在大国中寻求多边平衡，外交形势总体良好。哈西娜总理对中国、日本、英国进行了成功访问，有效缓解了争议性大选导致的内外部危机。孟在积极发展与中国、印度、美国等国关系的同时，与日本建立更为紧密的联系，孟日关系已提升至全面伙伴关系水平。

### （一）与中国的关系

2014年，孟中在政治、经济、军事领域的合作不断深入，两国全面合作伙伴关系得到深化与巩固。孟总理哈西娜访华，两国发表的《关于深化更加紧密的全面合作伙伴关系的联合声明》将双边关系提升到新的高度。孟中经济关系保持良好增长态势，中国超越印度成为孟第一大贸易伙伴，在孟投资总额超过50亿美元，而孟也是中国在南亚的第三大贸易伙伴。

**1. 高层互访与交流不断**

2014年，孟中各级政要广泛接触，互访交流，深化了全面伙伴关系。3月24日，中国最高人民检察院副检察长柯汉民会见孟司法委员会主席苏伦德拉·库玛·辛哈一行。3月30日，云南省省长李纪恒访孟，拜会哈西娜总理。5月13日，全国人民代表大会常务委员会副委员长严隽琪一行访孟，会见哈西娜总理、民族主义党主席卡莉达·齐亚。6月4日，中国—孟加拉国经贸联委会第13次会议在昆明举行，商务部副部长高燕与孟财政部秘书麦吉巴赫丁共同主持会议。6月6—11日，哈西娜总理访华，其

---

① "世行预计未来10年孟基础设施建设投资需求达1000亿美元"，中国驻孟加拉国大使馆经商参赞处，2014年5月15日，http://bd.mofcom.gov.cn/article/jmxw/201405/20140500603197.shtml。

间与习近平主席、李克强总理、全国政协主席俞正声进行会谈。哈西娜总理还出席了在昆明举行的第二届中国—南亚博览会开幕式,其间与国务院副总理汪洋进行了会谈。两国发表了《关于深化更加紧密的全面合作伙伴关系的联合声明》,签署了《中孟两国政府关于中国政府向孟加拉国政府提供无偿援助的经济技术合作协定》、《中孟两国政府关于援孟紧急救灾设备二期项目的换文》等6个合作文件。11月8日,孟总统哈米德访华,习近平主席予以会见。12月27日,中国外交部长王毅访孟,分别会见哈西娜总理、哈米德总统、民族主义党主席卡莉达·齐亚,探讨中孟贸易、援助、发展和安全等议题。

**2. 经贸、军事合作稳步提升**

孟中经贸合作保持良好发展势头,双边贸易额占中国与南亚国家贸易额的比重不断扩大。孟已成为中国在南亚国家中的第三大贸易伙伴,中国也成为孟第一大进口来源国。2013—2014财年,孟对中国出口7.46亿美元,较上一财年增长63%。中国对孟投资、工程承包稳步增长。2014年2月27日,中工国际收到孟加拉达卡供排水局支付的孟加拉帕德玛水厂项目的全部预付款,该商务合同正式生效,合同金额为2.908亿美元。4月,中国工商银行向孟古拉沙尔365兆瓦综合可再生能源发电厂建设项目提供165.3亿塔卡贷款。4月,中国为孟下一代网络(NGN)技术建设远程通信网络的"数字孟加拉"项目提供145.3亿塔卡的优惠贷款。4月29日,孟电力发展局和中国华电(香港)有限公司签署成立合资企业的合作谅解备忘录,在孟加拉湾莫斯卡里岛(Moheshkhali Island)合资投建发电能力达1320兆瓦的燃煤电厂,总金额20亿美元,该项目是孟中合作第二大项目。6月19日,中铁大桥局与孟签订帕德玛大桥的承建合同,工程造价达16亿美元,为孟建国以来最大的基础设施项目。该大桥为一座公铁两用大桥,全长逾6公里,将把孟南部21个区与首都达卡相连,还将成为中国泛亚铁路的重要组成部分。10月24日,孟加拉国与其他20国在北京正式签署《筹建亚洲基础设施投资银行备忘录》,孟作为创始成员国加入该银行。11月10日,孟与中国水电公司签署合同,由中国水电公司承揽帕德玛大桥项目河道疏浚工程,合同金额为870.781亿塔卡(约合11亿美元)。12

月15日，中孟签署建设第八友谊大桥协议，该桥耗资约1.3亿美元。12月17—18日，孟中印缅经济走廊四方联合工作组第二次会议在科克斯巴扎尔举行。12月17日，京东集团创始人兼首席执行官刘强东、格莱珉银行创始人尤努斯在北京宣布共同建立格莱珉中国，旨在开展小额贷款项目和推广社会型企业。

孟中军事交流形式多样，内容丰富。2014年2月，孟中签署总价为9.3亿塔卡的武器装备购买协议，为孟海军配备两艘轻型导弹护卫舰。4月3日，孟179名海军官兵乘军舰前往中国青岛参加2014年国际海上阅兵式和4月21—25日举行的多国海上联合演习。4月，孟中签署潜艇采购合同，孟向中国购买两艘潜艇，潜艇售价为1.93亿美元。5月12日，中共中央军委副主席、空军上将许其亮一行访孟，两国签署4项军事协议，加强两国间军事合作。12月，中船重工为孟建造的两艘护卫舰之一的"独立号"完工下水，成为孟最先进的战舰。12月，孟向中方保利科技采购海军装备、新的海上平台以及建设海军基地，信用额度为10亿美元，此国防采购协议为孟中双方单协议额度历史最高。

## （二）与南亚国家的关系

发展与印度的关系一直都是孟对外关系的重中之重。2014年，孟加拉国与印度的关系平稳发展，困扰两国关系发展的水资源安全、边境争端、非法移民等问题未成为焦点，印度对哈西娜总理顺利执政提供了有力支持。孟与南亚其他国家，尤其是不丹、尼泊尔的关系日趋密切。

**1. 与印度的关系**

2014年，莫迪就任印度总理，孟印关系进入新的磨合期，两国关系平稳发展。孟印各级别的互访与磋商不断加强，印度对哈西娜政府新的执政任期提供了强力支持。2014年1月6日，印度政府发表声明，称孟本届选举为"遵守宪法规定"的选举，强调应当由孟本国人民按照自己的意愿决定未来、选出议会代表、推进民主进程。1月12日，印度总理曼莫汉·辛格致电哈西娜总理，祝贺其当选为新一届政府总理，印度亦成为国际社会第一个承认孟新政府的国家，这给处于争议大选旋涡中的哈西娜以有利支持。2月13日，孟议长乔杜里访印，会见了印总理曼莫汉·辛格。3月11日，孟印举行联委会会议。3月11日，孟印秘书级商贸联委会在孟商务部举行。3月12日，孟总理国际事务顾问利兹韦居信在新德里与印度国家安全顾问梅农就安全相关问题进行了讨论。3月20日，印度海岸警卫队抵达吉大港，进行为期4天的访问。3月20日，孟外秘哈克访孟，与印度外秘苏嘉塔就贸易、边界安全、水资源、电力、提斯塔河分水协议等问题进行磋商，还拜会了印度国家安全顾问梅农及外长库尔希德。4月22日，孟印召开铁路部门工作磋商会议，旨在加强两国铁路连接，促进跨境旅行和货物运输。5月，孟同意印度船只通过孟阿舒甘杰河港运输1万吨粮食至印度东北部的特里普拉邦，并不征收任何税费。5月27日，孟议长乔杜里访印，与印度新任总理莫迪就提斯塔河分水协议、落实两国陆地边境协定等问题进行会谈。6月23日，孟印举行内政部层级会谈，此次会谈是印度新政府成立以来两国间第一次内政大臣级别的对话。6月25日，印度外交部长斯瓦拉吉访孟，分别会见了哈米德总统、哈西娜总理、民族主义党主席卡莉达·齐亚。7月7日，孟印结束锡尔赫特至卡恰尔边界争议地段的联合考察。双方确认了上述地段界碑缺失的情况，同意重新安放界碑，以解决边界争端。7月8日，联合国常设仲裁法院公布孟印海洋划界纠纷案裁决。两国发表声明，表示尊重裁决。裁决为孟加拉湾经济发展铺平了道路，两国将从中受惠。8月5日，孟印在加尔各答举行边境会议，确定了两国就印西孟加拉邦与孟接壤地区展开联合巡查的安排。8月20日，孟边境警卫队代表团访印，与印边境安全部队举行会谈。8月23日，印度外交国务部长辛格访孟，与哈西娜总理进行会谈。9月20日，孟印联合磋商会议第一次正式会议（外长会议）在新德里举行，孟外长阿里与印度总理莫迪、总统慕克吉进行了会谈。9月27日，哈西娜总理在纽约同印度总理莫迪举行了20分钟的会谈。11月14日，"孟印高级专员峰会"在达卡召开，峰会邀请孟印两国历年来任职的高级专员出席。12月18日，孟总统哈米德访印，此次访问系30多年来孟总统首次访问印度。哈米德总统分别会见了印度总统慕克吉、总理莫迪、副总统安萨里等领导人，此次访问进一步增强了孟印紧密的双边关系。12月26日，孟边境警卫队与印度边境安全部队代表进行正式边界事务磋商。

**2. 与南亚其他国家的关系**

孟加拉国除与印度关系发展良好外，也重视发展与其他南亚国家的关系，与不丹、尼泊尔的关系尤为突出。

2014年4月9日，孟商业部官员赴不丹参加秘书级商务会议，两国讨论了市场准入、贸易便利措施、免税进出口等问题。7月16日，孟和不丹两国金融情报机构在出席亚太洗钱小组会议期间签署谅解备忘录，两国将通过信息互换加强对洗钱和资助恐怖主义等犯罪的打击。12月6日，不丹首相策林·托杰访孟，与哈西娜总理进行会谈。孟宣布单方面允许不丹使用孟吉大港和蒙格拉港两个海港以及拉尔蒙赫特和塞德普两个机场。双方续签了双边贸易协议，将互免关税商品种类由74种增至90种，还签署了在达卡向不丹提供使馆地皮的协议。

2014年8月5日，尼泊尔能源部长库玛里访孟，拜会哈西娜总理，两国签署谅解备忘录以加强能源合作，特别是孟从尼进口水电的相关问题。10月13日，尼外长潘迪访孟，拜会哈西娜总理，两国探讨了旅游合作、在南盟框架下签署合作协议实现地区平衡发展以及签署印孟尼三边协议以解决三国间道路连接等问题。11月26日，哈西娜总理赴尼泊尔参加第18届南亚区域合作联盟（南盟）峰会，其间分别会见了印度、巴基斯坦、尼泊尔、不丹、阿富汗等国领导人。11月27日，第18届南亚区域合作联盟（南盟）峰会在加德满都闭幕。各成员国发表"36点声明"，同意提升南盟秘书处作用并建立恐怖主义、原教旨主义及极端宗教主义控制机制。12月，尼泊尔同意孟关于达卡—加德满都客运线的提案，双方将就技术层面进行磋商。该提案客运线路总长1184公里，运行时长约22小时。

2014年10月，孟与斯里兰卡召开联合工作组会议，研究双边特惠贸易协定或自由贸易协定的市场潜力，并据此撰写可行性研究报告，同时决定在商请有关利益方后敲定有关草案。12月26日，孟向斯里兰卡出口的1.25万吨大米起运，这是孟首次以政府间协议形式向外国出口大米。

**（三）与西方国家的关系**

2014年，美、英等西方国家继续就民主建设、应对气候变化、提高成衣制造工厂安全水平等对孟展开援助与合作，其中孟美关系在波折中发展。

**1. 与美国的关系**

2014年，孟美关系在波折中发展。政治上，美国在孟大选结束后发布了批评声明，称孟第10届议会选举"令人失望"，主要原因是超过一半的议会席位自动当选，其余仅是象征性的反对党，大选未能真实反映孟本国人民的意愿，号召新一届政府与所有政党立即展开对话，寻找重新组织大选的合理路径，确保举行多党参与的自由、公正、可信、和平、真正意义上的选举。经济上，恢复普惠制待遇成为两国争论的焦点。2013年6月，美国以孟未能满足国际公认的劳工保护标准为由暂停了对孟的普惠制待遇，并针对相关待遇的恢复问题制订了一项限期行动方案。该方案包括要求孟政府提高劳动、消防和建筑标准，排除隐患，允许成立工会和集体谈判以及改革劳工法等16项条件。2014年，美国在审核中认为孟未能在规定的4月15日前完成全部16项条件，这已是孟第二次超期（第一次为2013年11月）。在16项条件中，孟仅完成其中6项，7项正在进行中，另有3项措施没有任何进展，美就此拒绝恢复孟普惠制待遇，并将恢复问题纳入孟美贸易与投资合作论坛议程，引起孟强烈不满。10月，哈西娜总理指示劳工部，因美国政府已搁置给予孟贸易普惠制待遇，且贸易普惠制待遇目前对孟出口助益有限，故目前不必同美国谈判恢复贸易普惠制待遇。

孟美两国安全、军事、经济合作机制化不断发展。4月22日，孟美在达卡举行第三次安全对话，美国务院、国防部等部门20人组成的代表团访孟。安全对话主要包括人道主义救助及救灾、维和行动与防务合作、反对恐怖主义、海上及边界安全4个议题。4月28日，孟美贸易投资合作框架协议第一届会议召开，会议议程包括降低关税、普惠制待遇、技术转让、巴厘岛方案、劳工权益等。9月27日，孟美举行"海上战备训练2014"联合演习，强化两国海军合作。10月21日，两国在美国首都华盛顿举行第三届孟美伙伴关系对话，议题主要涉及与劳工、地区交通、气候变化、反恐、食品安全等有关的问题。10月，孟美第三届双边军事对话在夏威夷举行，两国代表团列出了未来5年军事训练和其他事项的日程表。

**2. 与欧洲国家的关系**

2014年，孟加拉国与欧洲国家继续保持良好关系，欧洲国家为孟提供援助，帮助孟改善民主、提高成衣业安全水平、应对气候变化等问题。

3月24日，欧洲议会代表团访孟，先后会见孟外长阿里、商务部长艾哈迈德以及民族主义党主席卡莉达·齐亚。3月26日，欧洲议会访孟代表团发表声明，敦促孟两大主要政党开展对话，让孟人民充分享有选择其代表的机会和民主权利。3月28日，德国开发银行宣布将向孟提供6000万欧元援助，用于发展孟电力行业。3月31日，英国际发展部大臣艾伦·邓肯访孟，了解孟制衣企业在工人安全保障等方面所取得的进步，关注拉纳大厦倒塌事件中受伤人员的康复情况等。4月29日，德国议员代表团访孟，分别与总理哈西娜、议长乔杜里、民族主义党主席卡莉达·齐亚、孟服装加工和出口商协会负责人等进行会谈。德国表示，对1月5日只有少数人参加的选举表示关注，希望人民联盟与民族主义党能够释放重启对话的积极信号。5月，荷兰表示为孟长达50—100年的三角洲计划提供资金支持，主要用于河道疏浚和河流管理，以应对气候变化的影响。7月14日，欧盟驻孟大使汉纳宣布，2014—2020年欧盟将把向孟提供无偿援助的规模从此前的每年6000万欧元提高至1亿欧元以上，无偿援助将重点用于改善教育和技能培训、确保食品安全和营养以及推进民主和良政三大领域。7月22日，哈西娜总理访问英国，会见英国首相卡梅伦。卡梅伦表示，英国政府将继续支持孟社会经济发展。9月9日，荷兰外交部代表团访孟，与孟商务部长托菲就索纳迪亚深水港项目进行探讨。11月24日，瑞典国际发展合作部长访孟，启动为期6年的瑞孟发展合作战略，瑞典将在未来7年向孟提供165.9亿塔卡援助，主要用于良政、政务透明、反腐、扶贫、民主建设、尊重人权和性别平等、可持续发展等方面。12月10日，德国宣布向孟方提供5000万欧元，用以改善成衣厂生产能力和环境。12月，孟授权法国欧贝特科技公司（Oberthur Technologies）为9000万国民制作智能身份证，涉及资金约1亿美元。

## （四）与日本的关系

日本视孟加拉国为南亚重要的合作伙伴，两国最高领导人实现年内互访，孟日伙伴关系大踏步发展，已提升至全面伙伴关系水平。

日本继续通过增加援助与投资深化日孟关系。目前，日本是孟最大的援助国。在过去40多年中，日本已向孟提供超过98.1亿美元的贷款、49亿美元的无偿援助和6.38亿美元的技术合作。[1] 在两国全面伙伴关系框架下，双边经贸合作关系进一步深化。截至2014年，日本在孟境内从事投资活动的公司至少有181家，投资金额达13亿美元。其中有35家企业在孟出口加工区内设厂，总投资近3亿美元，另有12亿美元投资等待审批。2013—2014财年，孟对日本出口增长率为14.9%，出口规模达到8.62亿美元。

两国全面伙伴关系日益成型。2014年3月21日，日本外相岸田文雄访孟，就日孟经济合作方式与哈西娜总理进行会谈。3月24日，日本宣布向孟提供33.9万美元援助，用于吉大港山区县的农业发展和奈托库纳地区一所乡村医院的建设。5月15日，两国签订备忘录，日本将向孟提供1.57亿塔卡奖学金，用于资助孟学生留学日本学习人力资源管理。5月25日，哈西娜总理访问日本，这将是其连任总理以来首次外访。其间，哈西娜拜会了日本天皇，并与日本首相安倍晋三就加强双边关系进行会谈，两国同意建立全面合作伙伴关系，共同签署了21点联合声明。安倍晋三宣布，在未来4—5年内向孟提供将近59亿美元的经济援助，用于日本提出的孟加拉湾工业增长带概念。双方同意启动外秘级对话和公私经济对话，在孟建立维和培训中心，就和平利用核能启动专家级对话。5月27日，孟出口加工区管理局和日本贸易振兴机构签署协议，决定在孟依苏尔迪（Ishwardi）、蒙哥拉和乌托拉三个出口加工区内为日本投资者预留40块工业用地。6月17日，孟经济关系局与日本国际协力局签署协议，日本向孟提供11.8亿美元贷款，其中4.06亿美元用于建设马塔巴瑞燃煤电站，其余资金将用

---

[1] "日本向孟提供11.8亿美元贷款"，中国驻孟加拉国大使馆经商参赞处，2014年6月18日，http://bd.mofcom.gov.cn/article/jmxw/201406/20140600640069.shtml.

于提高孟天然气利用效率、强化城市治理能力、洪水治理及提升农业产出等项目，贷款年利率仅为 0.01%，还款期为 40 年，且有 10 年宽限期。6月 18 日，日本国际协力局向孟能源部提交在孟建设"特别经济区"的建议方案。该"特别经济区"将覆盖孟东南部吉大港地区和科克斯巴扎尔地区，日本国际协力局将协助在上述地区建设世界级旅游区、深水港、煤炭码头及海上液化天然气码头等设施。8 月 11 日，15 名孟青年公务员赴日留学。该批公务员在"日本发展奖学金"项目下赴日本东京大学、明治大学等学习两年半，并将获得硕士学位。截至目前，已有 228 名孟青年公务员通过该项目留学日本。8 月 12 日，孟批准玛塔巴瑞岛 1200 兆瓦燃煤电厂建设项目。该项目预计耗资 45 亿美元，系孟迄今为止最大的投资项目，日本国际协力局将提供 38 亿美元软贷款。8 月 18 日，日本官方发展援助政策对话团访孟，与孟代表团举行会谈。日本提出建立联合论坛，在论坛框架下于达卡、东京定期轮流举行会议。8 月 22 日，孟日举行第一次公私经济联合对话，两国就改善投资环境及体制、发展基础设施、建设特别经济区等问题进行会谈。9 月 6 日，日本首相安倍晋三访孟，与哈西娜总理进行会谈。他是人民联盟于 2014 年 1 月赢得争议性大选以来，第一位到访的西方大国政府首脑。两国同意在"全面伙伴关系"框架下，进一步深化经贸合作关系。孟方承诺将在最大港口城市吉大港周边安排约 2 平方千米土地供日本在孟建设特别经济区。哈西娜总理宣布，孟将退出与日本竞争联合国安全理事会非常任理事国亚洲太平洋地区席位，并支持日本竞选该席位。安倍晋三重申哈西娜总理 5 月访问时日本对孟 59 亿美元的援助承诺，用于执行"玛塔巴瑞计划"，包括在孟科克斯巴扎尔地区建设火电厂和深水码头等。

### （五）与缅甸的关系

2014 年，随着缅甸民主改革进程的发展，孟缅外交活跃，两军高层领导会晤增多，就罗辛加难民遣返、非法移民、能源合作、跨境犯罪等问题积极对话，虽然发生了边境交火事件，但两国增信释疑，事件得到平息。

1 月 14 日，孟缅经济联委会召开第 7 次会议，两国同意共同致力于将双边贸易额从每年 1 亿美元提高至 5 亿美元。3 月 3 日，哈西娜总理访问缅甸，与缅甸总统吴登盛、缅甸全国民主联盟总书记昂山素季就罗辛加难民、孟中印缅经济走廊建设、打击恐怖主义等问题进行会谈。5月28日，孟缅两国边境紧张气氛升级，孟边境警卫队和缅甸边防警察交火5小时。随后，两国都在边境地区增派武装人员，并部署重型武器。5月31日，缅甸向孟移交了孟方遇难士兵的遗体。6月5日，孟边境警卫队与缅甸边防警察部门在缅召开副司级会议，就5月28日缅甸无故射杀孟人员造成的紧张局势进行磋商。缅甸就事件致歉，但以防范罗辛加团结组织攻击为由，拒绝孟提出的从边境撤军的要求。6月11日，孟缅两国边防军队负责人进行磋商，两国同意在边境地区合作遏制武装组织和犯罪分子的有关活动，通过电话等方式保持直接沟通，并建立边境联络办公室。孟宣布，两国交火的起因是双方对新界标的理解存在分歧，目前误会已经消除。6月17日，缅甸边防警察根据双边引渡协议，向孟边境卫队移交32名非法闯入缅境内且已执行监禁的孟公民。8月28日，缅甸副外长吴丹觉访孟，两国就罗辛加难民、边境管控和打击毒品等问题进行会谈。8月31日，第八届孟缅外秘级会谈在达卡举行，两国就孟罗辛加难民、边境管理、贩卖人口、促进贸易与投资、海上运输等问题进行磋商。11月9日，孟总统哈米德在北京会见缅甸总统吴登盛，就罗辛加难民、加强经贸合作等问题进行交流。12月，根据孟缅外交磋商达成的共识，孟成立由吉大港地区专员领衔的联合工作组，负责遣返2415名缅难民。12月20日，孟缅设立边境联络办公室，共同解决跨境犯罪、罗辛加难民非法进入等问题。

# 2014 年尼泊尔综述

黄正多[*]

2013 年大选后,尼泊尔国内政治格局发生重大变化。在这样的背景下,2014 年 2 月,在尼共(联合马列)的支持下,大会党主席苏希尔·柯伊拉腊当选为尼泊尔新一届总理。在就职典礼上,柯伊拉腊希望与各派政治势力展开对话,解决所有政治分歧,在一年内完成宪法制定。但就目前而言,尼泊尔各政治派别之间的矛盾依然很大,短时间内很难就宪法的制定达成一致。

## 一、国内政治格局出现重大变化

### (一)苏希尔·柯伊拉腊当选为新一届尼泊尔政府总理

2008 年尼泊尔首次制宪会议选举,尼联共(毛)获得 220 席,成为第一大党;大会党获得 110 席,尼共(联合马列)获得 103 席。但在 2013 年 11 月举行的尼泊尔制宪会议第二届选举中,尼泊尔主要政党的排位发生重大变化。尼泊尔大会党以 196 席位居第一,尼共(联合马列)与尼联共(毛)分别以 175 席、80 席居于第二、第三位。

根据尼泊尔临时宪法,制宪会议第一次会议必须在选举结果公布后 21 天内进行。但尼联共(毛)宣布抵制计票结果,称选举存在舞弊和阴谋,

---

[*] 黄正多,教育部人文社会科学重点研究基地四川大学南亚研究所副研究员。

并拒绝提交不分区选举席位名单，还与其他一些政党结成18党联盟，要求当局成立高级别的调查小组，对选举过程进行独立调查。该联盟称，如果这一要求得不到满足，将拒绝加入新一届制宪会议，而其他党派也因内部矛盾而无法及时递交本党按比例制选出的议员名单。原定在投票后一个月内提交不分区选举席位名单的截止日期被迫推迟至2013年12月30日。经过多番协商，尼联共（毛）终于转变立场，于30日当天提交名单。随后在尼泊尔新一届制宪会议召集问题上，尼泊尔临时政府总理与总统府方面也存在一些争议。2014年1月11日，尼泊尔总统亚达夫与临时政府总理雷格米举行会谈后，各方作出让步，由临时政府总理雷格米召集会议。

2014年1月26日，在大会党党内选举中，苏希尔·柯伊拉腊以微弱优势战胜该党前主席、曾担任三届总理的谢尔·巴哈杜尔·德乌帕，成功当选大会党议会党领袖，并被提名为该党总理候选人，这扫除了自大选后新政府迟迟无法成形的主要障碍。

同日，经历了重重困难才组建起来的尼泊尔新一届制宪会议正式召开第一次立法会议。会上，主要党派领袖均表示继续拥护上一届制宪会议已有成果，并承诺在一年内完成新宪法的制定工作。尼泊尔大会党主席苏希尔·柯伊拉腊表示，作为本届制宪会议第一大党，大会党将在宪法制定过程中发挥领导作用，并在规定时间内对尚存争议的问题通过协商一致的方式进行梳理。通过协商，大会还确定于2月10日举行总理选举。

2月9日，尼共（联合马列）与大会党达成协议，尼共（联合马列）支持苏希尔·柯伊拉腊当选总理领导新一届联合政府；作为回报，尼泊尔大会党支持尼共（联合马列）候选人竞选制宪会议主席的职位，将内阁最重要的内政部交给尼共（联合马列）。2月10日，553名议员参加了尼泊尔第二届制宪会议总理选举，唯一候选人、尼泊尔大会党主席苏希尔·柯伊拉腊获得405张赞成票，以超过2/3的绝大多数支持率胜出，顺利当选尼泊尔联邦民主共和国的第六任总理。[①]

2月11日，在尼泊尔首都加德满都，大会党领袖苏希尔·柯伊拉腊在总统拉姆·亚达夫的主持下宣誓就任总理，他誓言会为草拟新宪法寻求共

---

① 周盛平：“尼泊尔大会党主席柯伊拉腊当选总理”，新华网，http：//news.xinhuanet.com/world/2014-02/10/c_119270350.htm。

识和团结。柯依拉腊在当选之后发誓将在半年内完成地方选举,并在一年内完成宪法制定。他也感谢第二大党尼共(联合马列)的鼎力支持,并保证将与各派政治势力展开对话,解决所有政治分歧。

虽然大会党和尼共(联合马列)组成新一届联合政府,但柯依拉腊内阁依然面临众多挑战。首先,大会党内部的权力角逐仍在继续。前首相、资深领导人德乌帕此前在大会党议会党团领导人选举中仅以微弱劣势落败,显示出亲德乌帕派在党内的影响仍十分强大。德乌帕此后一方面要求柯伊拉腊分享内阁重要部长席位,另一方面要求在柯伊拉腊出任总理期间由其担任代理党主席。

其次,尽管执政两党在选举之前就已达成协议,但在新内阁组阁时,围绕权力分配和内阁主要部长席位的争夺仍比较明显。在总统重选问题上,大会党坚持让现任总统亚达夫继续留任,而尼共(联合马列)则主张在新宪法问世前由制宪会议重选总统。尼共(联合马列)也对大会党在联合政府中占大头不满,认为以本党获得的席位,完全可以由其联合一些小党派单独组阁,而目前联合政府中其从属地位和自身的强大实力并不相配。新当选尼共(联合马列)议会党团主席的克·普·奥利就批评大会党不同意重新选举总统的决定是"对民主的蔑视",并声称只比大会党少20余席的尼共(联合马列)同样有权组建政府。[1] 看来,未来随时有可能出现两党合作的危机。

第三,降为第三大党的尼联共(毛)手中仍握有80个席位,剩下的则是民族民主党及特莱—马德西等诸多少数族裔政党,总理选举中反对的148票就大多来自尼联共(毛)及与之结盟的这些中小政党。大会党和尼共(联合马列)票数相加距离总数仍差一截,要制定新宪法必须得到尼联共(毛)或其他少数族裔政党的支持,而制宪会议各党之间分歧严重,特别是尼联共(毛)与大会党及尼共(联合马列)之间存在着复杂的恩怨情仇,再加上以尼联共(毛)为首的18党联盟对制宪会议和联合政府的抵制、攻击,苏希尔·柯伊拉腊内阁能否在一年之内促进各党达成共识推出

---

[1] 张松:"柯伊拉腊当选尼泊尔新总理",《文汇报》,http://www.whb.cn/zhuzhan/kandian/20140211/2850.html。

新宪法仍充满不确定性,未来尼泊尔民主化进程任重而道远。①

## (二) 分歧严重,宪法出台依然困难重重

2008年选举产生的第一届制宪会议未能完成修宪使命,经过多次延期后,最终于2012年5月解散。第二届制宪会议于2013年11月选举产生,2014年1月18日晚举行主席选举,3个主要政党选举前经过协商,尼共(联合马列)承诺支持大会党候选人苏希尔·柯伊拉腊当选总理,支持尼联共(毛)领导人出任制宪会议副主席,因此作为本次选举的唯一候选人,上届制宪会议主席、第二大党尼共(联合马列)领导人苏巴什·内姆旺获得第一大党尼泊尔大会党和第三大党尼联共(毛)的支持,顺利再次当选。

尼泊尔第二届制宪会议的主要任务是制定一部新宪法,601名议员分属30个党派,其中尼泊尔大会党以196席位居第一,尼共(联合马列)与尼联共(毛)分别以175席、80席排列第二和第三,尼泊尔民族民主党获得24席,成为制宪会议第四大党。没有任何一个政党的席位超过50%,排名第一、第二的大会党和尼共(联合马列)在制宪会议的席位加起来达到371席,但修宪需要制宪会议2/3以上的议员同意才能通过,而两执政党联合起来的总票数与修宪需要的最低票数还存在一定的差距,因此两党不得不寻求其他党派的支持。尼联共(毛)在此次议会选举中所得议席大幅减少,该党已宣布不再参加尼泊尔新宪法的制定。2015年1月,尼泊尔执政党计划在制宪会议发起投票,以解决联邦划分等争议问题,但受到尼联共(毛)等反对党议员的阻挠。反对党随后在首都加德满都发起全面罢工,以迫使政府在制宪的关键问题上作出让步。

第二届制宪会议承诺在2015年1月22日前发布新宪法,但主要政党未能就联邦划分等问题达成一致,导致宪法"难产"。面对尼泊尔社会的失望情绪,尼前总理、尼联共(毛)高级领导人巴特拉伊声明说:"我们差一点就能在关键问题上达成一致,但很遗憾未能如期敲定。"作为党派协调委员会负责人,巴特拉伊向民众表达歉意。尼泊尔外交部长潘迪也表

---

① 李英铭:"尼泊尔民主化进程现状与未来稳定性分析",《南亚研究》2014年第3期。

示,政府将尽最大努力推动民主进程,扩大各党派政治共识。官方承诺将以和平、民主的方式制定宪法。①

宪法迟迟不能出台,一方面主要是由于尼泊尔主要政党在一些重要问题上存在重大分歧,这些问题包括政权组织形式以及联邦制实现的形式。尼联共(毛)主张实行总统制,总统由选民直接选举产生,是国家元首、行政首脑和最高军事首脑;同时还主张以单一民族或语言作为未来联邦体制下行政区划的依据,并在此基础上设立11个行政区域。尼泊尔大会党和尼共(联合马列)则主张实行议会内阁制,同时反对以单一民族或语言为依据划分行政区域;主张以经济发展状况和地理位置,也即以多种族作为行政区划的依据设立7个行政区域。另一方面,一些国家驻尼外交使团对尼泊尔各政治派别的拉拢、分化也使制宪问题更加复杂化。对此,尼泊尔外长警告说,外国驻尼使团应遵守国际外交公约,保持不干涉立场,不要对尼泊尔内部事务过度积极。他还指出,一些外国使团与尼泊尔一些破坏国家主权和尊严的势力过从甚密,甚至在背后加以唆使,尼泊尔政府将适时采取相应的措施。②

## 二、经济发展态势渐趋乐观

2013—2014财年尼泊尔国内生产总值(GDP)增长率从2012—2013财年的3.7%增加到5.2%,③ 为近6年来最高水平。2013—2014财年经济增长的良好表现主要源于适宜的气候、趋于稳定的政治局势、逐渐改善的投资环境和及时出台的财年预算。尼泊尔财政部长马哈特指出,政府计划2014—2015财年的经济增速达到6%,并将通货膨胀率控制在8%。尼泊尔要想实现到2022年由最不发达国家步入发展中国家行列的目标,经济增

---

① 符永康:"尼泊尔宪法'难产'警告外国勿干涉内政",中国新闻网,http://www.chinanews.com/gj/2015/01-23/6999229.shtml.
② 同上。
③ "2013/14财年尼泊尔经济增速达6年来最高水平",中国驻尼泊尔大使馆经商参赞处,http://np.mofcom.gov.cn/article/jmxw/201407/20140700662705.shtml.

速则必须达到每年增长8%以上。①

2014—2015财年尼泊尔政府预算总计6180亿卢比，比2013—2014财年增长19.5%，将主要用于经济改革、能源、基础设施建设和农业等领域。2014—2015财年尼泊尔将启动第二代经济改革，旨在增加国内和外国投资，为此政府将在制造业、能源、商业和金融等领域建立新的立法，并将修订现行的相关法律。此外，2014—2015财年预算将更好地反映私人部门的需求，反对垄断，采取税收减免等激励措施，并将建立50亿卢比的"启动基金"鼓励企业创新。在能源领域，政府承诺到2022—2023财年将为水电开发商提供每兆瓦500万卢比的补贴，预计未来3年通过政府和私人部门的项目将新增1188兆瓦功率的发电能力，届时尼泊尔电力不足的问题将基本得到解决。在农业领域，政府将对购置农业机械给予利息补贴并免除茶叶产业的关税。在基础设施建设方面，政府承诺将从2014年开始建设加德满都—德赖快速通道，并欢迎本国和外国企业对此项目进行投资。②

2013—2014财年，尼泊尔粮食增产9.4%；谷物产量提高到956万吨，增产82.4万吨；农业增长4.7%，比2012—2013财年农业增长率的1.3%有了大幅提高，这主要源于适宜的气候。尽管尼泊尔是农业国家，但其农产品进口仍大幅增长，2013—2014财年前10个月，尼泊尔农产品进口额达到333亿卢比，且进口量呈逐年增多趋势。其中，蔬菜进口同比增长31.4%，达到71.26亿卢比；麦子和大米的进口分别增长了33.7%和12.9%，达到49.73亿和136.8亿卢比。过去5年里，尼谷物进口增长了10倍。2008—2009财年尼谷物进口仅为20亿卢比，而2012—2013财年达到200亿卢比，年均增长率达76.2%。农产品依赖进口进一步加重了尼泊尔的贸易赤字，这主要是由于落后的种植方式、农产品市场流通不畅以及劳动力严重流失等影响了农业发展。③ 谷物进口量的大幅增长表明，尼泊

---

① "尼泊尔出台新财年预算，较上一财年增长近20%"，中国驻尼泊尔大使馆经商参赞处，http://np.mofcom.gov.cn/article/jmxw/201407/20140700662708.shtml。
② 同上。
③ "尼泊尔农产品进口大幅增长"，中国驻尼泊尔大使馆经商参赞处，http://np.mofcom.gov.cn/article/jmxw/201407/20140700655212.shtml。

尔正在从粮食出口国转为粮食进口国。① 为了解决这些问题，政府通过向农业提供更多补贴、开发更多耕地、发展灌溉设施、提供种子和化肥等等方法和措施来促进农业发展。

在引进外资方面，据尼泊尔工业局的统计，2014—2015 财年的前 6 个月，外商在尼承诺投资额激增 172%，能源领域的增长尤为迅速。与上一财年同期相比，7 月中旬至 12 月中旬，外商承诺投资额从 145.2 亿卢比增长到 395.9 亿卢比。其中能源领域增长速度最快，增幅达 228.3%，达到 337.5 亿卢比，占所有外商承诺投资额的 85.42%；其次是旅游、制造、矿产和服务等领域；农业和林业领域则出现负增长，下跌 22.69%。②

在对外贸易方面，由于进口大幅超过出口，过去 5 年尼泊尔贸易赤字倍增至 6314.2 亿卢比，年平均增长 20%，使得原本脆弱的尼泊尔经济愈加恶化。在刚刚过去的 2013—2014 财年，尼泊尔出口收入仅占进口支出的 1/8。尼泊尔用于支付进口的主要收入来源是侨汇、出口和国外援助贷款，其中侨汇是尼外汇收入的最大来源。据尼泊尔央行统计，2013—2014 财年尼泊尔侨汇收入达到 5432.9 亿卢比，三项收入之和达到 6866.7 亿卢比，但这些外汇收入将无法满足日益增长的进口支出。③

由于贸易赤字和政府支出增加，2013—2014 财年尼泊尔政府债务增至 5535 亿卢比。同比增长 1.5%，其中内债约 2067 亿卢比，外债约 3468 亿卢比。按照总人口 2758 万计算，尼泊尔人均负债为 20069 卢比（约 202 美元），比上一财年增长 36 卢比。④

在国内消费方面，近年来尼泊尔的汽车销量呈现快速增长趋势，年增长率达 10%，新登记的四轮机动车数量已由 2012—2013 年财年的 9595 辆

---

① "尼泊尔正由粮食出口国转向粮食进口国"，中国驻尼泊尔大使馆经商参赞处，http://np.mofcom.gov.cn/article/jmxw/201406/20140600635321.shtml。

② "尼泊尔外商承诺投资额激增 172%"，中国驻尼泊尔大使馆经商参赞处，http://np.mofcom.gov.cn/article/jmxw/201501/20150100879828.shtml。

③ "贸易赤字翻倍导致尼经济愈加脆弱"，商务部网站，http://www.mofcom.gov.cn/article/i/jyjl/j/201410/20141000755951.shtml。

④ "2013/14 财年尼泊尔人均负债约 2 万卢比"，商务部网站，http://www.mofcom.gov.cn/article/i/jyjl/j/201412/20141200827374.shtml。

增加到 2013—2014 财年的 11372 辆。① 但是 2013 年尼泊尔高档酒店入住率却存在一定程度的下降，2013 年五星级酒店可供入住房间数为 67.8535 万间，真正入住数为 39.9318 万间，入住率由 2012 年的 62.76% 下降至 58.85%。高档酒店入住率最高的月份为 10 月，入住率达到 72.44%；其次为 11 月份，入住率为 67.9%。②

2013—2014 财年，服务业增长 6.1%，略高于 2012—2013 财年的 6%。旅游业作为尼泊尔服务业的重要组成部分，现在每年约有 70 万外国游客赴尼泊尔旅游。为了吸引更多的游客，尼泊尔制订了旅游业十年战略计划，目标是赴尼外国游客数量增加 3 倍，旅游业年收入增加 10 倍，达到 3214 亿卢比。为此，尼泊尔政府将在机场、酒店等旅游基础设施建设方面投入 610 亿卢比。工业增长虽然只有 2.7%，但仍然高于 2012—2013 财年的 1.5%。为了增加出口，发展经济，2014 年 11 月 19 日，尼泊尔在白热瓦地区建立了第一个经济特区。根据计划，允许在经济特区内经营的行业包括：生产制造业，如农产品加工、草药、皮革、成衣、羊毛、地毯、羊绒、丝绸、手工纸生产、手工艺品和珠宝业等；其他行业，如运动服装、宝石、塑料制品、针织品、电子元件、电子产品、信息技术和饮料等。尼政府将为进驻经济特区的企业提供优惠政策和必要的便利措施，包括所得税、消费税、增值税、海关税补贴，以及为办理签证、银行开户、申请进出口执照等提供便利等。进驻企业将享受"一个窗口"服务政策，包括货物清关、保险办理、消防管理、医疗教育、信息咨询等。③

---

① "尼泊尔汽车市场快速增长，摩托车市场则出现下滑"，商务部网站，http://www.mofcom.gov.cn/article/i/jyjl/j/201409/20140900722844.shtml。
② "2013 年尼泊尔高档酒店入住率下降"，商务部网站，http://yzs.mofcom.gov.cn/article/zcfb/201406/20140600630167.shtml。
③ "尼泊尔启动第一个经济特区"，中国驻尼泊尔大使馆经商参赞处，http://np.mofcom.gov.cn/article/jmxw/201411/20141100807270.shtml。

## 三、积极拓展和深化对外关系

### (一) 尼泊尔新政府的外交政策

5月8日,履新近3个月的尼泊尔总理苏希尔·柯伊拉腊首次集中会见各国驻尼泊尔大使,全面阐释了尼泊尔的外交政策。柯伊拉腊说,尼泊尔采取"邻国优先"的外交政策,将努力加强与邻国关系,扩大在各个领域的互利合作,不允许任何人利用尼泊尔领土危害邻国的合理安全利益。他表示,近年来地区政治和经济格局发生深刻变化,而印度和中国是这场前所未有的变革的焦点。尼泊尔与两个经济迅速发展、日益崛起的文明古国相邻,面临着巨大的发展机遇和光明的前景。他强调,尼泊尔将与世界上所有的友好国家开展建设性的合作。"我们期待通过与邻国及其他友好国家开展合作,建设一个和平、稳定、繁荣的尼泊尔。我们坚信,这样的尼泊尔也有利于地区及全球的和平与稳定。"尼泊尔外交部长马亨德利·潘迪在发言中也强调,"考虑到尼泊尔面临的地缘政治形势,我们不允许任何人利用尼领土从事危害邻国重大安全利益的活动"。①

### (二) 与中国关系的发展

尼泊尔高度重视与中国的友好合作关系,并希望与中方共同推动两国各领域的务实合作。在政治上,2014年双方实现了一些重要的高层互访。2014年2月11日宣誓就职的尼泊尔新一任总理苏希尔·柯伊拉腊,在其就职的翌日便会见了中国驻尼泊尔大使吴春太。6月5日,柯伊拉腊总理来华出席第二届中国—南亚博览会开幕式,中国国务院副总理汪洋在昆明会见了柯伊拉腊。6月6日,第二届中国—南亚博览会暨第22届昆交会主

---

① 符永康:"尼泊尔总理首晤各国大使:尼外交'邻国优先'",中国新闻网,http://www.chinanews.com/gj/2014/05-09/6153837.shtml。

题国馆尼泊尔馆举行开馆仪式,柯伊拉腊总理与中国国务院副总理汪洋共同出席。12月26—27日,中国外交部长王毅访问尼泊尔,分别会见总统亚达夫、总理柯伊拉腊,并同外长潘迪举行会谈。会见时,亚达夫总统表示,尼坚持一个中国政策,决不允许任何人利用尼领土从事反华活动。柯伊拉腊总理表示,尼中建立在和平共处原则上的双边关系生机勃勃。尼方期待以2015年尼中建交60周年为契机,保持两国高层互访,吸引更多中国企业投资。王毅在会谈后表示,中方希望以中尼建交60周年为契机,与尼深化在贸易、投资、农业、基础设施建设、科技、互联互通、旅游、人文、安全执法九大领域的务实合作。中方欢迎尼泊尔参与"一带一路"建设,利用亚投行、丝路基金以及中国面向南亚合作资金。作为南亚最大邻国,中国愿更多参与南亚一体化进程,这有利于南亚的发展。中国希望尼泊尔各党派从国家和民族的根本利益出发,尽快就制宪达成共识,推动尼实现和平、稳定,为发展创造条件。在谈及中尼印关系时,王毅表示,印度、尼泊尔同为中国的重要邻国,中方希望中印关系、中尼关系都能良好发展,也乐见尼印关系有更好的发展。尼泊尔位于中国和印度两大邻国之间,地缘位置独特,中方希望尼泊尔成为中印之间的桥梁和纽带,也希望尼泊尔成为中国发展同南亚关系的桥梁和纽带。[①]

在经济上,12月5日,尼中在加德满都签署了对尼97%税目产品输华零关税待遇的换文。为推动双边贸易发展,中国政府先后于2010年、2013年对原产于尼泊尔的输华产品提供60%、95%零关税优惠待遇。本次换文将对尼泊尔输华产品享受零关税待遇的范围进一步扩大至97%税目产品(涵盖8030项产品),以支持尼对华产品出口,促进双边贸易平衡发展。该措施预计将于2015年年内正式实施。[②] 12月17日,中尼经贸联委会第11次会议在北京举行。双方回顾了近年来两国经贸关系的发展情况,围绕共建"丝绸之路经济带"、贸易和投资合作、经济技术合作、基础设施建设、金融和旅游领域合作等议题达成一系列共识。为了进一步方便中尼人员交流,中国四川航空公司宣布于2015年1月正式开通成都—拉萨—加德满都

---

[①] "王毅:希望中国尼泊尔印度三方关系良性循环",中国驻尼泊尔大使馆网站,http://np.chineseembassy.org/chn/xwdt/t1223206.htm。

[②] "中尼签署97%输华产品零关税待遇换文",商务部网站,http://www.mofcom.gov.cn/article/i/jyjl/j/201412/20141200823895.shtml。

航线，而此前成立的中国和尼泊尔合资的喜马拉雅航空公司也于2015年2月或3月正式开通加德满都—拉萨航线。由于两国间航线的快速发展，2013年中国赴尼泊尔游客数量首次超过10万人，达到11.3173万人，同比增长57.5%。未来几年，随着两国往来航班的不断增加以及吉隆口岸的开通，中国赴尼游客将有望达到每年25万人次。①

### （三）与印度关系的发展

在政治上，2014年5月，尼泊尔总理苏希尔·柯伊拉腊参加印度总理莫迪的就职仪式。7月，印度外交部长苏什玛·斯瓦拉杰访问尼泊尔，称与尼的关系是"重中之重"。8月，印度总理莫迪率领高级别政府代表团访问尼泊尔。这是印度总理17年来首次访问尼泊尔，尼也成为莫迪就任新一届印度总理后，继出访南亚近邻不丹后第二出访的国家，彰显了莫迪对南亚地区国家特别是尼泊尔的高度重视。莫迪此次访问，先后与尼泊尔总理苏希尔·柯伊拉腊、总统亚达夫、尼共（联合马列）主席奥利以及反对党领袖普拉昌达等政坛重要人物进行了广泛接触。他在尼泊尔制宪会议发表演讲时高度评价两国关系，表示"尼泊尔和印度的关系比喜马拉雅山和恒河更为恒久，我将把两国关系提升到新的高度"。他承诺将尊重尼泊尔主权，不会干涉尼泊尔内政，愿意修改1950年签署的尼印《和平与友好条约》。尤其值得一提的是，莫迪向尼泊尔总理柯伊拉腊表示，"关于条约问题，你想怎么做就怎么做。无论是修改还是废除条款，我将全盘接受你的提议"。②印度媒体认为，莫迪此次访问显示了新政府强化印度在南亚周边地区的存在感，以制衡中国对尼泊尔等国家的影响力的趋向。

经济合作方面，在访问尼泊尔时，印度总理莫迪承诺继续帮助尼泊尔推动社会和经济领域的发展，宣布向尼提供10亿美元的信用贷款，用以建设尼的基础设施和能源项目。他还强调两国之间的能源合作需求，并敦促双方加快该领域的相关工作。10月，尼泊尔与印度签署了关于电力贸易和

---

① "2013年中国赴尼泊尔游客首次突破10万人"，中国驻尼泊尔大使馆经商参赞处，http://np.mofcom.gov.cn/article/jmxw/201408/20140800713527.shtml。
② 王世达："印度新政府彰显对尼泊尔外交'新思路'"，《世界知识》2014年18期。

跨边境输电线路联网建设的协议,印度将提供财政资助,同时利用其在高科技输电线路规划和管理方面的优势提供技术援助。

### (四)与南亚区域合作联盟关系的发展

在与南亚区域合作联盟关系方面,11月尼泊尔作为东道主在首都加德满都主办了第18届南盟首脑峰会,这是其第三次主办该地区峰会。经过尼泊尔总理与其他成员国领导人的共同努力,会议通过了以"深化和平与繁荣"为主题的《加德满都宣言》。《宣言》包括36点,强调为了南亚地区的和平、稳定和繁荣,成员国应加快推动区域一体化建设,加强在贸易、投资、金融、能源、安全、基础设施建设、互联互通以及文化领域的合作,优先推进区域和次区域内项目;重申通过逐步建立自由贸易区、关税同盟、共同市场,最终形成南亚经济联盟的承诺;强调加强"南盟发展基金"的作用,尽早启动经济和基础设施建设两个融资平台。南盟成员国还签署了《南盟能源合作框架协议》,根据协议,南盟成员国将在各自国家内授权相关部门发展电力互联传输建设,能源供应可以从电力富余国家向短缺国家传输。该协议不仅是整个南盟地区电力发展和贸易的催化剂,也将为尼泊尔的发展带来巨大机遇。更多的外国投资者将投资尼泊尔的能源工业,尤其是充分开发其丰富的水利资源,使尼能源市场更具竞争力。

此次南盟峰会的成果并不是特别丰硕,正如其几十年来的发展一样并不令人满意。尼泊尔总理柯伊拉腊在第18届南盟峰会开幕式上就表示,尼泊尔作为南盟的新任主席国,将把工作重点放在加强南盟成员国之间的内部联系、安全合作和消除极端贫困等方面。柯伊拉腊表示,南盟需要迈出巨大步伐,通过贸易自由化等措施,加强各国联系与合作。为此,需要加强公路、海港等基础设施建设,为商品、人员和资本的流通提供条件。他还表示,恐怖主义是地区的共同敌人,希望各国加强合作,共同打击恐怖主义。[1]

---

[1] "尼泊尔总理柯伊拉腊呼吁加强南盟国家内部联系",国际在线,http://gb.cri.cn/42071/2014/11/26/7551s4781183.htm。

## （五）与其他国际组织关系的发展

在与其他国际组织的合作方面，6月在上海举行的筹建亚洲基础设施投资银行第三次多边磋商会上，尼方代表明确表示愿以创始成员国身份加入亚投行，该意愿获得中方的欢迎与支持。10月，尼泊尔财政部长马哈特出席在北京举行的亚洲基础设施投资银行创立《谅解备忘录》签字仪式，尼以创始成员国的身份加入亚投行。由中国作为最大出资国的亚投行将致力于对亚洲地区的基础设施建设进行投资，这正为尼泊尔发展落后的基础设施领域提供了更多的资源和新的融资平台。尼泊尔还充分利用亚洲开发银行等，为其经济和社会发展筹措资金。亚洲开发银行主席中尾武彦2015年2月宣布，未来3年亚行将向尼泊尔提供10亿美元的优惠贷款和1300万美元的技术援助，上述贷款将主要用于尼基础设施、人力资本开发和农业等领域。亚行新的对尼战略伙伴关系计划将能源列为首要合作领域，其次是交通运输、供水和市政基础设施、教育和农业、自然资源和农村发展。[1] 在援助尼泊尔的其他国际组织中，世界银行连续多年成为尼最大的国际多边发展援助组织，2012—2013财年向尼提供的援助达2.314亿美元，占尼接受外援总额的24%；排名2—5位的国际多边援助组织分别是亚行（1.012亿）美元、联合国（6866万美元）、防治艾滋病—肺结核—疟疾全球基金（2824万美元）、欧盟（2807万美元）。目前，世界银行正在实施的对尼援助项目共20个，总金额15亿美元，主要援助领域是能源、交通运输、城市建设、农业、教育和医疗卫生等。[2]

---

[1] "亚洲开发银行未来三年将向尼泊尔提供10亿美元软贷款"，中国驻尼泊尔大使馆经商参赞处，http://www.mofcom.gov.cn/article/i/jyjl/j/201502/20150200889789.shtml。

[2] "世界银行连续多年是尼泊尔最大的国际多边发展援助组织"，商务部网站，http://www.mofcom.gov.cn/article/i/jyjl/j/201406/20140600621308.shtml。

# 2014 年阿富汗综述

曾 涵[*]

2014 年阿富汗局势的不确定性进一步加大。大选引发严重政争，民族团结政府步履蹒跚，政策走向尚不明朗。和谈毫无进展，美北约部队大部分撤离，阿国家安全部队不得不承担起安全责任。围绕阿富汗问题的外交活动特别是地区合作极为活跃，但成效仍称不上理想，原因在于外因始终不能替代内因发挥决定性作用。总的来说，喀布尔政府能否稳住局势，阿国民军能否承担维安重任，还有待于持续观察，塔利班发动的新一轮年度性"春季攻势"就是第一个重大考验。

## 一、总统大选引发动荡，政治过渡喜忧参半

2014 是阿富汗的过渡之年，包括政治、安全与经济三重过渡，可谓时间紧、任务重。政治过渡是重中之重，其标志是该年举行的第三次总统大选。阿现行宪法规定总统连任不超过两届，此次大选的胜者必将接替卡尔扎伊出任总统。这是阿富汗首次以民主选举来实现最高政治领导人的交替，象征意义和实质影响均极为重大。

大选角逐从 2013 年起逐步启动，先后有 11 人宣布竞争总统职位。2014 年初，在任总统哈米德·卡尔扎伊之兄加尧姆·卡尔扎伊首先宣布退出大选，转而支持据信得到哈米德·卡尔扎伊支持的前外长扎尔迈·拉苏

---

[*] 曾涵，教育部人文社会科学重点研究基地四川大学南亚研究所助理研究员。

尔。不久，20世纪70年代的阿富汗总统达乌德的侄孙纳伊姆也宣布退选，转而支持拉苏尔。前国防部长瓦尔达克随后同样退出选举，但并未宣布其支持人选。4月5日，总统大选如期举行，参选者有8人。不出所料，大选得票集中于前外长阿卜杜拉·阿卜杜拉、前财长阿什拉夫·加尼和前外长扎尔迈·拉苏尔3人，其他候选人得票甚少，基本可以忽略。由于第一轮大选无人得票过半，选举进入第二阶段，6月14日开始投票，选民需在第一轮选举中得票领先的两人（即阿卜杜拉和加尼）之中选择一人出任总统。

相对于第一轮选举的波澜不惊，第二轮选举可用惊涛骇浪来形容。6月14日投票结束后，独立选举委员公布投票数超过700万。阿卜杜拉方面对此强烈质疑，指责选举机构不中立，声称投票数超预期是大规模舞弊的结果，强烈要求重新计票，并要求独立选举委员会秘书长辞职。6月27日，喀布尔、巴米扬、马扎里沙里夫等地发生大规模示威，要求调查"选举舞弊"。面对危机，卡尔扎伊当局、联合国以及美国多次直接介入，阿卜杜拉和加尼阵营也多次达成阶段性协议，就重新计票的形式、范围等达成一致。7月7日，独立选举委员会不顾联合国反对而公布了初步计票结果，宣布投票人数高达811万，有效选票超过790万，加尼得票率为56.44%，阿卜杜拉得票率为43.56%。这一结果引发轩然大波。

首先是投票数不仅远超任何预测，而且和很多大选观察人士及地方当局披露的情况（即投票人数严重下滑）恰恰相反。其次是完全颠覆了第一轮的得票格局，加尼得票一举上升近25个百分点，成功翻盘；阿卜杜拉得票率基本不变，但由领先13%左右变为落后13%左右，与总统职位失之交臂。阿卜杜拉阵营立即发表声明，指控选举舞弊严重，阿卜杜拉宣布决不接受其总统职务遭"盗窃"，其支持者甚至公开要求建立平行政府。只是在外界特别是美方的重重压力之下，阿卜杜拉阵营才同意与加尼阵营会谈，谋求妥善解决争端。经过多轮会谈，双方达成共识，表示无论是谁最终当选总统，都应包容不同政治势力，建立民族团结政府（National Unity Government）。但围绕民族团结政府的具体组织形式、权力分配等，双方再次出现严重分歧，甚至有阿卜杜拉的支持者向其表示严重不满，认为其让步过多，"辜负"了自己的信任。反对派则表示，新政府也应容纳塔利班和伊斯兰党（希克马蒂亚尔派）等反政府武装，否则何谈"民族"团结

9月21日,在美国国务卿克里的直接干预下,阿卜杜拉和加尼终于达成协议,同意以总统令设立首席执行官一职,由败选者担任;在两年内召开大支尔格会议并修改宪法,正式设立具有执行权的总理职务。① 25日,独立选举委员会公布正式选举结果,加尼得到712万张有效选票中的393万张,得票率为55.27%,正式当选新一届阿富汗总统。29日,加尼正式宣誓就任总统,阿卜杜拉按协议出任首席执行官。30日,加尼任命前内政部长阿特马尔为总统国家安全顾问,前第一副总统齐亚·马苏德为总统改革与良治顾问,现财政部长扎基尔瓦尔为总统经济顾问,现农业部长拉希米为总统府办公厅主任。10月13日,阿卜杜拉首次主持部长会议,长达半年的政治危机正式结束。

2014年总统大选反映了阿富汗政治10余年来的宝贵进步,更集中揭示了其面对的严峻挑战,其中的积极方面应得到充分肯定。首先是安全局势总体可控。2009年、2010年和2014年3个大选年分别发生479起、303起和476起安全事件。② 换言之,2014年大选的安全局势与此前基本持平。考虑到前两届大选主要是联军执行维安任务,此次大选则主要由阿国民军承担维安任务,这一成就的确难能可贵。

其次是投票率明显上升,政治参与活跃。2009年和2010年的投票率分别仅为40%—50%和36%,③ 2014年总统大选第一轮的投票率则一举达到了60%左右,且争议不大。④ 考虑到大选前后较紧张的安全局势以及联军撤离引起的心理震荡,上述投票率可谓弥足珍贵。这种情况真实地反映了阿富汗人民渴望安定、厌恶动荡、谋求和平与发展的心声。

---

① The Situation in Afghanistan and its Implications for International Peace and Security: Report of the Secretary-General, December 9, 2014, p. 2, http://www.un.org/en/ga/search/view_doc.asp?symbol=S/2014/876.

② The Situation in Afghanistan and its Implications for International Peace and Security: Report of the Secretary-General, June 18, 2014, p. 6, http://www.un.org/ga/search/view_doc.asp?symbol=A/68/910.

③ "Low Turnout Seen in Afghan Election; 26 killed", Philstar.com, August 21, 2009, http://www.philstar.com/Article.aspx?articleid=498012. "Afghans Brave Taliban to Vote in Parliamentary Election", BBC News, September 18, 2010, http://www.bbc.co.uk/news/world-south-asia-11349179.

④ 大选第二轮的超高投票则颇有争议,可置之勿论。

第三是大选最终建立了容纳主要政治势力的民族团结政府，这种相互妥协、相互包容的精神正是党争激烈、相互拆台、分歧严重的阿富汗政坛所急需的。如能秉持团结与包容的精神，持续动荡多年的喀布尔政局则有望逐步稳定，这对阿富汗局势的良性发展将产生有利影响。

尽管如此，大选反映出的问题仍大大多于成就。首先是选举舞弊和选举腐败极为猖獗，这在第二轮选举中尤其明显。更为糟糕的是，选举组织者（即独立选举委员会主要领导人及大批选举工作人员）涉嫌舞弊。第二轮投票当天，警方就在独立选举委员会秘书长奥马赫的汽车内发现大量空白选票。① 阿卜杜拉方面还公布了音频证据，② 迫使独立选举委员会秘书长辞职（但他拒不承认卷入了舞弊事件）。阿卜杜拉方面还指责当局偏袒加尼，毫无中立性可言。地方政治同样表现出严重的腐败问题：同年举行的省议会选举选出了458名议员，其中47个席位因重新计票等原因而更换了当选人。③

其次是"民族政治"继续凸显。此次大选的主要候选人均采用多民族背景人士混搭的竞选策略：加尼为普什图人，其搭档分别为乌兹别克人和哈扎拉人；阿卜杜拉为半普什图半塔吉克血统（父为普什图人，母为塔吉克人），他的搭档分别是普什图人和哈扎拉人；得票第三的拉苏尔为普什图人，其竞选搭档分别为塔吉克人和哈扎拉人。大选再次印证甚至强化了阿富汗政治的民族分野：阿卜杜拉被其对手描绘为塔吉克人而非普什图人，第二轮投票中在塔吉克人和乌兹别克人居多数的东部和北部取得优势；加尼则在普什图人聚居的南部取得优势。这种格局对阿富汗中央政局和地方局势的发展都可能产生较大的不利影响。

第三是强人政治凸显，选民、政界乃至宪法均遭架空。大选到最后阶段已沦为两大候选人的政治谈判，政局完全取决于几个政治强人的暗室密谈，广大选民成了政治交易的看客，公开选举沦为陪衬。更重要的是，加

---

① 陈继东、张兴田："2014年的阿富汗总统选举综述"，《东南亚南亚研究》2014年第3期，第39页。

② 在这段电话录音中，阿富汗独立选举委员会秘书长告诉选举工作人员，把羊带到山里去，喂饱了带回来，最近羊涨价了。外界将此解读为安排选举作弊的隐语。

③ The Situation in Afghanistan and its Implications for International Peace and Security: Report of the Secretary-General, December 9, 2014, p.4.

尼和阿卜杜拉两人达成的重大政治妥协完全突破了阿既定宪政框架：首席执行官职务没有任何宪法依据；修改宪法这样的重大问题仅靠两人提前两年就定了下来，似乎无人顾虑大支尔格会议是否会支持两人的协议。① 阿富汗政治精英信誓旦旦地表示要坚决维护宪法，将"尊重宪法"作为与反政府武装和谈的前提条件，却经过多轮暗室密谈就轻而易举地在事实上推翻了已执行10多年的国家根本政治制度（即总统制），令阿富汗宪法的尴尬地位暴露无遗，当局的政治信誉必由此遭受重创。

第四是外部势力特别是美国仍然是阿政坛的决定性力量，"阿人治阿"名不副实。近年来，卡尔扎伊当局多次抨击外国势力干预阿富汗局势，甚至不惜开罪美国。② 阿方近年来的选举制度改革据说也是要排除外部势力的影响。卡尔扎伊还旧事重提，表示2009年选举不顺利的原因是外国势力干预，暗示此次大选较顺利的原因是没有外国势力插手。③ 孰料，大选危机出现后，阿方完全无法自行解决争议，不得不接受乃至要求外部积极介入，联合国和欧盟的代表，美国、俄罗斯、中国、巴基斯坦、印度等国外长政要频繁造访阿富汗，推动各方和解，其中又以美国的干预力度和实际影响力最大。加尼和阿卜杜拉最终妥协，美国国务卿克里的积极推动发挥了关键作用；美国大使和联合国秘书长的代表甚至作为见证人同两位候选人一起签署了协议。④ 可见，阿富汗政治仍仰赖外国特别是美国的仲裁，"阿人治阿"名不副实。上述四点说明，大选远未满足国际社会的普遍期待（即通过大选证明阿富汗政治已走向成熟，从而推动阿局势逐步稳定），

---

① 对阿富汗政治发展及其所面临挑战的讨论详见曾祥裕："阿富汗政治发展研究"，《"中巴关系：现状与发展趋势"国际研讨会论文集》，云南人民出版社2013年版。阿富汗宪法可参考 The Afghan Constitution, Official Website of Afghan Supreme Court, The Situation in Afghanistan and its Implications for International Peace and Security: Report of the Secretary-General, December 9, 2014, 22, 2010, http: //supremecourt.gov.af/PDFiles/constitution2004_english.pdf.

② 卡尔扎伊甚至公开表示阿富汗战争是为了"美国的安全和西方的利益"，"阿富汗人死于一场不属于我们的战争"。他甚至极富戏剧性地一方面要求美国记者向美国人民转达最良好的祝愿和谢意，另一方面又要求其向美国政府转达他的"极度愤怒"。见老任："阿富汗总统卡尔扎伊称阿富汗战争是为了美国利益"，人民网，2014年3月3日，http: //world.people.com.cn/n/2014/0303/c1002-24515050.html.

③ "阿富汗总统：如重新选择 阿富汗将走中国道路"，人民网引《环球时报》，2014年6月10日，http: //world.people.com.cn/n/2014/0610/c1002-25128423.html.

④ The Situation in Afghanistan and its Implications for International Peace and Security: Report of the Secretary-General, December 9, 2014, p. 2.

反而暴露了阿富汗政治的不稳定性和不成熟性。

大选危机虽已解除，但阿政局的未来发展仍有很多不确定性。阿卜杜拉和加尼虽同意妥协，"府院之争"的阴影仍挥之不去。两人在谈判阶段即反复爆发严重分歧，在民族团结政府的具体构成方式、首席执行官的地位与作为等方面矛盾严重。将来两人能否精诚团结，相互合作，仍然大有可疑。新政府双头政治潜藏着结构性难题，阿卜杜拉处境两难：政府表现良好，则功劳可能要归于总统加尼，对其将来角逐总统大位不利；政府表现不佳，责任同样要由阿卜杜拉来承担，同样对其不利。① 未来修宪的具体方式也潜藏很多变数。两人同意修宪设立"有执行权的总理"一职，但总统—总理双首长制至少有两种可能的组合，即总统主导、总理为辅的"半总统制"和总理掌实权、总统仅为象征性国家元首的"总理制"。可以预见，围绕宪政结构问题，两大阵营又会有一番激烈角逐。

阿富汗原定2015年6月要举行新一轮议会下院（即人民院）选举，选举结果将直接影响政局发展和政府运作。如果阿卜杜拉或加尼阵营任何一方在议会选举中取得较大优势，则其挟议会胜选之势推翻分权协议，或利用议会优势来钳制对方、壮大自身权势的可能性将大大上升，政局又可能生变。如两派均未取得优势而第三方坐大，则新议会又未必会配合阿卜杜拉与加尼二人，前几年议会与政府相互拆台的局面可能重演。② 2016年的大支尔格会议是另一大政治变量，参会代表特别是部落长老是否会同意按加尼和阿卜杜拉的协议来修改宪法，是大有可疑的，更遑论当时的政局很可能已发生较大变化。

新政府的政策走向尚不够明朗，加尼宣布的执政任务包括政治和解、改善治理、巩固法制与反腐、深化区域协作等。③ 新政府将政治和解视为重中之重，加尼竞选期间公开表示会继续积极谋求与塔利班和解，其就职

---

① 瑞典斯德哥尔摩国际和平研究所阿富汗问题专家理查德·吉赛（Richard Giasy）2015年1月27日在四川大学南亚研究所座谈活动中的发言。

② 2009年选出的人民院和卡尔扎伊当局矛盾严重，导致新政府在一两年的时间内无法正常运作甚至无法如期就职。

③ The Situation in Afghanistan and its Implications for International Peace and Security: Report of the Secretary-General, December 9, 2014, p.1.

演说也呼吁塔利班和伊斯兰党（希克马蒂亚尔派）参加和谈。[1] 10月17日，加尼会晤了全国乌里玛委员会成员，呼吁其发挥作用，配合政府恢复国内和平。此后不久，他又在国际场合公开呼吁"各政治反对派，特别是塔利班，参与阿富汗国内对话"。[2] 加尼称塔利班为"政治反对派"，在国内外都引起了一定非议，但仅就和谈而言，仍称得上姿态积极。但总的来说，当局在政治和解方面进展迟缓，并无有力的政策措施。其实，考察新政府要员的一贯主张即可发现，他们对塔利班的态度一贯要比卡尔扎伊更为强硬。阿卜杜拉前几年一度抨击和谈徒劳无益；[3] 竞选期间又公开强调如塔利班不愿放弃暴力并参加和平进程，则应将其击败；[4] 声称塔利班放下武器参加大选的前景虽值得欢迎，却不可能实现。[5] 此次出任总统行政改革顾问的齐亚·马苏德当年甚至公开质问卡尔扎伊"到底会在（与塔利班的）和谈中作出什么让步"。[6] 需要指出的是，对喀布尔当局（不论是卡尔扎伊当政还是加尼和阿卜杜拉二人当政）来说，和谈主要是"不得以而为之"，新政府对和谈的热度将更多地取决于未来战局，而非其主观愿望。

　　为表明惩治腐败的决心，新政府上台几天后即在10月2日指令重审2013年审结的喀布尔银行舞弊案，试图深挖贪腐内幕，回应国内对匆忙结案的各种疑虑，包括大笔流失资金未能追回、大批涉案人员调查结果含糊不明等。[7] 加尼还指令研究强化司法部、最高审计署、监察署、独立联合

---

[1] The Situation in Afghanistan and its Implications for International Peace and Security: Report of the Secretary-General, December 9, 2014, p. 3.

[2] Ibid., p. 4.

[3] "Abdullah Abdullah: Talks With Taliban Futile", National Public Radio, October 22, 2010, http://www.npr.org/templates/story/story.php?storyId=130757482.

[4] Saleha Sadat, "Abdullah On Prisoner Releases, Peace and Foreign Policy", Tolonews, November 12, 2013, http://www.tolonews.com/en/afghanistan/12570-abdullah-on-prisoner-releases-peace-and-foreign-policy.

[5] Hasan Khan, "Abdullah Abdullah calls on Taliban to shun violence", Central Asia Online, April 12, 2013, http://centralasiaonline.com/en_GB/articles/caii/features/pakistan/main/2013/04/12/feature-02.

[6] Maria Abi-Habib, "Ethnic Leaders Forge Alliance Against Karzai", The Wall Street Journal, June 29, 2011, http://online.wsj.com/article/SB10001424052702303627104576411742159266586.html. 马苏德之兄即遭塔利班和"基地"组织暗杀的北方联盟主要将领，号称"潘杰希尔之狮"的艾哈迈德·沙阿·马苏德。

[7] 曾祥裕："2013年阿富汗综述"，《南亚发展地区报告2013》，时事出版社2014年版，第239—240页。

反腐监督与评估委员会等机构之间的相互协调，试图提高反腐效率。① 在改善治理状况方面，新政府的具体设想包括以更明确的标准来任命省长，向各省下放权力并实现权责一致，将40%的预算分配给各省等。②

在对外关系方面，新政府实力派的亲美态度更为强烈。加尼本人美国背景浓厚，在海外生活了23年。③ 卡尔扎伊当局后期与美方摩擦不断，阿卜杜拉等在野势力则反复强调美阿关系对阿富汗的重要性。卡尔扎伊一直拖延签署美阿《双边安全协定》，而新政府上台后做的第一件大事就是立即签署《双边安全协定》。可见，喀布尔新政府上台后的美阿关系将趋于平稳。

## 二、联军撤离作战部队，安全局势依然严峻，和谈停滞不前

阿富汗2014年的安全局势仍然严峻。10余年的阿富汗战争已令联军特别是美军疲惫不堪。据美国防部10月份发布的报告，13年来共有3476名北约联军士兵阵亡，其中美军2335人、英军453人、加拿大士兵158人，另有数万人负伤。按此前公布的计划，以美军为主的联军在2014年底撤离全部作战部队，剩余部队转而从事培训、后勤支援等辅助任务。美方终于澄清"后2014时代"的驻阿部队规模。奥巴马讲话称，2015年将在阿继续派驻美军9800人，2016年将削减一半，此后将继续缩减，直至达到执行使馆安保任务的合理规模。④ 德国、澳大利亚等也表示将继续协助阿维护国内安全。这些外军在阿富汗将如何发挥作用，特别是如果塔利班

---

① The Situation in Afghanistan and its Implications for International Peace and Security: Report of the Secretary-General, December 9, 2014, pp. 3-4.
② Ibid, pp. 1, 11.
③ Ashraf Ghani Ahmadzai, Tolonews website, http: //www.tolonews.com/elections2014/ashraf-ghani-ahmadzai.
④ "卡尔扎伊拒绝会见奥巴马 或与美国'划清界限'"，《人民日报》（海外版）2014年5月29日，http: //world.people.com.cn/n/2014/0529/c1002-25079089.html.

大举来袭而当局战况不利，驻阿美军会如何回应，将成为阿富汗局势的一大看点。

随着最后一轮安全移交的完成，阿富汗境内地区的安全责任都转由阿国家安全部队负责。经过多年建设，阿已建成包括国民军和国民警察部队在内的国家安全部队共30余万人，包括国民军18.3343万（截至2014年7月20日），其中空军6929人，国民警察部队14.7077万。另有中央监狱部警卫队5640人，地方警察部队2.878万（截至2014年8月15日）。[①] 国际社会也承诺继续援助阿国家安全部队，美国、印度、欧洲各国、中国等均承诺帮助阿培训军官或警官，阿国民军不仅得到美国、印度、俄罗斯等国的军备援助，还从撤离的联军之手接收了大批先进军备。然而与上述积极进展形成鲜明对照的是，国民军仍饱受士气低迷之苦，年人员损耗率（主要是开小差造成的非战斗减员）高达34%左右，[②] 而征召情况并不理想。有鉴于此，阿国家安全部队是否能有效应对"后2014时代"的安全挑战，前景仍难乐观。

据联合国驻阿富汗援助团统计，2014年初至11月15日，阿境内共发生安全事件1.9469万起，比2013年同期增加10.3%。[③] 不过阿国家安全总局认为，2014年的袭击总数同比减少了34%。2014年前11个月阿富汗平民伤亡达9617人，上升19%，其中3188人丧生，6249人受伤。[④] 预计全年平民伤亡将首次超过1万人。2014年袭击事件多发的原因如下：第一是2013—2014年冬季异常温暖，以前在冬季蛰伏不出的袭击者活动频繁；第二是2014年为大选年，针对大选的破坏行动明显增多，选举活动也增加了安保工作的难度；最重要的是第三点，即反政府武装以武力测试、打击

---

[①] The Situation in Afghanistan and its Implications for International Peace and Security: Report of the Secretary-General, September 9, 2014, p. 7.

[②] The Situation in Afghanistan and its Implications for International Peace and Security: Report of the Secretary-General, March 7, 2014, p. 5, http://unama.unmissions.org/Portals/UNAMA/SG%20Reports/SG-report-Afghanistan-March2014.pdf. 2014年全年的数据始终在这一数字上下徘徊，起落不大。

[③] The Situation in Afghanistan and its Implications for International Peace and Security: Report of the Secretary-General, December 9, 2014, p. 5.

[④] "阿富汗动态"（2014年11月），中国驻阿富汗大使馆网站，http://af.china-embassy.sy.org/chn/afhdt/P020141225121949704986.doc；"阿富汗动态"（2014年12月），中国驻阿富汗大使馆网站，http://af.china-embassy.org/chn/afhdt/P020150108560243160219.doc.

政府的安保力量，向民众展示自身实力。

据阿国防部长和内政部长称，2014年4—10月为阿国家安全部队同期伤亡最严重的一年：塔利班在这半年中发动地面进攻691次，造成1523名军警和955名平民死亡，2506名军警和2394名平民受伤；武装分子方面则有5503人被击毙，2370人受伤，同样损失惨重。反政府武装继续使用路边炸弹、定点清除、"内部人袭击"、大规模突袭等各种袭击手段。1月17日，喀布尔一餐厅发生爆炸，造成21人死亡，其中13人为外国人。2月下旬，近百名塔利班武装人员袭击库纳尔省一哨所，杀死21名士兵，另有数人失踪。3月20日，4名塔利班武装分子袭击喀布尔市中心的塞雷纳酒店，造成包括4名外国公民在内的9人死亡，数人受伤。6月6日，总统候选人阿卜杜拉的车队在喀布尔遇袭，导致13人死亡，46人受伤，阿朴杜拉本人安然无恙。21日，阿高级和平委员会秘书长斯塔尼克扎伊遇袭。7月2日，一辆载有国民军成员的大巴遭自杀式袭击，8名军官死亡，13人受伤，另有5名平民受伤。3日，喀布尔机场遭2枚火箭弹袭击，1架直升机被击毁，3架被击伤，幸无人员伤亡。5日，喀布尔市郊一停车场遇袭，400多辆油罐车遭焚毁。7月29日，哈米德·卡尔扎伊总统的堂弟哈什马特·卡尔扎伊在坎大哈省遇袭身亡。8月6日，一名与塔利班勾结的警察下手毒死几名警察，武装分子随后潜入检查站枪击，造成7名警察丧生。[①] 10月21日，喀布尔市内一辆军用汽车遭炸弹袭击，4名国民军士兵死亡，12人受伤，其中包括6名平民。11月10日，一个自杀式袭击者在喀布尔警察局长办公室外引爆炸弹，造成1死8伤，局长幸免于难。27日，英国驻阿使馆车队、国际救援与发展组织（IRD）驻地遭自杀式炸弹袭击，喀布尔一栋外国非政府组织办公楼遭手榴弹袭击。12月11日，一辆军用巴士在喀布尔遇袭，6名阿士兵死亡，11人受伤；同日在喀布尔发生的法国文化中心爆炸事件造成1名德国人死亡，20人受伤。13日，最高法院首席秘书阿提库拉遭枪击身亡；同日一辆军用巴士遭自杀式炸弹袭击，导致阿士兵7死17伤。18日，喀布尔发生一起自杀式袭击，造成包

---

① "美媒：美军在阿富汗已伤亡2万余人"，人民网引《环球时报》，2014年8月7日，http://world.people.com.cn/n/2014/0807/c1002-25422989.html。

括1名警察在内的3人死亡。①

2014年的袭击事件有几个新特点：一是对大城市的袭击明显增加。据阿国家安全总局称，在袭击总数同比减少34%的背景下，2014年对喀布尔等主要城市的袭击次数却逆势增长68%，阿国家安全总局甚至表示仅在喀布尔就有超过100个活跃的武装组织。②联合国报告也称，武装分子发动若干数百人规模的"蚁群攻击"来打击县级行政中心和安全据点，试图攻城略地。③二是政治人物和平民均遭武装袭击，表明塔利班更趋活跃、更为大胆。反政府武装的定点清除活动极为活跃，仅8月16日至11月15日的3个月就发生235起刺杀事件，④总统候选人阿卜杜拉、卡尔扎伊总统堂弟、高级和平委员会秘书长等政治人物先后成为袭击目标，此外更多次出现针对平民的严重袭击事件。7月15日，帕克提亚省一集市遭汽车炸弹袭击，造成至少89名平民死亡，42人受伤，20多家商铺被毁，成为自2001年以来死伤最严重的恐怖袭击，不过塔利班否认与此有关。4个月后的11月，帕克提卡省一排球赛事遭自杀式炸弹袭击，57人死亡，60余人受伤。三是"内部人袭击"继续发威，始终构成严重安全威胁。特别是，驻阿美军副司令哈罗德少将8月5日在喀布尔法希姆元帅国防大学内遇袭身亡，另有1名德军准将、2名阿军高级将领和10余名美军军官受伤。⑤哈罗德少将是美军自越战以来在海外丧生的最高级别将领，对美国打击颇大。袭击事件发生在国民军培训机构之内，对美军下一阶段将重点执行的培训任务也是一大冲击。

在"后2014时代"，阿富汗面临着好几种可能的安全挑战。首先是塔利班与国民军之间的冲突很可能升级。新政府实力人物特别是阿卜杜拉和马苏德等对塔利班的态度一贯较强硬，更重视武力清剿，对与塔利

---

① 据"阿富汗动态"2014年各期整理，中国驻阿富汗大使馆网站，http：//af.china-embassy.org/chn/afhdt/。
② "阿富汗动态"（2014年12月），中国驻阿富汗大使馆网站，http：//af.china-embassy.org/chn/afhdt/P020150108560243160219.doc。
③ The Situation in Afghanistan and its Implications for International Peace and Security: Report of the Secretary-General, September 9, 2014, p. 6.
④ Ibid.
⑤ "阿富汗动态"（2014年8月），中国驻阿富汗大使馆网站，http：//af.china-embassy.org/chn/afhdt/P020140913681943942075.doc。

班的和谈并不积极。目前，政府方面作出退让的余地和动机也不大。塔利班则很可能会借美军撤离作战部队的有利形势而转守为攻，加大武装活动的频度与烈度。其次是国民军与各地军阀势力之间的冲突。阿南部和北部的地方政治分别主要掌握在普什图军阀和塔吉克与乌兹别克军阀之手，他们桀骜不驯，并不服从喀布尔政府的号令。在失去外部约束，国内安全局势不稳的情况下，军阀势力与国民军发生冲突的可能性是存在的。第三是各路军阀势力之间的冲突。众所周知，阿各路军阀关系并不和睦，如不加以有效管控，则围绕地盘之争、个人恩怨乃至毒品利益而引发冲突都是有可能的。① 正是考虑到这种可能性，前内政部长阿特马尔才表示，美国"急剧撤军"会造成真空，导致阿军和警察"派别化"，令阿再陷军阀割据。②

阿当局与塔利班为主的反政府武装的政治和解并无进展。截至 2014 年 8 月 15 日，共有 8880 人（包括 803 名指挥官）加入了阿当局力推的和平与重返社会计划，阿政府收缴武器 6794 件。③ 但这对局势并无实质影响，塔利班等反政府武装依然活跃，政治和解遥遥无期，具体表现包括双方和谈无进展、总统大选无共识、塔利班拒不承认新政府等。应阿政府的多次要求，巴方自 2012 年以来陆续释放 46 名由其关押的塔利班人员。阿政府曾试图与其中的 15 人会晤，但始终未果。2 月 17 日，阿政府公开表示欢迎塔利班在和平和解方面展现出灵活姿态。19 日，高级和平委员会秘书长与包括前塔利班"财长"穆塔西姆在内的 6 名前塔利班部长、5 名塔利班战地指挥官在迪拜会晤，围绕和平进程举行了磋商。但塔利班发言人随即否认该组织参与了上述会晤，坚称穆塔西姆已不代表塔利班立场。此后，阿当局与塔利班的接触就再无消息。双方在大选问题上毫无共同话语，关系持续僵冷：塔利班多次公开要求甚至威胁选民不要参加投票，抵制大选；阿当局则呼吁选民积极投票，挫败塔利班的图谋。高级和平委员会秘

---

① 杨恕、宛程："美国撤军和阿富汗总统大选后的重建问题"，《阿拉伯世界研究》2014 年第 6 期，第 18—20 页。
② "阿富汗官员称和解方案近乎失败"，新华网，2011 年 11 月 19 日，http://news.xinhuanet.com/world/2011-11/19/c_122305174_2.htm.
③ The Situation in Afghanistan and its Implications for International Peace and Security: Report of the Secretary-General, September 9, 2014, p. 6.

书长斯坦尼克扎伊遇袭更是表明塔利班不愿妥协。9月11日,加尼和阿卜杜拉同意组建民族团结政府,塔利班第二天就发表声明,拒不承认民族团结政府,表示要持续作战,直到"外国占领结束"。塔利班此后还发表声明谴责美阿《双边安全协定》,称加尼呼吁和解是"骗局"。10月7日是美军发动阿富汗军事行动13周年,塔利班当天再次公开号召袭击联军。[1] 以上信号都表明,塔利班仍坚持与阿当局对抗到底,其针对阿当局的强硬立场并无改变。和谈的另一对象[即伊斯兰党(希克马蒂亚尔派)]方面则出现了一个意外插曲。正当两名候选人争执不下之时,伊斯兰党(希派)公开表示已派代表团赴喀布尔调解两位总统候选人的纠纷,还要与其讨论加入新政府的问题,但两名总统候选人均表示并未接触伊斯兰党代表团,[2] 此事由此不了了之。

此外,有消息称"伊斯兰国"势力已渗入阿富汗,但阿境内并无武装团体宣布与"伊斯兰国"结盟,上述消息仍只能视为传言。[3] 考虑到阿富汗问题的复杂性特别是其对中国西部安全的直接影响,对这一问题仍应保持高度警惕和持续关注。

## 三、美阿终签《双边安全协定》,美阿关系缓和;巴阿关系走势积极,地区外交活跃

美阿关系近年来问题不断,不过2014年的美阿关系呈前低后高的曲线,预示其未来走势可能回暖。2月13日,阿方不顾美国反对释放了65名巴格拉姆监狱在押人员,还强调美方与此无关,不应干预。[4] 美国则重申获释者均系危险分子,获释后将重返战场,继续袭击联军和阿军。5月

---

[1] The Situation in Afghanistan and its Implications for International Peace and Security: Report of the Secretary-General, December 9, 2014, p. 4.
[2] Ibid, p. 6.
[3] Ibid, p. 5.
[4] 张淳:"阿富汗无视美国谴责 正式释放65名塔利班囚犯",人民网引环球网,2014年2月13日,http://world.people.com.cn/n/2014/0213/c1002-24352666.html。

25日，奥巴马突访喀布尔的巴格拉姆空军基地并看望驻阿美军官兵。奥巴马此行可谓反客为主：不仅未赴阿总统府会见东道主卡尔扎伊，反而颇为突兀地"邀请"卡尔扎伊到军营与其会面，不过后者未予接受。卡尔扎伊此举为其在国内加分不少，包括阿卜杜拉和加尼在内的各种声音均称赞卡尔扎伊此次维护了国家的尊严，阿媒体普遍指责美国此举毫不尊重阿富汗主权，甚至美国前驻阿大使纽曼也认为奥巴马此举极为不妥，给人的印象是卡尔扎伊是美国召之即来挥之即去的傀儡。[1]

从2013年下半年到2014年，阿富汗对外关系的最大悬念一直是，阿能否如期与美签署《双边安全协定》、与北约签署《安全援助部队地位协定》，以及美国和北约完全撤离作战部队后在阿继续驻军的安排。卡尔扎伊在2013年下半年出人意料地拒不立即签署《双边安全协定》，坚称只能在美方满足若干前提条件之后才能考虑签约。[2] 美方则不断施压，要求阿尽快签约，甚至公开宣称，如不能及时签约，则"零驻军"也在考虑范围之内。与卡尔扎伊不同的是，主要总统候选人均表示当选后将尽快签署《双边安全协定》。加尼在宣誓就任总统的次日（即9月30日）立即签署了美阿《双边安全协定》，一举消除了两国关系的最大障碍。美方已确定2015年在阿继续派驻美军9800人，2016年将削减一半，此后将继续缩减至执行使馆安保任务的规模。德国、澳大利亚等也表示将继续协助阿维护国内安全。

可以预见，新政府运作初期的美阿关系会有较大改善，原因有三：第一，加尼本人具有浓厚的美国背景，亲美倾向明显。加尼早年在黎巴嫩贝鲁特的美利坚大学求学，后在美国哥伦比亚大学获人类学博士学位，曾在世界银行和霍普金斯大学工作，海外生活达23年之久，2001年后才回到阿富汗。[3] 第二，在对美安全依赖方面，新政府可谓形变实不变。由于

---

[1] "美媒：阿富汗人赞许总统拒见奥巴马 称奥不守礼"，人民网引中国新闻网，2014年5月28日，http://world.people.com.cn/n/2014/0528/c1002-25075249.html。

[2] 对于卡尔扎伊拒签协定的原因众说纷纭。卡尔扎伊表示原因在于美方长期不尊重阿主权，在美方纠正错误之前签约只能对阿产生进一步的不利影响。很多观察人士则认为，卡尔扎伊此举是为了凸显自己的独立自主性，以求"功成身退"，借此为其在大选后的阿政坛继续发挥影响创造条件。

[3] Ashraf Ghani Ahmadzai, Tolonews website, http://www.tolonews.com/elections2014/ashraf-ghani-ahmadzai。

"后 2014 时代"的阿富汗安全局势很不确定，喀布尔当局的对美安全依赖并不会随着美方撤离作战部队而烟消云散，只会改头换面，以新的形式呈现出来，包括倚重美军驻阿部队的威慑作用（针对反对派）和安慰作用（针对阿当局），以及来自美国的军备援助、人员训练特别是军费支持等。如果战局不利，这种依赖还会急剧提升。第三，新政府在"后 2014 时代"面临的经济压力也会加大，对外援特别是美援的依赖同样只会增加，不会减少。

  2014 年，围绕阿富汗问题的地区合作较为活跃。1 月 17 日，阿富汗问题伊斯坦布尔进程高官会和国际联络组会议在新德里召开。9 月 4 日召开的北约英国峰会同意继续支持阿国际安全部队直到 2017 年，其间每年援阿 51 亿美元，但也明确要求阿方在 2024 年之前承担其安全部队的全部经费。① 9 月 11 日和 12 日，卡尔扎伊出席上海合作组织峰会，会议声明支持阿富汗成为独立、和平、中立、繁荣的国家。② 10 月底，阿富汗问题伊斯坦布尔进程第四次外长会在北京召开，李克强总理和加尼总统共同出席开幕式并致辞，会议通过了《北京宣言》。加尼在会上公布了自己的改革计划，表示要继续推进和平进程。12 月 4 日召开的伦敦会议承诺继续向阿提供政治支持与财政援助。③

  阿富汗与印度的关系走势平稳。5 月，卡尔扎伊应邀赴新德里参加印度新任总理莫迪的就职仪式。9 月 10 日，卡尔扎伊会见了来访的印度外长斯瓦拉吉，双方讨论了地区安全事宜。④ 阿局势走向不明，印度颇为担心，积极参加各种双边多边架构来应对阿富汗问题。与此形成对照的是，阿与最重要邻国巴基斯坦的关系仍起伏不定，两国继续相互指责。8 月 4 日，阿方抗议巴方跨境袭击阿库纳尔省，阿外交部还公开表示有证据表明巴一直支持阿境内的恐怖活动。巴方拒绝了上述指责，同时要求阿方将巴塔利

---

① The Situation in Afghanistan and its Implications for International Peace and Security: Report of the Secretary-General, December 9, 2014, p. 6.
② Ibid.
③ Ibid., p. 2.
④ Ibid., p. 6.

班运动领导人毛拉法兹鲁拉交予巴方。① 12 月 16 日，巴基斯坦白沙瓦一学校遇袭，百余人丧生。巴方随即愤怒地指控塔利班在阿境内策划了此次袭击事件，巴陆军参谋长亲赴喀布尔施压，要求阿方配合其反恐努力。② 两国之间的难民问题变得更为复杂，现在不仅巴境内有数百万阿难民，而且阿境内也因巴军方在北瓦济里斯坦的军事行动而出现了 10 余万巴基斯坦难民。③

不过面临共同挑战的巴阿两国也尝试进行合作。应阿政府要求，巴方自 2012 年以来陆续释放了 46 名在押的阿塔利班武装人员，试图以此推动阿塔和谈。10 月 11 日，两国签署能源过境定价协议。10 月 19 日，巴总理国家安全与外交事务顾问访阿。11 月 6 日，巴陆军参谋长访阿并与加尼总统、阿卜杜拉首席执行官讨论安全合作事宜。11 月 15 日，阿总统加尼访巴，会见巴总统侯赛因、总理谢里夫、陆军参谋长拉希尔等。④

2014 年 2 月，中国国家主席习近平在俄罗斯索契冬奥会期间会见了阿富汗总统卡尔扎伊。5 月，卡尔扎伊赴华出席第四次亚信峰会。9 月，习近平主席特使出席加尼总统的就职典礼，会见了新任总统加尼、首席执行官阿卜杜拉和前总统卡尔扎伊。10 月，中国人民解放军副总参谋长戚建国访阿，会见总统国家安全顾问、国家安全总局局长和内政部长，同阿国防部长与国民军总参谋长会谈。同月，加尼总统对中国进行国事访问，会见了习近平主席、李克强总理等中国领导人，发表了《中阿关于深化战略合作伙伴关系的联合声明》。中方表示将向阿提供 5 亿元人民币的无偿援助，宣布在 2015—2017 年的 3 年内向阿提供总额 15 亿元人民币的无偿援助，积极支持阿方加强能力建设，在 2015—2019 年 5 年内为阿培训 3000 名各领域专业人员。同月，阿富汗问题伊斯坦布尔进程第四次外长会在北京召开，李克强总理和加尼总统共同出席外长会开幕式并致辞，会议通过了

---

① The Situation in Afghanistan and its Implications for International Peace and Security: Report of the Secretary-General, December 9, 2014, p. 8.
② "巴基斯坦军方称塔利班在阿富汗指挥袭击校园案"，中国新闻网，2014 年 12 月 19 日，http://www.chinanews.com/gj/2014/12-19/6891713.shtml。
③ The Situation in Afghanistan and its Implications for International Peace and Security: Report of the Secretary-General, December 9, 2014, p. 11.
④ Ibid., p. 6.

《北京宣言》。11月30日,中国国务委员兼公安部部长郭声琨访阿并会见阿总统、首席执行官、总统国家安全顾问、内政部长和国家安全总局局长等高官。12月,中国国务院总理李克强在阿斯塔纳会见阿首席执行官阿卜杜拉。①

## 四、经济增速继续下降,毒品问题进一步恶化

阿富汗经济发展遭遇明显困难。阿财政部称,2014年前7个月的投资下降了79%,贸易下降了9%。② 世界银行预测阿2014年度GDP增速为3.2%（10月27日又将预测值降为1.5%）,③ 低于2013年的3.6%,与2012年的14.4%相比更可谓是直线坠落。世行虽预测阿在2015年和2016年的GDP增幅分别将达5.8%和4.8%,④ 但这一前景能否实现仍是值得讨论的。近年来,阿富汗和地区国家积极推动地区能源体系建设,阿过境能源通道建设的标志性项目土阿巴印天然气管道（TAPI）在2014年取得一定进展,相关四国（土库曼斯坦、阿富汗、巴基斯坦、印度）的国有天然气公司正式成立一家合资公司来从事管线开发。项目如能顺利推进,这对地区局势稳定和阿富汗经济发展都是利好因素。

阿财政仍然困难重重,入不敷出,不得不高度依赖外援。阿财政部年底向议会提交的2015年财政预算总额为80亿美元,包括32亿美元发展预算和48亿美元常规预算,其中57亿美元（约70%）来自国际社会援助。⑤

---

① "中国—阿富汗政治关系概况"（2015年1月31日更新）、"中阿经贸合作概况"（2015年1月31日更新）,中国驻阿富汗大使馆网站,http://af.china-embassy.org/chn/zagx/ztgk/t1097558.htm, http://af.china-embassy.org/chn/zagx/ztgk/t1097560.htm。

② The Situation in Afghanistan and its Implications for International Peace and Security: Report of the Secretary-General, December 9, 2014, p.10.

③ Ibid.

④ "阿富汗动态"（2014年4月）,中国驻阿富汗大使馆网站,http://af.china-embassy.org/chn/afhdt/P020140504447062 0907725.docx。

⑤ "阿富汗动态"（2014年11月）,中国驻阿富汗大使馆网站,http://af.china-embassy.org/chn/afhdt/P020141225121949704986.doc。

10月，阿财政部请求捐赠国提供5.37亿美元紧急援助，帮助其渡过难关。① 这种持续性的"输血维持"状态早已引起援助方的强烈质疑。美国阿富汗重建特别监察长（SIGAR）公开表示，美方自2002年以来已向阿投入1040亿美元援助，但效果不尽如人意，主因是管理不善和反腐失败，② 抨击矛头直指阿当局。

脆弱的国民经济令阿难以有效应对任何重大灾害。据联合国驻阿富汗援助团资料显示，经过10多年和平重建，人口仅2800万的阿富汗仍有220万人面临粮食短缺问题，50万人需要住所及粮食援助。2014年夏，阿北部发生洪灾，造成至少703人死亡，130人受伤，3.5万公顷农田被毁，直接经济损失达3600万美元，粮食短缺严重威胁农民生存。5月，巴达赫尚省发生严重山体滑坡，至少2500人丧生，国际社会哀叹，外界援阿已逾13年，现在灾区却连救灾急需的铲子都拿不出来。③

阿富汗毒品问题毫无缓和迹象。阿内政部7月一度表达乐观态度，称禁毒警察在过去4个月已开展837项缉毒行动，逮捕716名毒贩（包括10名军警和3名外国人），捣毁6563.9公顷罂粟种植园，缴获19吨毒品、17.754吨制毒原料，种植罂粟省份已从前一年的17个降为15个。但据联合国毒品和犯罪问题办公室年底报告显示，阿2014年度的鸦片种植面积不减反增，比前一年增张了7%，达到22.4万公顷；预计鸦片总产量将达6400吨，同比增加17%；鸦片总价值将达8.5亿美元，相当于阿GDP的4%。由于产量和储量都在增加，阿鸦片价格下降了13%。④ 这意味着，阿2015年的鸦片产量很可能因"市场波动"而明显下降。在持续反毒多年之后（美方称13年来已向阿禁毒工作投入76亿美元），阿毒品产量的起落居然仍主要由"市场供需"决定，这一结果不能不说是极具讽刺意味的。

---

① The Situation in Afghanistan and its Implications for International Peace and Security：Report of the Secretary-General，December 9，2014，p.10.

② "阿富汗动态"（2014年9月），中国驻阿富汗大使馆网站，http：//af.china-embassy.org/chn/afhdt/P020141105044908386356.doc.

③ "阿富汗山体滑坡惊动世界 无力救援成为国家之痛"，人民网引《环球时报》，2014年5月4日，http：//world.people.com.cn/n/2014/0504/c1002-24969096.html.

④ The Situation in Afghanistan and its Implications for International Peace and Security：Report of the Secretary-General，December 9，2014，p.13.

# 2014 年斯里兰卡综述

唐鹏琪[*]

2014 年，斯里兰卡在人权问题上拒绝西方国家干涉其内政，推进战后政局稳定，清除战争遗害；经济发展态势良好，增长显著，通货膨胀得到控制，旅游业发展效果显著，港口等基础设施建设加紧推进；在外交安全领域，斯中关系进一步发展，斯印关系保持稳定，斯日关系继续深化。

## 一、政治方面

斯里兰卡是南亚次大陆南端印度洋上的一个岛国，在印度洋上占据重要的战略地位，历来就是东西方海运的必经之地，因此一直备受国际社会的重视。

2009 年斯里兰卡结束近 30 年的内战，国内迎来稳定与和平，各项基础设施建设逐步启动。斯里兰卡近来一直围绕航空、航运、能源、商业和知识领域发展"五个中心"经济，后又提出发展"5＋1 中心"经济，即把旅游业也纳入进去。斯旅游业发展的目标是到 2016 年游客达到 250 万人。2013 年斯游客数达到 127 万人，比上年增长 26.7％。[②] 2014 年旅游业则比

---

[*] 唐鹏琪，教育部人文社会科学重点研究基地四川大学南亚研究所副研究员。

[②] "Sri Lanka's turn to shine"，October 21，2014-05.17 GMT，http：//www.priu.gov.lk/news_update/Current_Affairs/ca201410/20141021sl_turn_shine.htm.

2013 年增长 19.8%。① 取得这些成就的前提是战后斯里兰卡呈现给世界的是一个安全、和平而稳定的国家。但是以美国为首的西方国家无视斯里兰卡战后取得的显著成就，就人权问题对斯进行指责与干涉。斯虽然是一个小国，但在维护主权方面一向义正词严。

## （一）斯里兰卡在人权问题上立场坚决

2009 年斯里兰卡内战结束以后，西方国家认为斯政府军在消灭猛虎组织的最后阶段存在严重的侵犯人权状况，要求对斯展开人权问题国际调查。联合国人权理事会 2012 年和 2013 年均通过了由美国提出的针对斯里兰卡人权状况的决议。

战后斯里兰卡政府大规模重建城区，大量投资经济和基础设施建设，并启动战争失踪人口的调查，以确定在战争最后阶段被杀害的平民人数，同时承诺进行全面和解，但这些努力都没有得到应有的关注，因此斯里兰卡在人权问题上表明了坚决的立场。首先，斯里兰卡拒绝西方国家干涉其内政。2014 年 2 月 2 日，斯里兰卡政府在一份新闻公报中称，斯不希望西方国家对本国内政指手画脚。这份新闻公报是针对美国负责南亚事务的助理国务卿比斯瓦尔之后访问斯里兰卡时的讲话而发表的。斯外交部在公报中说，比斯瓦尔的访问正像一直以来美国对斯里兰卡内政的随意干涉一样，都只片面地看到斯里兰卡最坏的一面，并在这种先入为主的偏见下对斯实施惩罚性措施。在访问斯里兰卡时，比斯瓦尔曾说，国际团体对于斯里兰卡人权问题正在失去耐心。对此，斯政府回应称其观点并不准确。公报还说："美国宣称不想看到斯里兰卡经济落后于整个亚洲，这种断言未免妄自尊大，对于一个曾长期面临战争冲突的国家，斯里兰卡已经证明了自己在经济上的恢复力以及维持经济稳定的能力。"② 其次，斯政府谴责西方国家对斯人权问题实施双重标准。2014 年 2 月 13 日，斯政府发言人、

---

① "Tourist arrivals exceeds 1.5 million in 2014", January 07, 2015-06.33 GMT http://www.priu.gov.lk/news_update/Current_Affairs/ca201501/20150107tourist_arrivals_exceeds_1.5_million_2014.htm.

② "斯里兰卡拒绝西方国家干涉其内政"，新华网，2014 年 2 月 3 日，http://world.people.com.cn/n/2014/0203/c1002-24277189.html.

媒体部长朗布科维拉在新闻发布会上重申了斯里兰卡在人权问题上的立场。他表示,斯里兰卡政府重视民族和解问题,内战结束后在这方面采取了诸多重要举措,取得了许多重要进展。但国际社会对此视而不见,反而无端指责斯里兰卡,斯政府对有关指责予以坚决否认。①

## (二)斯里兰卡用事实证明了战后稳定发展的成就

首先,清除战争的遗害颇有成就,扫雷任务基本完成并愿意同全世界分享其扫雷经验。斯里兰卡境内98%的扫雷任务基本完成。根据国防部的数据,现在只剩接近80平方公里的土地有待清扫,而2009年内战刚结束时需要清扫的土地为5000平方公里,其中2064平方公里被认为是危险地区。几年过去了,5.5761万项引爆装置被清除,包括78反坦克地雷、2.8577万枚人员杀伤性地雷和2.7106万项未爆炸军火。在危险地区,96.2%的地区地雷已经被清除,只有78.8平方公里的地区还有待清除。②

其次,良好的国内发展吸引外国投资者。外国投资者看好斯里兰卡有以下原因:第一,斯里兰卡全球法治指数居南亚第一。斯里兰卡政府网站2014年3月7日公布美国非政府组织"世界正义工程"的调查数据称,2014年斯里兰卡法治指数在南亚地区国家中位居第一,在全球99个国家中排名48位。"世界正义工程"的这一评估调查在全球99个国家、10万个家庭和2400个专家中进行,目的是衡量法治在这些普通人身上及其每天24小时日常生活中扮演什么角色、发挥什么效力。在调查报告中,"世界正义工程"称斯里兰卡在全球排名48位,并在大多数方面优于同地区其他国家。在总的排名榜单上,其他南亚国家如印度排名66位,孟加拉国排名92位,尼泊尔排名57位,阿富汗排在第98位。③ 第二,2014年《福布

---

① "斯里兰卡谴责西方国家对斯人权问题实施双重标准",新华网,2014年2月14日,http://world.people.com.cn/n/2014/0214/c157278-24354829.html。

② "SL ready to share its demining experience with world",November 15,2014-6.11 GMT,http://www.priu.gov.lk/news_update/Current_Affairs/ca201411/20141115sl_ready_to_share_its_demining_experience_with_world.htm。

③ "斯里兰卡全球法治指数居南亚第一",新华国际,2014年3月9日,http://world.people.com.cn/n/2014/0309/c157278-24578115.html。

斯》发布的经商环境最优的国家排名中,斯里兰卡在146个国家中排名第89位,印度排在第93位。丹麦排在第一,前10位的国家和地区包括中国香港、新西兰、爱尔兰、瑞典、加拿大、挪威、新加坡和瑞士等。《福布斯》从以下方面来评选:财产权、革新、税收、技术、腐败、自由度(包括个人、贸易和货币)、官僚习气、投资人保护和股票市场表现。① 另外,2014年斯里兰卡国家品牌排名也有所上升。根据最近发布的《国家品牌品牌价值》,斯里兰卡国家品牌排名在100多个国家中上升至58位,品牌价值610亿美元。2013年斯排在第65位,价值450亿美元。在这100多个国家品牌排名中,美国居第一,其后是中国、德国、英国和日本。② 因此,斯里兰卡中央银行行长称,人权问题并不妨碍外资对斯进行投资。央行行长在接受BBC新闻记者的一次访问中称,截至2014年6月,斯里兰卡已经在全世界售出了60亿英镑的斯里兰卡债券,而70%的投资者来自美国、欧盟和英国。③

一方面,西方国家就人权问题对斯里兰卡进行指责;另一方面,趋利的资本却与他们的政治言论背道而驰。

## 二、经济方面

自从2009年内战结束之后,斯里兰卡国内生产总值上升了175%,达到670亿美元,2014年达到760亿美元。通货膨胀得到控制,从11%降到6.9%,到2014年12月,斯里兰卡通货膨胀率更是下降至2.1%;2005—

---

① "SL 89th in Forbes' Best Countries for Business", December 20, 2014-14.15 GMT, http://www.priu.gov.lk/news_update/Current_Affairs/ca201412/20141220sl_89th_in_forbes_best_countries_for_business.htm。

② "Sri Lanka improves on its brand value in 2014", December 11, 2014-6.01 GMT, http://www.priu.gov.lk/news_update/Current_Affairs/ca201412/20141211sl_improves_on_its_brand_value_2014.htm。

③ "Issue of human rights doesn't hinder foreign investments in Sri Lanka - Cabraal", June 3, 2014-05.50 GMT, http://www.priu.gov.lk/news_update/Current_Affairs/ca201406/20140603issue_human_rights_doesnt_hinder_foreign_investments_sl.htm。

2014年,科伦坡证券交易市值扩大了5倍,达到226亿美元;外国直接投资流入的资金从2005年的3亿美元上升至2013年的140亿美元。《英国金融时报》称,斯里兰卡将成为"亚洲第二虎"。[①]

## (一) 经济发展态势良好,增长显著

斯里兰卡中央银行行长在发布"2015年及以后货币和金融政策蓝图"时称,过去5年,斯里兰卡已经建立以前未有的稳定和健全的经济及金融平台。未来5年,斯的经济增长目标为8%。他预期2014年经济增长为7.8%,国内生产总值扩大至760亿美元左右,而通货膨胀率控制在5%以下,人均收入在5年内翻倍,2014年达到3654美元。根据2015年经济发展蓝图,斯央行行长预计,到2020年人均收入达到7500美元,经济总量达到1630亿美元。5个中心、旅游业和其他新兴部门有望成为经济增长8%的驱动器。未来几年,外国投资特别是直接投资也将是促进经济增长的主要动力。斯央行预计2015年将吸引对外直接投资24亿美元(占国内生产总值的2.7%),到2020年吸引外资达46亿美元(占国内生产总值的2.8%)。2015年财政赤字将下降至国内生产总值的4.6%,到2020年进一步下降至国内生产总值的3%。[②] 世界银行称,斯里兰卡经济由基础设施投资所支撑,2014年经济增长能继续保持在7.3%。相比之下,世行预测,2015年南亚经济增长将从2013年的4.8%、2014年的5.2%提高到5.8%。南亚国家包括:阿富汗、孟加拉国、不丹、印度、马尔代夫、尼泊尔、巴基斯坦和斯里兰卡。印度作为该地区最大的经济体,其2014年经济增长可望从2013年的4.8%提高到5.7%。[③]

---

① "SL is gearing to be Asia's next tiger – UK Financial Times", October 16, 2014-05.19 GMT, http://www.priu.gov.lk/news_update/Current_Affairs/ca201410/20141016sl_gearing_be_asia_next_tiger.htm.

② "Sri Lanka expects to maintain economic growth at 8% for next five years", January 4, 2015-05.45 GMT, http://www.priu.gov.lk/news_update/Current_Affairs/ca201501/20150104sl_expects_maintain_economic_growth.htm.

③ "Sri Lankan economy sustained by new capacity from infrastructure investments, World Bank says", April 10, 2014-9.27 GMT, http://www.priu.gov.lk/news_update/Current_Affairs/ca201404/20140410sri_lankan_economy_sustained_new_capacity.htm.

## （二）通货膨胀率得到很好控制，居民得到发展的好处

到 2014 年底斯里兰卡通货膨胀率下降至 1 位数，斯里兰卡中央银行称，2014 斯里兰卡保持低通货膨胀的原因是：谨慎的货币管理，相对稳定的汇率，得到控制的食品与非食品进口价格，电费、水费、液化气和燃料管理价格的低价，以及及时的财政政策措施。按科伦坡消费者价格指数计算，2014 年 12 月，斯里兰卡通货膨胀率下降至 2.1%，而 2013 年同期是 4.7%。年均通货膨胀率连续 19 个月下降，至 2014 年 12 月年均通货膨胀率从 2013 年的 6.9% 下降至 3.3%。年均通货膨胀率降至 3.3% 的主要原因是非食品类商品价 2014 年只增长 2.8%，而 2013 年却增长了 6.1%，其原因主要是水费、电费和燃料价格的下降。2014 年，房屋、水、电、气和其他燃料的平均价格只比 2013 年增长 1.1%。①

## （三）旅游业发展令人称赞

斯里兰卡旅游发展局的统计数字表明，2014 年斯里兰卡游客人数达到 152.7 万人，比 2013 年增长 19.8%。与 2013 年相比，2014 年来自西欧的游客增长 13.8%，达到 47.9 万人；来自北美的游客增长 10.7%，达到 7.2 万人；来自东欧的游客则增长 22.6%，达到 15.4 万人；来自中东的游客增长 10.5%，达到 8.9 万人；来自东亚的游客增长 53.2%，达到 28 万人；来自中国的游客增长 136.1%，达到 12.8 万人；来自印度的游客增长 16.3%，达到 24.2 万人；来自南亚其他地区的游客增长 13.4%，达到 37 万人；来自澳大利亚的游客增长 6.8%，达到 5.7 万人。2014 年前 10 个月，旅游收入为 17.75 亿美元，比 2013 年同期增长 30.4%。②

---

① "Inflation reached low single digit levels by end 2014", January 2, 2015-06.11 GMT, http://www.priu.gov.lk/news_update/Current_Affairs/ca201501/20150102inflation_reached_low_single_digit_levels.htm.

② "Tourist arrivals exceeds 1.5 million in 2014", January 7, 2015-06.33 GMT, http://www.priu.gov.lk/news_update/Current_Affairs/ca201501/20150107tourist_arrivals_exceeds_1.5_million_2014.htm.

## （四）2014年科伦坡证券交易表现甚好

斯里兰卡资本市场是战后迅速发展的主要领域之一，企业到2014年12月从资本市场上筹集到的资金达到1600亿卢比。斯里兰卡交易委员会称，按照主要价格指数计算，战后市场资本增值了631%，占GDP的比重从11.1%上升至36%。2012—2014年，外资流入为970亿卢比，市场日均成交量上升205%，公司债务市场总成交量上升6036%。①

科伦坡证券交易所称，2014年，科伦坡证券一直处于上升通道，取得稳定增长。根据科伦坡证券交易所发布的一份报告显示，2014年斯里兰卡证券20指数自从设立起第一次超过4000点，市场市值达到3万亿卢比，而2013年末市值只为31.05亿卢比。所有股票价格指数超过7500点，收盘于7298.95点。日均交易量与2013年相比增长71%，从8.28亿卢比上升至14.15亿卢比。最为显著的是外资交易为历史最高，截至2014年12月31日交易额为1058亿卢比。在全球资本市场中，斯里兰卡证券表现甚好，在全球排在前6位，2014年1年股票价格指数增长23.4%。②

## （五）信息技术产业和外包部门2014年出口收入超过4亿美元

2014年，斯里兰卡在科尔尼公司全球服务外包目的地指数中排名上升5位，排在16位。斯外包产业过去几年来出现良好发展，出口收入从6000万美元上升至4亿美元，现在该产业是斯第五大挣外汇产业。③ 据

---

① "Capital Market raise Rs 160 b", December 23, 2014-5.10 GMT, http://www.priu.gov.lk/news_update/Current_Affairs/ca201412/20141223capital_market_raise_rs160b.htm.

② "CSE records stellar performance in 2014", January 1, 2015-07.30 GMT, http://www.priu.gov.lk/news_update/Current_Affairs/ca201501/20150101cse_records_stellar_performance_in_2014.htm.

③ "Sri Lanka's rank for IT/BPM jumps to 16th in the world", http://www.priu.gov.lk/news_update/Current_Affairs/ca201409/20140923sl_rank_it_bpm_jumps.htmTuesday, September 23, 2014-5.04 GMT.

斯新建的外包协会发布的信息称,2014年斯信息技术产业和外包部门出口收入超过4亿美元。斯里兰卡的目标是2015年该产业出口收入达到10亿美元,2020年达到50亿美元,① 而实现这个目标是很有希望的。在亚洲太平洋地区,斯里兰卡信息技术市场胜过大多数其他市场,《国际商业观察》"2014年斯里兰卡信息技术报道"预测,2014—2018年斯信息技术市场年复合增长将达到15.5%,到2018年信息技术市场将达到1638亿卢比市值。②

为了在2016年前实现国内生产总值达到1000亿美元、人均收入4000美元的目标,全方位的电信信息平台非常关键。斯里兰卡电信已经启动100G的超速国家骨干网络,斯电信的合作者——华为公司将同斯电信一起建设斯全国光线骨干传输网。③

## (六) 斯里兰卡港口发展也值得关注

汉班托特位于斯里兰卡首都科伦坡东南约240公里处,有人口50余万,是拉贾帕克萨总统的故乡。汉班托特地区离世界最繁忙的欧洲—远东国际主航线仅10海里,具备发展为国际中转深水港的良好地理位置条件。

由于在斯里兰卡南部离国际航线最近的地区还没有较大的港口,基于区域经济发展及斯里兰卡国民经济和产业发展的需要,斯里兰卡政府计划在南部地区兴建一个具有国际水平的现代化港口。这也是斯里兰卡政府的梦想。但由于斯里兰卡国内的冲突与矛盾,建港计划一直搁置。2005年拉贾帕克萨当选总统,他重视基础设施建设,其中最重要的规划就是在南部的汉班托特建设一个世界级港口。在内战最后几年,斯里兰卡政府多方寻

---

① "ICT, BPO SECTOR targets US $ 1B", January 7, 2015-06.33 GMT, http://www.priu.gov.lk/news_update/Current_Affairs/ca201501/20150107ict_bpo_sector_targets_us.htm.

② "Sri Lanka will outperform the majority of IT markets in the APAC region-market report", October 04, 2014-15.00 GMT, http://www.priu.gov.lk/news_update/Current_Affairs/ca201410/20141004sri_lanka_will_outperform_the_majority_of_it.htm.

③ "Sri Lanka Telecom launches 100g ultra speed national backbone network", November 05, 2014-5.45 GMT, http://www.priu.gov.lk/news_update/Current_Affairs/ca201411/20141105sl_telecom_launches_100g_ultra_speed_national_backbone_network.htm.

找资金来源。印度方面对出资建设汉港项目缺乏兴趣，斯政府转向中国寻求资金和技术。

汉港一期工程于 2008 年 1 月 15 日开工。一期工程主要包括两个 10 万吨级多用途码头、一个 10 万吨级油码头和一个工作船码头。根据斯方规划，整个汉港工程将分期建设。二期工程将建设 8 个码头，预计需要 3 年时间完成。此外，汉港还有远期规划。全部工程完工后，汉港将提供超过 30 个泊位，成为南亚第一大港。①

基于斯里兰卡在印度洋上重要的战略地位，国际上对中国在斯修建汉港密切关注，印度对国际上所谓的"珍珠链"传言也颇为担忧。（珍珠链战略：美国国防部的一个承包商 2004 年在向国防部提交的一份名为《亚洲未来的能源》报告中最先使用了这个术语。②这份报告指出，"中国正在沿着从中东到南中国海沿线以某种方式建立战略关系，这种方式兼具防御性和进攻性特点，以保护中国的能源利益"。"珍珠"是指新港口、新机场和后勤保障设施的建造以及对旧港口、旧机场进行升级改造。这些基础设施兼具贸易和军事双重功能，包括物质供给、加油和电子监听。一旦"珍珠"建造或升级完成，中国海军就能将其存在从海南和马六甲海峡推进到非洲和霍尔木兹海峡。③）但汉班托特港的发展让这些传言不攻自破。

**1. 汉港已成为主要的转载中心**

国际知名的海运公司 Master Divers 将在汉班托特港开办区域办公室，以满足日益增长的船运工业的需求。Master Divers 主席称，他们将开设一家轮船修理厂和一个物流中心，估计投资为 1 亿美元。他认为，对汉班托特港的批评是有政治动机的。一个显而易见的事实是：新加坡和迪拜港已经越来越拥挤，船运线路正在寻找可选择的港口。因为汉班托特港位于主要船运线路上，所以该港口将会越来越繁忙。他认为汉港将成为一个主要

---

① 吴成良："汉港寄托斯里兰卡强国梦"，《人民日报》2011 年 11 月 29 日，第 021 版。
② David L. O. Hayward，"China in the Indian Ocean：A Case of Uncharted Waters"，Strategic Analysis Paper，July 2010，p. 1.
③ Ibid.

的转载中心，大船在汉港把货物卸下，装上小船，然后小船将货物运到其他港口。①

而事实上，斯里兰卡汉港车辆转运业务也在加速发展，至2014年3月，汉港已经转运了7.9147万辆车，卸载了3.6401万集装箱货物。2012年6月汉港开始车辆滚装业务。这些车辆主要来自印度的工厂，存在汉港的一个坝子里，然后装上轿车运载车，运往诸如东非等目的地。产业分析家称，具有竞争力的收费和在汉港毫无耽搁使印度的小车出口具有成本优势。汉港对印度本地的汽车生产商很有吸引力。斯港口局称，2012年汉港处理的散装货物为1.9716万吨，2013年增加到11.8579万吨，2014年2月处理的货物就有2.5891万吨。②

日本和泰国的车辆翻新出口商也愿意把车辆送到汉班托特港进行中转，2011年科伦坡港中转的车辆只有547辆，而到2014年10月汉班托特港中转的车辆已经接近15万辆。③

**2. 汉港已经成为燃料储存和添加中心**

2014年6月，汉班托特港开始进行燃料储存，6月22日斯总统公开宣布开放汉班托特港的石油储存设施，给来港的轮船加油。轮船燃料储存装置花费9500万美元，开始的储存量为5.5万吨，第二阶段有望增加到10万吨。斯港口局的目标是第一年卖出30万—40万吨燃料，在5年之内扩大到每年卖出100万吨。第一阶段估计投资7700万美元，中国进出口银行贷出85%的款项。汉港既位于古代"丝绸之路"的战略通道上，也在世界上最大的东西船运通道上，是船只来往于印度、日本、韩国、马来西亚、泰国和非洲、中东的中转中心。2014年，每月到汉港的

---

① "Master Divers to open in Hambantota Port", March 24, 2014-05.51 GMT, http://www.priu.gov.lk/news_update/Current_Affairs/ca201403/20140324master_divers_open_hambantota_port.htm.

② "Sri Lanka vehicle transshipment business gathers speed SLPA", April 7, 2014-5.57 GMT, http://www.priu.gov.lk/news_update/Current_Affairs/ca201404/20140407sl_vehicle_transshipment_business_gathers_speed_slpa.htm.

③ "Japanese & Thai vehicle exporters to use H'tota as transshipment port", October 28, 2014-6.07 GMT, http://www.priu.gov.lk/news_update/Current_Affairs/ca201410/20141028japanese_thai_vehicle_exporters.htm.

船只平均为 25 艘。①

**3. 科伦坡港口城市的开发有利于斯经济发展**

有关人士通过媒体对斯里兰卡耗资最大的科伦坡港口城市工程颇有微词。斯里兰卡港口局对那些不正确言辞作出了答复，称：科伦坡港口城市开发工程将获得价值为 200 亿美元的投资，同时该工程也将创造众多的就业机会。斯港口局将通过长期租赁这一片土地而获得大笔财务收益，因而能够偿还所有贷款，成为改善国家财务状况的最好机构。该工程的先期投资为 13.4 亿美元，更重要的是该工程的资金不是来自斯里兰卡政府或者港口局。根据工程规划，在科伦坡港口扩建工程防波提旁 233 公顷的土地将得到开发，这包括 3.25 公里长的防波提和一个大型的内陆人工运河。整个区域将得到水、电、公路交通、污物处理和其他国际商业中心所需要的基础设施。中国港口工程公司已经核准开发科伦坡港口城市工程。②

科伦坡港口的进一步开发将由韩国公司协助完成，锡兰银行已经同斯里兰卡港口局签署了 105 亿卢比的融资合同，对科伦坡港口东集装箱码头进行扩建。此工程由韩国工程建筑公司协助完成，完工时间为 2015 年。③

# 三、外交安全方面

基于斯里兰卡在印度洋上重要的战略地位，世界大国对其发展都十分

---

① "Hambantota port bunkering to begin in June", May 23, 2014-6.20 GMT, http://www.priu.gov.lk/news_update/Current_Affairs/ca201405/20140523hambantota_port_bunkering_begin_june.htm.

② "SLPA replies to incorrect allegations about its Colombo Port City Development Project", March 11, 2014-05.44 GMT, http://www.priu.gov.lk/news_update/Current_Affairs/ca201403/20140311slpa_replies_incorrect_allegations_about_colombo_port_city_development_project.htm.

③ "Colombo Port to be further developed", March 20, 2014-05.53 GMT, http://www.priu.gov.lk/news_update/Current_Affairs/ca201403/20140320colombo_port_be_further_developed.htm.

关注，与其的关系发展也非常值得深思。

## （一）斯中关系

斯中关系是全天候伙伴关系。中国国家副主席李源潮在同斯里兰卡外长佩雷斯进行讨论时作出该论断，且毫不含糊地支持斯里兰卡自主、独立和领土完整。斯中双边关系是在任何情况下都经得起时间检验的友谊关系。①

**1. 斯里兰卡积极支持中国"一带一路"发展战略，将同中国共建21世纪海上丝绸之路**

"一带一路"指的是"丝绸之路经济带"和"21世纪海上丝绸之路"。2013年9月7日，习近平主席在哈萨克斯坦纳扎尔巴耶夫大学发表演讲时提出共同建设"丝绸之路经济带"。2013年10月3日，习近平主席在印尼国会发表演讲时表示：中国愿同东盟国家加强海上合作，使用好中国政府设立的中国—东盟海上合作基金，发展好海洋合作伙伴关系，共同建设"21世纪海上丝绸之路"。

2014年5月21日，习近平主席在亚信峰会上做主旨发言时指出：中国将同各国一道，加快推进"丝绸之路经济带"和"21世纪海上丝绸之路"建设，尽早启动亚洲基础设施投资银行，更加深入参与区域合作进程，推动亚洲发展和安全相互促进、相得益彰。

应中国外交部长王毅邀请，斯里兰卡总统特使佩里斯外长于2014年2月10日访华。11日，李源潮副主席会见佩里斯外长，王毅外长与佩里斯外长举行会谈。双方就中斯关系和共同关心的国际和地区问题交换了意见，对两国关系发展势头表示满意，一致同意在深化各领域务实合作的基础上，全面拓展海洋合作，共建"21世纪海上丝绸之路"。②

---

① "China-Sri Lanka relations an all weather partnership – Vice President of China", February 13, 2014-05.45 GMT, http://www.priu.gov.lk/news_update/Current_Affairs/ca201402/20140213china_sl_relations_all_weather_partnership.htm.

② "外交部就中斯两国将共建21世纪海上丝绸之路等答问"，中国政府网，2014年2月12日，http://politics.people.com.cn/n/2014/0212/c70731-24340753.html.

作为对中国"一带一路"发展战略的支持,亚洲基础设施投资银行创办会员国之一的斯里兰卡于2014年10月25日与亚洲其他20个国家一起,签署了由中国领头设立的亚洲基础设施投资银行谅解备忘录。这些国家是孟加拉国、文莱、柬埔寨、中国、印度、哈萨克斯坦、科威特、老挝、马来西亚、蒙古国、缅甸、尼泊尔、阿曼、巴基斯坦、菲律宾、卡塔尔、新加坡、斯里兰卡、泰国、乌兹别克斯坦和越南。美国则反对成立亚洲基础设施投资银行,称其会与现行的多边发展银行(如世界银行)发生冲突。[1]

**2. 斯中自贸区将成为两国经济增长的新动力**

2014年2月,中国国家副主席李源潮在北京会见了斯里兰卡总统特使、外长佩里斯。李源潮希望双方结合各自国家发展战略,推进务实合作,深化利益交融,加强相互支持,做彼此可信赖的朋友。佩里斯表示,斯里兰卡高度重视发展对华关系,愿与中国加强高层往来和全面合作,推动斯中战略合作伙伴关系迈上新台阶。开展中斯自贸区建设是2013年斯里兰卡总统拉贾帕克萨访华时两国领导人达成的重要共识,对提升两国经贸合作质量和水平具有重要意义。

而且,斯中有建立自贸区的基础,佩里斯称,"就发展援助方面,中国是对斯里兰卡经济贡献最大的国家之一"。中国提供贷款,并承建了斯里兰卡一批重大基础设施项目。而斯里兰卡战后的发展有目共睹,国内政治稳定,经济高速增长。自贸区建成后,斯里兰卡向中国出口将更加容易,斯服装业将受益,为双方贸易投资、旅游往来打开大门,大量的经济活动将更加便利。

2014年12月,斯中签署自由贸易协议,两国已经签署谅解备忘录,同意建立一个贸易共同工作组,以研究《中斯自由贸易协议》和提高斯里兰卡对中国的出口。斯对中国的出口从2005年的2839万美元上升至2013年的1.21亿美元,2013年双边贸易额达到36.2亿美元。斯对中国的出口

---

[1] "Sri Lanka joins Asian Infrastructure Investment Bank", October 26, 2014-02.25 GMT, http://www.priu.gov.lk/news_update/Current_Affairs/ca201410/20141026sl_joins_asian_Infrastructure_investment_bank.htm.

主要是椰子壳纤维、成衣、茶叶、橡胶和宝石。①

## （二）斯印关系

斯印关系是一种超越时间的伙伴关系，印度总理莫迪执政之后，斯印关系开启了新篇章。

**1. 在人权问题上，印度开始支持斯里兰卡**

2013年3月21日，联合国人权委员会就斯里兰卡人权问题发起决议投票，当时印度以及欧盟国家支持美国的决议。②《先锋报》称：印度必须支持斯里兰卡，投票反对美国的决议。如果印度支持美国在联合国人权委员会上所提出的决议，那么其国家利益将损失惨重。③ 3月27日，在日内瓦第25届人权委员会上，印度决定不再支持美国提议的反对斯里兰卡决议，称外部调查机制妨碍斯里兰卡和谐进程。④ 4月4日，印度就联合国人权委员会对斯里兰卡的决议表示弃权。⑤ 5月26日，印度邀请南盟各国的首脑参加新总理就职仪式。分析家认为印度在开启地区接触新政策上迈开了勇敢的一步，斯印关系将开启新篇章。⑥

---

① "Sri Lanka-China sign Free Trade Agreement", December 26, 2014-4.25 GMT, http://www.priu.gov.lk/news_update/Current_Affairs/ca201412/20141226sl_china_sign_free_trade_agreement.htm.

② "Sri Lanka vote highlights increasing divide within Human Rights Council", March 22, 2013-5.38 GMT, http://www.priu.gov.lk/news_update/Current_Affairs/ca201303/20130322sl_vote_highlights_increasing_divide_within_hr_council.htm.

③ "India must stand by Sri Lanka, vote against US resolution-The Pioneer", March 12, 2013-6.05 GMT, http://www.dailypioneer.com/columnists/item/53573-india-must-stand-by-sri-lanka-vote-against-us-resolution.html.

④ "External investigation mechanism complicates the prevalent situation in Sri Lanka-India", March 27, 2014-15.15 GMT, http://www.priu.gov.lk/news_update/Current_Affairs/ca201403/20140327external_investigation_mechanism_complicates.htm.

⑤ "India's abstention at UNHRC vote on Sri Lanka 'a political decision-Indian Foreign Secy,", April 4, 2014-6.26 GMT, http://www.priu.gov.lk/news_update/Current_Affairs/ca201404/20140405india_abstention_unhrc_vote_sl.htm.

⑥ "The new road to Indo-Lanka relations", May 25, 2014-4.39 GMT, http://www.priu.gov.lk/news_update/Current_Affairs/ca201405/20140525new_road_to_indo_lanka_relations.htm.

斯里兰卡总统与印度新总理在新德里会面，两国首脑就双方关注的问题进行了深入的讨论，斯总统描述了斯战后所进行的重建、安置及和谐进程。两国首脑还讨论了渔民问题。①

2014年7月22日，印度前部长斯瓦迈博士（Dr. Subramanian Swamy）在于科伦坡参加的题为"莫迪领导下的印度：对地区与世界的重要意义"的研讨会中称，在联合国人权委员会上印度将支持斯里兰卡。②

**2. 莫迪执政后，加强对北部贾夫纳地区的重建，进一步开展经济合作**

2014年6月19日，斯里兰卡与印度签署了修建贾夫纳文化中心的协议，印度政府将耗资12亿卢比，花3年的时间修建该中心。③ 7月14日，印度同意出资6亿卢比为斯里兰卡基里诺奇的贾夫纳大学建立农学系和工程学系，两国政府签署了工程实施备忘录。印度政府将为这两个系进行基础设施建设，为农学系建设多个演讲厅、会议厅、计算机实验室、图书馆和体育中心；为工程系建设多个演讲厅、会议厅、实验室、领导办公室和教研室。除了这些基础建设外，印度政府还将通过一个有名的印度大学机构在课程编制、教员交换、培训与研究方面提供支持。④

2014年10月13日，斯总统与印度驻科伦坡的高级专员宣布开通帕赖—贾夫纳（Pallai-Jaffna）的重建铁路。印度称斯里兰卡为"最近的邻居和永远的伙伴"，在斯里兰卡实现和平、和谐与发展的过程中，印度愿意随时为斯里兰卡提供最大的援助。北部铁路线的重建是印斯具有

---

① "President Rajapaksa and Prime Minister Modi meet in New Delhi"，May 27，2014-9.41 GMT，http：//www.priu.gov.lk/news_update/Current_Affairs/ca201405/20140527president_rajapaksa_pm_modi_meet_new_delhi.htm.

② "India will stand by Sri Lanka's position at the UNHRC-Dr. Swamy"，July 23，2014-05.05 GMT，http：//www.priu.gov.lk/news_update/Current_Affairs/ca201407/20140723india_will_stand_by_sri_lankas_position.htm.

③ "Agreement Signed for Construction of Jaffna Cultural Centre"，June 25，2014-06.05 GMT，http：//www.priu.gov.lk/news_update/Current_Affairs/ca201406/20140625agreement_signed_construction_jaffna_cultural_centre.htm.

④ "India assists set up two faculties for University of Jaffna at Kilinochchi"，July 15，2014-06.05 GMT，http：//www.priu.gov.lk/news_update/Current_Affairs/ca201407/20140715india_assists_set_up_two_faculties.htm.

历史意义伙伴关系的里程碑,北部铁路的完工将加强斯印两国的联系。①

印度新政府执政后,强调与斯里兰卡的经济合作关系,两国需要开发新领域进行合作。两国经济与商贸关系有坚实的基础,印斯自由贸易协定有14年的历史。自从该协定生效之后,斯里兰卡对印度的出口增加了10倍多,从1999年的4900万美元增加到2013年的5.43亿美元。2014年1—7月,斯里兰卡对印度的出口是3亿美元,比上年同期增长7.42%。印度是斯里兰卡进口的主要来源国,同时也是斯里兰卡产品出口的第三大国,对印度的出口额占斯总出口的5.2%。②

斯里兰卡正在成为印度洋海上安全战略中心,国际社会对斯里兰卡密切关注。2014年9月远东两个大国——中国与日本的领导人分别对斯里兰卡进行了访问。中斯、日斯的共同宣言表明,斯里兰卡正在成为地区海上安全的新兴国家。③ 印度作为斯里兰卡最大的邻国,历来把斯里兰卡看作自己的后院,在斯正在成为印度洋海上安全中心的时候,加强印斯关系是印度明智的选择。

## (三) 斯日关系

斯日关系也非常值得关注,日本明确知道斯里兰卡的战略地位以及对日本能源运输通道的意义,因此对斯里兰卡的援助与投资从来没有停止过。

---

① "Completion of Northern rail line will enhance connectivity between the two countries - India", October 14, 2014-4.45 GMT, http://www.priu.gov.lk/news_update/Current_Affairs/ca201410/20141014completion_northern_rail_line.htm.

② "Indian govt stresses enhanced economic engagement with Sri Lanka", August 04, 2014-4.55 GMT, http://www.priu.gov.lk/news_update/Current_Affairs/ca201408/20140804indian_govt_stresses_enhanced_economic_engagement_sl.htm.

③ "New focus on Sri Lanka's rise THE STRATEGIC HUB OF INDIAN OCEAN MARITIME SECURITY", September 21, 2014-6.20 GMT, http://www.priu.gov.lk/news_update/Current_Affairs/ca201409/20140921the_strategic_hub_of_indian_ocean_maritime_security.htm.

**1. 2014年日对斯的援助主要集中在国家语言和人力资源培养方面**

2014年3月10日，日本用非项目配套资金向斯里兰卡援助1亿卢比用于实施三种语言政策。其中8000千万卢比用于语言教师的能力培养，提高教师僧伽罗语、泰米尔语和英语的教授能力，从而促进斯里兰卡推行三种语言，另外2000万卢比用于准备语言小册子，供政府官员使用。①

2014年9月日本政府启动了人力资源开发奖助金项目拨款援助的第二阶段。该项目的目标是培养年轻的斯里兰卡官员，使他们将来成为斯里兰卡国家领导人，能够胜任制订和实施国家发展计划。2014—2017年，该项目将分期分批培养60名官员，让他们在两年时间内在日本的国家政策研究院、一桥大学、广岛大学、早稻田大学、国际大学、筑波大学学习"公共政策与公共金融"、"经济学"、"企业管理"、"环境管理"、"灾难管理"和"气候变化"等硕士课程，完成后将获得硕士学位。该奖助金拨款援助第二阶段向斯里兰卡政府所有部门开放，而第一期只限于计划与金融部、国内事务与公共管理部、地方政府、省级政务和经济部门。日本政府此次的援助额度约为2.45亿卢比。②

**2. 日本政府鼓励企业到斯里兰卡投资**

2014年7月28日，日本经济贸易与工业部长访问斯里兰卡时称，斯里兰卡新建的基础设施（如汉班托特港和汉班托特机场）具有重要的战略地位，是日本中小型企业投资很有潜力的目的地。③

2014年8月19日，日本东京三菱银行同斯里兰卡投资局签署了谅解

---

① "Japan provides Rs. 100 million to promote Trilingual Language Policy", March 10, 2014-06.19 GMT, http：//www.priu.gov.lk/news_update/Current_Affairs/ca201403/20140310japan_provides_100million_promote_trilingual_language_policy.htm.

② "Japan gives further Rs. 245 mn for Human Resource Development", June 03, 2014-05.55 GMT, http：//www.priu.gov.lk/news_update/Current_Affairs/ca201406/20140603japan_gives_further_human_resource_development.htm.

③ "Sri Lanka a potential location for Japanese SMEs to invest-Japan's State Minister", July 29, 2014-03.35 GMT, http：//www.priu.gov.lk/news_update/Current_Affairs/ca201407/20140729sl_%20potential_location_for_japanese_smes_to_invest.htm.

备忘录，以鼓励日本对斯里兰卡进行投资。此协议的目的是促使斯里兰卡成为日本三菱银行各国客户的投资目的地。日本三菱银行有764家分行及75个国外办公室，已经做好准备鼓励投资者到斯里兰卡投资，而且越来越多的日本投资者认识到斯里兰卡的优势，如高素质劳动力、有利的地理位置、丰富的旅游资源以及稳定的政治和社会环境。①

### 3. 日本首相对斯的访问进一步加强斯日关系

2014年9月7日，日本首相安倍对斯里兰卡进行了访问，进一步加强了两国关系。此次访问是应斯里兰卡总统2013年发出的邀请，那次互访的原因是纪念日斯建立外交关系60周年。日本首相本次来访除了加强对斯里兰卡的投资外，更加关注南亚地区的海上安全和海上合作。② 斯日签署了多项合作协议：斯里兰卡地面电视广播数字化工程；日斯两国政府经济政策对话备忘录；两国农业和相关领域合作备忘录；科学、技术和创新领域合作的意向书。③

综上所述，斯中关系是全天候伙伴关系，斯印关系在印度总理莫迪执政后向前迈进一大步，斯日关系也在稳步向前推进。通过斯、中、印、日不同的角度，都可看出斯里兰卡是南亚具有非常重要战略地位的国家，发展状况不容忽视。

---

① August 20, 2014-4.24 GMT, http://www.priu.gov.lk/news_update/Current_Affairs/ca201408/20140820bank_of_tokyo_mitsubishi_in_landmark_agreement.htm.

② "Prime Shinzo Abe's visitBRINGING NEW STRENGTH TO JAPAN-SRI LANKA RELATIONS", September 6, 2014-05.35 GMT, http://www.priu.gov.lk/news_update/Current_Affairs/ca201409/20140906prime_shinzo_abe_s_visit.htm.

③ "Sri Lanka and Japan sign agreements for cooperation in a number of sectors", September 7, 2014-05.45 GMT, http://www.priu.gov.lk/news_update/Current_Affairs/ca201409/20140907sri_lanka_and_japan_sign_agreements_for_cooperation.htm.

# 2014 年马尔代夫综述

王娟娟[*]

继 2013 年马尔代夫历史上直选出第二位民选总统之后，2014 年是其议会选举年。议会选举致使马尔代夫政治上出现各主要政党之间的分化、组合，最终执政党联盟赢取了地方议会和人民议会选举的多数席位。经济上，亚明政府推出"经济特区"计划，打造特区经济。外交上，马尔代夫注重在大国之间搞平衡外交，与印度修复双边关系，并加入中国提出的"21 世纪海上丝绸之路"计划。

## 一、执政党联盟赢得议会选举，政党斗争趋向激烈

2014 年，马尔代夫政治中最引人注目的事件是执政党联盟赢得议会选举、选举委员会正副主席遭最高法院解职，以及共和党党魁卡西姆竞选议长导致执政联盟破裂。

### （一）执政党联盟赢得议会选举

2013 年总统大选之后，2014 年马尔代夫举行了地方与中央的议会选

---

[*] 王娟娟，教育部人文社会科学重点研究基地四川大学南亚研究所和马尔代夫研究中心助理研究员。

举。根据《选举法》的规定，选举委员会要求不足3000人的政党解散，不得参加议会选举，并因此解散了8个小政党。[1] 议会选举主要在进步党、共和党、民主党和正义党等政党之间展开，其中相当数量的独立候选人也参与了议会选举。

1月18日，马尔代夫举行地方议会选举，共有2463名候选人竞逐1100个席位，即951个岛屿议员席位、132个环礁议员席位以及17个城市议员席位。经竞逐，最大反对党民主党赢得了457个席位，占总席位的41.5%；执政党进步党赢得281席位，占比25.5%；进步党的执政盟友共和党与进步联盟分别获得125席和59席，分别占比11.4%和5.4%；正义党赢得45席，占比4.1%；人民党赢得1席，占比0.1%；独立候选人赢得132席，占比12%。选举结果显示，执政党联盟（进步党、共和党与进步联盟）共赢取地方议会席位465个，包括391个岛屿议员席位、71个环礁议员席位和3个城市议员席位。民主党共赢取457个席位，包括388个岛屿议员席位、55个坏礁议员席位和14个城市议员席位，并掌控了马累与阿杜两大重要城市的多数席位。[2]

3月22日，马尔代夫举行人民议会选举，包括23名女性在内的302名候选人在85个选区争夺议员席位。在85个席位中，马累岛拥有13个，阿杜岛拥有7个，其余65个分散在其他岛上。根据马选举委员会公布的选举结果显示，马尔代夫总统亚明领导的执政联盟在人民议会选举中赢得多数席位，取得胜利。在85个席位中，执政党进步党赢得33席，其执政盟友共和党与进步联盟分获15席和5席，亚明总统领导的执政党联盟共获得53席；反对党民主党获得26席，独立候选人获得5席，正义党获得1席。[3] 针对选举结果，各政党反应不一。总统亚明在庆祝进步党议会选举

---

[1] Ahmed Naish, "Elections Commission dissolves eight parties", Miniwan News, February 8th, 2014, http://minivannews.com/politics/elections-commission-dissolves-eight-parties-77109.

[2] Ahmed Naish, "EC announces preliminary results of local council elections", Miniwan News, January 27th, 2014, http://minivannews.com/politics/ec-announces-preliminary-results-of-local-council-elections-76227.

[3] Ahmed Naish, "Majlis elections: EC announces preliminary results, coalition secures parliament majority", Miniwan News, March 25th, 2014, http://minivannews.com/politics/majlis-elections-ec-announces-preliminary-results-coalition-secures-parliament-majority-80762.

胜利的集会上称，选民正是由于认同和平与稳定才投票给进步党及其联盟。① 面对失去传统的大城市票仓且选举失利的结果，民主党党魁、前总统纳希德表示选举不公正但接受选举结果，并表示民主党人需要新领导人。② 共和党党魁卡西姆则表示对选举总体结果满意，但认为为了保持执政联盟的团结，共和党将一些选票让渡给了进步联盟。③ 进步联盟领导人则表示人民信任进步联盟。④ 正义党将议会选举失利归结于选票分散和贿选。⑤

## （二）最高法院解除选举委员会正副主席的职务

马尔代夫议会选举总体平稳进行，其中却暗含政治危机，主要体现在最高法院与选举委员会在议会选举问题上的矛盾激化，选举委员会领导人遭最高法院解职，其独立性进一步削减。

2014年2月12日，最高法院以"藐视法庭罪"起诉选举委员会，并由此导致选举推迟。⑥ 选举委员会主席富马认为最高法院对选举委员会的

---

① Ahmed Naish, "Majlis elections: Voters said yes to peace and stability, says President Yameen", Miniwan News, March 27th, 2014, http://minivannews.com/politics/majlis-elections-voters-said-yes-to-peace-and-stability-says-president-yameen-81097.

② Ahmed Rilwan, "Majlis election: Nasheed calls for MDP restructuring after election defeat", Miniwan News, March 24th, 2014, http://minivannews.com/politics/majlis-election-nasheed-calls-for-mdp-restructuring-after-election-defeat-80838.

③ Mariyath Mohamed, "Majlis elections: JP Gasim satisfied with results, but says vote-splitting cost greater gains", Miniwan News, March 24th, 2014, http://minivannews.com/politics/majlis-elections-jp-gasim-satisfied-with-results-but-says-vote-splitting-cost-greater-gains-80763.

④ Mariyath Mohamed, "Majlis elections: 'The people trust us, despite being recently formed', says MDA", Miniwan News, March 24th, 2014, http://minivannews.com/politics/majlis-elections-%E2%80%9Cthe-people-trust-us-despite-being-recently-formed%E2%80%9D-says-mda-80772.

⑤ Ahmed Nazeer, "Adhaalath Party blames vote-splitting and bribery for poor elections result", Miniwan News, March 27th, 2014, http://minivannews.com/politics/adhaalath-party-blames-vote-splitting-and-bribery-for-poor-elections-result-81126.

⑥ By Daniel Bosley, "EC contempt case postponed as election preparations continue", Miniwan News, February 13th, 2014, http://minivannews.com/politics/ec-contempt-case-postponed-as-election-preparations-continue-77564.

16条指导方针和诉讼行为损害了选举委员会的独立性与权威。[1] 最终，双方博弈的结果是在人民议会选举正式开始之前，即3月9日，最高法院以选举委员会正副主席"不尊重法律秩序"并触犯了刑法第88条的罪名，宣布将其职务解除并判处监禁。[2] 此外，媒体还披露选举委员会主席富马在解职前曾与民主党党魁、前总统纳希德通过3分钟的电话，电话中两人主要讨论了最高法院针对选举委员会的诉讼和在各选区重新登记选民的问题。[3] 对此，各政党作出了不同的反应：民主党谴责最高法院解除选举委员会领导人的职务；以进步党为首的执政联盟表示认同最高法院的决定；而人民议会则致信最高法院与检察院，认为最高法院此举违背了宪法。[4] 这说明选举委员会缺乏独立性，易受党派政治与司法系统的干预与摆布。

### （三）共和党党魁卡西姆竞选议长致执政联盟破裂

以亚明为领导的执政党联盟在赢取了2013年的总统选举之后，又赢取了地方议会与人民议会选举的胜利。然而，进步党、共和党与进步联盟结成的执政联盟并非铁板一块，其在涉及政府职位的利益分配上存在严重分歧与矛盾。

执政联盟在赢得议会选举后，共和党党魁卡西姆有意竞选人民议会议长一职，但亚明总统并不支持其竞选议会议长，而是支持本党的阿卜杜

---

[1] Ahmed Naish, "Supreme Court guidelines undermine EC's independence: Fuwad Thowfeek", Miniwan News, March 4th, 2014, http://minivannews.com/politics/supreme-court-guidelines-undermine-elections-commissions-independence-fuwad-thowfeek-78941.

[2] Ahmed Naish, "Supreme Court strips Fuwad, Fayaz of EC membership", Miniwan News, March 9th, 2014, http://minivannews.com/politics/supreme-court-strips-fuwad-fayaz-of-ec-membership-79344.

[3] Mariyath Mohamed, "Alleged calls between EC Chair Thowfeek and former President Nasheed leaked", Miniwan News, March 10th, 2014, http://minivannews.com/politics/alleged-calls-between-ec-chair-thowfeek-and-former-president-nasheed-leaked-79386.

[4] Mariyath Mohamed, "EC dismissals: MDP condemns, government coalition commends decision", Miniwan News, March 10th, 2014, http://minivannews.com/politics/ec-dismissals-mdp-condemns-government-coalition-commends-decision-79381; Ahmed Rilwan, "EC dismissals: Majlis says commissioners' removal was unconstitutional", Miniwan News, March 10th, 2014, http://minivannews.com/politics/ec-dismissals-majlis-says-commissioners-removal-was-unconstitutional-79450.

拉·马斯赫竞选议长。然而,卡西姆执意竞选议长,5月27日亚明总统宣布将卡西姆的共和党逐出执政联盟,同时宣布执政联盟解体。① 5月28日,人民议会通过秘密投票的方式选举阿卜杜拉·马斯赫为议长,反对党民主党候选人穆萨·马尼克为副议长,卡西姆落败。卡西姆竞选议长一事表明,自2013年总统大选以来进步党构建的以其为首的执政联盟已破裂,这无疑为进步党之后的执政道路留下了阴影。为了保持在人民议会中的简单多数席位,进步党势必要扩大党员,而其采取的政治策略无非是向共和党和民主党人"挖墙脚",将其转换为进步党议员,② 这无疑使得政坛上的党派斗争趋向激烈。

## 二、政府采取多项措施促进经济发展,经济总体运行良好

根据IMF的研究结果显示,2014年马尔代夫经济总体运行良好,总量增加,但财政不平衡状况将继续。③ 2014年,亚明政府采取多项措施加强经济发展、促进就业,主要措施如下:

---

① Ahmed Naish, "Gasim will have to withdraw candidacy for Majlis speaker, says President Yameen", Miniwan News, May 26th, 2014, http: //minivannews.com/politics/gasim-will-have-to-withdraw-candidacy-for-majlis-speaker-says-president-yameen-85686; Mariyath Mohamed, "Progressive coalition will dissolve if Gasim runs for speaker, says PPM," Miniwan News, May 27th, 2014, http: //minivannews.com/politics/progressive-coalition-will-dissolve-if-gasim-runs-for-speaker-says-ppm-85815.

② Ahmed Rilwan, "Jumhooree Party cabinet member and two more MPs join President Yameen's PPM", Miniwan News, June 17th, 2014, http: //minivannews.com/politics/jumhooree-party-cabinet-member-and-two-more-mps-join-president-yameens-ppm-87122; Ahmed Naish, "PPM secures 43-seat parliament majority with signing of JP MP Muhamma", Miniwan News, July 10th, 2014, http: //minivannews.com/politics/ppm-secures-43-seat-parliament-majority-with-signing-of-jp-mp-muhamma-88332; Mariyath Mohamed, "JP to sue three MPs for switching parties", Miniwan News, July 15th, 2014, http: //minivannews.com/politics/jp-to-sue-three-mps-for-switching-parties-88440.

③ Daniel Bosley, "Maldives economy 'relatively buoyant' but fiscal imbalances continue to grow: IMF", Miniwan News, November 20th, 2014, http: //minivannews.com/politics/maldives-economy-relatively-buoyant-but-fiscal-imbalances-continue-to-grow-imf-91182.

## (一)吸引外资,打造经济特区

亚明政府执政后为了发展经济、吸引投资,在2014年6月向议会提交《经济特区法案》。通过该法案,亚明政府计划在马北部、南部等战略位置设立经济特区,引进不同的企业发展经济,以减少对旅游业的过度依赖。该法案还表示,经济特区计划借鉴中国、韩国、新加坡、毛里求斯等国经济特区的经验专门为马量身打造,政府承诺对投资者予以保护。[1] 针对此法案,人民议会进行了激烈的辩论,反对党民主党议员对该法案提出180多条修改建议,但由于共和党改变了之前的反对立场,转而支持政府的议案,《经济特区法案》得以在议会以多数票获得通过。针对此结果,亚明总统表示欢迎,而民主党则认为该法案的实施将导致国人热衷于追逐金钱和其他犯罪企业,伤害分权制。[2]

## (二)重视渔业、农业的发展

马尔代夫经济产业结构的最大特点是,第三产业尤其是旅游业在马经济结构中仍然占绝对优势地位,在GDP中占80%以上。渔业作为第一产业,在GDP中所占比重不超过2%,但却是国民经济的关键性部门,它解决了大部分马尔代夫人的就业与生活问题。因此,亚明政府专门出台措施,开展渔业培训项目,对渔民予以政府补贴,扶持渔业发展。第一,发起渔业培训项目。2月23日,渔业与农业部发起渔业培训项目,与马尔代夫工业渔业公司(the Maldives Industrial Fisheries Company)长期合作培训青年人的长线钓鱼技术,由此不仅能促进更多的青年人从事渔业工作,增加其收入,而且渔民在本国海域的渔业活动可弥补巡逻船的不足,有效

---

[1] Ahmed Naish, "Government submits bill on special economic zones", Miniwan News, June 6th, 2014, http://minivannews.com/politics/government-submits-bill-on-special-economic-zones-86558.

[2] Zaheena Rasheed, "President Yameen hails passage of SEZ bill", Miniwan News, August 28th, 2014, http://minivannews.com/politics/president-yameen-hails-passage-of-sez-bill-89857.

防止外国渔船的非法活动。① 与此同时，马政府还与国外合作对渔民进行培训。1月28日，瑞士公司为马渔民开展渔业培训项目。② 第二，对渔民予以财政补贴。3月30日，渔业与农业部部长披露了政府对渔民的财政支持工程，其主要内容是政府将自4月1日起在萧条时期对渔民予以1万拉菲亚的政府补贴，该政策的主要目的是扶持渔业成为国民经济的支柱产业。此项目规定，政府将对在面积少于4.18平方米的船舶工作的渔民给予3500拉菲亚/月的津贴，以作为其向政府缴纳350拉菲亚/月保险费的补偿；对于那些工作在4.18—6.04平方米的渔船的渔民则给予5000拉菲亚/月的补贴，同时需向国家缴纳400拉菲亚/月的保险费；对于那些在超过65平方英尺船舶工作的渔民则给予1万拉菲亚/月的补贴，同时需向国家缴纳500拉菲亚/月的保险金。为了参与该项目，渔民的保险金费用将需要支付一年，政府将通过岛屿议会安排接收相关付款收据。③

虽然农业是第一产业，但因马尔代夫是岛国，土地稀少，基本的农产品与食物主要依赖于进口，所以农业发展长期滞后。为了解决此难题，亚明政府推广发展水溶液栽培技术。水培法是园艺的一个分支，使用水来提供矿物质和营养而不是土壤——允许农民在土壤干旱或无法生产的地方种植农作物。通过此技术，马尔代夫可以种植农作物，不仅能不再依赖进口食物，而且能帮助旅游业解决食品问题。该技术是马政府从澳大利亚引进的，被认为是马农业发展的未来，可以解决马的粮食安全问题。④ 此外，5月11日，政府还在斯鲁斯胡岛开展土地垦殖工程，⑤ 并与外资合作共同开

---

① Ahmed Naish," Fisheries ministry commences long line fishing training programme", Miniwan News, February 23rd, 2014, http：//minivannews.com/society/fisheries-ministry-commences-long-line-fishing-training-programme-78262.

② Ahmed Nazeer," Leading Swiss retail group opens training centre for Maldives fisherman", Miniwan News, January 28th, 2014, http：//minivannews.com/society/leading-swiss-retail-group-opens-training-centre-for-fisherman-in-maldives-76366.

③ Mariyath Mohamed," Fisheries minister reveals details of fishermen's allowance", Miniwan News, March 30th, 2014, http：//minivannews.com/politics/fisheries-minister-reveals-details-of-fishermens-allowance-81249.

④ Lucy Lovell," Growing for the future：Hydroponics in the Maldives", Miniwan News, April 14th, 2014, http：//minivannews.com/politics/growing-for-the-future-hydroponics-in-the-maldives-82582.

⑤ "President Inaugurates Land Reclamation Project in Thulusdhoo", May11, 2014, http：//www.presidencymaldives.gov.mv/Index.aspx?lid=11&dcid=14279.

展土地垦殖工程。7月9日,马住建部与一家比利时公司签署了瑚湖尔二期开垦工程合同。①

### (三)重视民生问题,促进青年人就业

亚明政府上台后,为了刺激经济、解决民生问题、促进就业采取了多项措施,主要有:

第一,启动住房工程项目。2月18日,马政府宣布启动两项新的住房项目:其一是社会住房项目,它将为马累市民提供公寓;其二是通过伊斯兰财政机构为岛屿居民建设房屋提供财政支持。②2月25日,马住房部首先在Vilifushi启动了建造100所住房的工程项目,该岛的所有居民均可申请,只需每月支付2500拉菲亚,便可持续15年拥有住房。③4月3日,亚明总统出席了由马尔代夫—迪拜合资公司在瑚湖尔岛建设3000套住房项目的启动仪式。④

第二,帮助青年人就业。马青年人的失业率一直居高不下,他们多欠债和无家可归。为了解决此问题,11月18日,亚明总统决定政府将投资2亿拉菲亚发起一项"马尔代夫青年企业家项目",通过提供贷款帮助其发展中小型企业。项目申请者可以是合作的两位公民,申请成功后其将获得软贷款,以及由"商业孵化"计划提供的技术援助。该项目的实施可以帮助青年人获得技术,促进其就业。进步党计划在5年内为青年人提供9.4

---

① Ahmed Naish, "Agreement signed for Hulhumalé phase two reclamation project", Minivan News, July 19th, 2014, http://minivannews.com/politics/agreement-signed-for-hulhumale-phase-two-reclamation-project-88580.

② "Government announces new housing program", Minivan News, February 18th, 2014, http://minivannews.com/news-in-brief/government-announces-new-housing-program-77926.

③ "Project for 100 houses in Vilifushi initiated", Minivan News, February 25th, 2014, http://minivannews.com/news-in-brief/project-for-100-houses-in-vilifushi-initiated-78456.

④ Ahmed Naish, "President reveals vision for foreign investment at Hulhumalé project launch", Minivan News, April 3rd, 2014, http://minivannews.com/politics/president-reveals-vision-for-foreign-investment-at-hulhumale-project-launch-81678.

万个就业机会。①

第三，加强基础设施建设，特别是机场与港口的建设。5月，中国水电建设集团与马尔代夫机场公司签订了马累纳西尔国际机场改扩建项目合同。该项目由马尔代夫机场公司投资，合同金额约1000万美元，马拟修建一个停机坪和两条跑道，工期为12个月。该项目建成后对马社会经济具有积极影响，不仅可以大大增加机场接纳能力，缓解机位紧张现状，而且有助于吸引更多旅客来马尔代夫旅游，促进旅游业发展。② 8月，马住建部部长表示将在48个岛屿进行港口建设，以解决停泊难题和促进就业。③ 此外，马政府还在中国的无偿帮助下修建马累至瑚湖尔的大桥。④

## 三、开展多方外交，重视加强与伊斯兰国家的外交关系

2014年，亚明政府宣布马尔代夫外交政策，将集中于提升国家主权与保护其伊斯兰国家身份，并表示加强与阿拉伯国家的关系是其外交政策的首要任务。⑤ 为此，马继续坚持奉行和平、独立和不结盟的外交政策，平

---

① Ahmed Naish, "President Yameen launches MVR200 million 'Maldives Youth Entrepreneurship Programme'", Minivan News, November 18th, 2014, http：//minivannews.com/politics/president-yameen-launches-mvr200-million-maldives-youth-entrepreneurship-programme-91106.

② "中水集团承建马尔代夫国际机场改扩建工程项目签约"，新华国际，2014年5月12日，http：//news.xinhuanet.com/world/2014-05/12/c_126489151.htm。

③ Ahmed Naish, "Harbour construction on-going in 48 islands, says housing minister", Minivan News, August 12th, 2014, http：//minivannews.com/politics/harbour-construction-on-going-in-48-islands-says-housing-minister-89563.

④ Ahmed Naish, "China pledged assistance for bridge project, says President Yameen", Minivan News, August 21st, 2014, http：//minivannews.com/politics/china-pledged-assistance-for-bridge-project-says-president-yameen-89738.

⑤ "President Yameen launches the Foreign Policy of Maldives", January 20, 2014, http：//www.presidencymaldives.gov.mv/Index.aspx？lid=11&dcid=13890; Ahmed Rilwan, "Improving relations with Arab countries, a high priority in foreign policy：Yameen", Minivan News, January 9th, 2014, http：//minivannews.com/news-in-brief/improving-relations-with-arab-countries-a-high-priority-in-foreign-policy-yameen-74828.

衡发展与印度、中国等国家的双边关系；同时积极开展多方外交，尤其是注重加强与巴基斯坦、沙特等伊斯兰国家的双边关系。

## （一）努力与大国发展健康、稳定、平衡的外交关系

马尔代夫政府努力与大国发展健康、稳定的外交关系，尤其注重在中印之间搞平衡外交。

**1. 马印关系**

长期以来，马尔代夫与印度之间政治交往密切、军事合作良好、经贸往来频繁，印度还经常对马尔代夫施以政治、经济、军事和外交与等方面的援助与支持。瓦希德过渡政府时期，马印关系摩擦不断。2014年亚明当选总统后，及时修复与印度的关系，与其在政治、经济与安全等方面加强了交流与合作。

政治上，加强与印度的信任外交。亚明成为总统后，选择首访的国家是印度，由此可见其对印度的重视程度。1月1—4日，亚明对印度展开外交访问。访问期间，亚明会见了印度总统、总理、外交部长等高级官员，双方讨论了贸易、安全与签证等问题，并签署了卫生、人力资源与高级使馆等方面的合作协议。① 亚明表示，马印友谊的主要特点在于双方一直彼此真诚相待与相互支持，当前马印关系同加尧姆时期一样牢固。② 他还表示，尽管马中关系很密切，但马印关系仍是首位。③ 2月20日，印度外交部长斯瓦拉杰在出席南盟部长会议期间专门拜访亚明总统。斯瓦拉杰表

---

① "Three agreements signed between the Maldives and India", January 02, 2014, http://www.presidencymaldives.gov.mv/Index.aspx?lid=11&dcid=13798.

② " 'Key feature of our friendship has been the eagerness with which we have supported each other at all times' -President Yameen", January02, 2014, http://www.presidencymaldives.gov.mv/Index.aspx?lid=11&dcid=13805; Mariyath Mohamed, "Government claims India ties 'as strong as during Gayoom's time'", Minivan News, January 5th, 2014, http://minivannews.com/politics/government-claims-india-ties-as-strong-as-during-gayooms-time-74573.

③ Mariyath Mohamed, " 'Nothing precedes ties with India' although ties with China also 'very close': President Yameen", Minivan News, January 6th, 2014, http://minivannews.com/politics/nothing-precedes-ties-with-india-although-ties-with-china-also-very-close-74618.

示,印马两国正日益增加政治互信,加强各领域的联系,相信两国能在国际与地区事务上保持良好的沟通与合作,并承诺印度将给予马力所能及的帮助与支持。① 另外,在之后的联合声明中,印度承诺将继续向马提供能源产品。② 5月27日,亚明出席印度新总理莫迪的就职典礼,并与莫迪进行会谈。双方会谈中,亚明总统表示,马尔代夫接受印度在国际舞台上的领导地位;莫迪则高度评价了加尧姆时期印马的亲密关系,并表示相信未来印马将恢复已有的亲密关系。③

经济上,加速解决与印度GMR跨国公司的经济纠纷,继续欢迎印度企业来马投资、发展。纳希德总统时期,马航空公司与印度GMR公司达成机场建设合同,后纳希德因军事政变下台,2013年成立的瓦希德过渡政府与GMR公司解除了合同,之后双方又因经济赔偿问题僵持不下,并影响到两国外交关系。6月19日,印度GMR公司赢得仲裁官司,马应向其赔偿14亿美元,但这超出了马政府每年的财政预算;马方希望向GMR公司支付7800万美元,同时补偿其已完成合同的支出费用。④ 经双方不断的博弈与协商,11月21日,GMR公司更改赔偿金额,转而向马索赔8.03亿美元,但要求马赔偿对其名誉的损害费。亚明则对此表示很遗憾,GMR公司未能开展对马的政治风险评估,并认为马政府可承受的赔偿金额是3000万美元。⑤ 目前,双方在赔偿问题上尚未达成最终的和解。尽管马政府与GMR公司的合同赔偿纠纷并未彻底解决,但这并未从根本上影响到

---

① "Indian External Affairs Minister calls on President Yameen", February 20, 2014, http://www.presidencymaldives.gov.mv/Index.aspx?lid=11&dcid=14028.

② Daniel Bosley, "Reduced petrol imports discussed as Indian minister concludes visit", Minivan News, February 22nd, 2014, http://minivannews.com/politics/reduced-petrol-imports-discussed-as-indian-minister-concludes-visit-78209.

③ Ahmed Rilwan, "Maldives accepts India's leadership role, says President Yameen", Minivan News, May 27th, 2014, http://minivannews.com/politics/maldives-accepts-indias-leadership-role-says-president-yameen-85850.

④ Daniel Bosley, "GMR wins arbitration case, tribunal deems airport deal was 'valid and binding'", Minivan News, June 19th, 2014, http://minivannews.com/politics/gmr-wins-arbitration-case-tribunal-deems-airport-deal-was-valid-and-binding-87209.

⑤ Zaheena Rasheed, "GMR lodges US$803million claim, pleads for award of further damages for loss of reputation", Minivan News, November 21st, 2014, http://minivannews.com/politics/gmr-lodges-us803million-claim-pleads-for-award-of-further-damages-for-loss-of-reputation-91198.

印度其他大公司与马政府的合作。尽管印度塔塔集团表示了对马政治局势的潜在担忧,但9月仍与马住建部签订了新的建房合同。①

安全上,加强与印度在军事、海上安全等方面的合作。2月,马国防部长纳兹姆访问印度,参加印度国防大学庆典和印度2014年国防展。纳兹姆与印度国防部长安东尼进行会谈,双方表示将继续加强马印防务联系,印方还承诺将帮助马国防军培训其在航空与医疗领域的军事人才。4月,印、斯、马三边海上安全会议机制第三次会议在印度新德里召开,马国防部长纳兹姆参加了此次会议。印、斯、马三方签署了在印度洋扩大三国海上合作与情报分享的协议,其中打击海盗、反恐是优先内容。② 5月,印度三军参谋长委员会主席、陆军参谋长比克拉姆·辛格访马,商谈在马北斯拉法胡环礁建立海军造船厂事宜。③

### 2. 马中关系

2014年,马中高层政治交往更为频繁,经贸联系更为紧密,外交上相互给予支持,中国还加大了对马的无偿援助力度与规模。

政治上,马中两国高层政治交往频繁,尤其是两国元首的互访,为建立面向未来的全面友好合作伙伴关系奠定了良好的政治基础。1月6日,中国外交部副部长刘振民拜访亚明总统,双方讨论了密切两国关系、加强在社会与经济领域的合作等问题。④ 6月4—9日,马副总统贾米勒率团参加在中国云南省昆明市举行的第二届中国—南亚博览会和第九届中国—南亚商业论坛,并出席开幕式。在华期间,中国国务院副总理汪洋会见了贾

---

① Mariyath Mohamed, "Housing minister hopes to sign amended TATA contract next week", Minivan News, http://minivannews.com/politics/housing-minister-hopes-to-sign-amended-tata-contract-next-week-90023.

② "Maldives Signs Maritime Cooperation Agreement with India and Sri Lanka", Minivan News, March 9, 2014, http://minivannews.com/news-in-brief/maldives-signs-maritime-cooperation-agreement-with-india-and-sri-lanka-79345.

③ "India, China in Hot Race to Build Maldives' Naval Dock", The New Indian Express, May 10 2014, http://www.newindianexpress.com/nation/India-China-in-Hot-Race-to-Build-Maldives-Naval-Dock/2014/05/10/article2216651.ece.

④ "The Vice Foreign Minister of China calls on the President", January 6, 2014, http://www.presidencymaldives.gov.mv/Index.aspx?lid=11&dcid=13822.

米勒。① 8月16日，应中国国家主席习近平的邀请，马总统亚明出席了在南京举行的第二届青年奥林匹克运动会开幕式，双方在南京进行了会谈。习近平表示，中方视马尔代夫为南亚和印度洋地区的重要伙伴，愿同马方共同努力，巩固传统友谊，扩大旅游、贸易、基础设施建设等领域的合作，确保重点项目取得良好效益。亚明表示，中国是马尔代夫的重要合作伙伴，为促进马方社会经济发展作出了重要贡献，在国际上树立了大小国家友好合作的榜样。② 8月17日，亚明总统访问了苏州，参观了苏州工业园区开发建设成果展。③ 9月14—16日，中国国家主席习近平访问马尔代夫，其间与亚明总统举行了会谈，会见了马斯赫议长。双方在亲切友好的氛围中就双边关系和共同关心的国际地区问题深入交换了意见，达成了广泛共识。双方一致认为，马中建交以来，两国睦邻友好关系顺利发展，互利合作成果丰硕。为进一步提升双边关系水平，造福两国人民，促进本地区和平、稳定和繁荣，双方一致同意建立马中面向未来的全面友好合作伙伴关系。马方欢迎并愿积极参与中方提出的构建"21世纪海上丝绸之路"倡议，双方同意加强海洋事务、海洋经济、海洋安全等领域的合作。④ 在习近平主席访马期间，双方领导人还达成了共建纳西尔国际机场与马累—瑚瑚尔大桥的协议。⑤

经济上，马中经贸往来频繁，中国加大了对马的投资与援助力度。(1) 旅游方面，自2010年以来，中国连续4年成为马最大的客源国，为马增加了国民收入。(2) 农业方面，中国不仅援助马相关技术，而且与其签署农业合作协议。3月23日—3月底，中国热科院的椰心叶甲防控专家彭

---

① "汪洋会见马尔代夫副总统贾米勒"，2014年6月6日，http://news.xinhuanet.com/politics/2014-06/06/c_126589105.htm; "李纪恒会见马尔代夫副总统贾米勒"，2014年6月8日，http://yn.yunnan.cn/html/2014-06/08/content_3239794.htm。

② "习近平会见马尔代夫总统亚明"，2014年8月16日，http://news.xinhuanet.com/politics/2014-08/16/c_1112103299.htm。

③ "马尔代夫总统真诚祝愿送给苏州 石泰峰会见亚明一行"，2014年8月18日，http://sz.xinhuanet.com/2014-08/18/c_1112115091.htm。

④ "中华人民共和国与马尔代夫共和国发表联合新闻公报"，2014年9月15日，http://www.fmprc.gov.cn/mfa_chn/zyxw_602251/t1191246.shtml。

⑤ Mariyath Mohamed, "Agreements on bridge and airport penned during Chinese president's visit", Minivan News, September 15th, 2014, http://minivannews.com/politics/agreements-on-bridge-and-airport-penned-during-chinese-presidents-visit-90105。

正强、吕宝乾前往马尔代夫考察椰心叶甲危害情况，帮助马建设椰心叶甲天敌工厂、椰子害虫联合研究中心，培训当地防治技术人员等。4月10日，中国驻马大使王富康与马外长杜妮亚·穆蒙签署农业项目合作协议。①(3)基础设施建设方面，中国积极给予马援助。1月末，中国大使王富康表示，中国政府将在马启动住房项目二期工程，为其建设1500套住房，还将为马实施拉穆环礁连接公路项目。②8月17日，中国政府承诺向马政府提供1亿人民币的无偿援助用于桥梁建设项目。③(4)经贸合作方面，马中已构建有效的合作平台与机制，将共建"21世纪海上丝绸之路"和自贸区。按照习近平主席与亚明总统在9月达成的经贸合作协议，12月16日，中国商务部副部长高燕与马尔代夫经济发展部长萨伊德在北京共同主持召开了中马经贸联委会第一次会议。高燕表示，近年来中马经贸合作不断深化，成为中马友好关系的亮点。2014年两国贸易额有望突破1亿美元，有兴趣投资马尔代夫的中国企业日益增多。中方愿与马方携手共建"21世纪海上丝绸之路"，推动双边自贸区建设，不断提升两国经贸关系水平。萨伊德表示，马方高度重视马中经贸关系，愿积极参与"21世纪海上丝绸之路"建设，希望早日建成中马自贸区，并将通过经贸联委会这个重要平台，进一步加强对华互利合作，增加鱼类等产品对华贸易。马方欢迎中国企业赴马投资兴业，愿与中方共同推进"中马友谊大桥"等基础设施项目建设。会后，高燕副部长与萨伊德部长签署了《中华人民共和国商务部和马尔代夫共和国经济发展部关于在中马经贸联委会框架下共同推进"21世纪海上丝绸之路"建设的谅解备忘录》。④12月22日，马政府表示，支持

---

① "中国热科院椰心叶甲防治技术走出国门 援助马尔代夫"，2014年4月8日，http://news.xinhuanet.com/gongyi/2014-04/08/c_126366832.htm；"驻马尔代夫大使王福康与马外长签署农业项目合作协议"，2014年4月10日，http://mv.chineseembassy.org/chn/sgsd/t11 45842.htm。

② "新友谊，新发展，新机遇 驻马尔代夫大使王福康在到任招待会暨新春招待会上的致辞"，2014年1月30日，http://mv.chineseembassy.org/chn/zmgx/zywj/t1124745.htm；"驻马尔代夫大使王福康与马总统亚明共同为中国政府援马拉穆环礁连接公路项目奠基"，2014年12月17日，http://mv.china-embassy.org/chn/sgsd/t1219931.htm。

③ Lucy Lovell, "China lends Maldives 100 million Yuan as free aid", Minivan News, August 17th, 2014, http://minivannews.com/politics/china-lends-maldives-100million-yuan-as-free-aid-89663。

④ "中马经贸联委会第一次会议在北京举行"，2014年12月16日，http://www.mofcom.gov.cn/article/ae/ai/201412/20141200835817.shtml。

中国投资银行，并希望与中国达成自由贸易协定。①

社会文化上，马中加强了人力资源、体育、传媒等方面的交流与合作。(1) 人力资源方面，马中启动了双边警务研修班。此次研修班是马中两国第一个双边人力资源合作项目，受到马中两国政府的高度重视，具有重要意义。该项目是马中两国警务领域合作的创新，搭建了双方交流的新平台，将带动两国警务合作迈上新台阶。② (2) 体育方面，马乒乓球代表团访问中国。4月12日，驻马大使王福康应邀出席马乒乓球代表团访华启程仪式并致辞，马乒乓球协会主席、前驻华大使拉帝夫等参加仪式。③ (3) 城市交流方面，深圳与马累结成友好交流城市。5月16日，深圳市市长与马累市市长签订两市友好交流合作备忘录，深圳和马累正式缔结为友好交流城市。④ (4) 传媒交流方面，新华社亚太总分社访问马。7月初，新华社亚太总分社总经理温新年率团访马，其间，驻马尔代夫使馆联合新华社科伦坡兼马累分社及马记者协会共同举办中马媒体座谈会。⑤ (5) 马遭遇淡水危机时，中国政府动用多种资源助其渡过危机。12月4日下午2时，马尔代夫首都马累唯一一家海水淡化厂发电机中控设备发生严重火灾，导致马累全城停水。马累15万居民全靠一家水厂供水，社会正常生产生活受到严重影响，引发淡水危机。马政府紧急向国际社会寻求援助。事件发生后，应马政府要求，中国政府动用多种资源向马提供援助，包括通过中国民航班机向马输送饮用水、动员中国在马企业紧急联系国际航空向马输送饮用水、中国空军出动运输机和中国海军出动舰队帮助马运载瓶装水。马

---

① Ismail Humaam Hamid, "Maldives backs new Chinese investment bank, pursues free trade deal", Minivan News, December 22nd, 2014, http://minivannews.com/politics/maldives-backs-new-chinese-investment-bank-pursues-free-trade-deal-91768.
② "驻马尔代夫大使王福康出席中马双边警务研修班启程仪式并致辞"，2014年4月8日，http://mv.chineseembassy.org/chn/sgsd/t1144907.htm。
③ "驻马尔代夫大使王福康出席马乒乓球代表团访华启程仪式并致辞"，2014年4月13日，http://mv.chineseembassy.org/chn/sgsd/t1146438.htm。
④ "深圳与马尔代夫首都缔结友好交流城市"，《深圳特区报》2014年5月17日。
⑤ "驻马尔代夫使馆举行中马媒体座谈会"，2014年7月9日，http://mv.chineseembassy.org/chn/sgsd/t1172600.htm。

政府与人民对此十分赞赏与感激。①

## （二）重视周边外交，突出加强与中东伊斯兰国家的外交关系

亚明当选总统后，非常重视周边外交，在首访印度之后又于1月21—23日访问斯里兰卡。政治上，斯里兰卡是马尔代夫的近邻，两国关系一直非常紧密。亚明访斯期间，与斯里兰卡总统、外交部长与工商部长进行了会谈，两国签署了涉及跨国打击犯罪、职业培训与运动合作等领域的3项重要协议。② 经济上，斯里兰卡向马提供大额信贷。1月25日，锡兰银行为马尔代夫提供5亿美元信贷风险资金。③ 安全上，马斯加强了海上安全的合作。马尔代夫与斯里兰卡是印、斯、马三边海上安全会谈机制的创始国，两国除了加强在此区域合作平台上的海上安全合作之外，还加强了双边海上安全合作。1月15日，斯里兰卡海军中将Jayanath拜访亚明总统，双方讨论了海上安全、反恐、海上污染与反海盗等问题，Jayanath表示斯海军将继续与马国防军紧密合作，确保海上安全与周边海域安全。④

亚明外交的另一个重要特点是，强调马尔代夫的伊斯兰国家身份，重视同中东伊斯兰国家（如沙特、卡特尔、科威特等）的交往。首先，马与沙特加强了交往。政治上，两国政府高层互访。1月29日，副总统贾米勒出访沙特。⑤ 2月29日，沙特王子访问马尔代夫。亚明总统与沙特王子就打击恐怖主义与极端主义进行了深层交流，在两国公布的共同声明中，强

---

① "中国政府驰援马累水荒（一）"，2014年12月7日，http://mv.china-embassy.org/chn/sgsd/t1217192.htm；"中国政府驰援马累水荒（二）"，2014年12月8日，http://mv.china-embassy.org/chn/sgsd/t1217479.htm。

② "Important agreements signed between the Governments of Maldives and Sri Lanka", January 22, 2014, http://www.presidencymaldives.gov.mv/Index.aspx?lid=11&dcid=13910.

③ Ahmed Naish, "Bank of Ceylon to arrange US $500 million credit exposure", Minivan News, January 25th, 2014, http://minivannews.com/politics/bank-of-ceylon-to-arrange-us500-million-credit-exposure-75962.

④ "Commander of the Sri Lankan Navy calls on President Yameen", January 15, 2014, http://www.presidencymaldives.gov.mv/Index.aspx?lid=11&dcid=13862.

⑤ "Vice President Departs on an Official Visit", January 29, 2014, http://www.presidencymaldives.gov.mv/Index.aspx?lid=11&dcid=13939.

调了两国都是基于温和与包容的伊斯兰教原则立国的家,沙特许诺通过沙特发展基金给予马援助。[1] 宗教文化上,沙特加强了对马的支持,一个沙特组织花费 160 万拉菲亚在马尔代夫传播古兰经教义。[2] 经贸上,马欢迎沙特来马投资。亚明在接见沙特贸易代表团时向其呼吁到马投资,并到"人间天堂"热身。[3] 其次,马与卡塔尔加强了交往。1 月 30 日,马副总统贾米勒出访沙特和卡塔尔,并拜会了卡塔尔首相、跨宗教对话中心主席及商业团队。卡塔尔首相在与贾米勒的会谈中承诺对在马建立伊斯兰大学予以援助。[4] 最后,马还与科威特加强了交往。2 月 2 日,马副总统贾米勒访问科威特,其间与科威特王储和总理、穆斯林酋长、健康部长、议会议长等进行了会谈与交流。[5]

总之,2014 年是亚明总统上任的第一年,其在内政外交上有不少"亮点"。他率领进步党与共和党、进步联盟结成执政联盟,赢取了地方议会与人民议会选举的胜利,但因共和党党魁卡西姆执意竞选议长,执政联盟破裂。亚明政府采取一系列措施促进经济发展,使马尔代夫经济总体运行良好。外交上马在中印之间推行平衡外交,重视发展与中东伊斯兰国家的往来。

---

[1] "Saudi Crown Prince arrives in the Maldives on an Official Visit", February 28, 2014, http://www.presidencymaldives.gov.mv/Index.aspx? lid=11&dcid=14047; Daniel Bosley, "Saudi crown prince greeted with ceremonial welcome", Minivan News, March 1st, 2014, http://minivannews.com/politics/saudi-crown-prince-greeted-with-ceremonial-welcome-78690.

[2] "Saudi organisation to spend MVR 1.6 million to spread Quranic teachings in Maldives", Minivan News, January 27th, 2014, http://minivannews.com/news-in-brief/saudi-organization-to-spend-mvr-1-6-million-to-spread-quranic-teachings-in-maldives-76207.

[3] Zaheena Rasheed, "President Yameen urges Saudis to invest in Maldives and 'get warmed up for heaven'", Minivan News, December 25th, 2014, http://minivannews.com/politics/president-yameen-urges-saudis-to-invest-in-maldives-and- "get-warmed-up-for" -heaven-91820.

[4] "Qatari PM assures assistance in establishing Islamic University in Maldives", January 30, 2014, http://www.presidencymaldives.gov.mv/Index.aspx? lid=11&dcid=13942.

[5] "Vice President meets with the Crown Prince and Prime Minister of Kuwait", February 2, 2014, http://www.presidencymaldives.gov.mv/Index.aspx? lid=11&dcid=13953; "Vice President meets Kuwaiti Emir", February 02 2014, http://www.presidencymaldives.gov.mv/Index.aspx? lid=11&dcid=13952; "Vice President meets with the Kuwaiti Minister of Health", February 3, 2014, http://www.presidencymaldives.gov.mv/Index.aspx? lid=11&dcid=13960; "Vice President meets Speaker of Kuwaiti National Assembly", February 3, 2014, http://www.presidencymaldives.gov.mv/Index.aspx? lid=11&dcid=13961.

# 2014 年不丹综述

唐明超[*]

2014 年，不丹国内政局平稳，经济建设取得一定成绩，以印度为中心的外交工作成绩显著，特别是印度总统和总理在这一年里先后访问不丹，为不丹建国 100 多年的首次，印不关系得以修复和发展。

## 一、民心安定，政局平稳

不丹人民民主党政府在面临通货膨胀、失业率上升、提供社会服务、提高农业生产率和动态经济发展等挑战时没有退缩，勇敢面对。在国王和王族的大力支持和协助下，政府执政较平稳，国内政局较稳定。

### （一）心装国民，重视未来

不丹国王虽然不管国家政务，但却十分关心国民的福祉和国家未来的发展，特别关注无地农民的生活和青少年的教育。

**1. 心系臣民，关心疾苦**

不丹是一个内陆农业国家，超过 60% 的人口居住和生活在农村，土地

---

[*] 唐明超，四川国际和平与发展研究中心副研究员。

是不丹人民生活的核心，因为其能提供粮食安全和幸福安全。为了实现不丹农民人人有地种、吃饱饭、穿暖衣、睡好觉以及保障国家粮食安全的梦想，国王不顾山路险峻，不怕艰险困苦，一村一村地走访，解决无地农民的困难。2014年，国王走访了仁工、佩玛加泽尔和莎姆德罗普宗卡3个宗，为25815户家庭解决了土地问题。国王自2009年第一次在隆子宗赐予4618名无地农民福利土地以来，到目前为止已将近500平方公里土地赐予13个宗[①]133个格窝的102336名无地农民。

**2. 心系未来，关怀青少年**

青少年的培养教育关系到国家的未来，因此不丹国王非常关心不丹青少年的成长和品质教育。2014年8月22日，国王和王后在接见全国2315名大学毕业生时，勉励他们继续奋斗、不断拼搏。国王表示："虽然我们为过去的成就感到自豪，但我们不能坐享祖先的劳动成果。我们仍然是国家建设的一代，仍然有许多国家目标要去完成。我对我们的未来有许多担忧，我希望你们也感到担忧，因为只有这样，我们才能确保自己认真工作，去实现国家所有的目标。最重要的目的是像祖先们曾经做过的那样保护国家的主权。国家的重要目标是通过统一维护和平。我们必须确保不同的种族、地区、宗教、政治和经济地位永远不会分裂我们。"他希望同学们照顾好不丹的文化遗产，并将其传递给自己的孩子，因为不丹的国家认同感是深深扎根于文化遗产的。

2014年12月9日，超过1万名大、中、小学师生响应国王的号召，在廷布登遮塘头顶中午的阳光，朗朗阅读佛祖特别版传记《悉达多王子——佛陀的故事》，开启了2015年国家阅读年活动。国王在现场对师生们说："如果你们想将来为国家效力，并成为强大和成功的公民，就必须获得良好的教育。如果你们想成为成功的人，就要好好学习，阅读大量的书籍（包括英语和宗卡语）。你们必须阅读周围的一切，必须了解时事、历史、科学、文化和世界各地的人们。如果你们不知道这些东西，当你们长大后就会像是闭着眼睛走路，这将阻碍你们实现梦想。如果你们乃至全

---

① 这13个宗是隆子、布姆塘、孟加尔、旺迪颇章、哈宗、达加纳、普那卡、同萨、扎西岗、扎西羊孜、仁工、佩玛加泽尔和莎姆德罗普宗卡。

国人民从一年阅读中养成了健康的阅读习惯，那么这将是献给四世国王 60 岁生日最好的礼物。

### （二）打牢民主基础，促进民主发展

不丹历届政府都坚持以国民幸福总值理念治理国家，已经成功地建立了长期的国内和平，使不丹从君主制平稳而成功地过渡到完全的民主制国家。但是，国家正面临着严峻的各级腐败和政党之间缺乏交流沟通的挑战。

**1. 建立对话平台，加强政党交流**

不丹选举委员会接受 15 名前议员和 5 个政党[①]高管的建议，从 2014 年起每年举行一次不丹民主对话，将各政党聚集在一起，共同培养民主，促进政党之间的对话和合作文化，加强政党的机构发展和其成员的能力建设。选举委员会还在全国范围内开展科学研究，提出不丹应学习丹麦在过去 140 年里如何应对挑战，发展一个充满活力的民主文化，加强民主和党的机构建设，同时加强妇女参政议政和参与选举的措施。

**2. 加强审计，铲除腐败**

不丹尽管小而穷，几乎靠援助和借款搞经济建设，但是腐败仍然严重侵蚀着不丹的治理体系。不丹反腐败委员会以审计为手段，加大反腐力度。不丹皇家审计局 2013 年年度审计报告称，通过审计，从各部、宗、格窝和独立机构追回了 1.51 亿多努。其中从各部追缴了 1.06 亿多努，从各宗和格窝追缴了 3900 多万努，从独立机构追缴了 500 多万努。其违规行为包括欺诈、腐败和贪污、滥用、资金管理不善、收入和税收及采购违反规定；也有失误，包括不规则支付和双支付、不经济操作等。

此外，为了加强和提高反腐办案人员的工作能力和水平，不丹邀请

---

① 5 个政党——不丹人民民主党、不丹功德党、不丹协力党、不丹公权党和不丹人民团结党——的顶级高管在丹麦党和民主研究所资助下，于 2014 年 6 月对丹麦进行了为期 10 天的旅行访问。

瑞士巴塞尔治理研究所的菲利斯·简·阿特金森于 2014 年 6 月 2—6 日在廷布进行为期 5 天的金融调查和资产追回培训课。参与的培训者来自不丹反腐委员会、司法部长办公室、皇家金融管理局和皇家不丹警局，通过培训，提高他们的案件调查和起诉能力，包括腐败、洗钱案件以及被盗资产追回。

### （三）签订绩效协议，确保工作效益

为了提高 25310 名公务员[①]的效率和服务质量，不丹人民民主党政府推出了一项新举措——"政府绩效管理体系"。不丹国民幸福总值委员会在奥地利的资助[②]下，建立和审查绩效管理体系化框架，以审查公务员的个人绩效和组织绩效，确保个人和组织履行其职责和实现其目标。

**1. 层层签订协议，明确工作目标**

首先是首相同政府各部门主管签订绩效协议，之后是部门主管同本部门秘书签，然后是部门秘书同本部门各局（处）主管签，往下依此类推；其次是首相同各宗的宗长签，之后是宗长同本宗的格窝主管姑普签，往下依此类推。

2014 年 3 月 27 日，不丹首相次仁·托布格同农业部大臣益西·多吉签订绩效协议，强调加强粮食和营养安全，增加就业机会、家庭年均现金收入以及可持续的森林、土地和生物多样性资源管理，加速再生自然资源行业增长等目标。

4 月，首相与旺堆颇章宗长签订绩效协议后，宗长与本宗的 15 个格窝主管签订绩效协议以增加粮食产量。2014 年 7 月 1 日—2015 年 6 月 30 日将生产水稻 3900 吨、小麦 1100 吨、蔬菜 2000 吨和牛奶 1650 吨，还要生产蔬菜、禽蛋肉类；改善社区绿化，建立和维持非正规教育中心，修缮和

---

[①] "The State of the Nation", kuenselonline, Jun 20, 2014, http://www.kuenselonline.com/the-state-of-the-nation.

[②] 2014 年 12 月 11 日，奥地利发展合作协调办公室向不丹国民幸福总值委员会赠予 2800 万努用于建立和审查绩效管理制度化框架。

维护文化遗产，保持农场道路全时间通车，提高服务等。

### 2. 愿望虽好，恐难实现

尽管不丹人民民主党特别是首相将签订绩效协议视为执政治国的一大法宝，寄予了很大的期望，但是具体实施起来有一定难度，要完成绩效目标存在诸多不确定因素，如预算资金不够或不能按时拨放，或其他保障出差错等。

仁工宗长噶玛·珠巴2014年4月14日同首相签订绩效协议时就提出了完成绩效目标的附带条件：第一是政府要有效和按时付预算款，预算包括政府划拨资金和捐助资金；第二是政府保证提供改良种子和农耕机器及灌溉用水；第三是要有更好的市场和更少的自然灾害；第四是政府要减少湿地的销售；第五是要有足够的人力资源；第六是相关部门要大力支持和配合。而仁工宗格窝领导人决定在政府释放足够的活动资金之前避免与其宗长签订任何绩效协议。

8月19日，加莎宗长要求格窝负责人签订协议。格窝负责人则表示，目标设定事先没有同他们讨论，并且协议不切实际，目标与生产不匹配，尤其是没有足够的预算资金保证目标的实现。他们只同意签订那些能够现实目标的条款。

## 二、重施水电战略，兼顾其他领域发展

新人新气象，新政府新希望。不丹首相2014年11月21日在廷布第13次记者招待会上表示，他领导的政府治理国家的基本方法是正确的。政府提出，到2018年使不丹成为一个自力更生的国家，财政收益能满足支出，降低依赖外部援助。这无疑给了不丹人民新的信心和期待。

尽管新政府承诺平均每年国民生产总值增长率为10%，但是2013—

2014 财政年度国民生产总值的增长率不尽如人意,只有 2.05%,[1] 而过去 5 年的年均增长率为 8.5%。截至 2014 年 9 月 30 日,国家债务总额是 1133 亿努,[2] 较 2013 年的 1018 亿努增加了 115 亿努;外汇储备是 8.79 亿美元,较 2013 年的 7.21 亿美元增加了 1.58 亿美元;卢比储备是 142.9 亿,较 2013 年的 59 亿增加了 83.9 亿;通货膨胀率为 8.27%,[3] 比 2013 年下降了 0.5%;整体失业率为 2.9%,青年失业率为 9.6%。

## (一) 推出新政,加快经济发展

尽管不丹目前仍存在卢比短缺、高债务、银行缺钱、企业发展缺动力和通货膨胀等问题,但新政府仍确定水电、农业、旅游、小企业和采矿业为国家发展的五大重要行业。这些行业能提高国内生产力,促进本地消费和出口,从而实现国民生产总值"健康增长"。

**1. 实施贷款新规,促进国内消费**

由于卢比短缺和债台高筑,上届政府在 2012 年年初采取紧急措施暂停了购房、买车和奢侈品的贷款。新政府上台后为了拉动国内消费、刺激经济复苏,于 2014 年 7 月正式取消此项禁令,并推出新规定。

住房贷款:无论房屋大小,商业房贷款为房屋总金额的 60%;住房贷款为 70%;首付款必须是用贷款人个人的钱财支付,而不得从任何金融机构借款支付。

汽车贷款:完全支付首付部分现金和提交所有文档后才能贷款,期限最多 5 年。新车价格在 8 万努以下的,贷款金额为 60%;新车价格在 8 万

---

[1] "Not just growth but healthy growth in next few years, promises PM", kuenselonline, Nov. 22, 2014, http://www.kuenselonline.com/not-just-growth-but-healthy-growth-in-next-few-years-promises-pm/.

[2] "pm explains govt s debt management policy", kuenselonline, Nov. 19, 2014, http://www.kuenselonline.com/pm-explains-govt-s-debt-management-policy.

[3] "The country's annual inflation last year was at 8.27 percent, a drop by 0.5 percent from 2013", Jan. 29, 2015, kuenselonline. http://www.kuenselonline.com/factors-that-influence-inflation/.

努以上的，贷款金额为50%；所有二手车的贷款金额为40%。2014年6月，不丹全国共有车辆68129辆，① 较实施禁令前的62697辆增加了5432辆。

消费贷款：最大上限是50万努，最长期限为5年。银行批准的贷款比率是消费者每月可支配收入的70%。

**2. 实施就业规划，促成青年就业**

据不丹劳动部规划称，从2013年到2017年预计将有119958名求职者。② 为了尽量满足这些求职者的就业需求，政府不得不想方设法创造就业机会。2014年，不丹劳动部同56个行业和酒店签订招募不丹人的谅解备忘录，规定行业和酒店应严格坚持雇用不丹人以实现国家创造就业机会的目标，在网站上发布所有空缺职位和外国人只能应聘而不丹人不能应聘的职位。劳动部将评估行业和酒店经营者的需要，为求职者提供各种培训，保证提供合格的技术工人。

## （二）开发多种能源，确保能源安全

不丹从2010年起实施国家能源安全战略，在继续开发水电项目的基础上，有计划地引进和开发可再生能源（如沼气、风能和太阳能等），以避免气候变暖引起冰川退缩，进而引发水资源减少对电能产生影响。

**1. 继续加强水电建设，尽快实现富国梦**

据不丹绿色电力公司年度报告称，2013年旗下4家电厂（扎拉、巴索河、楚卡和姑日河）共发电75.1345亿千瓦时，挣得130.5亿努，③ 获利润（扣除税后）52.5亿努。截至2014年6月底，不丹超过97%的家庭获

---

① "1,685 vehicles imported during ban period", kuenselonline, Jul.18, 2014, http://www.kuenselonline.com/1685-vehicles-imported-during-ban-period/.
② "Ensuring employment for Bhutanese", kuenselonline, Mar.12, 2014, http://www.kuenselonline.com/ensuring-employment-for-bhutanese/.
③ "2013 registers spike in power generation", kuenselonline, Jul.3, 2014, http://www.kuenselonline.com/2103-registers-spike-in-power-generation/.

得供电，而电力公司拥有146497个国内用户，并在2013—2014财政年度收入64亿努，税后净利9.63亿努。由此可见，水电能给不丹带来更多财富。因此，尽管不丹人民民主党在2013年选举中攻击不丹功德党（繁荣进步党）政府不顾国家债台高筑，大力开发水电项目，造成国家卢比短缺而引发通货膨胀、物价飙升，但如今自己上台执政后，还是不得不继续推进上届政府制定的水电开发项目。

2014年4月22日，不丹同印度签订合资开发4个水电项目（700兆瓦的查姆卡尔河、600兆瓦的科龙河、570兆瓦的旺河和180兆瓦的布纳卡）协议。这4个项目所需资金的70%为贷款，30%为股权。由不丹绿色电力公司和印度国有公司[①]负责融资70%的贷款，并各自投资30%股权下的15%的股权。这一协议的签订使不丹距离生产10000兆瓦电力的目标更近了。

### 2. 沼气强势回归，替代电力和液化气

不丹早在1979年就引入了沼气，从牛粪中提取气体，以解决柴火和煤油越来越稀缺和缺乏廉价电力的问题。1988年，政府与联合国儿童基金会合作在达加纳宗噶里科拉选择了54所住宅建立沼气池并安装了沼气设备。由于当时缺乏建设和维修沼气池的技术，用户们很快就失去了兴趣，不丹的沼气应用也以失败告终。

为了改善和提高偏远山区农民的生活质量，降低农民燃烧柴火以致患呼吸道疾病的风险，不丹政府大力倡导农民使用沼气这一液化石油气和电力的替代品，并给予农民建沼气池费用45%的补贴和提供50%的贷款，使沼气在2011年12月又重新发展起来。现在，南部5个宗（楚卡、达加纳、桑契、沙奔和乞朗）已有1009户农民使用沼气烹饪和照明，东部6个宗（包括旺堆颇章和普那卡宗）也在进行探索。

---

[①] 印度Satluj Jal Vidyut Nigam有限公司与不丹绿色电力公司合资开发科龙河和旺河水电项目，印度特赫里水电开发有限公司与不丹绿色电力公司合资开发布纳卡水电项目，印度国家水力发电有限公司与不丹绿色电力公司合作开发查姆卡尔河水电项目。

### 3. 兴建风电厂，开发新能源

2009年，亚洲开发银行发起在不丹开发绿色新能源，以解决冬季枯水缺电问题的倡议，并提供2.08亿美元赠款在旺堆颇章宗茹贝萨兴建500千瓦风电厂，安装2台250千瓦风力涡轮机。项目竣工发电后将点亮村里150户家庭。此外，为了解决鲁纳纳格窝缺电以及砍伐森林问题，新政府充分利用鲁纳纳格窝日照强的特点，花费7万美元向其提供了175套太阳能照明，包括太阳能电池板。

### （三）加大扶持力度，恢复第一产业活力

不丹是一个农业国家，超过60%的人口从事农业。发展农业不仅能改善不丹农村人口的生计和减少贫困，而且能提供不少就业岗位。然而，具有讽刺意味的是，政府的资金投入从第四个五年计划的44%降至"十一五"计划的2.3%，① 使每年的粮食产量几乎不能满足需求总数的一半，不得不依赖从印度进口大量粮油、禽蛋、牛奶和肉等度日。

### 1. 采取措施，服务农民

不丹人民民主党政府自2013年上台执政以来非常重视农业，在2014—2015财年财政预算中对农业投入43亿努，占总预算的11%。政府计划通过以下措施确保农业强劲增长：从"十一五"计划开始投资22亿努在全国修建108条主要灌溉水渠，并向有条件的村民提供农业实践知识和技能；在每个格窝建立一个农民服务中心，负责提供优质的化肥、种子、农具（包括耕耘机租用）等，并给每个社区免费配备一台日本产农用耕耘机；不丹发展有限银行将在每个格窝开设农村银行，负责向农民提供贷款。

---

① "Rise in rice import", kuenselonline, Feb. 14, 2014, http://www.kuenselonline.com/rise-in-rice-import/.

**2. 国际合作，惠及农民**

2014年3月，不丹工商协会与国际山地综合发展中心签署合作协议，以提高不丹农业生产。国际山地综合发展中心将与农民密切合作，把市场联系起来，帮助发展有潜力的山地产品，如药用植物、水果（芒果、鳄梨、猕猴桃等）、蔬菜以及其他有机产品。

**3. 复耕湿地，多产水稻**

为了增加粮食产量，实现2014年生产7.9万吨水稻的目标，满足国民需求，不丹农业部2014年第一季度在全国复耕湿地约810万平方米。农业部负责提供机械化服务、种子和灌溉，农民只负责复耕土地。复耕湿地在彭措塘和沙姆德罗普宗卡有约269万平方米，普那卡有约40万平方米，扎西岗宗的康玛有约28万平方米，孟加尔宗的则邦有约24万平方米。其余复耕湿地分布在沙奔、旺堆颇章、隆子和扎西羊孜宗。

**（四）创新项目，发展旅游**

旅游业一直是不丹除水电外的第二个赚取外汇的主要产业。自1974年不丹对外开放旅游以来，游客数量已经从当年的287人增加到2013年的116209人。其中，44267人是国际或付美元的游客，8531人是国际商务游客，创造旅游收入达到6349万美元。[①] 截至2014年10月，不丹已接待付美元的游客47690人，收入达5920万美元。[②] 目前，不丹全国有约1500家旅行社、约3000名导游，超过3万人从事旅游业。

**1. 优惠促销，争取更多泰国游客**

2014年是不丹与泰国建交25年周年。为了促进两国关系、加强民间

---

[①] "Spreading the success", kuenselonline, Oct. 7, 2014, http://www.kuenselonline.com/spreading-the-success.

[②] "Besting the best", kuenselonline, Dec. 22, 2014, http://www.kuenselonline.com/besting-the-best/.

交往，不丹旅游部门年初制订计划，吸引泰国游客到不丹参与纪念活动，目标是吸引3000—4000名泰国游客在6、7、8三个月（淡季）到不丹旅游。全国旅行社和酒店纷纷推出优惠和打折方案，其中酒店推出25%—30%的折扣。不丹旅游局为泰国游客免除每天最低200美元的关税限制，特定他们每天只需付65美元即可。从6月1日至8月的第一个星期，不丹接待泰国游客3659人，[①] 已达到预期目标。而在2013年的6、7、8三个月来自泰国的游客只有726人。

**2. 发展国内航空，缩短旅途行程**

不丹地处内陆，山多水急，除盘山公路外，无铁路和水路交通。为了解决中、东、南部地区的旅游交通，不丹加快了国内航空业的发展步伐。据《昆色尔》报道，亚洲开发银行拨专款690万美元用于建设不丹国内3个机场，即中部的布姆塘宗巴特帕拉塘机场，成本估计为5190万努；东部的扎西岗宗扬普拉机场，成本估计为390万美元，预计2016年建成运营；南部的吉列普机场，成本估计为980万努，预计2016年建成运营。

## （五）紧跟步伐，发展通信

不丹虽然经济和科技都不发达，但在信息和通信方面却能紧跟时代发展步伐，互联网和移动宽带发展皆取得较好成绩。截至2013年12月，不丹电信和扎西通信两家运营商拥有用户总数已达544337户。到2014年12月底，除全国20个宗和国家政府部门均已通联互联网外，在南盟发展基金的资助下，全国205个格窝中有195个建立了地方信息通信技术社区中心，人们可以通过互联网访问在线公共服务。

随着智能手机的发展，不丹的移动互联网服务发展迅猛。截至2013年12月底，不丹的移动手机用户达到544337户，其中3G和4G（仅在廷布市区使用）手机用户有117659户。不丹电信和扎西通信分占了市场份额的75%和25%。到2014年底，不丹全国已经建立了79个移动宽带（3G和

---

[①] "Has the lean season offer backfired?" kuenselonline, Sep. 30, 2014, http://www.kuenselonline.com/has-the-lean-season-offer-backfired.

4G）接入点，拥有用户约17万户。①

## （六）发行短期国债，弥补资金缺口

2014年8月20日，不丹中央银行主任帕桷·多吉表示，预计本财年度国内收入约245亿努，经常性支出估计为218亿努，资本支出为150亿努，而外国资助只有约17亿努。这意味着整个收入合计赠款和贷款还不能满足本财年的预计财政支出和还债。

为了弥补资金缺口，皇家货币管理局以政府的名义于8月发行了三种价值40亿努的短期国库券，利率均为5%。其中一种价值15亿努，期限为30天；另一种价值也是15亿努，期限为60天；还有一种价值10亿努，期限为90天。而在12月中旬，政府又发行了一期国库券价值20亿努，利率为5%，期限为90天。

# 三、加强外交联系，争取经济援助

2014年，不丹新政府一改上届政府尽量同世界上所有国家建立外交关系以争取援助的政策，采取以解决国内经济问题为重点和唯印度马首是瞻、与他国尽量维持已有关系的外交政策，努力争取经济援助与合作。

## （一）高层互动，修复不印两国关系

不丹上届政府扩大外交自主权，加快与他国建立外交关系步伐，特别是与中国关系过于密切惹恼了印度，从而遭到印度的经济制裁，也使不印关系受到较大伤害。因此，不丹人民民主党2013年7月上台执政后，一方面迅速冻结外交扩张，不再受理任何国家在不丹建立大使馆、领事馆，包

---

① "Bhutan Telecom expands 3G network", kuenselonline, Dec.11, 2014, http://www.kuenselonline.com/bhutan-telecom-expands-3g-network/.

括名誉领馆的活动；另一方面寻找机会同印度修好关系，努力争取印度对不丹经济发展的继续援助。而通过大选于 2014 年 5 月上台执政的印度人民党新政府也想同不丹修复因印度干涉不丹 2013 年大选而受损的印不关系，所以两国积极开展高层互访互动，增加了解，增进友谊，密切关系。

### 1. 不丹高层访印，争取更多经济援助

随着欧洲经济衰退，欧洲伙伴减少了对不丹的经济援助。因而，修复不印两国关系和寻求印度对不丹更多的经济援助就成了不丹 2014 年外交工作的重中之重。不丹首相和国王对此都十分重视，并先后出访印度。

2014 年 5 月 25—28 日，不丹首相次仁·托布格受邀率领外交大臣、外交秘书、不丹驻印大使和政府其他高级官员参加印度新总理莫迪和其 45 位内阁部长的宣誓就职仪式，并对印度进行了正式访问。首相同印度总统、总理、外交部长、能源秘书、印度工业联合会主席举行了亲切友好的会谈，双方讨论了双边关系和共同关心的问题，特别是不丹的水电项目建设和经济发展问题。会谈后，不丹外交大臣仁增·多吉表示，不丹与印度的关系将保持不变，因为不丹政府在过去曾与印度人民党有良好的关系。莫迪表示他深切关注不丹的水电项目，同意加快建设发电能力为 2120 兆瓦的 4 个合资项目，并指出"不丹和印度共享着一种独特和特别的与长期历史和文化联系的关系"。

10 月 4—10 日，应印度政府的邀请，不丹国王和王后参加了印度劳伦斯学校校庆活动。他们还参观了菩提伽耶的摩柯菩提寺、柯菩提社会中心、苏加塔村和一些重要的佛教朝圣地点，鹿野苑瓦拉纳西的乔堪佛塔、法王佛塔、达梅卡佛塔（鹿公园）、库提精舍寺院和佛祖第一次布道的处所，鹿野苑考古博物馆和立佛雕像，拉杰吉尔的那烂陀大学遗址、那烂陀考古博物馆、玄奘纪念堂和佛塔，以及瓦拉纳西的喀什黄金庙。晚上，他们则观看了达萨斯瓦梅朵河坛祭河神仪式。国王和王后这次访问印度是象征性地共享精神遗产，重申不丹和印度两国之间存在的强烈友谊。

### 2. 印度高层访不，密切印不关系

2014 年，印度为了修好同不丹的关系，总理和总统在一年里先后访问

不丹，承诺保证继续前政府给予不丹经济援助的政策，还增加了一些新的经济援助。

6月15—16日，印度新总理纳伦德拉·莫迪上台执政还不到一个月便率领外交部长、国家安全顾问、外交秘书和政府其他高级官员对不丹进行了为期两天的国事访问。莫迪总理把不丹作为他执政后出国访问的第一个国家，着实让不丹举国上下感到万分惊喜和荣幸。莫迪说："与不丹的关系是我的政府优先考虑的一项重要的外交政策，不丹作为我当选总理后第一个访问的国家是一个自然的选择。"莫迪此次访问的目的，一是向不丹示好，帮助不丹人民民主党政府稳住政局、安慰民心；二是向不丹国王、不丹所有党派和人民及全世界表明，印度与不丹有一种根深蒂固的独特而特殊的关系，而这种关系是基于两国的地理、历史和文化形成的，由共同利益和共同繁荣联系起来，印度很重视不丹，对不丹的问题不会坐视不管；三是为了修补与不丹的关系，誓言要发展双边良好关系。莫迪为印不关系创造了一个术语——B4B，即巴拉特为不丹，不丹为巴拉特。在会谈中，两国政府同意在有关国家利益问题上继续密切协调与合作，而不允许利用己方领土危害对方的利益；还同意取消自由贸易安排，扩大两国之间的双边贸易。印度新政府一再向不丹表示印度上届政府对不丹的所有承诺都将实现，一切开发活动不会有任何影响；并宣布免除出口不丹奶粉、小麦、食用油、豆类和非印度大米的任何禁令或数量限制，将提供赠款援助建立不丹国家图书馆和全国20个宗的数码和电子图书馆；将尼赫鲁—旺楚克奖学金翻倍，每年达到2000万卢比。

11月7—8日，印度总统慕克吉率领总统秘书，外交秘书，联合秘书（北方），铁路国务部长，联邦院成员穆赫塔尔·阿巴斯·纳克维、人民院成员阿尼尔·西诺勒、马哼德拉·纳特·潘迪博士和高拉夫·戈戈伊等对不丹进行了为期2天的国事访问。慕克吉总统在莫迪总理6月中旬访问不丹后不到5个月就访问不丹，一是想通过温故老交情，在总理访问的基础上进一步修复和稳定印不关系；二是通过增加对不丹的经济援助，继续捆住不丹的手脚，阻碍不丹同中国边境谈判的进程。在会谈中，双方回顾了印度自20世纪60年代援建不丹第一条公路以来，对不丹五年经济计划的大量经济援助和不丹在2003年印度对非法在不丹扎营的印度极端分子采取军事行动时的作用。慕克吉总统将这种行为称为是南盟国家的榜样，不丹和印度的安全是"一脉相连和不可分割的"。他表示印度最重视与不丹的关系，期望通过他的访问能进一步加强印不两国这种已经强大而又特殊和独特的关系。两国作为密切合作的邻居，依然彼此关切和对切身利益感到敏感。在访问期间，慕克吉总统向不丹转交了用于援助不丹东西双向高速公路升级改造（印度援助46亿卢比）、教育改革计划和佩玛加泽尔叶尔成中心学校（印度援助35亿卢比）、沙奔宗德格林吉格梅·旺楚克电力培训学院（印度捐助3.37亿卢比）等项目的13亿卢比赠款支票，并同不丹签订了4个谅解备忘录（即两国外交部签订建立那烂陀大学谅解备忘录、不丹皇家大学同印度海德拉巴英语和外语大学签订谅解备忘录、不丹皇家大学同印度国家创新基金会签订谅解备忘录和不丹皇家公务员委员会同艾哈迈达巴德印度管理学院签订谅解备忘录）。

### （二）加强邻里交往，扩大合作领域

2014年，不丹加强了同亚洲国家特别是邻国的交往，寻求更广泛的经济技术援助与合作。

**1. 真诚友好，中不谈判结成果**

2014年2月和9月，两个中国文艺代表团先后访问不丹，表演了精彩的文艺节目，中国功夫大师还同不丹孩子分享了中国武术，深受不丹人民的喜爱，从而增进了不丹人民对中国文化的了解和热爱。

7月24—25日，不丹外交大臣仁增·多吉率不丹7人代表团同中国外交部副部长刘振民率领的中方代表团在中国五台山举行了中不第22轮边界谈判。双方都提出了建设性的决策，赞同并签署了巴域帕桑隆（白玉·巴桑弄，Bayul Pasamlung）联合技术实地调查报告，决定开展联合技术实地调查不丹西部争议区。该争议区位于哈宗和帕罗宗的扎玛纳（查马弄，Dramana）、夏卡堆（夏卡提奥，Shakhatoe）、辛楚隆（沈久弄布，Sinchulung）和绰克拉姆（洞朗，Doklam），不丹声称争议面积共269平方公里。

10月9—12日，中国外交部亚洲司顾问黄溪连率领8人代表团同不丹

国际边界秘书白玛·旺楚克率领的不方代表团在廷布召开技术专家小组会议，双方就联合技术实地调查不丹西部争议区进行了讨论。

### 2. 冰山溶化，不尼关系升温

不丹与尼泊尔是山水相连的邻居，在1983年6月就建立了外交关系，但自1989年发生尼泊尔族难民问题以来，两国关系一直很僵。从2007年开始执行安置计划以来，尼泊尔难民营有约9万人[①]被安置在第三国家，如美国、加拿大、澳大利亚、丹麦、荷兰、新西兰、挪威和英国。至此，尼泊尔难民问题基本上得到较好解决，而不尼两国关系也开始渐渐升温。

2014年5月16日，不尼两国政府签署谅解备忘录。尼政府同意不丹扎西航空公司的飞机飞往加德满都，接受为飞机加油、地面勤务、着陆和停机等服务费用以当地货币付款的要求，并放弃必须支付从非帕罗机场飞离或飞到加德满都每位乘客的关税，还同意将帕罗至加德满都之间的航班数量从每周7班增加到每周21班。

5月25—28日，不丹首相会见尼泊尔总理苏希尔·柯伊拉腊。两国首脑讨论了两国关系和其他共同关心的问题，包括难民问题，分享了共享水电、农业、旅游和外国直接投资的经验。

7月24日，在廷布南亚自由贸易区部长级理事会会议结束后，不丹经济大臣诺布·旺楚克与尼泊尔商务和补给部长苏尼尔·巴哈杜尔·塔帕讨论并确定了不丹和尼泊尔将探索旅游、土著工艺品和水电三个领域的特长和资源，同意两国人民必须继续接触和探索两国在政治层面经常举行会谈的可能性问题。

### 3. 加强交往，深化不泰合作

为了庆祝不泰两国建交25周年，不丹对泰国游客实行优惠政策，吸引不少泰国游客访问不丹；而泰国派出100多人艺术代表团访问不丹，用精

---

① "A successful visit: PM", kuenselonline, May 29, 2014, http://www.kuenselonline.com/a-successful-visit-pm/.

彩的文艺表演共同庆祝泰国国王普密蓬阿杜德诞辰87周年、不丹四世国王诞辰59周年、不丹国王加冕6周年和不泰建交25周年。

此外，泰国还授予不丹索纳姆·德琴·旺楚克公主泰国律师协会荣誉会员。两国司法界签署了一份法律、司法和仲裁、中介合作谅解备忘录，有效期为5年。而不丹廷布中心医院同曼谷医院签署了曼谷医院帮助廷布中心医院建立转诊医院设施、提供远程医疗服务的谅解备忘录。通过合作远程医疗，廷布医生可以咨询曼谷医院专家的建议，从而减少病人转诊到外国医院的情况。

**4. 首相出访，寻求日本援助**

长期以来，日本一直是不丹农业机械和灌溉领域的合作伙伴。自1965年以来，不丹已收到价值34亿努①的日本官方发展援助贷款和189亿努的赠款援助。事实上，日本目前是不丹最大的双边官方发展援助伙伴之一。由于日本在2015年将取消KR-II赠款援助不丹，因此不丹首相访问日本寻求新的援助。

2014年6月29日—7月2日，不丹首相次仁·托布格应邀对日本进行为期4天的访问，目的是加强不丹新政府与日本政府的关系、寻求新的经济合作、促进人文交流、就地区和全球问题及日本安全政策交换意见。不丹首相会见了安倍首相和几个日本公司的代表。双方讨论了双边、区域、国际和共同关心的问题，以及日本继续帮助不丹实现农业机械化的问题。日本宣布将继续支持不丹经济合作，原则上同意向不丹提供1450台耕耘机，并对与不丹在教育、农业和建筑等领域做生意感兴趣。不丹首相表示希望日本在农业、基础设施建设和电动汽车方面继续支持不丹，而不丹将支持日本申请成为联合国安理会常任理事国。安倍首相表示愿进一步加强与不丹的关系，并保证日本会支持不丹的发展需求，政府和私营部门将研究如何支持不丹引进电动汽车的计划，还提议建立总干事级别磋商，广泛讨论不丹—日本双边关系，包括政治、经济和文化领域。

---

① "More Japanese aid on the cards", kuenselonline, Jun. 19, 2014, http://www.kuenselonline.com/more-japanese-aid-on-the-cards/.

**5. 加强经贸合作，深化不孟关系**

不丹曾支持孟加拉国的解放战争，并且是世界上第一个承认孟加拉国独立的国家。除印度之外，孟加拉国是最早同不丹建立外交关系和贸易关系的国家，也是不丹唯——个贸易顺差的国家。因此，两国关系非常密切。

2014年2月27日，孟加拉国驻不丹大使吉斯鲁·罗伊·乔亨瑞在廷布会见不丹首相。双方讨论了扩大贸易、未来投资和其他领域的发展途径问题。大使表示，农业、医药、信息技术、旅游、电力等都是两国合作的领域，能实现互利共赢。

12月6—8日，不丹首相应邀率领外交部大臣、经济事务部大臣、政府其他高级官员及一个商务代表团访问孟加拉国，这是首相2013年7月上任后首次访问孟加拉国。此次访问的一项重要成果是重新签订了10年期双边贸易协定，为不丹和孟加拉国现有的贸易和商业关系提供了更大动力。两国首脑讨论了不丹向孟加拉国出口免税巨石和电力问题，以及印度、不丹和孟加拉国三国贸易货物运输道路连通问题。孟加拉国将向不丹提供勐拉和吉大港海港、拉尔莫尼哈德和塞德普尔机场以及公路的使用权。

### （三）积极参与国际活动  提升国家形象

近年来，不丹为了提升国际形象、提高国际影响，主动参与和主办区域组织会议，积极参加各种国际会议，并首次派遣人员参加联合国维和行动。

**1. 主办区域组织会议，提升发言权**

2014年7月22—24日，第八次南亚自由贸易区部长级会议在不丹首都廷布举行，这是不丹第一次主办南亚自由贸易区部长级会议。这次会议讨论了南亚自由贸易区专家委员会第九次会议报告，同意南盟成员国各有一家发展银行分行，并建议于2014年11月在尼泊尔加德满都召开第18次南盟峰会。

**2. 积极参加国际和区域会议，提升国际地位**

2014年3月3日，不丹首相率外交大臣和政府高级官员参加缅甸内比都第三次环孟加拉湾多部门技术和经济合作倡议峰会。峰会讨论了根据环孟加拉湾多部门技术与经济合作倡议框架确定的14个合作领域的进展，确定在孟加拉国首都达卡设秘书处，斯里兰卡大使苏米特·纳坎达拉被选为首任秘书长。在峰会间隙，首相与其他成员国领导人举行了会谈，讨论了双边、区域和共同关心的国际问题。

11月5日，不丹大使昆桑·C.囊杰率代表团参加在维也纳召开的第二次联合国内陆发展中国家会议。囊杰大使在声明中强调不丹作为一个内陆发展中国家面临的挑战，并呼吁大会抓住机会采取前瞻性行动构建阿拉木图计划。

11月26—27日，不丹首相率外交部大臣、信息和交通大臣、外交秘书等参加在加德满都举行的第18次南亚区域合作联盟峰会，签署了南盟机动车客运和货运交通的监管、南盟能源合作政府间框架和南盟地区铁路协议。首相呼吁地区经济实现一体化，敦促会员国努力消除障碍。峰会期间，首相同印度、尼泊尔、斯里兰卡、阿富汗和巴基斯坦领导人举行了双边会晤，还会见了来自美国和伊朗的官员。

**3. 首次参与维和行动，尽成员国职责**

不丹在2014年9月和11月分两批共派遣9名军人和警察参加联合国维和行动，这是不丹自1971年加入联合国以来第一次派遣人员参加联合国维和行动，将作为不丹对维护国际和平与安全承诺的标志。这9名人员是：不丹皇家陆军阿旺·吉格梅中校（任联合国停战监督组织中东军事观察员）、不丹皇家近卫队肯勒·旺迪中校、不丹皇家陆军乌颜·旺楚克少校（任联合国中非共和国多维综合稳定部队参谋）和不丹皇家警察巴桑·多吉中校、甲措拉中校、多吉·坎杜中校、旺楚拉中校、噶玛·索纳姆中校和诺诺上尉（女性）。诺诺上尉是不丹第一位女性维和人员。

## （四）开展国际合作，获得有限经济援助

2014年早些时候，不丹政府宣称国家在"十一五"计划期间将获得710亿努的赠款。其中印度承诺赠款500亿努，包括280亿努项目捆绑赠款、85亿努计划赠款、85亿努小型项目开发赠款和50亿努经济刺激计划赠款；捐助国（如瑞士、日本、丹麦、澳大利亚、挪威、荷兰）和机构（如国际合作协会、亚洲开发银行、世界银行和联合国）承诺提供剩下的赠款。可是，实际收到的援助资金却十分有限。

**1. 已收援助资金**

2月24日，不丹收到印度援助经济刺激计划的12亿卢比。

3月9日，印度为不丹"十一五"计划的59个小型开发项目释放18亿卢比，主要用于饮用水计划、渠道、柏油路、农场道路和学校建设等。

5月19日，不丹收到世界银行信贷1740万美元。其中1590万美元将用于改善基础设施，如道路、排水、供水网络、污水收集和处理工厂、街道照明和电缆管道等；剩下的150万美元将用于实现城市化的政策，加强市政财务和土地地契管理系统。

7月20日，日本—不丹友好协会捐赠旺堆颇章城堡重建资金58万努。

9月1日，不丹收到印度新任大使班浩然转交的12.99亿卢比支票。支票总额中的8.5亿卢比是项目赠款，另4.49亿卢比是2010—2011财年的消费退税。

9月26日，亚洲开发银行资助118兆瓦尼噶河水电项目1.2亿美元。资金总额的2500万美元为赠款；7500万美元为贷款，3%的利息；另外2500万美元为亚洲开发基金贷款，1%的利息，限期为8年。

12月11日，泰国国际发展合作机构向不丹转交了一张44004.22美元的支票，这笔钱将用于建设不丹儿童和青少年发展合作项目的6所学校。

**2. 承诺资金**

3月4日，印度辛格总理承诺为不丹1200兆瓦普纳昌河一期水电项目

额外提供176.5亿努。

3月26日，不丹同国际山地综合发展中心签订"喜马拉雅山脉农村生计和适应气候变化"项目协议。欧盟承诺提供50万美元项目资金，用于帮助农民实现多元化农业，增加收入，改善农民生活。

4月16日，日本承诺向不丹提供110万美元的农业援助，主要用于购买140台耕耘机。

6月25日，日本承诺提供超过2000万努用于不丹第三次国民幸福总值调查。此次调查从2014年9月开始。

9月5日，亚行支持不丹5035万美元用于南亚次经济合作道路连接项目，即不丹囊拉姆至迪沃塘长68.30公里的公路、彭措林和阿莱迷你干港及阿莱陆地海关车站的建设。其中3139万美元是软信贷，1896万美元是赠款。另承诺赠款36万美元用于改善环保交通工具。

11月18日，奥地利承诺提供1.73亿努援助用于不丹的能源、环境和旅游项目，其中9000多万努用于维护现有水电站，7500多万努用于评估和监控环境、培训39名评估官员和1名评估领域硕士学位，820万努用于开发不丹东部2条旅游线路。同时，还承诺提供1000万欧元用于不丹"十一五"计划的其他项目。

12月29日，印度批准扎向西岗宗2014—2015财年21个小型开发项目提供援助资金2.38819亿努，主要用于修建公路、桥梁、饮水供应设备及灌溉渠。

# 附录

# 2014 年南亚大事记

## （一）印度

### 1 月

1 日，印度青年团成员抗议政府腐败游行。

2 日，印度总统慕克吉批准《公民监察法》。

8 日，幺昐锡在印度新德里会见印度财长奇丹巴拉姆。

10 日，日本和印度两国中央银行就扩大货币互换规模签订协议。

12 日，印度女外交官戴罪返国。

13 日，印政府拟建设阿姆利泽—德里—加尔各答工业走廊；印度选举委员会正式取消与雅虎的合作。

14 日，苏丹向印度石油天然气公司提供两个勘探区块。

15 日，印度陆军节。

16 日，韩国总统朴槿惠与印度总理辛格进行会谈。

20 日，全球零售巨头沃尔玛在印度注册一家新公司。

24 日，印度财政部长奇丹巴拉姆参加达沃斯全球经济论坛。

28 日，印度央行第三次加息。

### 2 月

5 日，中印罗联手打掉全球最大黑客网。

10 日，中印边界问题特别代表第 17 轮会谈在新德里举行。

---

* 附录部分资料由教育部人文社会科学重点研究基地四川大学南亚研究所副研究馆员雷鸣整理。

11日，美国食品药品管理局（FDA）局长玛格丽特·汉伯格首次访印，双方决定加强药品检查合作并努力扩大药品、食品等出口。

14日，巴西飞机制造公司与印度海岸航空公司达成巨额交易。

15日，印度制造首个宇航员舱。

19日，印度取消部分大米服务税。

20日，印度降低汽车消费税。

25日，印度中央银行印度储备银行下令启用单一账户制度。

27日，伊朗外长扎里夫访问印度。

28日，超过50个印度特殊经济区开发商向政府申请推迟项目启动。

## 3月

5日，中印财经对话项下专题磋商在印举行。印度议会第16届人民院（下院）选举将如期举行。

10日，印度工业联合会结束也门访问。

19日，印度将重新开始在南印度洋的马航失联客机搜寻工作。

20日，印度法院判女记者孟买被轮奸案4名嫌犯罪名成立。

21日，世界诗歌节在新德里举行。

23日，第13届印度"伟大妇女奖"在印度海德拉巴市的柏悦酒店举行。

25日，印度警方在东部比哈尔邦与尼泊尔边境附近逮捕印度本土恐怖组织"印度圣战士"的头目阿塔赫尔。

31日，美国驻印度大使南希鲍尔辞职。

## 4月

4日，乌兹别克斯坦与印度政府间经贸和科技合作委员会在新德里召开。

7日，印度大选开始。

9日，印控克什米尔地区投票前发生枪战，3名军警被杀。

11日，中印巴海军同场演习。

14日，印度外秘苏贾塔·辛格出席第6次中印战略对话。

21日，印度6个国企拟在拉贾斯坦邦联合建立世界上最大的单一地点巨型太阳能发电项目。

23 日，印度在东部地区成功试射一枚国产"阿卡什"地对空导弹。

24 日，中印在新德里举行军事作战指挥官边界会议。

28 日，莫迪在印度古吉拉特邦阿南德发表竞选演讲。

29 日，印度大选电视直播辩论会，现场观众携政客自焚。

## 5 月

3 日，印度与巴基斯坦军队在克什米尔实际控制线交火。

4 日，印度空军首次成功试验用苏－30MKI 发射自制"阿斯特拉"空对空导弹。

8 日，在对加尔各答东部司令部的视察中，M. M. S. 拉伊中将等军官向辛格上将介绍了第 17 山地打击军的筹建进展。

12 日，印度大选落下帷幕。

13 日，印度"维克拉玛蒂亚"号航母正与其搭载的米格－29K 舰载机执行作战部署。

16 日，印度大选结果出炉，中方祝贺印度人民党大选获胜。

17 日，印度总理辛格宣布辞职，解散下议院。

19 日，日本首相安倍晋三与莫迪通话，并发出正式邀请。

20 日，印度总统邀请莫迪组建新政府。

26 日，印度总理莫迪正式宣誓就职。

27 日，印度大使牌汽车停产。

31 日，印度新德里，全印度民主女性协会以及学生联合会的一些成员举行示威活动。

## 6 月

3 日，印度农村发展部长孟德在首都新德里遭遇车祸，最终不治身亡。

5 日，印度一对未成年姐妹被轮奸。

6 日，印度北部北方邦供电不足，民众怒烧变电所。

8 日，印度总理莫迪政府的大小会议都改用印地语。

9 日，中国外长王毅会见印度国家安全顾问多瓦尔。

10 日，印度新总理宣布大力打击强奸。

12日，印度一家钢厂发生有毒气体泄漏，致6人死亡、31人受伤。

13日，印度政府决定加快沿印中边境建设公路项目的审批程序。

15日，印度总理莫迪首次访问不丹。

19日，印度政府兴建数千个河畔厕所，让恒河免遭污染。

25日，印度政府原则上批准有关中国在印度开设工业园区的谅解备忘录。

26日，印度副总统哈米德·安萨里抵达西安。

28日，印度副总统哈米德·安萨里会见中国国务院总理李克强；印度新德里两栋楼房倒塌。

29日，印度东北部爆发疟疾，逾7万人染病。

30日，印度副总统安萨里在中国社科院发表演讲；中印签署三项备忘录，扩大双边贸易和投资合作。

## 7月

1日，印度总理莫迪在新德里会见到访的法国外长法比尤斯。

2日，印军最高将领9年来首访中国；印度传召美驻印外交官，要求解释对印监控事件。

3日，印度总理莫迪在新德里会见了美国参议员麦凯恩。

6日，印度南部泰米尔纳德邦一座仓库的墙体突然发生倒塌，造成至少11人死亡。

7日，印度政府欲集资振兴经济，将大规模变卖国营资产。

8日，印度成功试射了一枚"布拉莫斯"超音速巡航导弹。

9日，印度公布改善铁道计划。

10日，印度总理莫迪政府公布首份预算案。

13日，印度男子打伤入侵者，部落长老要伤者强奸打人者幼女。

14日，印度中央邦发生建筑物倒塌事故，一堵倒塌的围墙将多所房屋掩埋，导致7名儿童遇难，另有9人受伤。

15日，印度在中印边界新增54个监控站。

16日，印度总理莫迪与中国国家主席习近平举行会晤。

18日，印度小学教职员性侵女童，学生家长拆掉校门抗议。

21日，印度政府批准价值35亿美元的军备采购计划。

23日，印度总理莫迪会见来访的世界银行行长金镛。

24日，日美印在太平洋展开联合军事演习。

25日，印度外长苏诗玛·斯瓦拉吉女士访问邻国尼泊尔，这是印度新政府高层首次访尼。

26日，印度一架直升机坠毁，7人遇难。

29日，印度朝圣者睡路边遭超速卡车碾压，至少12人死亡。

30日，印度村庄遭遇泥石流，或有150人被埋。

## 8月

1日，美国国务卿克里首次与印度总理莫迪举行会谈。

2日，印度右翼党派称女性指控强奸成"时尚"。

3日，印度总理莫迪访问尼泊尔。

5日，印度军舰抵达越南。

7日，印度公务员考试惹风波，语言歧视引发废除之声。

8日，印度扩大竣工铁路业对外开放；美防长哈格尔访问印度。

9日，印度政府出台公务员新规范。

11日，印日外长在缅甸举行会谈。

12日，印度陆军参谋长视察拉达克。

13日，印度总理莫迪登锡亚琴冰川视察部队。

15日，印度独立日莫迪总理发表演讲声讨强奸。

16日，莫迪总理在孟买出席最大国产军舰入列仪式。

19日，印度耗资6200亿卢比（约合620亿元人民币）打造边防"第17军"。

20日，巴基斯坦驻印度大使巴斯特会见克什米尔的分离主义人士。

22日，印度财长称黑公交轮奸是"小事"引发众怒。

24日，印度及日本正磋商将现有"2＋2"对话机制升级为部长层级；印巴边界交火加剧。

25日，印度力邀"挑刺"印裔学者任政府首席经济顾问。

27日，印度、巴基斯坦在边界召开区段指挥官层级的边防军官"旗会"（flag meeting），期望舒缓日益紧张的边界情势。

28日，印度总理莫迪鼓励银行为穷人开户：可扶贫可反腐。

29日，印度为首艘国产航母建造新基地。

30日，印度总理莫迪开始对日本进行为期5日的访问。

## 9月

1日，印日首脑举行会谈。

2日，印度那烂陀大学时隔800年重新开学；莫迪总理在日本女子大学演讲。

3日，印度政府启动大规模道路修建项目。

9日，中国国务委员杨洁篪同印度总理特使、国家安全顾问多瓦尔举行会谈；中国国家主席习近平会见了印度总理特使。

10日，印度平民窟的孩子共同打造最具影响力的儿童报纸。

11日，印巴水患恶化，导致450人死亡。

13日，印度当局切断前官员所占公房水电。

15日，印度同意向越南提供1亿美元的军贸交易信贷额度。

17日，中国国家主席习近平访印，为印度总理莫迪庆祝生日。

18日，中国国家主席习近平出席印度总统穆克吉举行的隆重欢迎仪式。

25日，印度总理宣布名为"在印度制造"的一系列新政策。

24日，印度"曼加里安"号火星探测器成功进入火星轨道。

26日，印度总理莫迪访问美国。

27日，印度总理莫迪参加联合国大会。

28日，印度女部长涉嫌贪污18年后获刑。

29日，印度总理莫迪在纽约举行演讲，并与美国总统奥巴马会晤。

30日，印度总理莫迪与美国总统奥巴马共进晚餐。

## 10月

2日，印度总理莫迪访问美国。

6日，印巴边境交火致5死26伤。

8日，印度总理莫迪决定废除数百条旧法律。

9日，印巴边境再次交火；印度颁布"戴头盔新规"。

10日，莫迪政府拨款建立"智能城市"。

13 日，印度总理莫迪立场强硬，印巴冲突升级。

14 日，印巴高官以热线交谈，探讨解决克什米尔紧张局势。

15 日，印度将废除殖民时期怪异法规。

20 日，中印就维护边境地区和平稳定措施达成诸多共识。

21 日，印度当选新任人权理事会成员。

23 日，印度启动沿中国边境建设 4 条铁路的进程。

24 日，印度政府宣布将在藏南地区建立 54 所哨所。

25 日，印度政府批准多个军购大单，总价值 131 亿美元。

28 日，越南总理阮晋勇结束对印度访问，两国企业签署在南海合作开采石油的协议。

29 日，印度再采南海两个石油区块。

30 日，印度劫匪挖 25 米长地道抢银行，卷走大笔现金和财物。

31 日，印度政府厉行节约，禁止官员坐头等舱、购买公车。

## 11 月

3 日，印度销毁 4 万多件野生动物器官以阻止走私。

4 日，印度两艘军舰返回海上，预防恐怖袭击。

5 日，印度空气污染导致粮食产量锐减。

6 日，印度总理莫迪将改组内阁，更换国防部长。

10 日，印度一女刺客欲刺杀孟加拉国总理遭警方逮捕。

11 日，印度总理莫迪与缅甸总统吴登盛举行会谈。

12 日，印度朝圣者剃发捐庙。

13 日，印度 60 名部长中有 1/3 遭刑事指控，7 人被控谋杀等罪；印度总理莫迪出席东盟—印度峰会。

14 日，国务院总理李克强在缅甸内比都会见印度总理莫迪，邀请莫迪访华；美印化解粮食补贴争议。

17 日，俄印"空中因陀罗 2014"空中演习印度阶段启动。

18 日，印度总理莫迪出访澳大利亚；印度宣布黄金进口限制措施。

19 日，印度北部爆发宗教信徒与警察冲突，致 6 人死亡；印度出现首例埃博拉病例。

21 日，印度加强同以色列的防务合作。

24日，中印将合建世界第二长高铁，总造价达2000亿人民币；印度总理莫迪宣布"印度制造"计划。

25日，中国云南省与印度西孟加拉邦合作论坛第十次会议在昆明举行。

26日，印度总理莫迪赴尼泊尔首都出席南盟首脑峰会。

27日，印巴边界冲突后两国总理首次接触。

30日，印度总理莫迪就警方"智慧执法"发表讲话。

## 12月

5日，中印油企首次海外联手。

6日，印度采购以色列"云雀"无人机部署中印边境。

8日，印度总理莫迪赴印控克什米尔演讲。

10日，印度女子遭出租车司机强奸。

11日，俄罗斯总统普京与印度总理莫迪在新德里举行正式会谈。

12日，印度拟取消"自杀未遂"罪。

13日，印度逮捕IS推特写手，指控其意图煽动发起国家战争。

15日，印度第一艘国产核潜艇首次开往大洋。

16日，印度发布针对"伊斯兰国"禁令，旨在抑制其活动。

18日，印度与德国签订价值62.5亿欧元的贷款协议，为其绿色能源走廊项目（GEC）提供资金支持。

20日，印美外交风波女主角被停职。

26日，印度洋海啸10周年纪念日。

### （二）巴基斯坦

## 1月

1日，巴印依据《1998年双边协定》交换各自核设施和关押的对方囚犯清单。

24日，巴总理国家安全与外交事务顾问阿齐兹与到访的新西兰外交部长卡利举行会晤，双方同意进一步通过投资和合资企业加强经济和商业关系。

26日,克什米尔问题国际研讨会在巴国防大学(NDU)召开。来自巴基斯坦、美国、英国、中国、土耳其、澳大利亚和中东的学者参加了本次研讨会。

27—28日,巴基斯坦与美国的战略对话在搁置3年后重新开启,双方强调需要将两国关系基础从援助转向贸易。美巴双方通过联合声明重申通过战略对话加强双边合作,并表示伊斯兰堡与新德里关系改善能够推动地区稳定和发展。

29日,巴基斯坦总理谢里夫出席国民议会,宣布组成一个四人和谈委员会与塔利班谈判。谢里夫总理将直接管理这个和谈委员会,内政部长尼萨尔将担任协调员。

## 2月

5日,美国宣布停止对巴基斯坦的无人机空袭,但是不会停止对阿富汗武装及"基地"组织的袭击。

6日,尽管怀疑对方的诚意与诉求,巴政府与巴塔和谈代表还是召开了第一次正式会议,会议地点位于开伯尔—普赫图赫瓦省省督府,会谈持续了近3小时。

9日,在由地区和平协会赞助举办的巴基斯坦—中国—阿富汗三方阿富汗和谈问题会议上,巴基斯坦总理国家安全与外交事务顾问阿齐兹再度重申支持"阿人所有"的和解进程,以此实现地区的和平与稳定。

13—14日,出席在土耳其首都阿卡拉举行的巴基斯坦、土耳其和阿富汗三国首脑会议的巴基斯坦总理谢里夫重申,巴基斯坦支持由阿人主导的阿富汗和平进程。会后三国发表的联合声明重申共同打击任何形式的恐怖主义的决心,同时也强调政治解决阿富汗国内问题的重要性,并敦促阿富汗塔利班加入阿富汗的和平进程。

15—17日,沙特阿拉伯王储兼副首相、国防大臣萨勒曼对巴基斯坦进行国事访问。巴基斯坦与沙特阿拉伯签订两项经济合作协议。根据协议规定,沙特阿拉伯将会为巴基斯坦从沙特进口尿素化肥和巴基斯坦福克纳水电项目的建设提供总价值1.83亿美元的经济援助。

18—21日,应中国国家主席习近平的邀请,巴基斯坦总统马姆努恩·侯赛因对中国进行国事访问。两国元首均表达了加强双方在建设"中巴经济走廊"、能源和基础设施建设合作方面的良好愿望。

20日,在马尔代夫南盟部长理事会会议期间,巴基斯坦总理国家安全与外交事务顾问阿齐兹会见了印度外交部长,双方同意继续努力提高双边关系,并以建设性的方式来解决彼此关切的问题。

23—24日,在第九届巴基斯坦—阿富汗联合经济委员会第一次会议上,巴基斯坦财政和经济事务部部长达尔表示,巴基斯坦同意加快建设其在阿富汗地区的经济援助发展项目。双方承诺加强双边经济合作,促进两个国家的和平与稳定。

## 3月

10日,巴基斯坦国防装备部秘书马利克会见来访的马尔代夫武装部队总司令艾哈迈德少将,双方同意扩大两国之间在防务方面的合作。

15日,巴基斯坦总理国家安全与外交事务顾问阿齐兹代表巴基斯坦出席了在伦敦举行的英联邦国家外长级会议,大会主要讨论了2006年以后斐济的政治发展进程。

16日,自1994年欧洲发展银行与巴基斯坦政府签署双边协议后,欧洲发展银行为巴基斯坦5个能源电力项目投资约2.236亿欧元,从而使巴基斯坦成为继中国、印度、越南后欧洲发展银行在亚洲的第四大援助国。

24日,巴基斯坦总理谢里夫出席在荷兰海牙举行的第三届核安全峰会,并在会议上发表讲话。谢里夫表示,巴基斯坦愿意奉行有约束的、不断缩减的核安全政策,并愿意接受国际社会的监督。

26日,第二轮巴基斯坦—欧盟战略对话在布鲁塞尔举行,双方同意在能源、气候变化、科研和高等教育等领域进行合作。

27日,巴基斯坦总统侯赛因会见阿富汗总统哈米德·卡尔扎伊。两国领导人就共同关心的双边关系、地区问题和增强伊斯兰国家间合作等问题交换了意见。

## 4月

2日,巴基斯坦经济事务司司长塞西与法国驻巴基斯坦大使菲利普·鲍德、法国开发署地区总监丹尼斯等签署巴基斯坦水电项目信贷协议,法国向巴基斯坦提供6100万欧元(约合85亿卢比)资金,用于修建位于开普省的莫赫曼德水电站（740兆瓦）和斯卡尔都地区的哈勃水电站（35兆瓦）。

3日，中国山东如意科技集团与旁遮普省政府签署了一份谅解备忘录，如意集团将在真纳服装工业园投资20亿美元。

9—11日，应中国政府之邀，谢里夫总理抵达三亚参加2014年博鳌亚洲论坛，并与中国总理李克强会晤。谢里夫表示，巴欢迎中国企业在巴基斯坦投资，特别是在能源和基础设施领域。

16日，为期两天的第十届巴基斯坦—沙特联合部长级会议在利雅得召开，主要讨论了双边贸易及商务关系、提高双边经贸往来等问题。

23日，日本政府表示，将为巴政府提供近5200万美元的金融贷款，用于支持巴能源领域的改革。

23日，巴基斯坦3G、4G牌照在首都伊斯兰堡拍卖。经过激烈竞标，中国移动巴基斯坦公司（辛姆巴科公司）成为巴基斯坦唯一一家同时拥有3G和4G移动通信频段的电信运营商。

30日，巴总理谢里夫与英国首相卡梅伦在唐宁街10号首相官邸会谈，就涉及两国共同利益的问题表示完全理解，并表示努力解决面临的所有挑战，包括打击恐怖主义问题。

## 5月

1日，世界银行将在未来5年给巴基斯坦提供120亿美元的贷款，用于公共和私营两个部门，包括国家战略的一系列发展项目。

2日，中国葛洲坝集团有限公司计划在巴基斯坦的加尼达修建3个电力厂，计划发电2640兆瓦，投资35亿—40亿美元。葛洲坝集团已与巴私营电力和基础设施委员会签署了谅解备忘录，主要是关于在加尼达建立3个660兆瓦的进口煤炭项目。

11—12日，应伊朗总统哈鲁尼的邀请，巴总理谢里夫对伊朗进行正式访问。其间，谢里夫与哈鲁尼举行正式会晤，双方领导人一致重申加强双边贸易的重要性，同意继续推进伊朗—巴基斯坦天然气管道建设项目，赞同提高双方各领域的双边关系，为此双方签署了8个谅解备忘录（协议书）。

16日，巴谢里夫总理致电印度人民党（BJP）领导人莫迪，祝贺其在大选中获胜；巴基斯坦—澳大利亚第四轮双边政治磋商在巴外交部举行。

22日，巴总统侯赛因在上海同中国国家主席习近平举行会晤。两国领导人一致同意，共同努力加强反恐合作。

26日，巴总理谢里夫受邀前往印度参加印度新总理莫迪的就职典礼，这是1947年印巴分治以来两国政府首脑首次出席对方的就职仪式。

## 6月

1日，财政部长达尔代表政府公布了2013—2014财年经济发展白皮书。该财年GDP的实际增长率为4.14%，没有实现预期的4.4%的增长目标，但仍是近5年中增长最快的一年。

6日，巴基斯坦国会一致通过《2014年反恐怖主义法案修正案》。

8日，巴总统侯赛因在尼日利亚进行国事访问，与尼总统古德勒克·乔纳森（Goodluck Jonathan）举行会晤，出席了在阿布贾和拉格斯（Abuja and Lagos）举行的经济论坛并发表主旨演讲。

9日，10名武装分子潜入卡拉奇机场并向安全人员开火，巴基斯坦塔利班宣布对卡拉奇国际机场袭击负责。

12日，美国无人机在停止5个月后重新对巴基斯坦部落地区进行袭击。

16日，巴基斯坦总理谢里夫在国民议会发表演说，宣布政府将暂停与巴塔的谈判。

20日，巴基斯坦军方持续对北瓦济里斯坦进行空中打击和地面搜索，实施"利剑"行动。

23日，巴基斯坦政府拒绝载有反政府人士卡德里的飞机在伊斯兰堡机场降落，要求其前往拉合尔。

30日，为配合军队在北瓦济里斯坦的军事行动，巴基斯坦参议院通过《2014保护巴基斯坦安全法案》，授权政府对恐怖活动采取更为严厉的预防和打击措施。

## 7月

18日，土库曼斯坦—阿富汗—巴基斯坦—印度（TAPI）天然气管道的4个参与国签署了运营协议，并已向亚洲开发银行提出援助申请，以获得资金保障。

## 8月

4日，巴基斯坦总统马姆努恩·侯赛因与来访的伊斯兰会议组织新任秘书长伊亚德·阿明举行会晤。侯赛因表示，巴基斯坦作为伊斯兰国家的一员，将会为整个伊斯兰世界的现代化和经济发展作出自己的贡献。

15日，巴正义运动党主席伊姆兰·汗及数千名支持者抵达伊斯兰堡，同行到达的还有人民运动党主席卡迪尔及其支持者。这两个党派均筹划召开集会，直到其要求得到满足。

18日，巴基斯坦正义运动党领袖伊姆兰·汗号召其支持者进入巴基斯坦重要政府机构所在地"红色区域"进行示威活动，同时敦促政府尽快重新举行大选。

## 9月

15日，巴基斯坦与德国第二轮双边政治协商会议在伊斯兰堡举行。德国代表团团长为外交部副部长埃德雷尔。

28日，为了表彰拉赫曼博士在中巴科学和高等教育方面所作出的突出贡献，中国政府授予拉赫曼博士2014年度中国政府友谊奖（Friendship Award of China）。

29日，巴总统侯赛因应邀前往阿富汗首都喀布尔参加阿富汗新总统阿什拉夫·加尼（Ashraf Ghani）和首席行政长官阿卜杜拉·阿卜杜拉（Abdullah Abdullah）的就职典礼。

## 10月

8日，自宰牲节以来，在印巴实际控制线区域印度军队已经造成包括3名平民在内的9人丧生和33人受伤。

11日，在世界银行行长金镛和美国巴阿事务特别代表丹·费尔德曼（Dan Feldman）的见证下，巴基斯坦和阿富汗在世界银行总部签订了CASA-1000能源项目的电费协定。

20日，中国、巴基斯坦、阿富汗三国大使、外交官和安全专家举行三边安全会议，决定成立三方联合反恐小组，协调反恐政策和反恐策略，分享反恐情报。

22日，17岁的诺贝尔和平奖得主马拉拉·优素福扎伊（Malala Yousafzai）将其获得的110万美元奖金捐助给巴基斯坦教育项目。

## 11月

6日，巴基斯坦陆军参谋长拉希勒·谢里夫将军出访阿富汗，与阿富汗总统阿什拉夫·加尼、首席行政官阿卜杜拉、国家安全顾问阿特马尔、国防部长穆罕默迪等人分别举行会谈，讨论了双边军事关系以及两国在防务问题上的合作。

7日，巴总理谢里夫应邀抵达北京对中国进行访问。

10日，应德国总理默克尔的邀请，巴总理谢里夫抵达柏林与默克尔总理和议会议长举行会谈，并出席巴基斯坦投资委员会举办的有众多投资者参加的经济论坛。

14日，阿富汗总统阿什拉夫·加尼访问巴陆军总部，并与巴陆军参谋长拉希勒·谢里夫将军举行会晤。

19日，英国反恐行动特使克劳维斯在巴基斯坦首都伊斯兰堡拜会了巴基斯坦国防部长阿西夫。阿西夫强调在以美国为首的北大西洋公约组织（北约）和阿富汗国际安全援助部队（ISAF）撤出阿富汗后，巴基斯坦将起到稳定阿富汗局势的作用。

20日，巴基斯坦与俄罗斯签署防务合作协议，此协议被巴国防部称为巴俄两国防务合作的基石。

24日，联邦商贸部长达斯蒂格·汗在接见匈牙利驻巴基斯坦大使伊斯特凡·撒伯（Istvan Szabo）时表示，巴基斯坦希望加强与中欧尤其是匈牙利的商贸联系。

25日，巴基斯坦总理谢里夫率领巴基斯坦代表团到达尼泊尔自都加德满都，参加第18届南亚区域合作联盟峰会。

28日，俄罗斯银行向巴基斯坦提供10亿美元的信贷额度，用于能源行业项目和巴基斯坦钢厂（PSM）的翻新。

## 12月

11日，在战略对话框架下的第23次巴美防务磋商在美国首都华盛顿召开。

15日，位于巴基斯坦白沙瓦的一所军队学校遭到塔利班武装分子的恐怖袭击，造成至少136人死亡，其中包括100多名儿童。巴基斯坦塔利班宣布为此次事件负责。

17日，巴基斯坦总理谢里夫对正义运动党主席伊姆兰·汗宣布终止静坐表示欢迎。

18日，巴基斯坦陆军参谋长拉希勒·谢里夫访问阿富汗，同阿富汗总统阿什拉夫·加尼和国际安全援助部队总司令约翰·坎贝尔分别举行会晤。

21日，财政部长达尔表示，巴基斯坦外汇储备已达150亿美元。

26日，巴基斯坦新确认4起脊髓灰质炎患者，2014年巴基斯坦新增患者人数达295人。

## （三）孟加拉国

### 1月

5日，孟加拉国举行第10届议会选举。此次选举受到孟加拉国民族主义党领袖卡莉达·齐亚领导的20党联盟的抵制。执政的孟加拉国人民联盟最终获胜，人民联盟主席谢赫·哈西娜连任总理，但选举前后暴力不断，其合法性受到广泛质疑。

26日，孟加拉国为期3天的"伊斯兰教集会"结束，数千名穆斯林挤火车回家。

29日，一艘由孟加拉国驶往马来西亚的超载渔船在孟加拉湾沉没。

### 2月

17日，孟加拉国国家石油公司与两家印度公司签署协议，共同开发孟加拉湾的近海油气资源。

### 3月

3日，当天为首个"世界野生动植物日"，孟加拉国环境和森林部在首都新闻俱乐部召开"野生动植物保护"大会。

15日，根据孟加拉国总理哈西娜的指示，两艘护卫舰"法鲁克号"和"邦格班杜号"及两架海事巡逻飞机将参加搜救马航行动。

25日，孟加拉国国际战争罪法庭完成针对伊斯兰大会党的调查报告，该党及其相关机构面临7项指控以及被取缔的危险；孟加拉国分县委员会选举结束。执政党人民联盟支持的主席候选人赢得225席，民族主义党支持的主席候选人赢得157席，伊斯兰大会党支持的主席候选人赢得35席，民族党支持的主席候选人赢得3席。

## 4月

22日，孟加拉国与美国在达卡举行第三次安全对话。对话主要议题包括4个方面：人道主义救助及救灾、维和行动与防务合作、反对恐怖主义、海上及边界安全。

24日，孟加拉纪念纺织厂倒塌一周年，死者家属抗议维权。

## 5月

20日，卡塔尔和孟加拉国成为亚信新成员。

22日，中国外长王毅在上海会见孟加拉国外长阿里。

## 6月

2日，中铁大桥局中标建设孟加拉国帕德玛大桥主体部分工程。该桥全长6.15公里，是孟境内最长也是有史以来金额最大的桥梁工程，建成后将连接首都达卡和21个南部地区，工程造价大约1213.3亿塔卡。

9日，孟加拉国总理哈西娜访问中国，先后与习近平主席和李克强总理会谈。其间两国签署了5份文件（包括2份合作协议、2份换文以及1份合作备忘录），以增强双边在贸易投资、电力发电和应对气候变化等领域的合作。

10日，全国政协主席俞正声会见孟加拉国总理哈希娜。

## 7月

12日，在孟加拉国达卡，一家少年文化组织的孩子们拉起横幅在全国新闻俱乐部前示威祈祷，呼吁以色列停止对加沙地带的空袭。

20日，孟加拉国首都达卡市拉纳广场（Rana Plaza）的一栋8层高的楼房发生爆炸和坍塌事故。

27日，在孟加拉国达卡，穆斯林们乘坐拥挤的火车和轮船准备回家过开斋节，人潮爆满。

## 8月

1日，孟加拉国西部Jhenaidah发生火车与大巴车相撞事故，造成至少10人死亡、57人受伤。

4日，孟加拉国一艘载有200余人的渡轮沉没。

22日，孟加拉国木工将身体当标语牌，抗议以色列进攻加沙。

25日，孟加拉国洪灾持续泛滥，据灾害管理部统计受灾人数高达206.7万人，损失惨重。

## 9月

6日，日本首相安倍晋三访问孟加拉国。两国发表联合声明，孟加拉国表示考虑到日本为孟发展提供的巨大帮助，为维护亚太地区国家在联合国的团结，决定退出联合国非常任理事国竞选，转而支持日本。

17日，孟加拉国国民议会通过第16次宪法修正案，授权议会可解除最高法院行为不当或不称职法官职务的权力。

22日，哈米德总统批准了宪法修正案，修正案正式生效。这标志着延续了35年的最高法院首席法官领导下的最高司法委员会正式终结；斯里兰卡—孟加拉国贸易联合工作组会议在科伦坡召开。

## 10月

1日，"伊斯兰国"招募人在孟加拉国被抓。

24日，孟加拉国与其他21国共同以创始成员国身份签署加入亚洲基础设施投资银行（AIIB）备忘录。

30日，雪佛龙（Chevron Corporation）孟加拉国子公司启动了该国东北部Bibiyana扩容项目的天然气生产。

31日，孟加拉国首都达卡一座办公楼发生火灾。

## 11月

5日，对外投资合作指南（孟加拉国）2014版正式发布。

7日，中国四川与孟加拉国达成意向，2015年上半年开通成都至吉大港的直航。

8日，中国国家主席习近平和国家副主席李源潮会见孟加拉国总统哈米德。

14日，孟加拉国猫协会在国家新闻俱乐部举行猫展。

24日，孟加拉国饱受争议的战争罪审判法庭以屠杀罪判处一名前执政党官员绞刑。

26日，孟加拉国达卡大学举办"想唱就唱"中文歌曲大赛。

## 12月

7日，云南日报报业集团和孟加拉国《独立报》共同主办的英文版《美丽云南》新闻专刊在孟加拉国首都达卡首发。

9日，一艘运送高炉燃油的货轮与另一艘船相撞，导致近35万升石油泄漏。

15日，孟加拉国接收中国K-8W型教练机，总理哈西娜登机参观。

17日，"孟中印缅经济走廊第二次联合工作组会议"在孟加拉国吉大港地区海滨小城科克斯巴扎（Cox's Bazar）举行。

### （四）尼泊尔

## 1月

1日，尼泊尔第十五届博卡拉街节在博卡拉的湖边举行，餐厅和酒吧每年都会吸引很多游客，也是一种庆祝新年的方式。

2日，尼泊尔副总统帕拉马南达杰哈参加了能信息（CAN Info-Tech）的开幕式。

9日，尼泊尔旅游局举行15周年庆，拉姆库马尔什雷斯塔先生作为主要嘉宾参加了周年庆。

17日，尼泊尔被美国《纽约时报》评为2014年必去旅游的52个地方之一。

27日，尼泊尔最大政党尼泊尔大会党突破困局，提名该党主席苏希尔·柯伊拉腊为总理候选人。

## 2月

9日，尼泊尔最大党派尼泊尔大会党与第二大党尼泊尔共产党达成共识，由大会党主席苏希尔·柯伊拉腊作为总理候选人。

13日，尼泊尔新任总理表示将与中印继续发展友好关系。

16日，尼泊尔一架载有18人的小型飞机坠毁。

19日，中国驻尼泊尔大使馆举行藏历新年招待会。

27日，尼泊尔首都帕斯帕提纳神庙苦行僧庆祝印度教湿婆节。

## 3月

4日，尼泊尔规定登珠峰者必须携带8公斤垃圾下山。

5日，中国与尼泊尔签署新双边经济技术合作协定。

6日，尼泊尔国际贸易博览会在加德满都开幕。

10日，9名藏人非法入境尼泊尔，在中国驻尼泊尔大使馆进行反华行动被捕。

11日，尼泊尔考虑"出租"喜马拉雅山峰，用于协助振兴尼泊尔经济。

12日，中国商品亮相第三届尼泊尔国际商贸展。

14日，尼泊尔第二届信息技术博览会将于3月25日在加德满都举行。

## 4月

18日，珠穆朗玛峰南侧尼泊尔境内发生雪崩，造成12人遇难、4人失踪。

23日，2013年尼泊尔国家银行总资产增加约1160亿卢比。

## 5月

8日，普拉昌达再次当选尼泊尔联合共产党主席。

9日，尼泊尔驻华大使马赫什礼节性地拜访了亚洲秘书长周文忠。

21日，尼泊尔财政部长与孟加拉国驻尼大使进行会晤。

## 6月

5日，尼泊尔学生集体抱树欲破世界纪录。

12日，世行预测尼泊尔本年度经济增长速度将达到4.4%。

## 7月

16日，尼泊尔末代王储在泰国藏毒被逮捕。

25日，尼泊尔与不丹举行双边谈话。

31日，中国驻尼泊尔大使馆举行建军87周年招待会。

## 8月

4日，印度总理莫迪访问尼泊尔。

13日，为防埃博拉病毒，尼泊尔政府将对从非洲回国者隔离3周。

16日，尼泊尔爆发山洪和泥石流，导致84人死亡、113人失踪、54人受伤。

19日，中国西藏航空有限公司在加德满都与尼泊尔合作方签约，决定成立喜马拉雅航空公司，中国驻尼泊尔大使吴春太出席了签约仪式。

## 9月

4日，尼泊尔汽车销售商协会主办的尼泊尔车展在首都加德满都开幕。

24日，尼泊尔文化节，尼泊尔—中国唐卡艺术展开幕。

26日，中国西藏与尼泊尔进出口贸易总额屡创新高。

## 10月

3日，中国西藏与尼泊尔经贸协调委员会第五次会议在拉萨召开。

7日，尼泊尔一辆大客车坠崖，致27人死亡、62人重伤。

16日，尼泊尔发生暴风雪雪崩，造成至少20人死亡。

21日，尼泊尔卡贝尔输电走廊项目一期将于圣诞节投产。

22日，王立君与尼泊尔国际交流主席谈丝绸之路国际电影节。

## 11月

3日，中国捐赠尼泊尔的第二架飞机抵达加德满都。

5日，印度与尼泊尔开通三条客运公路。

17日，挪威拨款6000万美元资助尼泊尔电力扩张。

20日，中国与尼泊尔在加德满都签署备忘录，以帮助尼泊尔发展与西藏北部相邻的地区。

24日，尼泊尔一大客车坠河，导致47人死亡。

27日，南盟首脑会议在尼泊尔开幕。

28日，尼泊尔庆祝宗教节日，宰杀几十万头水牛。

29日，中国新知集团中文书店落户尼泊尔。

## 12月

23日，周小川会见尼泊尔央行行长卡蒂瓦达。

26日，尼泊尔总统亚达夫在加德满都总统府会见中国外交部长王毅。

27日，尼泊尔通讯信息部长来沪访问。

## （五）阿富汗

### 1月

9日，阿富汗10岁女孩被逼当"人肉炸弹"，向总统求助。

17日，美国副总统拜登大幅削减驻阿富汗的美军。

22日，塔利班组织释放被绑架的63名工人。

### 2月

11日，阿富汗首都发生汽车炸弹袭击，造成2人死亡。

13日，阿富汗正式释放65名塔利班囚犯。

27日，阿富汗9名军人因库卡尔袭击事件渎职而遭解职。

### 3月

6日，北约空袭阿富汗东部行动中至少误杀5名阿富汗士兵。

7日，中俄共同主持阿富汗问题"6+1"对话。

13日，驻阿富汗的加拿大军队全部撤离。

21日，阿富汗4名武装分子袭击一家五星级酒店被击毙。

## 4月

5日，阿富汗开始总统大选。

15日，阿富汗一名政府副部长被绑架。

25日，3名美国医生在阿富汗被杀。

29日，阿富汗塔利班对阿富汗东部地区发动大规模袭击。

## 5月

2日，阿富汗山体滑坡，中国向阿富汗无偿提供紧急人道主义援助。

5日，中国外长王毅就阿富汗山体滑坡造成重大人员伤亡事件向阿外长奥斯马尼致电慰问。

12日，中国驻阿富汗大使会见阿富汗副财长。

24日，印度驻阿富汗使馆被袭击。

25日，奥巴马突访阿富汗，慰问美军士兵。

## 6月

5日，阿富汗路边炸弹袭击致4人死亡。

6日，阿富汗大选候选人阿卜杜拉逃过暗杀袭击。

7日，阿富汗北部发生洪灾，导致数百人丧生。

9日，美国与阿富汗交换俘获士兵。

11日，美国5名士兵在阿富汗遭友军炮火误杀。

## 7月

2日，塔利班袭击阿富汗空军车辆，导致8人死亡、13人受伤。

22日，阿富汗首都喀布尔发生爆炸袭击，造成5人死亡。

23日，阿富汗总统卡尔扎伊会见中国驻阿富汗大使。

## 8月

6日，美德将军被阿富汗士兵袭击，一死一伤。

20日，中国驻阿富汗大使邓锡军会见阿富汗禁毒部部长。

28日，阿富汗总统大选候选人撤出计票观察员。

## 9月

4日，阿富汗东部多处政府机构遭袭击。

9日，阿富汗总统拒绝接受大选结果。

11日，美军空袭造成23名阿富汗平民死亡。

16日，美国驻喀布尔使馆附近发生自杀袭击。

23日，阿富汗总统卡尔扎伊举行告别演讲。

29日，中国国家主席习近平特使尹蔚民出席阿富汗新总统加尼的就职典礼。

30日，阿富汗与美国签署阿美《双边安全协议》。

## 10月

14日，阿富汗安全部队遭塔利班伏击，致23人死亡。

27日，英国驻军向阿富汗移交最后一个军事基地。

28日，中国国家主席习近平与阿富汗总统加尼举行会谈。

29日，国务院总理李克强会见阿富汗总统加尼。

30日，美军作战部队撤离阿富汗。

## 11月

5日，阿富汗总统加尼签署《中国—塔吉克斯坦—阿富汗三国国界交界点协定》。

8日，阿富汗成功举行中国援助阿富汗内政部警用装备移交仪式。

9日，阿富汗前总统卡尔扎伊做客中国驻阿富汗大使馆。

20日，中国驻阿富汗大使馆举办使馆开放日。

30日，阿富汗总统加尼和首席执行官阿卜杜拉会见郭声琨。

## 12月

2日，塔利班在飞鸟身上绑"自杀炸弹背心"遥控袭击。

3日，阿富汗紧急情况反应委员会已做好冬季救助准备。

9日，阿富汗财政部向议会提交了2015年度财政预算案。

12日，韩国承诺向阿富汗卫生领域援助913万美元。

14日，阿富汗能源开发研讨会在迪拜举行。

17日，阿富汗银行遭武装分子袭击。

21日，沙特向阿富汗提供200万美元水灾援助。

## （六）斯里兰卡

### 1月

1日，斯里兰卡总统拉贾帕克萨呼吁斯里兰卡进行教育改革。

13日，中国海军第15批护航编队访问斯里兰卡。

10日，斯里兰卡总统拉贾帕克萨首次访问以色列。

16日，斯里兰卡与印度同意释放所有被扣渔民。

23日，斯里兰卡、马尔代夫签署三项双边协议。

28日，斯里兰卡政府推行新农民养老金计划。

### 2月

3日，斯里兰卡拒绝西方国家干涉内政。

10日，斯里兰卡外长佩雷斯访华。

11日，李源潮副主席会见佩雷斯，王毅外长与佩雷斯进行会谈。

14日，日本援助斯里兰卡防灾项目。

17日，斯里兰卡获得亚洲银行2亿美元的援助。

18日，斯里兰卡将简化俄罗斯军舰进入其港口的手续。

24日，斯里兰卡支持中国启动"21世纪海上丝绸之路"。

### 3月

2日，斯里兰卡财政部长表示将对公司税做重大调整。

4日，斯里兰卡逮捕32名印度渔民，并扣留8艘渔船。

6日，斯里兰卡、马尔代夫、印度在新德里举行第三次国家安全顾问级三边会议。

12日，斯里兰卡释放116名在押印度渔民。

13日，日本向斯里兰卡援助370万美元用于北部和东部地区的战后恢复与重建。

14日，斯里兰卡向中非和南亚10个国家捐赠5万吨大米。

19日，斯里兰卡北方省理事会决议叫停水泥厂项目。

22日，斯里兰卡同新加坡重新修订协议，避免双重征税。

24日，国际知名海运公司将在汉班托特港开设区域办公室。

25日，斯里兰卡和印度第二轮渔业谈判在科伦坡举行。

## 4月

2日，中国探索在高等教育领域同斯里兰卡进行合作。

3日，日本政府将通过世界食品计划援助斯里兰卡2.03亿卢布用于应急计划。

6日，新加坡开始在斯里兰卡北部进行社区发展计划。

20日，斯里兰卡将上调汽车、手机等进口产品关税。

21日，中国驻斯里兰卡大使出席港南集装箱码头竣工仪式。

25日，斯里兰卡电信部门接受投资局4.15亿美元投资。

29日，斯里兰卡与巴林签署备忘录，进一步加强双边关系。

30日，斯里兰卡、马尔代夫同意加强合作。

## 5月

1日，斯里兰卡、孟加拉国签署沿海航运协议以增加贸易。

3日，中斯政治双边磋商会议圆满结束。

5日，印度与斯里兰卡第二轮民用核合作谈话开始。

6日，"科伦坡进程"高官会在科伦坡举行。

8日，斯里兰卡对进口药品进行价格管制。

12日，斯里兰卡降低大米进口关税。

20日，斯里兰卡航空将与芬兰航空共享代码。

22日，中国与斯里兰卡举行双边会谈。

27日，斯里兰卡总统拉贾帕克萨与印度新总理在新德里会面。

28日，斯里兰卡央行放松外汇管制。

## 6月

12日，斯里兰卡汉班托特海港发展项目部举办佛牙节布施活动。

16日，斯里兰卡南部沿海地区实施宵禁。

18日，斯里兰卡南部发生严重暴力冲突，导致3人死亡、78人受伤、10余家商铺烧毁。

19日，斯里兰卡与印度签署修建贾夫纳文化中心的协议。

22日，斯里兰卡政府宣布将进一步开发乌拉省。

23日，斯里兰卡总统拉贾帕克萨宣布开放汉班托特港马塔拉机场的航空加油站。

26日，斯里兰卡旅游洽谈会在科伦坡国家会展中心举行。

## 7月

2日，斯里兰卡启动银行计算机安全事件准备小组系统。

9日，斯里兰卡将发布40亿卢比的10年和15年国债。

10日，斯里兰卡渔业部长表示斯中将在斯周边公海开展渔业合作。

12日，斯里兰卡外长同印度外长就印斯房屋工程、捕鱼权问题、安全合作和经济问题进行讨论。

16日，斯里兰卡将在偏远地区建立工业区以解决劳动力短缺问题。

20日，亚洲发展银行为斯里兰卡提供3亿美元贷款用于发展清洁能源。

30日，马来西亚国家能源公司与斯里兰卡签约建设能源工程。

## 8月

1日，斯里兰卡、新加坡就扩大经济和防御关系进行双边讨论。

7日，越南与斯里兰卡的双边贸易接近100%。

11日，中国外长王毅会见斯里兰卡外长佩斯。

15日，印度高级官员拜访斯里兰卡总统拉贾帕克萨。

19日，日本东京三菱银行同斯里兰卡投资局签署了谅解备忘录。

25日，斯里兰卡城市事务部部长西里塞纳为科伦坡水上市场开式剪彩。

29日，斯里兰卡迎来第100万名游客。

## 9 月

6 日，日本首相安倍访问斯里兰卡并签署多项协议。

12 日，斯里兰卡与马尔代夫就海洋资源进行商讨。

16 日，斯里兰卡普特拉姆燃煤电站启动仪式在普特拉姆举行。

17 日，中国国家主席习近平访问斯里兰卡，中国与斯里兰卡自贸区谈判正式启动。

18 日，中国人民银行与斯里兰卡中央银行签署双边本币互换协议。

21 日，斯里兰卡与马尔代夫商讨提升两国关系的策略。

22 日，斯里兰卡—孟加拉国贸易联合工作组会议在科伦坡召开。

23 日，斯里兰卡议长恰马尔·拉贾帕克萨访华，并出席了西安 2014 国际和平日纪念活动。

28 日，斯里兰卡总统拉贾帕克萨与印度总统莫迪在纽约举行双边讨论。

## 10 月

10 日，斯里兰卡总统拉贾帕克萨下令将罐装液化气价格下调 10%。

11 日，斯里兰卡总统与印度高级专员共同为印度资助修建的语言实验室举行开放仪式。

13 日，斯里兰卡通往北方贾夫纳的火车时隔 24 年再次开通。

14 日，欧盟拟禁止从斯里兰卡进口鱼类产品。

20 日，斯里兰卡将贷款 2000 万美元进口 2500 头奶牛。

23 日，斯里兰卡旅游局统计，2014 年 1—9 月来斯旅游游客达 110 万。

25 日，斯里兰卡加入亚洲基础设施投资银行。

## 11 月

2 日，斯里兰卡允许中国舰艇在科伦坡港停靠。

5 日，斯里兰卡电信启动 100G 的超速国家骨干网络。

9 日，中工国际与斯里兰卡签下 42 亿调水项目合同。

14 日，斯里兰卡同毛里塔尼亚签署建立共同合作委员会。

22 日，中国与斯里兰卡在科伦坡举办"共建 21 世纪海上丝绸之路"

研讨会。

27日，中国与俄罗斯共同参加了斯里兰卡的防御会谈。

## 12月

4日，斯里兰卡航空推出昆明直飞科伦坡航线。

5日，斯里兰卡拟发行人民币债券；中国航空开通成都直飞科伦坡航线。

7日，斯里兰卡利用科威特约3600万美元贷款重建25座桥梁。

13日，斯里兰卡、芬兰将开始加大双边经济合作。

25日，斯里兰卡全国默哀纪念印度洋海啸10周年。

26日，中斯签署自由贸易协议。

28日，斯里兰卡暴雨成灾导致21人死亡。

## （七）马尔代夫

### 1月

1日，马尔代夫民主党透露马累的初选竞选代表。

2日，马尔代夫海岸警卫队庆祝34周年纪念日。

6日，马尔代夫广播委员会请求政府致力维护媒体自由。

9日，马尔代夫副总统贾米勒视察Fuvahmulah岛。

12日，马尔代夫总统亚明批准《信息权利法案》、《社会保障法案》、《马尔代夫就业法案》第三修正案。

14日，马尔代夫民主党与共和党结盟以应对议会选举。

16日，马尔代夫总统亚明访问阿杜市。

25日，马尔代夫总统亚明解雇交通管理局主席和内务部长。

28日，马尔代夫总统办公室称民主党必须与政府合作。

### 2月

1日，马尔代夫反对派民主党议员Alhan被刺。

4日，马尔代夫前首席大法官被任命为伊斯兰事务部顾问。

5日，马尔代夫副总统贾米勒会见麦加大清真寺的伊玛目。

12日，马尔代夫伊斯兰事务部发布2014年的政策和项目。

16日，马尔代夫总统亚明和副总统贾米勒会见Fonadhoo岛人民。

18日，马尔代夫开放议会投票登记。

24日，中国驻马尔代夫大使王福康拜会马尔代夫副总统贾米勒。

### 3月

6日，印度、斯里兰卡、马尔代夫举行海洋安全合作第三次会议。

22日，马尔代夫举行第二次多党议会选举。

26日，国际可再生能源会议在马尔代夫召开。

### 4月

6日，马尔代夫前总统瓦希德到中国参加2014国际经济文化高峰会议。

10日，马尔代夫同中国签订农业谅解备忘录。

17日，马尔代夫总统亚明对日本进行国事访问。

22日，马尔代夫政府保证在斋月前为所有岛屿提供足够的电力。

28日，议会通过性骚扰和性犯罪法案。

29日，反对派领导人纳希德宣布支持共和党。

30日，马尔代夫民主党要求恢复同印度GMR机场发展合同。

### 5月

12日，美国指责马尔代夫资助国外恐怖活动。

18日，马累同中国深圳签订"姐妹城市协议"。

25日，圣战网上组织称一名马尔代夫活动家死于叙利亚内战的一场自杀式袭击中。

28日，马尔代夫伊斯兰事务部长申明马尔代夫不会以伊斯兰名义加入叙利亚战争。

31日，马尔代夫反战活动者为提高对叙利亚冲突的认识攻击政府网站。

## 6月

5日，马尔代夫副总统贾米勒将出席第二届中国—南亚博览会。

6日，国务院副总理汪洋会见副总统贾米勒。

9日，马尔代夫同阿联酋签署关税协议。

23日，斯里兰卡总统拉贾帕克萨抵达马尔代夫进行国事访问。

## 7月

1日，马尔代夫拟禁止含氢氟氯烃设备的进口。

18日，马尔代夫将禁止含有臭氧消耗物质的进口货物。

23日，总统亚明考虑在第二轮选举中同正义党结盟。

26日，选举委员会称数千选民未能在截止日期前重新投票。

## 8月

16日，中国国家主席习近平在南京会见马尔代夫总统亚明。

19日，马尔代夫国家贸易委员会限制迪拜的石油供应份额。

22日，泰国诗琳通公主对马尔代夫进行国事访问。

25日，马尔代夫外交部长哈迈德在新加坡伊丽莎白医院去世。

## 9月

10日，马尔代夫移民局对25位商人雇佣非法移民工进行罚款。

14日，中国国家主席习近平对马尔代夫进行国事访问。

16日，马尔代夫总统亚明与中国国家主席习近平举行会谈。

21日，马尔代夫总统亚明与斯里兰卡总统拉贾帕克萨讨论两国外交关系。

## 10月

17日，印度外交部长抵达马尔代夫监督总统重新选举。

25日，马尔代夫总统选举第一轮重新登记结束。

28日，由于马尔代夫政治民主环境遭到严重破坏，各国议会联盟秘书长请求紧急向马尔代夫派送代表团。

30日，联合国人权事务高级专员表示担忧马尔代夫民主化进程。

## 11 月

13 日，马尔代夫旅游局率代表团参加"2014 年中国国际旅游交易会"。

20 日，中国国务委员兼国防部长常万全会见马尔代夫国防部长纳兹姆。

27 日，马尔代夫总统亚明分别会见印度总理莫迪和巴基斯坦总理谢里夫。

## 12 月

4 日，马尔代夫首都马累因淡水处理厂失火瘫痪而爆发淡水危机。

7 日，中国人民解放军增派空军 2 架伊尔－76 飞机满载 40 吨矿泉水紧急起飞前往马尔代夫，提供援助。

28 日，马尔代夫外交部长哈迈德呼吁加强应对气候变化。

31 日，马尔代夫渔业部称将建立更严重的罚款措施惩治非法捕捉海龟。

## （八）不丹

### 1 月

1 日，日本福井代表团访问不丹。

6 日，不丹国王旺楚克与王后访问印度。

18 日，不丹第二次大选花费了 137 百万努尔。

29 日，家具及酒类的进口商品将解禁。

30 日，政府创新性地采用谷歌企业应用套件。

### 2 月

4 日，亚洲开发银行总裁在不丹访问一天。

6 日，国民议会通过了信息权法案并且通过避免双重征税协议。

13 日，捷克代表团访问不丹。

15 日，毒品、精神药品及滥用药品法案被废止。

20日，国王旺楚克祝贺国会会议圆满结束。

25日，印度政府将另外提供120万卢布用于不丹刺激经济计划。

### 3月

4日，环孟加拉湾多部门技术与经济合作倡议（BIMSTEC）第三届峰会召开。

10日，印度资助18亿卢布用于不丹第十一计划里的SDP。

28日，不丹农业大臣与首相策林·托杰签订就职协议。

### 4月

9日，不丹政府为金融机构注入21亿努尔。

10日，不丹与孟加拉国展开部长级贸易合作讨论。

14日，挪威拨款570万美元用于不丹新水电计划的可行性研究。

19日，不丹首相策林·托杰首次访问扎西羊牧宗。

21日，不丹将开始世界上最大的气候变化私营项目研究。

26日，不丹政府计划恢复不丹的彩票业。

### 5月

1日，欧盟将提高对不丹的援助资金。

17日，不丹国王旺楚克向国会辞职。

20日，反腐委员会发现移民局的腐败行为。

26日，不丹首相代表团参加印度总理莫迪的就职宣讲仪式。

28日，不丹政府已经向各种国际机构贷款8000多万美元。

### 6月

6日，捷克国会代表团首次访问不丹。

9日，不丹政府对农村小型贸易实行免税。

13日，国家委员会投票反对燃油税。

15日，不丹首相策林·托杰会见印度总理莫迪。

16日，JICA（日本国际协力机构）理事长田中明彦访问不丹。

18日，国民委员会反对国家委员会的议案，支持薪金调整案。

23日，不丹国营企业税收增加8%。

22日，不丹首相策林·托杰访问日本。

30日，日本首相安倍晋三与不丹首相策林·托杰举行会晤。

## 7月

5日，不丹的薪金调整案通过。

19日，政府取消进口车限额的协议生效。

21日，不丹与中国举行第22轮边界问题谈话。

24日，不丹首相策林·托杰与南亚区域合作成员国的商务部长们会面。

25日，不丹与尼泊尔进行双边谈话。

28日，不丹与中国签署双边联合田野技术调查报告。

## 8月

2日，不丹取消贷款限制。

7日，不丹首相策林·托杰将主持第70届联合国亚太经社会。

11日，不丹首相策林·托杰会见新西兰外交大臣。

12日，不丹与泰国庆祝建交25周年。

14日，科威特部长正式访问不丹。

23日，不丹12名移民局官员被停职。

27日，不丹正式向日本提出援助1450架耕耘机的正式请求。

## 9月

26日，不丹团体参与视察2014青年领导峰会。

27日，不丹国际人权理事会呼吁美国总统和印度总理一起解决难民问题。

## 10月

16日，印度陆军总司令访问不丹。

## 11 月

25日，不丹首相策林·托杰参加加德满都第十八届南盟首脑会议。

28日，第十八届南盟首脑会议圆满结束，并发布《加德满都宣言》。

## 12 月

6日，不丹首相策林·托杰同孟加拉国总理哈西娜举行会谈。

8日，孟加拉国和不丹同意促进自由贸易协定（FTA）谈判。

# 2014年南亚研究主要汉文论文目录

## 安全与外交

| 题目 | 作者 | 刊名 | 期 |
| --- | --- | --- | --- |
| 阿富汗撤军与善后：美国的政策权衡与不确定因素 | 张力 | 南亚研究季刊 | 1 |
| 2014年后阿富汗内在不稳定因素探析 | 韩冬涛 孔令兰萱 | 南亚研究季刊 | 1 |
| "越境打击"与阿巴边境地区反恐合作 | 钮松 | 南亚研究季刊 | 1 |
| 巴基斯坦应对阿富汗问题的政策与中巴磋商 | 陈继东 杨勇 | 南亚研究季刊 | 1 |
| 联合国选举援助与阿富汗2004年大选 | 李因才 | 南亚研究季刊 | 1 |
| 关于美印战略伙伴关系的再思考 | 张贵洪 杨濡嘉 邱昌情 | 南亚研究季刊 | 1 |
| 巴基斯坦塔利班发展现状及演变趋势 | 富育红 | 南亚研究季刊 | 1 |
| 谢里夫政府的经济外交政策与中巴合作 | 何美兰 | 南亚研究季刊 | 1 |
| 中国与阿富汗双边关系 | [阿富汗] 古尔·侯赛因·艾哈迈迪 | 南亚研究季刊 | 1 |
| 印度莫迪政府外交政策初探 | 张力 | 南亚研究季刊 | 2 |
| 从印度人民党的选举战略看莫迪政府政策走向 | 陈小萍 | 南亚研究季刊 | 2 |
| 冷战后印度对外战略观论析 | 胡志勇 | 南亚研究季刊 | 2 |
| 缅甸政治改革以来印度与缅甸关系的进展与趋势 | 吴兆礼 | 南亚研究季刊 | 2 |
| 中国援建汉班托塔港与印度的反应 | 唐鹏琪 | 南亚研究季刊 | 2 |
| 美印战略关系中的阿富汗问题 | 冯韧 | 南亚研究季刊 | 2 |

续表

| 题目 | 作者 | 刊名 | 期 |
|---|---|---|---|
| 印度"象"眼中的中国"龙"——《印度时报》对中国文化软实力的认知 | 张占顺 | 南亚研究季刊 | 2 |
| 巴基斯坦—沙特关系与中国的印度洋地区外交 | 陈继东 丁建军 | 南亚研究季刊 | 2 |
| 印度对"21世纪海上丝绸之路"倡议的认知 | 许娟 卫灵 | 南亚研究季刊 | 3 |
| 印韩战略伙伴关系：现状、走向与影响 | 李益波 | 南亚研究季刊 | 3 |
| 做一个"有声有色的世界大国"——解析印度的全球大国之梦 | 王磊 | 南亚研究季刊 | 3 |
| 巴基斯坦政府与塔利班的和谈 | 何美兰 | 南亚研究季刊 | 3 |
| 后塔利班时代的毒品问题与阿富汗政治 | 申玉辉 | 南亚研究季刊 | 3 |
| 论美巴关系中的美国国会因素 | 兰江 | 南亚研究季刊 | 3 |
| 印度的"印度洋战略"对中国海上丝绸之路建设的影响 | 胡志勇 | 南亚研究季刊 | 4 |
| 中印在印度洋的相互需求与潜在冲突 | 朱翠萍 | 南亚研究季刊 | 4 |
| 印度在南海问题中的利益诉求及未来前景 | 林民旺 | 南亚研究季刊 | 4 |
| 阿富汗局势新发展及影响 | 李青燕 | 南亚研究季刊 | 4 |
| 论阿巴边界黑洞的形成 | 姚远梅 | 南亚研究季刊 | 4 |
| 中国软实力对印度民众的吸引力研究：对行为体侧面分析法的检视 | 游国龙 车子龙 | 南亚研究季刊 | 4 |
| 融入"丝绸之路经济带"建设——中巴能源通道的地缘政治经济思考 | 戴永红 秦永红 | 南亚研究季刊 | 4 |
| 简析中印文化软实力双向传播 | 尹锡南 | 南亚研究季刊 | 4 |
| 中国对缅甸的投资与援助：基于调查问卷结果的分析 | 卢光盛 李晨阳 金珍 | 南亚研究 | 1 |
| 关于中缅边界谈判中的"麦克马洪线"问题之再认识 | 齐鹏飞 | 南亚研究 | 1 |
| 印度与缅甸互联互通发展探析 | 李昕 | 南亚研究 | 1 |
| 安全困境视角下的南亚核安全关系网 | 许娟 陈利君 | 南亚研究 | 1 |
| 新兴大国气候政治的变化机制——以中国和印度为比较案例 | 赵斌 高小升 | 南亚研究 | 1 |
| 试析印度的金砖国家战略 | 李冠杰 | 南亚研究 | 1 |
| 中印关系：新型大国关系的潜质与衍生 | 赵干城 | 南亚研究 | 2 |

续表

| 题目 | 作者 | 刊名 | 期 |
|---|---|---|---|
| 美国"新丝绸之路"计划评估 | 邵育群 | 南亚研究 | 2 |
| 印日全球战略伙伴关系的发展与影响 | 杨思灵 | 南亚研究 | 2 |
| 尼赫鲁对果阿问题的处理与1962年中印边界冲突 | 陶亮 李敏 | 南亚研究 | 2 |
| 印度洋安全局势与中印面临的"合作困境" | 朱翠萍 | 南亚研究 | 3 |
| 金砖合作的两面:基于中印两国媒体评论的实证分析 | 黄迎虹 | 南亚研究 | 3 |
| 论美印安全合作的机制化建设 | 刘红良 | 南亚研究 | 3 |
| 印日安全关系分析:均势安全论与共同体安全论 | 刘思伟 | 南亚研究 | 3 |
| 和平共处五项原则与20世纪50年代的中阿关系——纪念和平共处五项原则诞生60周年 | 张安 陈菊萍 | 南亚研究 | 3 |
| 中印边境互动:一种博弈视角的分析 | 随新民 | 南亚研究 | 4 |
| 印度学界对中印边界谈判的看法与主张 | 邓红英 | 南亚研究 | 4 |
| 若开邦冲突对缅甸政治经济安全的影响 | 闫德华 | 南亚研究 | 4 |
| 孟中印缅次区域合作的国际机制建设 | 刘鹏 | 南亚研究 | 4 |
| 印度版"低烈度战争":印度政府剿灭印共(毛)的战略 | 王静 | 南亚研究 | 4 |
| 论尼赫鲁政府的双重核政策 | 代兵 | 南亚研究 | 4 |
| 2013年南亚地区政治与安全形势 | 杨思灵 | 东南亚南亚研究 | 1 |
| 印度与泰国战略伙伴关系:现状、动力与前景 | 李益波 | 东南亚南亚研究 | 1 |
| 论阿巴安全环境的脆弱性 | 李健 | 东南亚南亚研究 | 1 |
| 独立初期(1947~1953年)印苏关系冷淡原因探究 | 刘名望 | 东南亚南亚研究 | 1 |
| 构建中国与东南亚、南亚国家反恐合作机制研究 | 涂华忠 和红梅 | 东南亚南亚研究 | 2 |
| 论印缅关系中的跨境反政府武装问题 | 韦健锋 | 东南亚南亚研究 | 2 |
| 美国对缅甸政策调整中的中国因素 | 方天建 何跃 | 东南亚南亚研究 | 3 |
| 冷战时期美巴关系中的巴基斯坦军队因素 | 兰江 | 东南亚南亚研究 | 3 |
| 论影响阿巴安全环境的大国因素 | 李健 管银凤 | 东南亚南亚研究 | 3 |
| 浅析1992年后的印度与以色列关系 | 王晋 | 东南亚南亚研究 | 4 |

续表

| 题目 | 作者 | 刊名 | 期 |
|---|---|---|---|
| 印度在中国地缘战略中的角色定位及影响 | 李英铭 | 亚非纵横 | 3 |
| 新世纪印俄军事合作的特征 | 霍文乐 张淑兰 | 亚非纵横 | 3 |
| 印度区域间合作及其对中国的意义 | 张海霞 | 亚非纵横 | 4 |
| 美国和印度在亚太的战略碰撞 | 许可 | 亚非纵横 | 4 |
| 印度莫迪新政府的对华政策走向 | 于英红 | 亚非纵横 | 5 |
| "一带一路":印度的回应及对策 | 杨思灵 | 亚非纵横 | 6 |
| 南亚地区形势的特点及其走向 | 马加力 | 和平与发展 | 1 |
| 浅析近年来的美国对缅甸政策及其前景 | 施爱国 | 和平与发展 | 1 |
| 莫迪新政府的内外政策及对华关系走向 | 马加力 | 和平与发展 | 3 |
| 关于中印构建新型大国关系的若干思考 | 胡二杰 | 和平与发展 | 3 |
| 浅谈中印多边外交合作机制建设 | 冉杰 | 和平与发展 | 3 |
| 近年来印度对外关系的发展及其对中印关系的影响 | 李丽 邱信丰 | 和平与发展 | 5 |
| 印度公共外交中的文化传播管窥 | 赵鸿燕 汪铠 | 国际问题研究 | 6 |
| 巴基斯坦恐怖主义发展趋势探析 | 戴永红 李红梅 | 现代国际关系 | 3 |
| 阿富汗局势中的伊朗因素 | 耶斯尔 | 现代国际关系 | 5 |
| 马尔代夫恐怖活动的特点、原因与马政府的应对 | 王娟娟 杨文武 | 现代国际关系 | 8 |
| 巴基斯坦政治动荡及其前景分析 | 王世达 | 现代国际关系 | 10 |
| 塔利班倒台后印度对阿富汗援助评析 | 韩召颖 田光强 | 现代国际关系 | 10 |
| 中印研究的兴起、发展与现状——沈丹森在复旦大学的演讲 | [美] 沈丹森 | 中国外交 | 7 |
| 中印关系的现实困境:原因及前景分析 | 王晓文 李宝俊 | 国际论坛 | 2 |
| 20世纪60年代阿富汗积极推动中阿边界问题解决的动因之分析 | 张安 | 国际论坛 | 2 |
| 印度的北极政策及中印北极关系 | 郭培清 董利民 | 国际论坛 | 5 |
| 印度对华认知变化与谨慎平衡政策——基于《不结盟2.0》报告的解读 | 吴琳 | 国际论坛 | 5 |
| 印度大选与新政府政策走向 | 陈继东 邹珍妮 | 四川大学学报 | 6 |
| 建构主义视角下印度与国际核机制的关系 | 刘思伟 | 中国社会科学文摘 | 4 |
| 从"孤立"到"互联互通":印度对缅甸外交演变 | 李昕 | 东南亚研究 | 1 |
| 冷战后印缅关系好转的主要动因 | 陈建山 | 东南亚研究 | 3 |

## 经济发展

| 题目 | 作者 | 刊名 | 期 |
| --- | --- | --- | --- |
| 印度经济改革的几点经验教训 | 文富德 | 南亚研究季刊 | 1 |
| 印度利率市场化及对我国的经验启示 | 朱莉 | 南亚研究季刊 | 1 |
| 印度对中国经济发展的观察与认识 | 尹锡南 | 南亚研究季刊 | 1 |
| 印度经济增长面临的能源约束与应对策略 | 罗明志 蒋瑛 | 南亚研究季刊 | 1 |
| 印度非缴费型养老金制度发展评述 | 李亚军 | 南亚研究季刊 | 1 |
| 四川在"南方丝绸之路经济带"建设中的地位与作用 | 宋志辉 马春燕 | 南亚研究季刊 | 1 |
| 自贸协议下中巴贸易存在的问题、原因及对策研究 | 李轩 | 南亚研究季刊 | 1 |
| 未来十年印度经济发展的趋势 | 文富德 | 南亚研究季刊 | 2 |
| 巴基斯坦社会保障制度的发展与评价 | 向文华 | 南亚研究季刊 | 2 |
| 孟加拉国财政改革及成效 | 李建军 杜宏 | 南亚研究季刊 | 2 |
| 印度农业补贴政策及对中国的启示 | 胡晔 | 南亚研究季刊 | 2 |
| 中巴经济走廊建设：机遇与挑战 | 张超哲 | 南亚研究季刊 | 2 |
| 中印能源共赢性发展互动机制探讨 | 龚勤林 杨文武 卢鹏辉 | 南亚研究季刊 | 2 |
| 孟中印缅经济走廊建设与中国四川的产业发展机遇 | 戢梦雪 | 南亚研究季刊 | 2 |
| 印度难以推行第二代经济改革的原因及前景 | 文富德 | 南亚研究季刊 | 3 |
| 印度古吉拉特邦发展模式的启示 | 唐鹏琪 | 南亚研究季刊 | 3 |
| 孟中印缅经济走廊建设风险分析与评估 | 杨思灵 | 南亚研究季刊 | 3 |
| 中印医药贸易的本地市场效应研究 | 熊彬 谢换春 | 南亚研究季刊 | 3 |
| 全球能源格局变革下的中印能源竞争与合作 | 李蕾 | 南亚研究季刊 | 3 |
| 2004—2013年中印货物贸易发展浅析 | 何智娟 | 南亚研究季刊 | 3 |
| 金砖国家股票市场收益波动性比较研究 | 张延良 赵晓琦 胡晓艳 | 南亚研究季刊 | 4 |
| 浅析中印参与"金砖国家"合作机制的动因 | 刘晓燕 孟雪 | 南亚研究季刊 | 4 |
| 中国公民赴尼泊尔旅游现状、制约因素及前景分析 | 郭珊 | 南亚研究季刊 | 4 |
| 印度新土地征收法对基础建设发展的影响 | 李来孺 | 南亚研究季刊 | 4 |
| 近期巴基斯坦经济发展走势分析 | 殷永林 | 南亚研究季刊 | 4 |

续表

| 题目 | 作者 | 刊名 | 期 |
|---|---|---|---|
| 中印国家竞争力比较研究 | 周及真 | 南亚研究季刊 | 4 |
| 印中两国海关的体制、税制及出口退税政策之比较 | 王和平 | 南亚研究季刊 | 4 |
| "一带一路":跨境次区域合作理论研究的新进路 | 柳思思 | 南亚研究 | 2 |
| 论中国—印度FTA的贸易基础与经济效应——基于贸易流的实证分析 | 余振 沈铭辉 王琼 | 南亚研究 | 2 |
| 印度工业政策的演变及其对制造业发展的影响 | 任佳 邱信丰 | 南亚研究 | 2 |
| 中印能源政策导向的差异:基于经济增长与能耗关系的实证研究 | 朴光姬 | 南亚研究 | 4 |
| 2013年南亚地区经济发展形势 | 陈利君 刘紫娟 | 东南亚南亚研究 | 1 |
| 孟中印缅地区经济合作与经济走廊建设构想 | 任佳 | 东南亚南亚研究 | 1 |
| 中巴经济走廊中的巴基斯坦风险分析 | 高会平 | 东南亚南亚研究 | 1 |
| 缅甸国际直接投资的特点、问题与前景 | 郑国富 | 东南亚南亚研究 | 1 |
| 中印双边贸易增长因素研究——基于CMS模型的实证分析 | 郑学党 | 东南亚南亚研究 | 2 |
| 越南和孟加拉国益贫式增长的实践比较与启示 | 张庆红 | 东南亚南亚研究 | 2 |
| 防止人才外流:印度政府的对策 | 栗力 | 东南亚南亚研究 | 2 |
| 周边环境与孟中印缅经济走廊建设——第二届"中国—南亚智库论坛"高端访谈 |  | 东南亚南亚研究 | 3 |
| 印度东北地区的发展情况及其参与中印经贸合作的思考 | 殷永林 | 东南亚南亚研究 | 3 |
| 法治、市场化改革与印度服务业的增长 | 邓常春 邓莹 | 东南亚南亚研究 | 3 |
| 加快推进孟中印缅旅游圈建设 | 陈利君 | 东南亚南亚研究 | 4 |
| 政治转型以来的缅甸经济改革:进展与展望 | 张党琼 | 东南亚南亚研究 | 4 |
| 论云南省与孟印缅的农业合作 | 孙喜勤 | 东南亚南亚研究 | 4 |
| 孟中印缅经济走廊建设问题探析 | 杨思灵 高会平 | 亚非纵横 | 3 |
| 印度经济增长放缓的现状、原因及发展趋势 | 朱科 文富德 | 财政研究 | 1 |

## 宗教文化

| 题目 | 作者 | 刊名 | 期 |
| --- | --- | --- | --- |
| 《毗湿奴法上往世书》的文论与画论 | 尹锡南 | 南亚研究季刊 | 3 |
| 印度普及义务教育过程中的午餐计划及对中国的启示 | 连进军 杨旻旻 | 南亚研究季刊 | 3 |
| 印度近代知识分子与印度现代化 | 田小红 | 南亚研究季刊 | 3 |
| 印度伦理的历史性变迁与结构特征 | 宋丽萍 张淑兰 | 南亚研究季刊 | 4 |
| 新世纪以来印度东北地区民族问题的新趋向 | 林延明 | 南亚研究季刊 | 4 |
| 2014年中国南亚学会年会暨四川大学南亚研究所50周年庆会议综述 | 李涛 | 南亚研究季刊 | 4 |
| 国内外"阿富汗"研究文献的计量学分析——基于常用数据库资源的检索与统计 | 张建成 | 南亚研究 | 3 |
| 印度两大史诗对印度及东南亚、南亚国家戏剧艺术的影响 | 尹玉璐 | 东南亚南亚研究 | 2 |
| 纵览古今 走近印度——读朱明忠著《印度教》一书 | 李亚兰 | 东南亚南亚研究 | 2 |
| 2014中国—南亚智库论坛会议综述 | 孙喜勤 | 东南亚南亚研究 | 2 |
| 20世纪以来印度学界对印度文学史的研究 | 尹锡南 | 东南亚南亚研究 | 3 |
| 肯尼亚的印度人 | 周倩 | 世界民族 | 1 |
| 印度的"部落":作为学术概论和治理范畴 | 吴晓黎 | 世界民族 | 5 |

## 社会政治

| 题目 | 作者 | 刊名 | 期 |
| --- | --- | --- | --- |
| 尼泊尔第二届制宪议会选举评析 | 袁群 安晓敏 | 南亚研究季刊 | 1 |
| "国大党体制"与印度政治腐败的兴起 | 张树焕 | 南亚研究季刊 | 1 |
| 种姓制、社会碎片化与印度的公共治理 | 邓常春 邓莹 | 南亚研究季刊 | 1 |
| 印度围剿印共(毛)的阶段、战略及成效 | 王静 | 南亚研究季刊 | 2 |
| 钱德拉·鲍斯对中国抗战的态度转变及原因 | 王亚林 | 南亚研究季刊 | 2 |
| 中国—南盟地区主义:建构及挑战 | 杨思灵 | 南亚研究季刊 | 4 |
| 缅甸完成民族国家构建所面临的挑战和机遇 | 刘务 贺圣达 | 南亚研究 | 1 |
| 西姆拉会议与西藏分裂主义 | 杨恕 王琰 王婷婷 | 南亚研究 | 1 |

续表

| 题目 | 作者 | 刊名 | 期 |
|---|---|---|---|
| "后阿富汗战争时代"阿富汗政治稳定发展研判：国家治理的视角 | 张吉军 汪金国 | 南亚研究 | 1 |
| 浅析当前西印度洋地区的地缘政治概况 | 李源 | 南亚研究 | 2 |
| 阿富汗重建背景下的国内政治生态演进 | 何明 | 南亚研究 | 2 |
| 论美国印裔族群的政治参与 | 滕海区 | 南亚研究 | 2 |
| 巴阿地区伊斯兰极端主义的症结所在——一种系统效应的视角 | 金新 | 南亚研究 | 3 |
| 印度第16届人民院大选："发展"模式及其争议 | 陈金英 | 南亚研究 | 3 |
| 尼泊尔民主化进程现状与未来稳定性分析 | 李英铭 | 南亚研究 | 3 |
| 女性主义视角下的印度性暴力问题解析 | 秦文 | 南亚研究 | 4 |
| 南亚地区的社会性别预算改革及其对中国的启示——基于印度、巴基斯坦和孟加拉国的考察 | 马蔡琛 张莉 | 南亚研究 | 4 |
| 印度社会保障的政治理念及设计路径 | 高静 | 南亚研究 | 4 |
| 马尔代夫政治转型与前景分析 | 黄德凯 | 东南亚南亚研究 | 1 |
| 近年来中国媒体对印报道及相关问题简析 | 尹锡南 | 东南亚南亚研究 | 1 |
| 新世纪以来巴基斯坦国内政治的变迁 | 张晓东 | 东南亚南亚研究 | 2 |
| 孟加拉国大选与政局走势 | 李建军 | 东南亚南亚研究 | 2 |
| 2014年的阿富汗总统选举综述 | 陈继东 张兴田 | 东南亚南亚研究 | 3 |
| 缅甸罗兴伽人问题产生原因初探 | 郭秋梅 卢勇 | 东南亚南亚研究 | 3 |
| 尼赫鲁"世界和平"思想刍议 | 陶亮 | 东南亚南亚研究 | 4 |
| 缅甸政治改革的进展与问题 | 马燕冰 | 和平与发展 | 1 |
| 阿富汗塔利班与巴基斯坦塔利班比较分析 | 富育红 | 国际政治科学 | 1 |
| 印度核试验动机探析 | 谢超 | 国际政治科学 | 2 |
| 缅甸的民主改革与美国的认可 | 刘鹏 | 国际政治科学 | 3 |

图书在版编目（CIP）数据

南亚地区发展报告.2014～2015/李涛主编.—北京：时事出版社，2015.12
ISBN 978-7-80232-909-6

Ⅰ.①南… Ⅱ.①李… Ⅲ.①区域发展—研究报告—南亚—2014～2015 Ⅳ.①F135

中国版本图书馆 CIP 数据核字（2015）第 265581 号

出 版 发 行：时事出版社
地　　　　址：北京市海淀区万寿寺甲 2 号
邮　　　　编：100081
发 行 热 线：(010) 88547590　88547591
读者服务部：(010) 88547595
传　　　　真：(010) 88547592
电 子 邮 箱：shishichubanshe@sina.com
网　　　　址：www.shishishe.com
印　　　　刷：北京市昌平百善印刷厂

开本：787×1092　1/16　印张：23.25　字数：400 千字
2015 年 12 月第 1 版　2015 年 12 月第 1 次印刷
定价：98.00 元

（如有印装质量问题，请与本社发行部联系调换）